普通高等学校公共体育新形态教材

大学体育

(第三版)

邱建国　主编

中国教育出版传媒集团
高等教育出版社·北京

内容提要

本教材是基于第二版进行修订工作,在原有运动项目的基础上新增游泳运动,同时注重通过体育精神、德育教育的融入,提升大学生的文化素养,实现价值引领。全书共十八章内容,包括大学体育概述、体育锻炼的理论基础、体育锻炼与卫生保健、体质健康测定与评价、体育文化与欣赏、身体素质锻炼、田径运动、足球运动、篮球运动、排球运动、乒乓球运动、羽毛球运动、网球运动、武术、健身气功、跆拳道、形体健身和时尚体育等。本书可作为高等学校体育公共课教材,也可供广大业余体育爱好者自学参考。

图书在版编目(CIP)数据

大学体育 / 邱建国主编. -- 3 版. -- 北京:高等教育出版社,2023.9(2024.8重印)
ISBN 978-7-04-061107-6

I. ①大… II. ①邱… III. ①体育-高等学校-教材 IV. ①G807.4

中国国家版本馆 CIP 数据核字(2023)第 165118 号

大学体育(第三版)
Daxue Tiyu

| 策划编辑 | 郭 恒 | 责任编辑 | 郭 恒 | 封面设计 | 王 琰 | 版式设计 | 于 婕 |
| 责任绘图 | 邓 超 | 责任校对 | 刘娟娟 | 责任印制 | 高 峰 | | |

出版发行	高等教育出版社	网 址	http://www.hep.edu.cn
社 址	北京市西城区德外大街4号		http://www.hep.com.cn
邮政编码	100120	网上订购	http://www.hepmall.com.cn
印 刷	北京市艺辉印刷有限公司		http://www.hepmall.com
开 本	787mm×1092mm 1/16		http://www.hepmall.cn
印 张	22.5	版 次	2015 年 8 月第 1 版
字 数	560千字		2023 年 9 月第 3 版
购书热线	010-58581118	印 次	2024 年 8 月第 3 次印刷
咨询电话	400-810-0598	定 价	42.80 元

本书如有缺页、倒页、脱页等质量问题,请到所购图书销售部门联系调换
版权所有 侵权必究
物 料 号 61107-00

编 委 会

主　审：于　军

主　编：邱建国

副主编：耿剑峰　王先亮　周　伟　徐　阳　张　强　亓圣华　周　斌
　　　　徐　刚　任　萌　孙乐忠　管培国　杨伟伟　宋青伟

编　委（按姓氏笔画为序）：
　　　　马祥海　王　辉　车艳丽　邓永明　艾东明　代　祺　丛　威
　　　　丛明滋　宁　辰　毕永峰　曲俊义　吕永强　刘运祥　刘晓丽
　　　　孙　健　孙　衡　孙启政　李俊章　杨　倩　杨　杰　杨桂志
　　　　郑荣娜　赵红艳　赵忠海　赵峰民　赵继磊　姜　勇　徐　岩
　　　　徐伟明　曹在池　盖华聪　盖昱菲　蔡懿琳　颜　辉　薛清心

前 言

人民健康是立国之本、强国之基。青少年作为国家的未来，强健的体魄是其成为优秀人才的基础。大学体育作为高等教育的重要组成部分，是青少年健康成长的阶梯，在其享受乐趣、增强体质、健全人格、锤炼意志等方面有着不可替代的作用。

党的二十大报告指出："广泛开展全民健身活动，加强青少年体育工作，促进群众体育和竞技体育全面发展，加快建设体育强国。"这是对我国今后一个时期体育事业发展和体育工作安排提出的总体要求和重要部署，是我国体育战线工作的重要指导方针。本教材的编写，坚持以习近平新时代中国特色社会主义思想为指导，深入贯彻落实党的二十大精神，从大学生体育学习的实际需要出发，阐述基本的体育理论知识和运动技能知识，内容力求简明、通俗易懂，融科学性、实用性、可读性于一体，满足新时代大学体育教学的需求。本教材还注重培养学生的价值观，通过拓展阅读内容，让学生在学习中形成正确的价值追求。

本教材在修订过程中对内容方面进行了更新与调整，使教材内容体系更加完善，体现了教材的先进性、适用性，充分满足大学生的个性化需求，激发其兴趣爱好，使他们学有所得、练有所获，促进大学生形成终身体育观念。本教材为新形态教材，丰富的拓展阅读内容和技术动作视频能够满足大学生主动学习体育理论知识与运动技能练习的需求，同时还注重综合素质教育和实践能力的培养，对于提高学生创新意识和创新能力具有引导作用。

本教材由邱建国担任主编，于军主审，耿剑峰、王先亮、周伟、徐阳、张强、亓圣华、周斌、徐刚、任萌、孙乐忠、管培国、杨伟伟、宋青伟担任副主编。在教材编写过程中，我们参考了很多前人的研究成果与著作，同时也得到了高等教育出版社体育分社的大力支持，在此一并表示感谢！

由于编写者水平有限，书中难免有疏漏之处，恳请广大读者和同仁批评指正。

编　者
2023 年 7 月

目 录

基础理论篇

第一章　大学体育概述 / 3
　　第一节　体育的渊源 / 3
　　第二节　大学体育的使命 / 5

第二章　体育锻炼的理论基础 / 9
　　第一节　体育锻炼与健康 / 9
　　第二节　体育锻炼的基本原则 / 17
　　第三节　体育锻炼的科学方法 / 21
　　第四节　运动处方 / 23

第三章　体育锻炼与卫生保健 / 28
　　第一节　体育锻炼的自我监督 / 28
　　第二节　运动中常见的生理反应
　　　　　　及其处理 / 29
　　第三节　运动损伤的预防与处理 / 32
　　第四节　体育锻炼与营养 / 35

第四章　体质健康测定与评价 / 37
　　第一节　体质概述 / 37
　　第二节　大学生体质健康的
　　　　　　测定与评价 / 41

第五章　体育文化与欣赏 / 50
　　第一节　体育文化概述 / 50
　　第二节　校园体育文化 / 52
　　第三节　体育欣赏 / 54

运动技能篇

第六章　身体素质锻炼 / 65
　　第一节　身体素质概述 / 65
　　第二节　身体素质与社会适应
　　　　　　能力 / 68
　　第三节　身体素质的锻炼方法 / 69

第七章　田径运动 / 77
　　第一节　田径运动概述 / 77
　　第二节　走、跑、跳、投基本技能
　　　　　　与练习方法 / 77
　　第三节　田径运动竞赛规则简介 / 87

第八章　足球运动 / 90
　　第一节　足球运动概述 / 90
　　第二节　足球运动的基本技术与
　　　　　　练习方法 / 92
　　第三节　足球运动的基本战术 / 99
　　第四节　足球运动竞赛规则简介 / 102

第九章　篮球运动 / 106
　　第一节　篮球运动概述 / 106
　　第二节　篮球运动的基本技术与
　　　　　　练习方法 / 107
　　第三节　篮球运动的基本战术 / 116
　　第四节　篮球运动竞赛规则
　　　　　　简介 / 119

第十章　排球运动 / 122
　　第一节　排球运动概述 / 122
　　第二节　排球运动的基本技术与
　　　　　　练习方法 / 123
　　第三节　排球运动的基本战术 / 131

第四节　排球运动竞赛规则
　　　　　　简介 / 134

第十一章　乒乓球运动 / 137
　　　第一节　乒乓球运动概述 / 137
　　　第二节　乒乓球运动的基本技术与
　　　　　　练习方法 / 138
　　　第三节　乒乓球运动的基本战术 / 149
　　　第四节　乒乓球运动竞赛规则简介 / 151

第十二章　羽毛球运动 / 155
　　　第一节　羽毛球运动概述 / 155
　　　第二节　羽毛球运动的基本技术与
　　　　　　练习方法 / 155
　　　第三节　羽毛球运动的基本战术 / 163
　　　第四节　羽毛球运动竞赛规则
　　　　　　简介 / 165

第十三章　网球运动 / 168
　　　第一节　网球运动概述 / 168
　　　第二节　网球运动的基本技术与
　　　　　　练习方法 / 169
　　　第三节　网球运动的基本战术 / 177
　　　第四节　网球运动竞赛规则
　　　　　　简介 / 183

第十四章　武术 / 186
　　　第一节　武术概述 / 186
　　　第二节　武术的基本功 / 189
　　　第三节　初级长拳三路 / 194
　　　第四节　简化太极拳 / 205
　　　第五节　太极功夫扇 / 214
　　　第六节　散打 / 229

第十五章　健身气功 / 236
　　　第一节　健身气功概述 / 236
　　　第二节　健身气功的基本技术与
　　　　　　锻炼方法 / 237

第十六章　跆拳道 / 252
　　　第一节　跆拳道概述 / 252
　　　第二节　跆拳道基本技术与练习
　　　　　　方法 / 252
　　　第三节　跆拳道的竞赛与裁判 / 258

第十七章　形体健身 / 260
　　　第一节　健美操 / 260
　　　第二节　形体训练 / 277
　　　第三节　体育舞蹈 / 294
　　　第四节　瑜伽 / 303

第十八章　时尚体育 / 313
　　　第一节　定向运动 / 313
　　　第二节　拓展训练 / 327
　　　第三节　游泳运动 / 338

主要参考文献 / 350

基础理论篇

第一章
大学体育概述

第一节 体育的渊源

一、体育的产生

体育是一种人类社会特殊的文化现象,其形成是一个漫长的历史过程。它是顺应社会生产、生活的需要产生和发展起来的,并随着社会的发展而逐渐完善。

在漫长的原始社会中,人类在极其艰苦的条件下生活,只能靠采集、狩猎、捕鱼等方法来获取各种食物,维持生存。人们在繁重的生产劳动过程中,在与野兽搏击的过程中以及部落之间的斗争中,不断改进自己的体力和智力,并逐渐发展了走、跑(图1-1-1)、跳跃(图1-1-2)、投掷(图1-1-3)、攀登、爬越、游泳以及攻防、格斗等生活技能。人类最初的这些活动,正是最初的体育形态。

关于体育起源的几种观点

图 1-1-1

图 1-1-2

图 1-1-3

随着生产工具的改进和生产力水平的不断提高,劳动技能日益复杂化。同时随着社会生产的物品增多,人们的衣食生活有了一定的改善。在这样的条件下,为了适应整个社会生活的需要,使社会物质生产和社会生活能够延续发展,年长者会向年轻一代在劳动生产过程中和日常生活中传授各种经验和技能,这便是人类最初的教育。原始社会的教育主要是一些生产技能的传授,而这些生产技能又多是极其简单笨重的体力劳动。这种以身体活动为主要手段的教育,其中也包含了体育的因素。据"民族学"提供的材料,我国大兴安岭西北麓森林中过着原始狩猎生活的鄂温克人,为了适应狩猎生活,在其从小接受的教育中,体育占有重要地位。孩子在五六岁时就常玩狩猎游戏,经常练习射箭、打靶。可见,原始的教育活动与体育是很难截然分开的。这是人类教育的萌芽,也是体育活动的萌芽。

在原始社会条件下,体育萌芽的产生与人类当时的各项社会活动,如劳动、教育、军事、娱乐、医疗和卫生等都有十分密切的联系。为了对付野兽的袭击和防卫部落之间的各种冲突,出现了各种格斗活动;为了表达和抒发内心的各种感情,出现了一些集体的舞蹈和游戏;为了益寿延年,人们逐渐认识到通过一定的身体活动具有防治疾病的作用,从而产生了原始的医疗体操，如我国原始社会末期就出现了阴康氏的"消肿舞"。人类的这些活动都与体育的起源有着紧密的联系，是以后体育运动发展和演变的基础。在现代体育运动中，仍然可以找到人类早期活动的踪迹。

>>> 知识链接

体育是人类生存需要的产物

"需要"是促进人类活动的基本动力，人正是受"需要"的激励才得以生存、生活和参与社会活动的。而在现实生活中，"生存需要"作为人类的主体需要，实质是受生理规律支配的一种机能反应。如常言所说的"饥思食，困思寝，久卧思动，久动思静"就表明人类出于最低的生存本能的要求，将会为谋生和防卫去从事一些有意或无意的肢体活动，即通过各种生产劳动技能和防卫手段，为自己获取生存物质创造最起码的条件，从而使体育也得以在人类求生存的本能活动中萌生和发展。

<<<

二、体育的发展

体育的发展是随着社会的发展而发展的。随着社会的进步，人类的眼光逐渐从人体之外的自然转向人体自身。从最初由对自然物的需要逐渐过渡到对增强人自身征服改造自然能力的需要。体育的发展，也正是随着人类社会的需要层次的不断提高而不断发展的。

在原始社会初期，由于社会生产力水平十分低下，人们在极其艰苦的环境中生活，因而这个时期还不可能形成专门的体育，体育也无法成为一项专门的社会活动。到了原始社会末期，人类生产力水平有了较大的提高，智力水平也有了较大的发展，人们在长期的生产劳动实践中，逐步认识到通过体育活动可以强身健体，培养更好的劳动力和优秀的勇士。这在很大程度上推动了体育的发展。

奴隶制的建立，拉开了人类文明史的序幕。特别是对工具的运用，极大地提高了生产力水平，同时引起了生产关系的变革，也为体育的初步形成提供了物质条件和社会条件。由于生产方式和生活条件的改变，人类社会对体育的需要也发生了变化，形成了对体育广泛而具体的需要。体育的运动形式相对独立和日益丰富起来；民族传统体育初步形成；随着社会的发展，战争此起彼伏，军事斗争成了推动体育发展的重要动力，体育也成为最重要的教育内容。体育在为军事、文化、教育和奴隶主阶级的享乐生活服务等方面，显示出了它的社会职能。

到了封建社会，体育有了长足的进展。这一时期运动项目日趋多样化和规范化，参加体育活动的人日益增多，体育活动的范围扩大，体育竞技状况空前兴盛，规模也较大，运动技术水平有了很大提高。到了封建社会的后期，体育的发展在组织程度上有了空前的提高。在体育理论方面，也汇集积累了大量的体育资料，尤其是养生术和养生思想有了很大发展。在思想观念上，文武双全也成为封建社会衡量人才的重要标准。军事武艺在社会活动中越来越显露出它的重要性。因此，体育备受统治阶级的重视。这对当时体育的发展，起到了很大的推动作用。

资本主义社会把私有制的社会形态推向顶峰。生产力的巨大飞跃给人类社会生活带来了深刻的影响和变化。随着人们物质生活水平的极大提高，体育具有广泛的社会需要并得到了迅速的发展，体育活动项目和规模远远超过了奴隶社会和封建社会。体育科学开始形成独立的学科体系。体育已成为学校教育的重要组成部分。

社会主义社会力求把每个社会成员都培养成为德智体美劳全面发展的人。体育是培养全面发展的人的重要内容与手段，社会对体育也不断提出了新的要求。正是这种不断丰富发展的社会需要，使体育的功能从早期的增强生存能力逐渐发展到丰富、美化人们的生活，培养全面发展的人的功能上来。

第二节　大学体育的使命

《关于全面加强和改进新时代学校体育工作的意见》明确提出，新时代学校体育工作以习近平新时代中国特色社会主义思想为指导，全面贯彻党的教育方针，坚持社会主义办学方向，以立德树人为根本，以社会主义核心价值观为引领，以服务学生全面发展、增强综合素质为目标，坚持健康第一的教育理念，推动青少年文化学习和体育锻炼协调发展，帮助学生在体育锻炼中享受乐趣、增强体质、健全人格、锤炼意志，培养德智体美劳全面发展的社会主义建设者和接班人。教育是立国之本，是提高整体国民素质的根本所在，大学体育作为高等教育的重要组成部分，在增进大学生身心健康，提高整体素质方面具有不可替代的作用。因此，学校应从中华民族伟大复兴的战略高度，充分认识大学体育在新时代人才培养中的特殊价值，在全面推行素质教育的过程中，切实贯彻"健康第一"的指导思想，积极发挥学校体育在促进大学生身心健康发展中的主渠道作用。

少年强、青年强则中国强

所以，全面提高大学生身心健康水平是学校教育工作的基本内容，更是大学体育责无旁贷的历史使命和工作重心。

一、大学体育的价值

（一）大学体育的文化价值

大学体育推崇的是时代先进文化，传播的是现代文明时尚，倡导的是科学创新理念，弘扬的是奋发进取精神。

体育属于文化的范畴，是大众文化的一个有机组成部分。体育一词的英文直译为身体文化（physical culture），说明体育与文化的紧密联系。同其他文化方式相比，体育文化具有覆盖范围广、渗透能力强、感染力和震撼作用大、群众喜闻乐见和雅俗共赏等特点。它还不受性别、年龄、文化程度、地域及语言等因素的影响，是最普及、最流行、最直接的文化娱乐方式。

体育是通过人们自身行为改变自己的自然属性和社会属性的一种有意识、有目的的活动。随着时代的发展，现代体育的内涵和外延发生了重大的变化，与人们的生活联系得更加紧密，成为一种十分显著而复杂的文化现象，对个体的身心成长、发展以及社会政治、经济、文化等方面产生了积极重大的影响。随着当今体育的发展以及其人文价值、教育和娱乐等多种社会功能的凸显，体育已成为人类社会共有的精神文化产品，正改变着越来越多人的生活，并融入人们的日常活动之中。体育给人们带来的影响是独特和无以替代的，所产生的心理与精神的效应是积极向上、正面深刻的。大学体育活动可以提高大学生的精神追求和文化品位，丰富课余文化生活，调节精神，陶冶品格。大学体育的文化价值可概括为：体育文化的传承、体育情趣的熏陶、精神需求的满足和文明修养的塑造。

（二）大学体育的社会、心理价值

体育是一种复杂的社会现象，它集健身、健心、健康于一体，是身心健康健美的塑造过程。大学体育是滋养身心的课堂，历练品行的场所。我国著名体育教育家、清华大学教授马约翰先生曾指出"运动场是培养学生品格的极好场所，可以批评错误、鼓励高尚、陶冶性情、激励品质"，刻苦的锻炼可以"培养青年们勇敢的精神、坚强的意志、自信心、进取心和争取胜利的决心"，"而且这种运动场上表现出来的道德品质能够迁移"。

大学体育是以身体与智力活动为基本手段，根据人体生长发育、技能形成和提高的规律，通过体育教学、课外体育锻炼等形式，达到促进身体健康发展，提高身心素质水平，提高运动能力，丰富和改善生活方式，调节心理，陶冶情操，提高和完善个性品质，提高生活质量的一种有意识、有目的、有组织的社会活动。在人类发展史上，体育作为一种积极的人类行为和特殊的社会现象，一直伴随着社会的发展、文明的发展而发展，并对人类的进化和社会的发展起到了巨大的促进作用。大学体育作为培养健康心理品质，塑造健全的人格，形成文明健康生活方式的重要内容，对大学生的健康始终起着独特的作用，是维护学生身心健康的最有效、最有益的方法，是学生调节情绪、历练品行、培养良好人格的最有效的途径之一。体育锻炼已经成为大学生用以调节精神生活、陶冶性情、改善心态的有效途径，成为拓宽生活时空、扩大信息来源与人际交往的重要渠道。学生自主地参加适合自己的体育锻炼，可以充分体验运动的乐趣和意义，进而培养对体育运动的爱好和兴趣。同时，大学生掌握从事终身体育活动所需的体育知识与技能，可以促进大学生提高自我锻炼的能力，形成终身体育的态度和习惯，从而奠定终身体育的基础。

如今，人们日益重视在体育活动过程中心理变化的特点与过程，关心体育锻炼对人心理的作用与影响。人们普遍感觉到，在参加体育活动的过程中，人的情绪变化对机体的积极影响对健康的作用要比生理指标重要得多，有许多研究把研究的方向瞄准了体育锻炼的心理价值层面。在体育锻炼与心理健康方面，研究者主要把目光集中在体育锻炼对人的情绪改善、对自我概念的影响及与认知功能的关系等方面，还涉及体育锻炼所产生的心理效益机制等领域。人们通过体育活动可调节日常生活，扩大人际交往，缓解社会压力，调整失衡心态，体验幸福生活。

（三）大学体育的美学价值

运动竞赛是体育的重要组成部分，其竞争性、观赏性以及比赛结果的不确定性能够满足人们的审美需求，往往使人如醉如痴、遐想无限。运动员或运动队在赛场上所表现出来的精湛技艺，让人赏心悦目，叹为观止，拍手称绝，人们能从中得到极大的心灵震撼和美学享受。重大体育赛事能够极大地满足一个人乃至多个民族的社会需求和表现欲望，从精神、心境、情感、意志和思想等方面影响人们的生活与行为，使精神得到升华，品质得到陶冶，境界得到提高。体育是以民族文化的价值观、世界观、人生观为基础的，它负载着人们的情感，包含着人们的智慧、信仰、艺术道德、法律风俗等内容。大学体育的美学价值是：奋发进取、追求卓越、净化心灵、培养情趣。

体育比赛在竞争中充满着合作，严谨中渗透着幽默，有静态中雕塑般的美，也有运动中的动态美，这些都带给人们深刻的心理体验。在体育比赛中，爱与恨、悲与喜、乐与忧、期望与失望、成功与失败等融为一体，带给人无限的遐想和无尽的回味。情感得到升华，痛苦得以释怀，愤怒得到宣泄，心态得到平衡，这就是体育的独特与精彩之处，这就是体育文化的神奇与魅力所在。提高大学生的体育审美品位和在体育比赛中欣赏美、创造美的能力，也是大学体育的目标之一。

二、大学体育的真谛

"健康第一"是在科学人文主义教育观的基础上提出的指导思想，是先进教育理念的体现，是顺应世界教育、体育发展潮流，符合新时代社会发展趋势和满足人们关心健康、追求可持续发展客观需求的。体育是通过人类自身行为，改变其自身的自然属性和社会属性的一种社会运动，展现人类对自己身体发展的审美理想。大学体育就是对大学生身心健康发展进行积极维护和美化教育的实践过程，大学体育知、情、意、行的高度统一以及实际身体活动中的即得性反馈、群体的互动与情境作用，除有助于提高学生的身体素质与技能训练之外，对培养学生的自尊自信、坚忍不拔、沉着果断、开拓进取等心理素质也具有特殊的功能。迈入新时代，使受教育者全面发展，达到享受乐趣、增强体质、健全人格、锤炼意志的目的，是实现当代教育理想目标不可缺少的重要内容，是人的价值和人文精神的核心，也是大学体育的真谛所在。

三、大学体育的目标

迈入新时代，我国大学体育的目标、内容和形式都发生了深刻的变化。大学体育的目标出现了多元化的倾向：从以往片面关注体质的生物性机能改善，发展为全面关注大学生身体健康、心理健康和社会适应能力的协调发展；从以往仅仅关注大学阶段的短期效益，发展为兼顾终身体育能力培养的长远效益；大学体育的内容呈现出个性化和多样化的倾向，大学体育内容的选择，比以往更加强调大学生的主体地位；大学体育的形式比以往更加灵活多样，有着良好的发展前景。

大学体育是培养全面发展人才的重要内容，是造就一代有竞争力、创造力、高素质的有用人才的有效渠道，是提高当代大学生身心素质、为祖国健康工作 50 年奠定坚实基础的平台，塑造健康之体魄、陶冶健全之精神、提高社会适应能力、形成体育锻炼习惯是大学体育的最终目标。

大学体育是指各种各样的以增强体质、促进身心健康、丰富生活、调整心态、愉悦身心的体育活动方式，包括体育教学、课余体育活动中进行的实际体育锻炼，是进行身体运动的最直接、最普遍的形式，充分反映了体育的本质特点与价值。大学体育是学生日常生活的一个重要组成部分。通过参加体育活动，学生可以拓宽生活的时间与空间，不断提高身体素质。在增进健康的同时，不断地完善自己的精神能力，追求卓越，展示才华，挖掘潜能，实现理想。通过体育锻炼，还能调节自己的心理状态，陶冶性情，磨炼意志，满足不断增长的身心发展的需要，增强自信心、自尊心，进而丰富生活内容，提高生活质量。体育锻炼是人们获得身心健康最容易、最经济、最有效和最受欢迎的方法与形式。大学体育对大学生身体、心理的教育培养以及人格、品质的陶冶塑造有着积极、独特的作用。

四、大学体育的归宿

作为一种社会时尚或生活方式，体育已经渗透在人们的生活之中，成为日常生活的重要内容。通过体育实践，大学生不仅可以形成体育锻炼的正确观念，增强自我保健的意识，同时还可以逐步养成健康的行为习惯和生活方式。

联合国计划署在《人类发展报告》中指出：人类发展是一个提高人们生存机会的过程，从总体上说，健康、长寿、接受良好的教育和生活幸福美满是人类发展的基本标志。人们在拥有物质财富的同时，开始向往精神生活的满足。现代生活的含义是多元的，在一定程度上它表现着人们生存、享受和发展的现实状态。人们所企盼的高质量生活，其实就是一种和谐、丰富、愉快的生活，其中就必须有体育的存在，有了它的存在，也就有了人生的和谐、社会的和谐，体育也就完全融入了人们的生活。人们在闲暇时间，通过体育休闲及对身体的锻炼，不仅获得了身心的满足、精神的愉悦和幸福的发展，同时对社会的发展也产生了巨大的促进作用。

大学体育有助于大学生进一步理解和习惯于在一定的社会规范中生活，根据社会规范约束和调整自己的行为。

大学体育的目标之一是进一步理解个人健康与群体健康的关系，培养合作精神、竞争意识和交往能力，提高对他人、集体和社会的关心程度以及良好的体育道德和团队精神，并能把体育活动中培养的社会适应能力迁移到日常的学习、生活和工作中去。

体育锻炼是现代人生活方式的重要组成部分。大学体育的熏陶、体育素质的培养、体育锻炼习惯的养成，将使大学生终身受益。体育活动可以为正处在或将处在高节奏、高竞争、高焦虑、高压力社会中的学子们创造一个轻松自在的"休闲"境界，使持续积累的心理紧张与压抑的情绪在体育运动中得到化解和宣泄，享受生活的乐趣，感悟生命的意蕴，体味成功的价值，在愉快和谐的运动交往中，躯体与精神融为一体，心灵得到慰藉，身心得到满足，从而使人格得到升华，心胸更加乐观豁达，激发出更大的、积极向上的生活热情。从某种意义上讲，人们把休闲上升到工作和生活的目的，是经济发达、社会文明的标志，是与满足人们享受与发展的需要、全面提高生活质量的目标一致的。

在高科技、信息化、知识经济的新时代，人们以前所未有的热情关注健康问题。随着人们对生活质量要求的提高和对幸福体验的深化，身体—心理—社会三位一体的健康模式已被普遍接受，健康的概念已远远超出了医学的范畴，更多地转向社会和心理层面。经济的繁荣、物质产品的丰富、生活水平的提高、闲暇时间的增多，使人们的精神需求大大增加。而竞争的日趋激烈、社会压力的增大、人际关系的冷漠，往往导致人们心理失衡，从而使心理健康成为热门的话题。体育是人类对自身健康进行积极维护和美化的过程，关注健康，追求愉快、健康的生活是现代人的必然选择。大学体育的健身功能是不言而喻的，大学体育的健心功能与育人功能正逐渐被人们所认识和推崇。

人的生活方式总是与文化密切相关的。休闲作为一种生活方式、一种文化，贯穿人的整个生命过程中。体育锻炼与休闲能够增进人的健康，使人得到自由和谐的发展，它是人的本质需要和生活质量的重要组成部分，提高人们的生活质量应当成为社会发展的一个重要标志。体育锻炼就是提供休闲的一种方式，是人们工作之余追求健康、愉悦身心的一种手段。大学体育的主要形式就是在闲暇时间不以竞赛争冠为目的，而以健康、娱乐为主旨，追求身心健康与精神满足的各种各样的身体活动。这种活动不仅能够增强体质，还可以消除紧张情绪、调节心理状态，成为现代人善待生命、慰藉躁动与孤寂灵魂的一部分。

第二章
体育锻炼的理论基础

第一节 体育锻炼与健康

一、科学的健康观

（一）健康的概念

有人将健康视为金子，镀亮生命的岁月年华；有人将健康视作智慧的前提、快乐的基础；更有人将健康比做数字"1"，而事业、地位、爱情、家庭及财富都是"1"后边的"0"，有了"1"，后面的"0"越多则越富有；没有"1"，则一切皆无。上述比喻都充分强调了健康的重要性。那么健康究竟是什么呢？

长期以来，人们朴素地认为"无病就是健康"。随着人们认识世界能力的提高，人们对健康的认知也在不断提高。1948年，世界卫生组织（WHO）在其成立之初的《宪章》中指出："健康不仅是没有疾病与衰弱，而是保持身体上、精神上和社会适应方面的完好状态。"1989年，世界卫生组织进一步将健康定义为"健康不仅仅是躯体没有疾病，而且还包括心理健康、社会适应能力良好和道德健康。只有具备了上述4个方面的良好状态，才是一个完全健康的人。"这是目前广受世界各地人们推崇的、最具权威性的健康定义，同时也是现代社会每一个人努力追求的目标。

（二）健康的内容

（1）躯体健康（生理健康）：指躯体结构和功能正常，包括对疾病的易感性、体能、体重等因素。

（2）心理健康：指个体能够正确认识自己，及时调整自己的心态，使心理处于良好的状态以适应外界的变化。

（3）社会适应能力良好：指针对社会生活的各种变化，能以良好的思想和行为去适应。

（4）道德健康：指能够按照社会道德行为规范准则约束自己，并支配自己的思想和行为，有辨别真与伪、善与恶、美与丑、荣与辱的是非观念和能力。

（三）健康的标准

近些年来，世界卫生组织对个体健康又提出了涉及身体、心理和社会三方面的10条衡量标准，具体包括：

（1）精力充沛，能从容不迫地应付日常生活和工作，而不感到过分紧张和疲劳。

（2）处事乐观，态度积极，乐于承担责任，事无巨细，不挑剔。

（3）善于休息，睡眠良好。

（4）应变能力强，能适应外界环境的各种变化。

（5）能够抵抗一般性感冒和传染病。
（6）体重适当，身材匀称，站立时头、臂、臀位置协调。
（7）眼睛明亮，反应敏锐，眼睑不发炎。
（8）牙齿清洁，无龋齿，不疼痛，牙龈颜色正常，无出血现象。
（9）头发有光泽，无头屑。
（10）肌肉丰满，皮肤富有弹性，走路轻松。

除了以上标准，世界卫生组织还用"五快"（评价身体健康）和"三良好"（评价精神健康）来衡量健康。

"五快"是指：
（1）吃得快：进餐时有良好的食欲，不挑剔食物，能以正常速度吃完一顿饭。
（2）便得快：一旦有便意，能很快排泄完大小便，且感觉良好。
（3）睡得快：有睡意，上床后能很快入睡，且睡得好，醒后头脑清醒，精神饱满。
（4）说得快：语言表达准确，说话流利。
（5）走得快：行走自如，活动灵敏。

"三良好"是指：
（1）良好的个性：情绪稳定，性格温和，意志坚强，感情丰富，胸怀坦荡，豁达乐观。
（2）良好的处世能力：洞察问题客观、现实，具有较好的自控能力，能适应复杂的社会环境。
（3）良好的人际关系：助人为乐，与人为善，与他人的关系良好。

>>> 知识链接

健康的生活方式

一个中心：以健康为中心。
两个基本点：小事糊涂一点，对人大度一点。
三大快乐：助人为乐、知足常乐、自得其乐。
四大基石：合理膳食、适量运动、戒烟限酒、心理平衡。

二、体育锻炼对健康的影响

体育是以身体活动为媒介，以谋求个体身心健康、全面发展为直接目的，并以培养完善的社会公民为终极目标的一种社会文化现象或教育过程。当前，越来越多的体育活动参与者感受到，体育锻炼不仅能够全面改善和提高人体各器官系统的结构与功能，而且还能够发展人的智力、改善情绪、完善个性。运动人体科学研究表明，适量的体育锻炼对人体的生理和心理健康、纠正不良生活方式、社会适应能力及道德培养都能够产生积极的影响。

（一）体育锻炼对生理功能的影响

1. 体育锻炼对运动系统的影响

人体的运动系统主要包括骨骼、肌肉、关节和韧带等。经常参加体育锻炼，可以加强体内新陈代谢，促进血液循环，从而使血液量增加。这可保证肌肉和骨骼获得充足的营养物质，使肌肉纤维增粗，肌肉变得强壮有力；使骨骼的生长力加强，骨密质增厚，骨骼变得坚固有力；使人体的关节囊、肌腱、韧带增厚，伸展性和弹性增加，最大抗张力提高，承受力加大，同时可以加大关节的活动范围，提高关节的稳定性和灵活性。

进行各种肌肉力量练习时，肌肉纤维的主动收缩与放松，可以大大促进肌肉中的血液供应和新陈代谢。肌肉中有着丰富的毛细血管，在1平方毫米的肌肉中，就有数千根毛细血管。当肌肉处于安静状态时，肌肉中的毛细血管仅开放很少一部分；只有在进行体育锻炼或体力活动时，肌肉内毛细血管才会大量开放。运动可使肌肉获得更多血液供应，带来更多氧气和营养，从而使肌肉的代谢过程大大加强。长期参加体育锻炼，可使肌肉纤维内的蛋白质增加，肌纤维逐渐粗壮，肌肉内供能物质含量也增加，使肌肉的结缔组织弹性改善，肌腱弹性、韧性加强。这不仅使人的体格健壮，也大大有益于健康。

2. 体育锻炼对心血管系统的影响

（1）体育锻炼对心脏的影响

① 心脏运动性肥大：经常适度地进行体育锻炼，不仅能使心室容积增大、心肌肌力增强、心室壁增厚、心脏负荷降低，还能增加心肌中毛细血管的数量，从而提高心肌泵血的机能。运动员经过长期的系统训练，心脏体积和容积较一般人大，这种现象称为"心脏运动性肥大"或"心脏营养性粗壮"。

与经常参加体育锻炼者心脏相比，一般人的心脏重量为300克左右，经常参加体育锻炼者的心脏重量为400～450克；一般人的心脏容积为700～780毫升，经常参加体育锻炼者的心脏容积为1 000～1 025毫升；一般人的心脏横切面为11～12厘米，经常参加体育锻炼者的心脏横切面为13～15厘米。

② 窦性心动徐缓：一般人安静时心跳为每分钟70～80次，经常参加体育锻炼者安静时心跳为每分钟50～60次，优秀运动员每分钟为30～40次。经常运动可使人每搏输出量增加，即使减少心跳频率仍能满足全身代谢需要。如一般人每搏输出量为60毫升，心率每分钟为75次；而经常参加体育锻炼者，每搏输出量为90毫升，心脏每分钟只要搏动50次就能满足机体需要。优秀运动员的心跳每分钟比一般人少10次，那么一天心脏就能少跳14 400次，这可以大大减轻心脏负担。

③ 心脏工作的"节省化"：进行轻度运动时，在运动量相同的情况下，经常参加体育锻炼者，心跳频率和血压变化幅度比一般人小，不易疲劳，而且恢复较快。而一般人则需要较大幅度地提高心跳频率，从而使心脏休息时间缩短，极容易产生疲劳，恢复时间也较长。究其原因，经常参加体育锻炼者，心脏的收缩能力强，每搏输出量大，只要稍增加心跳频率就能满足需要。此外，体育锻炼可使心血管保持较好的弹性，在剧烈运动时，训练有素的运动员每分钟心跳可高达200次，一般人是做不到的，这也使心脏具备了承担紧张工作的潜在能力，一旦需要就可以承担高强度工作。与此同时，经常锻炼者在进行轻度运动或工作时，在负荷相同的条件下，心脏和血压的变化都小于常人，这称为心脏工作"节省化"现象，是身体锻炼给机体带来的好处。

（2）体育锻炼对血管的影响

经常进行体育锻炼，不仅可以改善血管壁的厚度和血管的分布情况，使骨骼肌的毛细血管数量增加，血液与组织器官进行物质交换的能力增强，动静脉血管壁增厚、弹性增加，还可以通过大脑皮质调节血管的收缩和舒张，使血压下降，有效预防高血压的发生。

尤其是耐力性运动还可使血液中的胆固醇降低,使高密度脂蛋白(具有清除血管壁脂类沉积物的作用)的浓度增加,从而起到恢复血管弹性、预防动脉硬化和高血压的作用。研究表明,经常参加运动的人比一般人的高血压发病率低,长期静坐的人冠心病发病率比经常锻炼者要高。

(3)体育锻炼对血液成分的影响

① 体育锻炼对红细胞数量的影响:体育锻炼对红细胞数量可产生良好的作用,主要表现在可使红细胞偏低的人红细胞含量增加。研究表明,运动员和经常参加体育锻炼者安静时红细胞数量比不参加体育锻炼者略高。但人体内的红细胞数量并不是越多越好,红细胞数量过多,会增加血液的黏滞性,加重心脏的负担,对机体也是不利的。

② 体育锻炼对白细胞数量和免疫机能的影响:体育锻炼是否能提高机体的抗疾病能力主要与白细胞数量及免疫蛋白含量有关。研究证实,合理的体育锻炼可以改善白细胞的数量和功能,特别是白细胞分类中具有重要作用的淋巴细胞,这对于提高机体的预防疾病能力是至关重要的。另外,体育锻炼还可以提高体内的免疫球蛋白水平,亦可有效地提高机体抗病、防病的能力。

3. 体育锻炼对呼吸系统的影响

(1)使呼吸肌得到锻炼:呼吸肌主要包括膈肌、肋间肌以及腹壁的肌肉。进行深呼吸时,肩部、背部的肌肉起着辅助作用,因此,经常参加体育锻炼能使呼吸肌增强,胸围增大。由于呼吸肌发达,强壮有力,从而提高了呼吸功能。呼吸的深度与胸廓有关,呼吸肌发达,胸围显著增加。如一般人的胸围呼吸差只有5~8厘米,而经常参加体育锻炼者,由于呼吸慢而深,胸围呼吸差可达到9~16厘米。

(2)肺活量增大:一般人肺活量为3 000~4 000毫升,而经常参加体育锻炼者的肺活量可达5 000毫升以上。不经常运动者,呼吸肌不发达,肺活量小,肺泡中有一部分没有参加呼吸,是肺泡的"死角";而经常参加体育锻炼者,肺活量大,这是因为肺能扩大到最大限度,空气无处不到,"死角"也就会消除。根据瑞典学者安德森等人的研究,在青春期接受游泳训练的女孩,较一般女孩的肺总容量可增长12%,肺活量可增长13.4%,最大吸氧量可增长10.2%。

(3)呼吸深度加深:从呼吸频率看,由于深度不同,呼吸的频率也不同。一般人的呼吸短而急促,每分钟为17~19次,呼吸肌易疲劳且工作不能持久。经常参加体育锻炼者,呼吸深度缓畅,每分钟为8~12次,由于吸进的氧气较多,就能使呼吸肌有较长时间休息。在紧张而剧烈的运动时,肌肉工作大量需要氧气,一般人靠增加呼吸频率来满足机体供氧的需要,因此,运动时常气喘吁吁。而运动员由于呼吸系统机能好,呼吸慢且深,因此,在同等条件下,只要呼吸频率稍稍加强,就可以满足气体交换的需要。

4. 体育锻炼对神经系统的影响

经常参加体育锻炼,可使神经系统的功能得到加强。人体是一个完整的有机体,一切活动均在中枢神经系统的控制和指挥下工作。进行体育锻炼时,人体的各个器官系统都较平时复杂,而神经系统为了对运动时错综复杂的变化及时做出协调的反应,就必须使大脑皮质对外界的刺激做出正确迅速的反应。久而久之,大脑及神经系统的功能就会明显地提高。所以说,体育锻炼是神经活动的体操。体育锻炼还可以减少工作中不必要的肌肉收缩,这是因为运动神经传来的兴奋更精确,降低并限制了神经系统的过分冲动性,从而有益于内脏器官。体育锻炼还可使神经细胞得到充分的营养,特别是氧,使人经常保持充沛的精力，并发挥最大的工作潜力。

体育锻炼除能够产生以上几个方面的功能影响外，对消化系统也具有良好的影响，如体育锻炼可以加快胃肠的蠕动，增加消化液的分泌，提高胃肠的吸收能力，保证身体对营养的需求。此外，体育锻炼对内分泌系统、泌尿系统、生殖系统以及淋巴系统等功能也有积极的促进作用。

（二）体育锻炼对心理健康的影响

1. 有助于促进智力的发展

正常的智力是正确感知和认识世界的前提，是心理健康的基础。经常参加体育锻炼，不仅可使锻炼者的注意力、记忆力、反应力、思维能力和想象力等得到改善和提高，还可以令其情绪稳定、性格开朗，而这些非智力因素对人的智力具有促进作用。体育锻炼可以促进智力发展，概括地讲有以下几个方面：

（1）可以增强神经系统的功能，促进大脑的开发与利用。

（2）可以减缓应激反应。

（3）可以在一定程度上消除疲劳，提高学习效率。

2. 有助于培养和保持良好的情感体验

情绪状态是衡量体育锻炼对心理健康影响最主要的指标。情绪的成熟是人格全面成熟的一个重要方面。研究表明，人在紧张烦躁时，只要散步15分钟，紧张的情绪就会放松下来，其原因在于运动可增加脑部血流量，促进体内一种能产生良好感觉的物质——"内啡肽"的释放，从而改善情绪。经常参与体育锻炼者，可以从运动中不断获取一定程度的满足，这种满足会令人产生快乐而积极的情绪，并以成功或满足的体验来不断强化自己的自信心，进而在保持良好的情感体验中更好地学习和工作。

3. 有助于确立良好的自我概念

自我概念是个体主观上对自己身体、思想和情感等整体的评价。它是由许许多多的自我认识所组成的，包括"我是什么""我主张什么""我不喜欢什么"等。由于体育锻炼可使人体格健壮、精力充沛，因而它对改善人的身体表象和自尊有着重要影响。身体表象是指头脑中形成的身体图像，身体自尊主要包括一个人对自己运动能力的评价、对自己外貌（吸引力）的评价以及对自己身体的抵抗力和健康状况的评价。不论是男性还是女性，对身体表现不满意都会使个体自尊变低，并产生不安全感或抑郁症状。研究表明，肌肉力量与身体自尊、情绪稳定性、外向性格和自信心是相关的，加强力量训练会使个体的自我概念显著增强。因此，体育锻炼对树立良好的自我概念会产生积极的影响。

4. 有助于促进坚定意志品质的形成

意志品质是指一个人的果断性、坚忍性、自制力以及坚忍顽强和主动独立等精神。意志品质既是在克服困难的过程中表现出来的，也是在克服困难的过程中培养起来的。参加体育锻炼，就要不断克服主观和客观上的种种困难，如胆怯、疲劳、恶劣的气候条件和动作难度等，这有助于磨炼人的意志，从而培养人们果断、坚韧等优良的意志品质。这些从锻炼中培养起来的坚强意志品质，也会迁移到日常生活、学习和工作中去。

5. 有助于消除心理障碍，促进健康心理的形成

健康的心理寓于健康的身体之中。人的焦虑、忧愁、烦恼、抑郁等不良情绪，会影响人的情感、意志、性格和良好的人际关系的建立，容易形成不健康心理。研究表明，体育锻炼有助于摆脱压抑、悲观等消极情绪，可以降低焦虑、抑郁等心理障碍的程度。美国心理学家德里斯考发现，跑步能减轻大学生在考试期间的焦虑情绪。体育锻炼不仅能有效地促进人智力的发展和良好心理品质的形成，而且还能够调节情绪，改善人际关系，消除心理障碍，确立良好的自我概念，从而形成健康的心理，达到增进健康的目的。

（三）体育锻炼对不良生活方式和不良行为的影响

1. 现代社会的不良生活方式和行为

随着现代社会都市化、科技化程度的不断提高，人们的体力劳动减少，脑力劳动增加，这使得大脑皮质长时间处于兴奋状态，注意力高度集中，精神高度紧张。日积月累，人容易出现疲劳、神经衰弱、记忆力减退、新陈代谢能力降低等不健康症状，从而诱发神经系统功能紊乱和心血管系统的疾病。此外，城市化的居住环境，工业化对生活环境的污染，加上食物结构的改变等，都威胁和影响着人们的健康。

对健康危害较大的不良生活方式和不良行为有：

（1）酗酒吸烟，暴饮暴食，食糖食盐过量，脂肪摄取过多，偏食零食，不吃早餐。

（2）缺乏运动，少晒太阳，睡眠不足，过度疲劳。

（3）吸食毒品。

（4）不良性行为。

（5）精神紧张，情绪压抑，性格暴躁，无端猜疑。

（6）沉迷于网吧、酒吧和歌舞厅等。

2. 体育锻炼对不良生活方式和行为的影响

现代社会生活使人们有了更多的闲暇时间，为人们进行体育锻炼提供了时间保证。

（1）体育锻炼可以缓解、转移现代化生产方式所造成的疲劳：体育锻炼具有实践性特点，它通过肢体的运动，可以使高度疲劳的神经系统得到积极性休息，达到缓解精神紧张、促使疲劳转移、调节身心平衡的功效。体育锻炼在现代生活方式中发挥着越来越重要的协调作用。

（2）体育锻炼可以提高人们对现代生活节奏的适应性：经常参加体育锻炼，能够有效改善人体神经系统和心血管系统的功能，提高人体对现代快节奏生活的适应能力。

（3）体育锻炼可以丰富闲暇活动的内容：闲暇活动是现代人生活方式的一个重要组成部分，其内容和方式多种多样。随着大众健康意识的增强，人们在闲暇时间里进行体育锻炼，可以使疲劳的身体得到恢复，储备体能，增强体质，从而使身体各方面的能力得到提高。

（四）体育锻炼对社会适应能力的影响

能否适应社会是决定事业成功与否的关键。不管你拥有多少知识，不管你具备多强的业务能力，不管你有多么坚定的事业心，如果不具备适应社会的能力，终将与成功无缘。

现代社会的特征决定了生活在现代社会中的人们必须具备良好的适应能力。概括起来，人的社会适应能力表现为以下几个方面：正确的价值观念，竞争意识与竞争能力，合作精神与能力，良好的人际关系，民主、平等和参与意识，积极向上的个性特征，崇尚知识和追求正面文化，丰富的情感生活。体育锻炼对提高人的社会适应能力有着积极的影响。

1. 体育锻炼有助于培养适应社会发展需要的正确价值观

体育运动有着统一的规则要求，各个运动项目都有严格的技战术分类、锻炼原则和裁判规则。经常参加体育锻炼能够规范人们的行为，使人们在潜移默化中养成公平竞争、遵纪守法的价值取向。

2. 体育锻炼有助于培养适应社会发展需要的竞争意识和手段

在任何体育运动中，竞争都是普遍存在的。对参与者来讲，无论资历、国籍、贫富，都是在统一的规则与要求下进行的公平竞争，完全凭实力来分胜负。经常参加体育锻炼，能够培养吃苦耐劳、勇于拼搏的精神，能够不断提高运动技能、心理水平以及把握机遇的能力，从而形成良好的竞争意识。

3. 体育锻炼有助于促进合作意识、合作能力的提高

随着现代社会的快速发展，社会分工越来越精细，也越来越强调合作，这就要求我们每个人必须具备合作精神与能力。体育锻炼有其明显的群体性，要求参加运动的人员，尤其是参加团体运动项目的人员，必须团结一致、齐心协力，共同拼搏，才能取得胜利。经常参加体育锻炼，能够促进人们的合作意识，提高合作能力。

4. 体育锻炼有助于培养良好的交际能力

任何一个体育项目，都有其规定的技术动作和运动要求，所有参与者在锻炼过程中都需要学习和练习，都需要讲解与示范，都需要对技术动作进行纠正和完善。无论是自我纠正和完善，还是互相纠正和完善，都需要相互配合和主动沟通。特别是在集体项目中，每个人能否在完成自己任务的同时，做到与同伴的协助配合，这对比赛的输赢关系重大。这就要求队员之间必须要有良好的合作配合。经常参加体育锻炼，能够提高人们的沟通和交际能力，有助于良好人际关系的形成。

5. 体育锻炼有助于培养民主参与意识

人人都有参加体育锻炼的权利，这种民主权利已写入联合国教科文组织的《体育运动国际宪章》中。另外，体育竞赛的规则和相关竞赛文件，也明确地与参与者形成了一种契约关系，鼓励参与者战胜对手，同时允许对手平等地与自己竞争。尽管竞赛结果有不确定性，但最终结果必须是透明、公开的。因此，每位参加体育活动的人员，都能从竞赛活动的组织和运动实践中感受到民主化的作风，从而有助于形成良好的民主参与意识。

6. 体育锻炼有助于培养积极向上的个性特征

在体育运动过程中，每个人都会全身心地投入，在运动过程中，每个人都会发现自己的优点和不足。体育锻炼有助于形成正确的自我认识和自我发现意识，同时，为了扬长避短、不断进步和追求完美而表现出的积极主动性，又能帮助参与者形成自我改造的意识。这些都能锻炼和培养人们积极向上的个性特征。

7. 体育锻炼有助于促使人们崇尚知识和文化

体育运动是一项公平的竞争，它是速度、力量、技术、战术、心理和智力等因素的较量，人们在竞争的胜利和失败中会领悟到综合素质与综合知识的重要性，懂得比赛不仅要追求体能优势，还要不断增加知识优势，这有利于人们对知识的崇尚和文化的追求。

8. 体育锻炼有助于培养丰富的情感生活

现代人应具备责任感、道德感和追求感等。体育运动以其群体约束力和积极主动性，激励着参与者的责任感，使其和同伴密切合作；它以其严格的规则，规范着参与者的行为，促使参与者必须具有良好的道德规范；它以其具有胜负要求的特性，促使参与者竭尽全力去追求胜利的目标。在大众体育活动中，参与者可以获得对集体的信赖感和依托感；在家庭体育活动中，成员们可以在和睦快乐的气氛中获得归属感和稳定感；在娱乐体育活动中，人们可以获得愉悦感；在探险活动中，人们可以获得自豪感和征服感。所以，经常

参加体育运动和锻炼，人们可以在成功与失败、竞争与退让，乃至生与死之间不断拼搏、不断抉择，充分享受各种复杂情感的冶炼和体验。

（五）体育锻炼对道德健康的影响

世界卫生组织在健康的概念中，把道德素养纳入健康的范畴。注重健康的人，或者希望自己健康的人，更要注重自身道德的修养。

体育作为一种人类特有的社会活动形式，既是一种有趣、有益、有效的身体活动，又是一种包含诸多教育因素的活动。为了追求健康、健身和提高生活质量，越来越多的人开始加入体育锻炼的行列中来。

体育锻炼对道德健康的影响主要表现在体育锻炼的功能方面：

1. 教育功能

教育是人一生都要接受的漫长过程，包括幼儿园、小学、中学、大学直至参加工作，最后到生命终结。体育是教育的重要组成部分，因此，体育教育也是一个漫长的过程，贯穿于人的一生。早在1917年，毛泽东就在《体育之研究》一文中指出："体育之效在于'强筋骨''增知识''调感情''强意志'"。新中国成立以后，他提出了以"思想好、学习好、身体好"作为培养社会主义事业接班人的目标。而现在要求我们深入贯彻的"健康第一""终身体育"的思想，无一不全方位地体现出体育对一个人身心和道德协调发展的影响。体育锻炼可以培养团队精神、竞争意识、协作能力和克服困难的坚强意志，这些优良品质和良好心理素质的培养和形成是其他学科难以替代的。体育锻炼不仅能够使人精力充沛、思维敏捷、情绪稳定、奋发向上，还可以培养人们追求理想、求实至诚、百折不挠的精神，更能够培养人们经受起失败和挫折的心理素质。这些人生态度、社会公德、协作精神和拼搏勇气是全社会所公认的，是人们适应社会、取得成功必备的道德品质。

2. 健身功能

在现代社会中，运动不足是一个普遍现象。运动不足会造成脑力、体力的不均衡性，出现"现代文明病"。当前，许多青少年的体质健康状况令人担忧，肥胖、近视、耐力素质差、情绪变化大等现象十分突出。苏联教育家苏霍姆林斯基经过20多年的考察研究发现，学习成绩落后的学生不是由于思维迟钝、智力低下，而是由于身体虚弱、健康不佳所致。我国也有研究证实，身体健康对学习、工作有积极的促进作用。

体育锻炼可以改善大脑结构和机能状况，可以增强体质、促进健康、防病治病、调节生活。身体活动会引起神经肌肉的活动，而神经肌肉的有效活动可以保证人体的运动器官和其他有关器官的良好功能。因此，合理而科学的体育锻炼是保证人体发挥其效能的有效途径。

3. 娱乐功能

从社会学特征来看，体育锻炼具有人不分老幼、位不分尊卑的强烈的平等性。每个参加体育锻炼的人，都能够相互交往和交流，都能从中陶冶情操，得到高尚的精神享受，并能够丰富闲暇文化生活。如果一个人在学生时代受到良好的体育指导与教育，特别是对体育锻炼的价值有正确的认识，对体育锻炼有快乐的体验，那么，就会强化其体育意识，为其终身体育锻炼打下坚实的基础，从而使得社会上越来越多的人参与到体育锻炼中来。

总之，体育既是教育的有机组成部分，同时又是一种独特的精神文化、行为文化以及审美文化的综合体。在体育锻炼过程中，受到的不仅是教育，还可以享受并分享快乐，健康身心。

第二节 体育锻炼的基本原则

体育锻炼可以增进健康、提高身体的运动素质和基本活动能力，并能够防治疾病。但是，并不是只要参加体育锻炼，就一定会获得良好效果。如果锻炼内容、强度和方法等选择或运用不当，反而有害于健康。科学的体育锻炼原则是体育锻炼过程中客观规律的反映，是人类从古至今所积累的身体锻炼和养生经验的概括和总结，也是参与者安排锻炼计划、选择锻炼内容、运用锻炼方法必须遵循的基本准则，是为锻炼者达到理想效果而提供的科学指导。

一、体育锻炼的 FIT 原则

FIT 是频率（frequency）、强度（intensity）和时间（time）三个英文单词的首字母。FIT 原则是我们从事以健康为目的的运动所必须采取的基本原则。因此，要想在锻炼过程中取得良好的效果，就必须科学地控制锻炼的次数、强度和时间。

（一）频率

频率是表示每周进行体育锻炼的次数。要想取得较好的体育锻炼效果，建议每周至少进行 3 次体育锻炼。

（二）强度

控制运动强度可以通过测量心率来实现。在进行有氧运动时，心率应该控制在最大心率的 60%~80% 之间（最大心率 = 220 − 年龄）。运动强度大小的监控必须遵守循序渐进的原则，必须充分考虑自己目前的身体状况和健康水平。

（三）时间

时间是指每次运动的持续时间。为了提高心肺循环系统的耐力，至少应持续进行 20 分钟的有氧运动。练习的强度会直接影响持续运动的时间，而在大多数情况下，控制运动时间要比控制运动强度容易得多。在中长跑课上，教师所采用的手段就是控制运动强度和运动时间，有时要求学生在固定的时间里进行持续的有氧运动（控制时间），有时要求学生在固定的时间内完成特定的距离（控制强度）。

二、体育锻炼的超负荷原则

超负荷原则是指在进行体育锻炼时，身体或特定的肌肉受到的刺激程度强于不锻炼时或已适应的刺激程度。在进行体育锻炼时，只有遵循超负荷原则，身体素质才能逐渐得到提高。

要提高有氧耐力水平，可以通过增加每周的练习次数、延长每次练习的持续时间和加大每次练习的强度来达到超负荷锻炼的目的。

要发展肌肉力量，可通过增加器械的重量、增加练习的次数或组数以及缩短每组练习的间歇时间来达到超负荷锻炼的目的。

超负荷原则同样适用于发展关节和肌肉的柔韧性，可通过增加肌肉的拉伸长度、延长拉伸持续的时间和加大关节活动的幅度来实现。

虽然超负荷锻炼可以使身体素质逐渐得到提高，但这并不意味着每次必须练到筋疲力尽。事实上，即使不进行超负荷的练习，一般性的锻炼也能保持和提高身体健康水平，只不过要花更多的时间进行锻炼才能取得良好的锻炼效果。

三、体育锻炼的循序渐进原则

循序渐进原则是指体育锻炼必须根据人体身心发展规律和个人的实际情况，在锻炼的内容、方法和运动负荷等方面逐步提高，使机体功能不断得到改善和提高。

循序渐进是人体适应的基本规律，人体对内、外环境变化的适应是一个缓慢的、由量变到质变的过程。只有遵循这个规律，才能取得良好的锻炼效果，否则，非但不能增强体质，还会引起机体损伤和运动性疾患，损害身体的健康。青年人争强好胜，一时情绪激动就会鲁莽行事，违背体育锻炼循序渐进的规律，使机体超负荷运转，极容易造成机体损伤。因此，进行体育锻炼切不可急于求成。坚持循序渐进原则要做到以下三点：

（一）选择合理的锻炼内容

在锻炼的内容上，要根据自己的身体状况合理选择。体质不同，锻炼起点也不同。体质较好的人，可选择比较激烈的运动方式，如各种竞技运动项目；体质较弱的人，开始锻炼时可选择比较缓和的运动，如慢跑、徒手操、乒乓球等。患慢性疾病的人，可选择保健体育的一些内容，如太极拳、散步等。当体质逐渐好转后，锻炼内容可逐步由缓和变为较为剧烈的运动。

（二）运动量逐步加大

机体对运动量的承受能力有个缓慢的适应过程。锻炼时，运动量要由小到大，逐步增加。在锻炼的初始阶段，锻炼的时间要短，运动量不要过大，待机体适应后再逐步加大。如果运动量长期停留在一个水平上，机体的反应能力就会越来越小。机体机能的提高是按照"刺激—适应—再刺激—再适应"的规律有节奏地上升的，运动量也应随着这种节奏来安排。病后或中断锻炼后再恢复锻炼，尤其要注意循序渐进，以免发生意外。

（三）每次锻炼过程也要循序渐进

每次锻炼前要做好准备活动，锻炼后要做好整理活动，如长跑前先进行5~10分钟慢跑，长跑后也不要马上停下来。

四、体育锻炼的安全性原则

安全性原则要求锻炼者在体育锻炼的过程中要始终注意保护自己，做到安全第一。安全性原则的主要内容包括：

（1）在制订或实施锻炼计划前，一定要进行体检，得到医生的许可。如果患有某种疾病或有家族遗传病史，应找医生咨询，在有医务监督的情况下按照医生的建议进行锻炼。

（2）在有条件的情况下，请运动医学专家根据锻炼者的体质健康状况开出运动处方，以指导锻炼者有目的、有计划地进行安全、科学的锻炼。

（3）每次锻炼前必须做好充分的准备活动，克服内脏器官的生理惰性，防止出现运动损伤。

（4）饭后、饥饿或疲劳时应暂缓锻炼，疾病初愈也不宜进行较大强度的锻炼。

（5）每次锻炼后，要注意做好整理、放松活动，这有利于促进机体的恢复。

（6）在锻炼过程中不要大量饮水，以免加重心脏的负担或引起身体及肠胃的不适。运动后也不宜立刻洗冷水澡。

五、运动强度的适时监控原则

测量心率有助于了解和控制体育锻炼过程中的运动强度，它可以准确地告诉运动者运动强度是否需要调节。触压桡动脉和颈动脉可以测得心率。

为了准确地测量运动时的心率，必须在运动结束即刻测量。测量10秒的心率再乘以6，即得到运动时的心率（次/分）。

最大心率：指人体做极限运动时的心搏频率。一般运动强度都采用最大心率的百分数来表示，但要直接测出每一个人的最大心率不仅是困难的，而且还具有一定的危险性。可用以下公式估算出自己的最大心率：

$$最大心率 = 220 - 年龄$$

靶心率：指通过有氧运动提高人体心血管系统耐力的有效而且安全的运动心率范围。为了提高心血管系统的有氧耐力水平，运动时心率必须保持在靶心率的范围内。以下公式可以帮助我们计算或监控运动时自己适宜的心率范围：

$$靶心率 = 最大心率 \times 60\% \sim 最大心率 \times 80\%$$

成年人靶心率的上限为最大心率×80%，青少年靶心率的上限为最大心率×85%。

靶心率为人们确定了以健康为目的的运动必须保持的每分钟心率的上限和下限。一旦靶心率被确定，就可以监控自己运动时的练习强度。如果运动时心率超出靶心率的上限，就应该降低运动强度；相反，如果运动时心率低于靶心率的下限，就应该增加运动强度。

六、体育锻炼的环境监控原则

（一）太阳射线对人体的影响

在体育锻炼时，强烈的阳光会对暴露在外的皮肤造成很大的伤害。阳光中的紫外线可使局部皮肤毛细血管扩张充血，使表皮细胞遭到破坏，导致皮肤发红、水肿、出现红斑；过量紫外线照射还可引起光照性皮炎、眼炎、白内障、头痛、头晕、体温升高及精神异常等症状。红外线的穿透力较强，常用于消炎、镇痛，改善局部营养，治疗运动创伤、神经痛和某些皮肤病。但是，过强的红外线照射对机体有害，它会使局部组织温度过高，甚至造成灼伤。当头部受强烈阳光照射时，红外线可使脑组织的温度上升而引起全身机能失调。因此，要尽量避免在强烈的阳光下进行体育锻炼，应选择在反射率低的场地进行锻炼。

（二）高温环境中的体育锻炼

人体运动时，不管外界的温度如何，体内产热量都会大幅度增加。人体在剧烈运动时的产热量会比平时增加100倍以上。由于运动而使机体内产生的过多热量，在高温环境下，这些热量很难在短时间内向外散发，于是便会蓄积在体内，使体温升高，从而引起机体的机能失调，甚至死亡。因此，在热环境中进行体育锻炼时，必须采取防暑措施，否则就会有患热辐射疾病的危险。为此，应做到以下几点：尽量避免在酷暑下锻炼，如在热环境下锻炼时，一定要及时补充水分，通过增加排汗量来促进体内热量的散发；控制好练习的强度和时间，穿合适的服装，既要保护皮肤不被红外线灼伤，又要通风透气，保证体热的散发。

>>> **知识链接**

人体从食物中摄取的总能量的50%用以维持正常体温，其余的能量则以化学能的形式重新转移到ATP分子中储存，以供机体直接利用。人体内能量的摄入与支出，是符合能量守恒定律的。它遵循下列公式：

能量输入（食物）= 能量输出（做功、产热）± 能量的储存（脂肪等）

健康成年人体重的变化，基本符合上述公式。当能量摄入与支出平衡时，体重基本保持不变；如果能量摄入大于支出时，人体就会发胖；相反则会消瘦。

（三）低温环境中的体育锻炼

在寒冷的环境下进行锻炼，可以提高人体对外界环境变化的适应能力和对疾病的抵抗能力。但是，冷环境可使肌肉的黏滞性增大，伸展性和弹性降低，工作能力下降，容易出现运动损伤。

为了避免寒冷环境给运动带来的不利影响，在运动前首先要做好准备活动并延长其时间，保证体温进一步升高；其次，不要张大嘴呼吸，避免冷空气直接刺激喉咙而引起呼吸道感染和咳嗽等；再次，注意耳、手、足的保温，防止这些部位被冻伤。另外，在运动时不要穿太厚的服装，以免在运动中出汗较多导致运动后感冒。运动后，要及时穿好衣服保持体温。

（四）湿度对体育锻炼的影响

在气温适中时，空气相对湿度对人体的影响不大，而在高温或低温时，较大的湿度对人体十分不利。湿度越大，人体通过蒸发散热的途径就越容易受到阻碍，人体产热和散热的平衡就会被打破，机体的正常功能会受到不良的影响。

在一般情况下，适宜的湿度为40%~60%。在气温过高或过低的情况下，空气相对湿度越低越好；当气温高于25℃时，空气相对湿度以30%为宜。

（五）避免在空气污染的环境中锻炼

大气污染物的种类很多，有100多种，其中对人类有较大威胁的是烟雾尘、硫化物、氧化物、氮化物、卤化物和有机物等。大气中的污染物一般通过呼吸系统进入人体，也可以通过接触（皮肤、黏膜、结膜等）危害人体。

大气中的臭氧和一氧化碳是影响体育锻炼效果的两种重要污染物，它们可导致胸腔发闷、咳嗽、头痛、眩晕及视力下降等，严重的还会导致支气管哮喘。当空气中的臭氧含量达到$(0.2~0.7)\times 10^{-6}$时，不应再进行户外锻炼。一氧化碳可减少血液中血红蛋白的数量，降低血液运输氧的能力，从而直接影响锻炼效果。汽车排放的尾气中含有大量一氧化碳，因此，应避免到车流量大的马路边散步或跑步。

当出现沙尘暴、可吸入颗粒物较多或雾霾天气时，也应停止户外锻炼。

第三节　体育锻炼的科学方法

体育锻炼方法是参与者为达到预期健身效果而采用的体育健身的途径和方式。方法选择正确与否，会直接关系到锻炼内容的实施以及健身目标的实现。因此，选用锻炼方法要以健身目的和任务为前提，综合考虑锻炼者自身特点以及所处的环境条件，根据项目特点科学合理地选择相应的方法。

科学运动，做自己的健康第一责任人

一、重复锻炼法

在体育锻炼过程中，多次重复同一练习，两次（组）练习间安排相对充分的休息，从而增加运动负荷的锻炼方法叫作重复锻炼法。此方法的关键是两次练习之间的间歇时间要充分，这样可有效地提高锻炼者的无氧和有氧混合代谢能力，提高各种技术应用的熟练性与机体的耐久性。重复次数的多少不同，对身体的作用就不同。重复次数越多，身体对运动反应的负荷量就越大。如果重复次数不断继续增加，就可能使身体的负荷超过极点，乃至破坏有机体的正常状态而造成伤害。重复锻炼是为追求必要的运动负荷而去一次又一次地反复做动作的过程。这个过程主要是追求负荷强度，而不在于改正动作错误。因此，运用重复锻炼方法的关键是掌握好负荷的有效价值范围，并据此调节重复次数。在重复锻炼中，对负荷如何控制和怎样去重复才能达到理想效果的负荷强度，应视具体情况而定。通常认为，普通大学生的负荷心率在 130~170 次 / 分的范围内是较适宜的。在这个范围内，心室血液充盈，每搏输出量以及氧气的运输量等均达到最佳状态，并可以持续地运动；心率低于 130 次 / 分则健身效果不大，应增加重复次数；超过 170 次 / 分则需减少重复次数，或安排足够的间歇时间。运用重复锻炼方法还要注意根据锻炼项目的不同特点和不同体质状况随时加以调整，以免机械呆板和产生厌倦情绪。

二、间歇锻炼法

在体育锻炼过程中，对多次锻炼时的间歇时间做出严格规定，使机体处于不完全恢复状态下，反复进行锻炼的方法叫作间歇锻炼法。每次练习的负荷时间较长，负荷强度适中。此方法可使锻炼者的心脏功能明显增强，通过调节负荷强度，可使机体各机能产生与锻炼项目相匹配的适应性变化，同时可提高有氧代谢供能能力，增强体质。

通常认为，体质增强的过程是在运动中实现的，其实体质的增强过程主要是在间歇锻炼中实现的，是在休息过程中取得了"超量恢复"。没有"超量恢复"，运动对增强体质毫无意义。间歇对增强体质的作用并不亚于运动本身，人类已经清楚地认识到在间歇时间内机体的各种变化，认识到保持同化优势的重要性，故把间歇锻炼作为一种健身的基本方法。

与重复锻炼法一样，间歇的时间也要依据负荷的有效价值标准去调节。一般来说，当负荷反应（心率）指标低于有效价值标准时应缩短间歇时间，而在高于有效价值标准时则可延长间歇时间。实践中，一般心率在 130 次 / 分左右时，就应再次开始锻炼。间歇时不要静止休息，而应边活动边休息，如慢速走步、放松手脚、伸伸腰或做深而慢的呼吸等。

因为轻微活动可使肌肉对血管起到按摩作用，帮助血液回流和排除代谢所产生的废物。

三、连续锻炼法

在体育锻炼过程中，为了保持有价值的负荷量而不间断地连续进行运动的方法叫作连续锻炼法。此方法要求负荷强度较低，负荷时间较长，无间断地连续进行运动。从增强体质出发，需要间歇就停一会儿，需要连续就接二连三地进行下去，所以锻炼不能仅讲间歇，还要考虑连续。连续、间歇、重复都是在整个锻炼过程中实现的。连续、间歇、重复等因素各有其特有的作用，连续的作用在于持续负荷量不下降，维持在一定的水平上，使身体充分地受到运动的作用。

连续锻炼时间的长短，同样要根据负荷价值有效范围而定。通常认为，在140次/分左右的心率下连续锻炼20~30分钟，可使机体的各个部位都长时间地获得充分的血液和氧的供应，因而能有效地发展有氧代谢能力，发展耐力素质。实践中，用于连续锻炼的内容主要是那些比较容易并已为锻炼者所熟悉的运动，如跑步、游泳、健美操和排舞等。

四、循环锻炼法

循环锻炼法由几个不同特点的练习点（或称作业站）组成，练习者按照既定顺序和路线，依次完成每点练习任务。即一个点上的练习一经完成，练习者就迅速转移到下一个点，下一个练习依次跟上。练习者完成了各个点上的练习，就算完成了一次循环。这种练习方式就叫作循环锻炼法。其结构因素有每点的练习内容、练习负荷、安排顺序、间歇、每遍循环之间的间歇、练习点的数量和循环组数等。

循环锻炼法对技术的要求不高，且各个项目都可采用负荷比较轻的练习，因此练起来简单有趣，可有效地提高不同层次和水平练习者的运动情绪和积极性；可以合理地增大锻炼过程的练习密度；可以随时根据具体情况加以调整，做到区别对待；可以防止局部负担过重，延缓疲劳的产生，交替刺激不同体位，有利于综合锻炼、全面发展。

在运用循环锻炼法时，关键是要按照全面性原则去搭配项目。对大学生而言，锻炼时既要发展四肢，也要发展躯干；既要运动胸背部，又要运动腰腹部；既要追求形态的健美，也要注意机能、素质的全面发展。为此，就必须搭配项目，一般应选6~12个已掌握的简单易行的项目进行搭配。搭配时，要注意上肢动作与下肢动作、剧烈的跑跳练习与静力憋气动作之间的合理交替。在健身锻炼中，可根据锻炼项目安排循环练习的各个练习点，还可以分队比赛，增加竞争性，以提高练习兴趣。

五、变换锻炼法

通过不断变换运动负荷、练习内容、练习形式以及条件，以提高锻炼者的积极性、适应性及应变能力的方法称为变换锻炼法。这种方法可以有效地调节生理负荷，提高兴奋性，强化锻炼意识，克服疲劳和厌倦情绪，以达到提高锻炼效果的目的。

刚参加锻炼时，可多做些诱导性练习和辅助性练习。随着锻炼水平的提高，应加大练习的难度，如用越野跑代替在田径场的长跑等。锻炼条件的变化，可使锻炼者的大脑皮质不断地产生新异的刺激，从而提高兴奋性，激发锻炼的兴趣，进而提高机体对负荷的承受能力，提高锻炼效果。另外，不断地对锻炼的内容、时间和动作速率等提出新的要求，可有效地调节生理负荷，使机体不断产生适应性变化，达到更好的锻炼身体的目的。

六、负重锻炼法

负重锻炼法是使用杠铃、哑铃、沙袋等重物进行身体运动来锻炼身体、增强体质的方法。负重的方法既适用于普通人为增强体质而锻炼身体，又适用于各个项目的运动员进行身体训练，还适用于身体疾患者的康复。

在进行负重锻炼时，过大的运动负荷可能给心血管和呼吸系统带来不良的影响。因此，为了保证这种锻炼方法对身体的良好作用，在运动负荷价值阈范围内可以多次重复或连续运动。

第四节　运动处方

一、运动处方的基本原理

（一）何谓运动处方

在运动疗法的治疗中，医生根据对患者的疾病诊断、病情、功能状态和康复目标，制订出患者康复锻炼的方子，称为运动处方，它是康复医学的重要措施之一。对体育锻炼者来说，运动处方就像医生给患者开治病处方一样，开出一张如何科学地锻炼身体、提高体能水平、健身防病的方子，使锻炼者从中获益。

我国康复医学专家刘纪清教授给运动处方下的定义是：对从事体育锻炼者或患者，根据医生检查资料（包括运动试验及体力测验），按其健康、体力及心血管功能状况，结合生活环境条件和运动爱好等个体特点，用处方的形式规定适当的运动种类、时间及频率，并提出运动中的注意事项，以便有计划地经常性锻炼，达到健身或治病目的，即为运动处方。

康复医学专家周士杭教授给运动处方下的定义是：在运动疗法的治疗中，常以处方的形式来确定运动的种类和方法、运动强度、运动量，并提出在治疗中应注意的事项，这就是运动处方。

（二）运动处方的原理

运动处方的原理是根据运动时引起的人体生理反应和机能变化从"一时性适应"逐步过渡到"持续性适应"，最终获得良好的锻炼效果。

什么是"一时性适应"呢？人体运动时，生理机能会发生很多变化，如脉搏加快、血压升高、呼吸频率加快、体温上升、产热量增加等，这些变化会因个体的运动量和运动强度的不同而产生差异。同时，"一时性适应"还会因锻炼项目的不同对人体各器官系统产生不同的影响。有氧耐力运动主要对心血管系统和呼吸系统产生适应性变化；力量锻炼主要引起运动系统，特别是肌肉的适应性反应；而放松性练习则对神经系统和内分泌系统产生较大影响。

什么是"持续性适应"呢？"一时性适应"的多次重复，就会累积产生"持续性适应"。这就要求健身者持之以恒，长期坚持合理的体育锻炼，方能收到良好的成效。如长期坚持长跑等有氧锻炼,能有效增强心血管系统和呼吸系统的机能,增大吸氧的能力;经常进行力量锻炼会使肌肉变得粗壮发达,增强肌肉的力量;经常进行柔韧性锻炼会增加肌肉韧带的弹性和伸展性,增强关节的灵活性。要产生"持续性适应",除了坚持长期锻炼外,还要讲究科学锻炼,选择合理的运动量和运动强度,过大或过小的运动强度,重复间歇过长或过短,对身体都会产生不利影响,就很难产生"持续性适应"的效应了,也就不可能达到增强体质和增进健康的目的。

(三)运动处方的种类

运动处方的种类很多,根据应用的对象和锻炼的目的,一般有以下几种:

1. 竞技性运动处方

该处方用于提高运动员身体素质和运动技术水平的训练方案。

2. 预防性(保健性)运动处方

该处方适合一般健康人,包括中老年人在内的人群,用以增强体质、预防疾病和提高健康水平。

3. 治疗性运动处方

该处方用于慢性病患者及患者创伤康复期的锻炼,能提高疗效,加速疾病的康复。

二、运动处方的基本内容

(一)运动处方的内容

运动处方的内容一般包括运动目的、运动项目、运动强度、每次运动持续时间、运动频度和注意事项6个方面。

1. 运动目的

锻炼者年龄、性别、职业、爱好、习惯、体质健康状况和锻炼目的不同,开出的运动处方也不同。如锻炼的目的可以有防病治病、强身健体、健美减肥、休闲消遣、提高身体素质和提高运动成绩等,则运动处方自然不会相同。

2. 运动项目

运动项目应根据锻炼(运动)目的而定,一般包括以下项目:

(1)耐力性项目(有氧运动项目):此类运动能有效增强或改善心血管系统和代谢功能,提高体能,预防冠心病、肥胖症、动脉硬化等病症。锻炼的项目有快走(步行)、慢跑、骑自行车、游泳、爬山、跳绳、划船、爬楼梯、滑冰和滑雪等。国外运动医学专家对经常参加体育锻炼的老年人进行体检时发现,参加健身跑、游泳、自行车运动锻炼的老年人的心肺功能要比从事其他运动项目的老年人好。

(2)医疗体操(呼吸操、矫正体操等):适用于患有某些慢性病和创伤康复期的中老年人或患者。如慢性支气管炎、肺气肿患者,可进行呼吸操锻炼;内脏下垂者,可进行腹肌锻炼;截瘫者可进行轮椅训练;截肢患者可进行上、下肢训练;脊柱畸形或扁平足患者可进行矫正体操练习;四肢骨折者康复期可进行功能锻炼等。

(3)放松性训练:此类项目有调节神经系统、放松精神和躯体、消除紧张和疲劳、防治高血压和神经官能症的作用。锻炼的项目和方法有气功、太极拳、瑜伽、散步、保健按摩和放松体操等。

(4)力量性项目:力量性练习能增强肌肉力量和力量耐力,防止关节损伤,改善机体有氧代谢能力和增强体力。锻炼的方法有蹲起、俯卧撑、仰卧起坐和各种利用器械的练习等。

（5）柔韧性练习：老年人容易发生关节僵硬和疼痛的情况，这常常不是由关节炎症引起的，而是由于缺乏运动所致。经常做一些柔韧性练习，可以活动关节，增强关节的柔韧性和灵活性，延缓关节硬化。锻炼的项目有太极拳、八段锦、武术、柔软体操和伸展性练习等。

3. 运动强度

运动强度与运动效果和安全直接相关，掌握适宜的运动强度是运动处方的关键。反映运动强度的指标有运动时的心率，运动时的吸氧量占最大吸氧量的百分比和代谢当量等。

4. 运动持续时间

根据国内外的经验，如果进行耐力性运动（有氧运动）锻炼，时间可从20分钟到1小时，其中达到适宜心率的时间应在10分钟以上才能取得较好的锻炼效果。一般来说，如果进行5~10分钟的运动，则吸氧量要达到最大吸氧量的60%~70%。运动时间越长，所需强度越低。如果进行1小时的运动锻炼，只需达到50%的吸氧量就够了。医疗体操和放松性练习持续时间视具体情况而定，相对比耐力性运动时间要长。

运动强度和运动时间有密切关系，运动量确定后，运动强度大的练习时间应相应缩短。同样的运动负荷，年轻和体质好的人，可选择强度大、持续时间短的练习；而中老年人和体弱者宜选择强度小而持续时间较长的练习。

5. 运动频度

运动频度即每日或每周运动的次数。究竟健身锻炼以每周锻炼几次为好？这个问题得从美国国家宇航局专家的研究说起，他们认为一个经常从事运动的人，在停止运动2~3天以后，肌肉力量即开始下降，停止运动的时间越长，肌肉力量减退和肌肉组织的萎缩越明显。此研究说明，锻炼效果无法储存，锻炼效果要靠不断的坚持运动来取得，否则就会丧失殆尽。那么，是否需要每天都锻炼呢？这要根据锻炼者的运动目的、年龄、体质健康状况和运动习惯因人而异。对运动员来说，当然锻炼的次数多一些为好，但对以健身锻炼为目的的人来说，隔日1次就可以了，也就是说每周锻炼3~4次为宜。年龄较大、运动量和运动强度较小、且有运动习惯者，每日锻炼一次也是可以的。但应注意：每周锻炼次数最低不能少于2次，否则就不能产生一定的运动效应和蓄积作用。

6. 注意事项

（1）明确禁忌参加的运动项目。

（2）介绍锻炼时自我观察和自我监督的指标。

（3）告诉锻炼者，如出现异常情况，停止运动的准则。

（4）如锻炼后出现疲劳、睡眠不好、肌肉酸痛等情形，应减少运动量和运动强度。遇生病应停止锻炼，待病好后再慢慢恢复锻炼。

（5）运动前后做好准备活动和整理活动：锻炼前应先进行10分钟的准备活动（热身运动），以保护心脏和肌肉关节。锻炼后要放松，不要马上停止活动，同时注意保暖。

（二）运动处方的格式

运动处方可根据不同需要制订不同的格式。运动处方的6个内容一般都应包括在内，同时根据情况，还可加入禁止参加的运动项目、锻炼时的自我监督指标及出现异常情况时停止运动的准则等内容。制订运动处方时，必须注意有关准则，加强医务监督，注意安全锻炼（表2-4-1，表2-4-2，表2-4-3）。

表 2-4-1　运动处方格式（正面）

姓　名：_____　　性　别：_____　　年　龄：_____
健康状况：_____
功能检查：_____
结　果：_____
运动项目：_____
运动时最高心率（次/分）：_____
每次运动持续时间：_____　每周运动次数：_____
注意事项：_____　　　　　禁忌运动项目：_____
　　　　　　　　　　　　　　　　　　　自我监督项目：_____
复查日期：_____

　　　　　　　　　　　　　　　　　　　　　　　　　医师签字：
　　　　　　　　　　　　　　　　　　　　　　　　　　年　　月　　日

表 2-4-2　运动处方格式（背面）

日期	运动情况	身体反应状况

表 2-4-3　运动处方卡

姓名_____　性别_____　年龄_____　职业_____
锻炼目的：_____
运动项目：_____
运动强度：心率范围控制在 _____ 次/分~ _____ 次/分
每次运动持续时间：_____ 分钟
运动频度：每周（日）_____ 次
注意事项：_____
禁忌运动项目：_____

　　　　　　　　　　　　　　　　　　　　　　　　　医师签字：
　　　　　　　　　　　　　　　　　　　　　　　　　　年　　月　　日

（三）运动处方实例

姓名：张军　　　　性别：男　　　　年龄：20岁　　　　职业：学生
健康检查：良好　　身高：170厘米　　体重：64千克　　病史：无
运动负荷测定：

安静脉搏：85 次 / 分　　　　　血压：120/90 毫米汞柱　　　　肺活量：4 000 毫升

体能测定：

力量：俯卧撑：25 个 / 分　　　　耐力：1 000 米跑 4 分钟

体质测定：

健康状况良好，耐力不佳。

运动目的：

通过慢跑训练，显著提高体能素质和耐力水平，争取 1 000 米跑进 3 分 30 秒以内。

运动项目：慢跑。

运动时间：坚持锻炼一个月，每天 20~30 分钟，循序渐进。

运动密度：可运动 5 分钟，休息 2 分钟再运动，灵活变化。

运动频率：每天至少 1 次。

注意事项：饭后不要立即运动；运动后不要马上洗澡、进餐；夏季最好在早上六点后、下午四五点钟运动；运动后注意自我感觉，如出现头痛、头晕、胸闷、气急、食欲减退、睡眠不好或脚痛等情况，则说明运动过量。运动后 5 分钟脉搏应恢复至运动前状态。

星期	活动内容	时间 / 分钟	负荷
一	慢跑：3 000 米	25~30	轻松
二	走跑交替：（5 分钟走 + 5 分钟跑）× 3	30	稍费力
三	一般准备活动，各种球类游戏	40	轻松
四	一般徒手操，持续跑 5 000 米	35~40	稍费力
五	走跑交替：（5 分钟走 + 5 分钟跑）× 3	30~40	轻松
六	一般徒手操，持续跑 3 200 米	25~30	较轻松
日	休息		

第三章 体育锻炼与卫生保健

第一节　体育锻炼的自我监督

爱国卫生运动

一、自我监督的意义

大学生在进行体育锻炼时，实施自我监督很重要，因为适当的运动能够促进其掌握运动技能、增进健康，而不适当的运动则会造成损害。

自我监督是指大学生在体育学习、锻炼、训练或比赛过程中，对自身健康和身体功能状况进行监督。通过自我监督，可增强运动者的信心，为科学、合理地安排体育锻炼内容和运动负荷、提高学习锻炼效果及养成良好的运动习惯等提供重要的依据。

在体育锻炼过程中，大学生所呈现出的各种生理和心理反应不尽相同，每个人应根据自身状况，科学地进行体育锻炼。因此，自我监督对体育教师和学生来说都是必要的。

二、自我监督的内容和方法

体育锻炼自我监督的内容包括主观感觉和客观检查两个方面。

（一）主观感觉

人的主观感觉是人体功能状态的直接反映，主要包括一般感觉、睡眠、饮食、排汗量和体征等。

1. 一般感觉

若身体不适，锻炼者会感觉精神不振、软弱无力或疲倦。在体育锻炼过程中，如果方法不当或身体疲倦，锻炼者就会失去体育锻炼的积极性。运动过程中出现肌肉酸痛是正常的，通过减少运动量或进行放松活动，酸痛可缓解或消失。在体育锻炼过程中或结束后，若出现头痛、头晕、胸痛、胸闷、恶心、呕吐或其他不适症状时，说明运动量过大或身体健康状态出现了问题。

2. 睡眠

良好的身体状态需要规律的睡眠。具体表现为：入睡快、睡眠深、少梦，早晨醒来时精力充沛。若出现不易入睡、夜间易醒、在睡醒后仍深感疲惫等现象，表示健康状况存在问题，应及时加以调养。

3. 饮食

在一般情况下，由于运动锻炼消耗能量较多，运动后会使锻炼者食欲大增。但运动不当或健康状态不良时，也会出现食欲下降的情况。

4. 排汗

运动时，由于能量代谢较快，产热量多，排汗是散热的一种重要方式。适量运动会使身体有发热感，身体微微出汗，感觉轻松愉快。若轻微活动即出虚汗或大量出汗，则表明身体很疲劳或有其他疾病。此外，也要注意影响排汗的其他因素，如气温、湿度以及神经系统的状况等。

5. 体征

体育锻炼时的外部体征，一般可从以下三个方面去观察：精神（锻炼者的表情、言语、眼神、注意力等）、躯体（面色、呼吸、嘴唇、排汗等）、动作（动作的质量、准确性、步态等）。运动量适宜时，学生精神良好、注意力集中、身体微微出汗、面色稍红、步态轻快、动作准确。运动量过大时，锻炼者会表现为面色苍白、呼吸困难、出汗量大、反应迟钝、动作不稳等体征，此时应减少运动量或适当放松调整。

（二）客观检查

1. 心率

在正常情况下，一般人的脉搏应平稳、有力，每分钟为70次左右。如出现脉搏增多或心律不齐症状，可能与疲劳及活动过度有关。观察学生在体育锻炼前后脉搏的变化，并用脉搏差值来评价运动量。在体育锻炼过程中，脉搏应该保持在130~150次/分。体育锻炼后5~10分钟，脉搏应恢复到运动前的水平。

2. 体重

在运动量适宜的情况下，体重应该是相对稳定的，或由于机体的水分和脂肪等减少，短期内稍有下降，随后逐渐趋于稳定。若出现体重不断减轻，并伴有其他异常感觉，可能与过度训练或患有慢性消耗性疾病有关，此时应减少运动量并到医院检查。

3. 血压

参加体育锻炼后，血压应趋于稳定。如果突然出现血压骤升、骤降的情况，应停止运动并到医院检查。

4. 心电图

若心电图异常，应减少运动量并到医院检查。

5. 其他检查

在体育锻炼过程中，还要通过肺活量、握力、背力等测试对锻炼情况进行检查监督。女子在体育锻炼期间，还应特别注意月经周期的变化，如运动后月经量的多少、经期的长短、有无痛经等，以便根据经期的身体情况，合理安排运动量。

第二节　运动中常见的生理反应及其处理

体育运动使人体生理活动过程的有序性受到了暂时的破坏，从而出现某种生理反应，即"生理运动反应"。

一、肌肉酸痛

在进行超负荷训练后，特别是不经常参加体育锻炼或者长时间间断体育活动后又重新参加锻炼的人，在运动结束后1~2天内，往往都会感到明显的肌肉酸痛。

（一）处理

以下措施有利于酸痛的减弱或缓解肌肉酸痛：

1. 热敷

对酸痛的肌肉进行热敷，有助于肌肉组织的修复及痉挛的缓解。

2. 伸展练习

对肌肉进行局部静力牵张练习，保持伸展状态 2 分钟左右，然后休息 1 分钟，重复练习。每天重复几次伸展练习，有助于缓解肌肉痉挛。

3. 按摩

按摩可使肌肉放松，促进血液循环，有助于肌肉的损伤修复及痉挛缓解。

4. 口服维生素 C

维生素 C 有促进结缔组织中胶原合成的作用，有助于受伤组织的修复，减轻或缓解肌肉酸痛。

5. 针灸、电疗

针灸、电疗等手段对缓解肌肉酸痛也有一定的作用。

（二）预防

预防肌肉酸痛可以采取以下措施：

（1）根据锻炼者自身体质及状况，科学地安排锻炼负荷。

（2）锻炼时，为避免局部肌肉负荷过重，应避免长时间锻炼身体的某一部分。

（3）准备活动要充分，这对损伤有预防作用。

（4）整理活动除进行一般性放松练习外，还应重视肌肉的伸展牵拉练习，这种伸展性练习有助于预防局部肌纤维痉挛，从而可以避免肌肉酸痛的发生。

二、运动中腹痛

在体育运动过程中或运动结束时，常会发生腹痛，在中长跑、竞走、骑自行车等耐力性运动项目中更易出现。偶尔参加运动或者停止一段时间后又重新开始运动的人更容易出现腹痛。

运动腹痛多在中长跑时产生，主要是因为准备活动不充分，开始时运动剧烈，内脏器官尚未适应运动状态，致使脏腑功能失调，引起腹痛。运动前进食或饮水过多以及腹部受凉等，也会引起胃肠痉挛。此外，运动时间过长，或过于剧烈，使下腔静脉压力上升，引起血液回流受阻，或因肝脾淤血，膈肌运动异常，也会造成腹痛。

（一）处理

若无器质性病变迹象，一般可采用减速慢跑、加深呼吸、按摩疼痛部位或弯腰跑等方法处理，疼痛即可减轻或消失。如果疼痛仍未缓解，甚至加重，此时应停止运动，并口服十滴水或揉按内关、足三里、大肠俞等穴位。若仍不见效，则应去医院做进一步检查，在未确诊之前，不宜服用止痛药，以避免掩盖病情而造成误诊。

（二）预防

预防运动中腹痛，应做到：合理安排运动时间，不暴饮暴食，运动前不吃容易产气或难以消化的食物，不空腹进行剧烈运动，用餐 1.5~2 小时后方可进行剧烈运动；运动前要充分做好准备活动，运动量要循序渐进，并注意呼吸节奏；夏季运动要注意补充盐分；对于各种慢性病症引起的腹痛，应就医检查；病愈之前，应在医生或体育教师的指导下进行锻炼。

三、运动性贫血

剧烈运动后，有些人会出现面色苍白、头晕目眩、恶心呕吐、心慌气短、四肢无力、精神萎靡等症状，且经过血液检查后发现，成年男子的血红蛋白低于 120 克/升，成年女子血红蛋白低于 110 克/升，即为运动性贫血。

（一）处置

（1）适当减少运动量，必要时暂停运动。

（2）补充蛋白质和富含铁、叶酸等促进蛋白质合成的食物。

（3）服用硫酸亚铁、血宝、生血铁、阿胶和维生素 C 等。

（二）预防

体育锻炼时，要遵循循序渐进和区别对待的原则，合理安排运动负荷。注意膳食营养，保证充足的蛋白质、铁和维生素的摄入。定期检查血液中红细胞计数和血红蛋白含量，以便及时诊断医治。

四、运动性晕厥

在运动中，由于脑部突然供血不足而发生的一时性知觉丧失现象称为运动性晕厥。运动性晕厥是由于剧烈运动或长时间运动使大量血液积聚在下肢，回心血量减少造成的，也和剧烈运动后引起的低血糖有关。运动性晕厥表现为全身无力、头昏耳鸣、眼前发黑、面色苍白、失去知觉、突然昏倒，临床上表现为手足发凉、脉搏慢而弱、血压降低、呼吸缓慢等。

（一）处置

（1）立即使患者平卧，足略高于头部，并经小腿向大腿的向心方向按摩或拍击。同时用手指点压人中、合谷等穴位，必要时给予氨气闻嗅。

（2）如患者停止呼吸，应立即进行人工呼吸。轻度休克者，应由同伴搀扶并缓慢行走一段时间，即可消除症状。

（二）预防

平时要坚持体育锻炼，增强体质。长时间下蹲后不要突然起立，避免带病参加剧烈运动。急跑后不要立即停下来。不要在饥饿情况下参加剧烈运动。

五、肌肉痉挛

肌肉痉挛俗称抽筋，是肌肉突然发生不自主的强直收缩，出现肌肉僵硬、疼痛难忍的症状。肌肉痉挛在足球、游泳、长跑、举重等时间长或强度大的运动项目中较为常见。

（一）处置

（1）即刻休息、平卧，注意保暖。

（2）反方向、缓慢牵引痉挛肌肉，辅以局部按摩，或采用针刺、点按穴位来缓解症状。

（3）若游泳时发生肌肉痉挛，一定不要惊慌，吸一口气，仰浮于水面后，可自行解救。

（4）找出抽筋的原因，对症治疗。如果经常抽筋，可能存在其他疾病，必须找医生做彻底的检查。

（二）预防

经常参加体育活动，提高身体素质，提高机体的耐寒力。以放松的心情从事运动，合理安排运动量。运动前要做好准备活动，对容易出现痉挛的肌肉，事先应进行适当的按摩。冬季运动时应注意保暖，夏季运动时要注意加强水和盐的补充。下水游泳前，应先用冷水淋浴，并充分做好热身活动，水温过低时，在水中停留的时间不宜过长。疲劳和饥饿时，不要进行剧烈的运动。

六、运动中暑

人体在运动时，体内代谢过程加速，产热增加，人体通过散热保持体温正常。当气温过高，人体难以散热，甚至从高温环境吸热时，会造成热量在体内蓄积，引发中暑。夏季在高温环境运动，由于体温调节中枢障碍、汗腺功能衰竭或水、电解质丢失过量等原因，容易出现运动中暑。

（一）处置

迅速离开高热环境，用冷水或酒精擦身等方式降温，可以口服凉饮料或含盐的低糖饮料。昏迷者应使其侧卧、头后仰，并保持呼吸道畅通。施救者可采用掐人中、十宣等穴位急救，并送医院诊治。

（二）预防

合理安排作息，保证充足的休息。避免长时间在高热环境下运动，并注意补充水和盐；在室内运动时注意通风，活动人数不宜过多；当身体疲劳或患病时，不宜参加剧烈运动。若有头痛、心慌等症状，应立即到阴凉处休息、饮水。

第三节 运动损伤的预防与处理

一、运动损伤概述

运动损伤是指在体育运动过程中，人体组织或器官在解剖层面上的破坏或生理层面上的紊乱所造成的损伤。运动损伤与运动项目、训练安排、运动环境、运动者的自身条件以及技术动作有密切的关系。

软组织损伤是诸多运动损伤中常见的损伤，包括肌肉、肌腱、筋膜、皮肤、韧带、滑膜、滑囊等以及周围神经、血管等不同程度的损伤。软组织损伤可分为开放性损伤和闭合性损伤两类。

开放性软组织损伤是指皮肤黏膜的完整性受到破坏，伤口与外界相通的损伤。因伤口对外界开放，故细菌异物等容易进入伤口而造成感染，并且会伴有伤口出血。常见的开放性软组织损伤有皮肤擦伤、撕裂伤、刺伤和切伤等。

闭合性软组织损伤是指皮肤和黏膜仍保持完整，伤口与外界不相通的损伤。常见的闭合性软组织损伤有挫伤、肌肉拉伤、关节扭伤等。

二、常见的运动损伤

(一) 皮肤擦伤

皮肤因受到摩擦引起的表面损伤称为擦伤。伤处可见皮肤表皮脱落、出血、擦痕或组织液渗出等情况。

1. 处理方法

轻微擦伤只需用生理盐水洗净伤口后用酒精消毒，或在伤口周围涂上红汞和紫药水即可。若伤口在关节附近，应涂抹消炎软膏并用消毒布覆盖，最后用纱布包扎，以防止关节活动时创伤面干裂而影响运动和伤口的愈合。面部擦伤要及时处理，防止感染和留下疤痕。

2. 预防

运动时注意力要集中，尽量克服错误动作，远离障碍物。平时注意多进行灵敏性、柔韧性和协调性练习。

(二) 肌肉拉伤

肌肉拉伤是体育运动中最常见的一种肌肉损伤，是指在外力直接或间接作用下，肌肉主动急剧收缩或被动拉长时所致的损伤。这类损伤在准备活动不充分、疲劳、动作过猛或粗暴、气温过低、湿气造成的动作不协调以及肌肉弹性、伸展性、肌力差者更容易发生。肌肉拉伤后，受伤处表现为局部肿痛、压痛、肌肉紧张或痉挛，触之发硬，出现功能障碍。严重的肌肉拉伤可导致肌肉撕裂。

1. 处理方法

肌肉拉伤可根据疼痛程度判断其受伤的轻重。一旦出现痛感，应立即停止运动，受伤轻者应即刻冷敷，使小血管收缩，减少局部充血、水肿，并进行加压包扎，抬高患肢，静卧休息。24~48小时拆除包扎，根据伤情可适当热敷或按摩，或外贴膏药。如果某一部位的肌肉僵硬、疼痛，可能发生了肌肉拉伤或撕裂，应局部加压包扎，固定患肢，并立即送医院进行手术治疗。

2. 预防

充分做好准备活动，加强易伤部位的力量和柔韧性练习，合理安排运动量和运动强度，注意技术动作的准确性。

(三) 撕裂伤

剧烈运动时，身体受到突然的强烈撞击，可造成肌肉撕裂。常见的撕裂伤如眉际撕裂和跟腱撕裂等。开放性撕裂伤会伴有局部出血，患处周围会出现肿胀及疼痛感。

1. 处理方法

轻度开放性撕裂伤，在进行消毒处理后，用粘膏或创可贴粘好即可。撕裂创口较大时，则需要止血、清创和缝合伤口，必要时要注射破伤风针，并给予抗生素治疗。

2. 预防

充分做好准备活动，加强易伤部位肌肉的力量和柔韧性练习。在做对抗性较强的运动时，注意易伤部位的防护。

(四) 韧带损伤

韧带是连接关节相邻两骨或软骨之间的一种特殊的致密结缔组织，抗拉伸力强，并具有一定的弹性。当遭受暴力、韧带受到的牵拉超过其生理活动范围时，就会发生损伤。韧带损伤若未得到及时治疗，会造成关节不稳定或运动失控。

1. 处理方法

伤后立即进行局部冷敷、加压包扎、适当制动等处理。抬高患肢，使用消肿的中草药。24~48小时后拆除包扎，并进行局部按摩、理疗。如有韧带断裂发生，在冷敷和包扎处理后，应尽快送医院诊治。

2. 预防

充分做好准备活动，合理安排运动量。锻炼时注意力要集中，提高自我保护和防护能力。有意识地加强关节肌群的力量和柔韧性练习，提高韧带的弹性及关节的稳定和运动范围。

（五）滑囊炎

滑囊内部含有微量滑液，多数位于关节附近，在肌腱和韧带的起止点与骨隆起之间，少数与关节相通。滑囊的主要作用是促进滑动，减少人体软组织和骨组织之间的摩擦和压迫。滑囊炎是指关节受到暴力撞击或反复持续的摩擦和压迫，囊内液体增多，滑囊壁因磨损而增厚，产生滑囊的急性或慢性炎症。

1. 处理方法

停止运动，制动患肢。局部外敷活血、消肿、止痛的药物或口服麻醉镇静剂。必要时进行穿刺抽液，并注入肾上腺皮质激素类药物。若出现感染，应使用抗生素，必要时进行引流手术。

慢性滑囊炎的恢复期可采用推拿、针灸、热疗、中草药、注射或口服维生素等方式，疼痛消退后再进行功能性恢复锻炼。

2. 预防

运动时防止身体局部负担过重，避免暴力损伤；改进不合理的动作，经常对关节附近的穴位和肌肉进行按摩。

（六）腱鞘炎

腱鞘是包绕肌腱的鞘状结构，分两层包绕着肌腱，两层之间的滑液起着固定、保护、滋养、润滑肌腱的作用。当肌腱长时间重复、过度地滑动，并与腱鞘组织过度摩擦，可诱发两者炎症反应，使得肌腱在鞘管内滑动困难，导致疼痛和运动障碍，这称为腱鞘炎。

1. 处理方法

腱鞘炎应及早治疗，以免发展成慢性炎症。治疗原则主要为减轻疼痛、炎症和恢复肢体功能。治疗手段有使用支具适当制动、改变诱发疾病的活动方式及习惯、休息、热敷、口服消炎止痛类药物、外用消炎止痛药物涂抹以及按摩疗法等。手术治疗适用于腱鞘炎反复发作、保守治疗效果不佳及症状严重的患者。

2. 预防

预防腱鞘炎应做到以下几点：保持正确的身体姿势，改变诱发疾病的各种不良习惯及活动方式，避免关节的过度劳损，避免局部长时间反复摩擦活动的刺激。

（七）骨折

在运动中，身体受到直接或间接的暴力撞击时，骨的完整性和连续性受到破坏，称为骨折。骨折分为闭合性骨折和开放性骨折两类。

1. 处理方法

发生骨折后，如伤者出现休克，应先使其平躺，抬高下肢并保持呼吸道畅通。若伤者昏迷不醒，可指掐人中、合谷穴。如伤者发生开放性骨折导致大出血，应迅速止血，并用消毒纱布等对伤口做初步包扎，不可用手回纳，以免引起骨髓炎。骨折后，切勿移动患肢，否则会产生剧烈疼痛或加重损伤。对于骨折患者不要盲目处理，最好拨打急救电话，尽快送到医院治疗。

2. 预防

加强营养，满足骨骼对钙的吸收和利用。运动时，运动负荷的变化要循序渐进，不要长时间疲劳运动，尽量少做高难度动作。

（八）疲劳性骨膜炎

疲劳性骨膜炎多发于初次参加锻炼或运动量突然猛增的青少年，多因跑跳次数过多或频繁地支撑和旋转，造成肌肉不断牵拉骨膜，骨膜与骨质的正常结构遭到破坏，导致骨膜下淤血，引发骨膜炎。骨膜炎多发生在胫骨、腓骨、趾骨、尺骨和桡骨等处。

1. 处理方法

炎症出现早期或症状轻者，应局部用弹性绷带包扎，适当减少局部运动负荷，经2～3周后症状可消失。症状严重者，除减少局部负荷外，在休息时要抬高患肢，还要外敷创伤药或用温水浸浴，并配合按摩治疗。

2. 预防

掌握正确的跑跳技术，注意动作的放松和落地的缓冲技术，尽量避免在太硬的场地锻炼。避免长时间做跳跃和支撑动作，锻炼后要进行自我按摩、热水浴等其他手段的放松练习。

第四节 体育锻炼与营养

体育锻炼与营养密不可分。运动锻炼可以改善和提高人体各组织器官的功能，而合理的膳食和营养是修补组织器官的原材料，是调节器官功能的主要物质。

一、糖的补充

大运动量期间，应注意高糖饮食，碳水化合物的摄入量应占总能量的75%左右。在大运动量运动后的30分钟，应摄入一些碳水化合物和蛋白质相混合的食物，以加速肝糖原储量的恢复。

糖类中可迅速消化的有：葡萄糖和果糖，如水果和玉米；蔗糖、麦芽糖、乳糖，如白糖和红糖；煮制过度的谷物、蜂蜜和牛奶制品等。

糖类中可缓慢消化的有多糖，如谷物、蚕豆、马铃薯以及蔬菜等。

二、蛋白质的补充

人体的肌肉主要由蛋白质组成。从事大运动量，特别是力量、健美运动的人需要多补充一些蛋白质食物。

在日常生活中，一些食物的搭配可以使人体获得优质的蛋白质，如豆类与谷物、牛奶制品、坚果等搭配；蘑菇、芝麻、坚果与新鲜蔬菜搭配；牛奶与豆类、谷物、马铃薯、坚果等搭配。

蛋白质需要量大时，选择一些优质的蛋白质补充剂作为饮食以外的补充也是必要的。

但过多的蛋白质补充也是不可取的。多余的蛋白质会参与能量代谢或者转化为脂肪，反而对人体产生危害。

三、抗氧化剂的补充

抗氧化功能系统能够使人体自由基的产生和消除维持在一个动态平衡的状态，因此抗氧化剂的补充非常重要，而体内的抗氧化剂一般都来源于饮食。

非酶类抗氧化系统是由一些具有抗氧化功能的抗氧化剂组成的，包括维生素C、维生素E、β-胡萝卜素、硒等。维生素C能抑制氧自由基的活性，其来源主要有柑橘类水果、奇异果、香瓜、草莓、花椰菜、青椒、红椒、卷心菜等；维生素E能预防脂质被氧化，其主要来源有蔬菜油、绿色叶菜类、奶油、麦芽、杏仁果、全麦面包、麦麸类燕麦片等；β-胡萝卜素可以清除氧自由基，其主要来源有胡萝卜、南瓜、香蕉、绿色花椰菜、绿色叶菜类等；矿物质硒可以预防细胞结构的损伤，主要来源于海鲜、肉类、全麦类。另外，水果、蔬菜、红酒、绿茶等抗氧化物质的含量也很丰富。

四、水的补充

剧烈运动会使身体大量流汗，电解质也随汗液流失。若运动前和运动中未补充水分而运动后又大量出汗，就很容易发生脱水现象。

当体内缺水时，主要表现为心排血量下降、体液减少、体温升高、血液黏稠度增大及增加中暑的危险等。严重缺水达体重的6%时，有产生严重热痉挛、热衰竭、中暑、昏迷甚至死亡的可能。

（一）补水的时间

在运动前两小时，最好摄入500~600毫升的水，以确保身体在运动时不会脱水。运动中，由于身体持续不断地流汗，需要每15分钟补充一次水。运动后的补水也非常重要，在大运动量的情况下，即使是运动中持续补水，仍然有可能出现脱水现象。

（二）补水的量

补充水的原则是补水量与失水量相当，即运动前后体重大致相等。

（三）补水的方式

补水时，通常可采用含糖、电解质的运动饮料。补充低渗或等渗的液体有利于水的吸收和利用，既可以防止脱水，又可以提高血糖浓度，使水、糖和电解质都得到补充，可以延缓疲劳，提高身体运动能力。

第四章
体质健康测定与评价

第一节 体质概述

一、体质的概念

体质是一个古老的名词。早在公元前 400 多年,古希腊医学家、哲学家希波克拉底就曾根据人体内 4 种体液所占优势的不同,把人的体质分为多血质、黏液质、胆汁质和抑郁质 4 种类型。在我国,《黄帝内经》根据个体的形态特征、肤色、功能特性、心理、行为特征及对环境适应能力的特点,运用阴阳五行理论,可把人的体质归纳为木、火、土、金、水 5 种类型。

体质的概念涉及多个学科,其内涵甚广。从组织形态学而论,体质是指人体的形态结构特征,包括人体各组织、器官、器官系统以及人体整体各个组成部分的形态特征与正常范围。什么是体质?体质是指人体生命的质量,是个体在先天遗传性和后天获得性的基础上表现出来的人体形态结构、生理功能、身体素质、心理品质和适应能力等方面相对稳定的特征。体质是人的生命活动和工作与劳动的物质基础,体质在其形成、发展和消亡的过程中具有明显的阶段性,从最佳状态到严重疾病或功能障碍,可呈现出各种不同阶段的体质水平。一个体质好的人,表现为精神振奋、朝气蓬勃、斗志旺盛、精力充沛、体魄健全、筋骨强壮,对疾病和各种自然环境有较强的抵抗力和适应性,并能在劳动和工作中保持高效率,在最困难的条件下也能胜任工作。一个人的体质好与坏,既依赖于先天因素,又与后天因素相关,而后天因素起着决定性作用。因此,在测定和评价体质时,必须注意体质的综合性特点并采用多项指标评价。

二、体质的构成

根据 1982 年中国体育科学学会体质研究会划定的体质范畴,体质主要包括以下几个方面:

(1)身体形态和结构的发育发达水平,即体格、体型、身体姿态、营养状况和身体组成成分。

(2)生理功能水平,即机体的新陈代谢水平和各器官、系统的效能。脉搏、血压、肺活量等是反映心肺功能水平的指标。

(3)身体素质和运动能力发展水平,即速度、力量、耐力、灵敏、柔韧等身体素质和走、跑、跳、投、攀登、爬越等身体基本活动能力。

(4)心理发育发展水平,即人体感知能力、智力、个性、意志等。

(5)适应能力,即对环境条件的适应能力、应急能力和对疾病的抵抗能力。

人体的形态结构、生理功能、身体素质和运动能力（简称体能）、心理发育以及外界环境的适应能力是构成体质不可分割的 5 个重要因素。身体的形态结构是体质的物质基础；生理功能、体能和心理条件是体质的主客观表现，对内外环境的适应能力是它们的综合反应。构成体质的这 5 个因素相互统一、密切联系。体能是各器官系统的机能能力在人体运动过程中的客观反映。发展和提高体能的过程会相应地引起机体形态结构、生理功能的一系列变化。而伴随着形态结构、生理功能的变化及体能的发展提高，又会产生一定的心理过程和个性心理特征，从而促进人的心理发展。

三、体质与健康的关系

前已述及，健康包括生理健康、心理健康、社会适应良好和道德健康，它受人的形态结构、生理功能、心理状态和社会适应能力等因素影响。体质是人体生命的质量，通常用人体形态结构、生理机能、心理品质、身体素质和社会适应能力等指标进行测量与评价。很显然，体质与健康之间有着密切联系。

首先，体质与健康都是对人体状况的描述，都可以根据身体的、心理的和社会适应等指标来衡量。但是，两者的内涵有所不同。体质所指的是人体的本质，是健康的物质基础，而健康则是人体理想状态的标志，是体质所追求的目标体现。其次，在日常生活中，一个人的身体状况通常可用"体质"或"健康"的相近水平来表达，这说明体质与健康在意义上有着一定的联系，可对人体状况作出统一的回答。

综上所述，体质和健康都涉及人体的形态结构、生理机能、运动能力和心理状况及对社会（包括人际关系）的适应能力等方面，它们之间既有所不同，又有所联系。体质是生命活动的最基本要素，也是健康的物质基础。体质侧重于体格、体型、身体素质、运动能力等，而健康则侧重于研究人体的心、肝、脾、肺、肾及血管组织结构和生理功能的疾病、异常和死亡。体质是从"外观"上研究人体，健康是从"内部"研究人体。体质是人体的质量，健康则是体质状况的反应和表现，所以在评价体质和健康状况时，有些指标很难说成是纯属检测体质的指标，另一些指标也很难说成纯属健康检查的指标。

四、影响体质与健康的因素

体质是人的生命活动和劳动工作能力的物质基础，健康水平则是体质状况的外部表现，它在形成、发展和消亡过程中具有明显的个体差异和阶段性，从而反映出最佳状态到严重疾病和功能障碍等各种不同的健康水平。

（一）先天因素对体质与健康的影响

遗传是影响人的体质与健康发展变化的先天条件，对体质状况与健康水平的变化有重要的影响。核糖核酸是储存遗传信息（遗传密码）的载体，具有相对的稳定性，能精确地自我复制，使亲代与子代间保持遗传的连续性，能够指导蛋白质合成，控制新陈代谢过程和性状发育，在特定条件下还可产生遗传的变异。人体正常性状的遗传包括性别、体表性状、生理生化特征、身体素质等 20 多种性状的遗传。

1. 对体表性状的影响

遗传因素对人体出生后的体表性状有重要影响。身高的遗传率约为 0.75。对于体形的遗传，若父母肥胖，其子女肥胖的概率约为一般孩子的 10 倍。肤色多由遗传因素决定，眼球的颜色也多由遗传因素决定。红绿色盲患者与人种有关，以男性为例，白种人为 8%，黄种人（中国）为 5.1%，黑种人为 1%~3%。舌的形态和舌的味觉功能的个体差异与遗传有关，有的人不能尝出苦味，在我国味盲者约占 10%。毛发的颜色和疏、密、曲、直都受遗传基因控制。皮纹的特点，特别是掌纹和指纹均受遗传因素的影响。

2. 对生理、生化指标的影响

高级神经活动类型可能多由基因决定，其遗传力可高达 0.90，后天因素只占 0.10；最高心率的遗传力为 0.859；最大摄氧量遗传力为 0.936；生长发育高潮开始时间的遗传率为 0.75；生长发育高潮持续时间的遗传率为 0.63；女子月经初潮时间的遗传率为 0.90；人体骨骼肌肌纤维的数量和分类比例的遗传力为 0.995；人体血红蛋白含量受单基因控制，遗传力为 0.73；人体在安静状态下血乳酸含量的高低主要受遗传因素的影响，其遗传力为 0.70；乳酸脱氢酶的活性遗传力为 0.72。

3. 对身体素质、智力和寿命的影响

人体的身体素质和运动能力都有明显的遗传性。力量素质遗传力为 0.643，而肌肉的绝对力量遗传力为 0.35，后天环境影响可达 0.65；一般耐力（有氧代谢能力）的遗传力为 0.70~0.93，专项耐力（无氧代谢能力）遗传力为 0.70~0.99；反应速度的遗传力为 0.75，动作速度的遗传力为 0.50，智力的遗传力为 0.70。

（二）后天因素对体质与健康的影响

关于后天影响因素，保健专家将此归纳为 4 类：一是环境（包括自然环境和社会环境），二是生物学因素（包括机体的生物学因素和心理学因素），三是生活方式，四是保健设施。后天因素是通过营养（包括精神营养）、卫生（包括心理卫生）和运动（包括被动运动和气功）这三大因素的影响来实现的，并受年龄阶段和保健设施的制约。而生活方式是将三大因素进行合理安排的综合体现，中国传统的说法叫作"养生"。

1. 营养

营养是人体生命活动的能量源泉，适宜的营养是增强体质、提高健康水平的物质基础。早期营养对智力发育有决定性的作用。脑发育的迅猛时期是胎龄 18 周至出生后的两周岁，而最关键的是妊娠的后 3 个月至出生后 6 个月。脑细胞的增殖具有"一次性完成"的特点，错过时机就很难补偿。胆固醇在脑细胞髓鞘形成过程中起关键作用。目前使用的最新实验技术，即通过测定胆固醇量来估计脑神经髓鞘的形成进度，可以衡量脑组织的发育程度。在脑组织的代谢中 B 族维生素有重要作用，如维生素 B_{12} 参与突触中葡萄糖的代谢，防止丝氨酸及乳酸等代谢产物积聚；维生素 B_{12} 与叶酸共同参与合成脱氧核糖核酸（DNA），促进大脑发育。

营养对人体免疫功能也有重要影响。胎儿发育中的胸腺淋巴系统，对多数营养素的缺乏都比较敏感。出生前营养不良造成的免疫缺陷，比出生后引起的更严重、延续时间更长，甚至可能影响下一代。在抗体方面，营养不良儿不仅血清抗体球蛋白（Ig）降低，抗体形成能力下降，而且即使出生后受到良好的喂养，也不易再扭转，维生素 B_{12} 缺乏对出生免疫缺陷有直接影响。膳食的不同成分对免疫功能的作用各异，如缺锌可导致免疫功能缺陷，限制热量与蛋白质则会延迟实验小鼠的自身免疫发生。近年来发现了 Mg^{2+} 在生命过程中发挥着重要作用，对脑血管疾病的发生和康复有重要影响。现在已开始注意到营养过剩（尤其是氨基酸过剩）对大脑发育的不良影响。如膳食内苯丙氨酸过量，可引起脑组织中毒，发生与遗传性氨基酸代谢缺陷相似的症状，患儿表现为智力低下。

2. 卫生

卫生是人体进行正常生命活动的基本保证。自远古以来，人类在同自然界的长期斗争实践中，逐步积累了与疾病作斗争的丰富知识。早在 2 000 多年前，庄子就提出了"卫生"这个词，在《庄子》中提到"趎愿闻卫生之经而已矣"。卫生一词后人诠释为"卫生，谓卫护其生，全性命"，无疑指的是有关防治保健的卫生知识。到了 20 世纪，由于现代工业和原子能工业的迅速发展，大大扩大了能源和原料的利用范围，同时也增加了废水、废气和废渣的排放，造成环境污染，影响了人类健康。中华人民共和国成立后，在"预防为主"和"卫生工作与群众运动相结合"的方针指引下，我国迅速消灭了鼠疫、霍乱、天花等烈性传染病，并提出相应的卫生要求和卫生措施，制定了卫生标准和卫生法规，要求人们建立良好的卫生习惯，注意个人卫生以达到预防疾病、保护健康、增强体质的目的。由于健康与心理因素密切相关，消极的情绪，如焦虑、怨恨、忧郁、悲伤、颓废、恐惧、惊慌、紧张、愤怒等，可以引起人体各系统机能失调，导致失眠、心动过速、血压升高、食欲减退、尿急、腹泻、月经失调等。心身医学认为：这类情绪因素在一些躯体疾病，如偏头痛、原发性高血压、消化性溃疡、心律失常、甲状腺功能亢进等所谓"心身疾病"中起着重要作用。所以，积极健康的心理状态是增强体质和增进健康的必要条件。因此，精神卫生（心理卫生）也就成了增强体质和增进健康的必要条件。广义的精神卫生范畴应包括个人精神卫生和实现社会精神文明的社会精神卫生要求。

3. 运动

根据运动特征和运动目的的不同，人体的运动类型大体上可分为竞技运动、健身运动（或称保健运动）和医疗运动（或称康复运动）三大类。

（1）竞技运动：其特征是具有运动项目的专一性。如足球运动员就要集中精力踢足球，长跑运动员就要集中精力练长跑。对参加某一专项技术运动的人群，不仅要体质与健康状况良好，还要具备适应本专项技术要求的专项身体素质，其目的是在全面发展身体的前提下最大限度地发挥竞技效能，即，跑要跑得最快，跳要跳得最高，投要投得最远，举要举得最重，以取得最佳竞技成绩。

（2）健身运动：其特征是具有运动项目的多样性。如预防腰椎病、颈椎病就要做腰椎操、颈椎操，预防肩周炎就要做上举180°动作练习，其关键要求是姿势正确、动作幅度到位而对运动量没有严格的要求。但是，要预防高血脂则对运动方式没有一定的要求，可以打球、长跑、骑自行车，而对运动量的要求比较严格，具体地说其效果与运动量成正比。若要锻炼心脏功能，则对运动强度有严格要求，一般以靶心率（最大心率的70%~85%）作为最适运动强度所对应的心率，强度过低则效果不明显，强度过大可能产生不良效果。对健身运动来说，各种不同的运动项目都具有不可替代的健身作用。参加健身运动的人群为身体健康者，其目的是：根据促进身心健康的要求，选取适宜的运动项目和运动方式，从事有益于身心健康的运动，以达到健康长寿的目的。

（3）康复运动：其特征是运动项目和运动方式对某种疾病的治疗和康复具有很强的针对性。如治疗老慢支、肺气肿则必须练呼吸操，治疗冠心病必须练慢跑（有氧强度）；对不同骨关节病的康复治疗，必须对相应骨关节做不同幅度的运动。总之，对运动项目或运动方式的选取应服从医疗要求。参加医疗运动的人群为生长发育不良者或恢复期的伤病患者，其目的是：根据病患者医疗康复的要求，通过主动运动、助动运动或被动运动等方式，按照运动处方的严格要求，从事定时定量的运动，以达到对某种疾病治愈和康复的目的。

人体在运动过程中，机体将产生一系列具有"双向效应"的适应性变化，这一变化的结果可以健身、防病，也可能危害健康。只有在合理的营养配备和必备的卫生条件下，科学安排从事符合运动参与者生理规律的运动，才能达到保健效果。

4. 生活方式

合理的生活方式是将营养、卫生、运动这三大因素科学安排的综合体现。由于人体是一个极为复杂的有机体，在与外界环境不断进行种种物理、化学和信息的交换，维持内外平衡的过程中，每个人都受一定文化、民族、经济、社会、风俗、规范，特别是家庭的影响，从而形成一系列生活行为习惯。我国最早的医书《黄帝内经》指出："故智者之养生也，必须四时而适寒暑，和善怒而安居处，节阴阳而调刚柔。如是则避邪不至，长生久视。"显然，人们早已知道生活习惯、规律意识等与健康有关。

五、理想体质

理想体质是指良好的人体质量，它是在遗传的基础上，经过后天的努力塑造所能达到的形态、结构、生理功能、心理、智力和对外环境适应的整体良好状态。理想体质的标志主要表现在以下几个方面：

（1）身体健康，主要脏器无疾病。
（2）身体发育良好，体格健壮，体形匀称，体姿正确。
（3）心血管系统、呼吸系统与运动系统具备良好的功能。
（4）有较强的运动与劳动等身体活动能力。
（5）心理发育健全，情绪乐观，意志坚强，有较强的抗干扰、抗不良刺激的能力。
（6）对自然和社会环境有较强的适应能力。

评价理想体质必须进行多指标综合评价，原则上应以同样人群的较高水平的数据作为理想体质的评价依据。

第二节　大学生体质健康的测定与评价

一、大学生体质健康测试与评价概述

体质测试是指选择能够客观地反映体质状况的各种指标和方法，对人体进行定量的测试，获得反映体质状况的资料，为更好地进行身体锻炼和促进健康成长提供科学依据。对体质测试所得的资料进行科学的统计与分析，做出某一方面或综合的健康判断称为体质评价。

体质测试的基本内容及指标：

（1）身体形态指标，主要包括身高、体重、胸围、上臂围、坐高和身体组成（皮脂厚度、体脂比重、去脂体重等），是人体生长发育的重要指标之一。
（2）生理功能指标，主要包括安静心率、血压、肺功能及心血管运动试验等。

（3）身体素质指标，包括力量指标（握力、背肌力、腹肌力等）、爆发力指标（纵跳、立定跳远）、悬垂力指标（单杠屈臂悬垂）、柔韧性（立体前屈、俯卧仰体）、灵敏和协调性（反复横跨）、平衡性（闭眼单足站立）、耐力项目。运动能力指标主要包括跑（快速跑）、跳（急行跳远、摸高）、投（投实心球、掷垒球等）。

（4）心理发展水平指标，包括智力、情感、性格、意志等方面。

（5）适应能力指标，包括对环境的适应能力和对疾病的抵抗能力等。

二、《国家学生体质健康标准（2014年修订）》

《国家学生体质健康标准》的发展历程

为建立健全国家学生体质健康监测评价机制，激励学生积极参加身体锻炼，引导学校深化体育教学改革，推动各地加强学校体育工作，促进青少年身心健康、体魄强健、全面发展，在认真总结各地实施现行《国家学生体质健康标准》的基础上，结合新时期青少年体质健康状况和学校体育工作实际，教育部组织专家对原《国家学生体质健康标准》进行了修订，并于2014年7月颁布。

（一）说明

（1）《国家学生体质健康标准》（以下简称《标准》）是国家学校教育工作的基础性指导文件和教育质量基本标准，是评价学生综合素质、评估学校工作和衡量各地教育发展的重要依据，是《国家体育锻炼标准》在学校的具体实施，适用于全日制普通小学、初中、普通高中、中等职业学校、普通高等学校的学生。

（2）本标准的修订坚持健康第一，落实《国家中长期教育改革和发展规划纲要（2010—2020年）》《国务院办公厅转发教育部等部门关于进一步加强学校体育工作若干意见的通知》和《教育部关于印发〈学生体质健康监测评价办法〉等三个文件的通知》有关要求，着重提高《标准》应用的信度、效度和区分度，着重强化其教育激励、反馈调整和引导锻炼的功能，着重提高其教育监测和绩效评价的支撑能力。

（3）本标准从身体形态、身体机能和身体素质等方面综合评定学生的体质健康水平，是促进学生体质健康发展、激励学生积极进行身体锻炼的教育手段，是国家学生发展核心素养体系和学业质量标准的重要组成部分，是学生体质健康的个体评价标准。

（4）本标准将适用对象划分为以下组别：小学、初中、高中按每个年级为一组，其中小学为6组、初中为3组、高中为3组。大学一、二年级为一组，三、四年级为一组。

（5）小学、初中、高中、大学各组别的测试指标均为必测指标。其中，身体形态类中的身高、体重，身体机能类中的肺活量，以及身体素质类中的50米跑、坐位体前屈为各年级学生共性指标。

（6）本标准的学年总分由标准分与附加分之和构成，满分为120分。标准分由各单项指标得分与权重乘积之和组成，满分为100分。附加分根据实测成绩确定，即对成绩超过100分的加分指标进行加分，满分为20分；小学的加分指标为1分钟跳绳，加分幅度为20分；初中、高中和大学的加分指标为男生引体向上和1 000米跑，女生1分钟仰卧起坐和800米跑，各指标加分幅度均为10分。

（7）根据学生学年总分评定等级：90.0分及以上为优秀，80.0~89.9分为良好，60.0~79.9分为及格，59.9分及以下为不及格。

（8）每个学生每学年评定一次，记入《〈国家学生体质健康标准〉登记卡》。特殊学制的学校，在填写登记卡时可以按规定和需求相应地增减栏目。学生毕业时的成绩和等级,按毕业当年学年总分的 50% 与其他学年总分平均得分的 50% 之和进行评定。

(9)学生测试成绩评定达到良好及以上者,方可参加评优与评奖;成绩达到优秀者,方可获体育奖学分。测试成绩评定不及格者,在本学年度准予补测一次,补测仍不及格,则学年成绩评定为不及格。普通高中、中等职业学校和普通高等学校学生毕业时,《标准》测试的成绩达不到 50 分者按结业或肄业处理。

(10)学生因病或残疾可向学校提交暂缓或免予执行《标准》的申请,经医疗单位证明,体育教学部门核准,可暂缓或免予执行《标准》,并填写《免予执行〈国家学生体质健康标准〉申请表》,存入学生档案。确实丧失运动能力、被免予执行《标准》的残疾学生,仍可参加评优与评奖,毕业时《标准》成绩需注明免测。

(11)各学校每学年开展覆盖本校各年级学生的《标准》测试工作,《标准》测试数据经当地教育行政部门按要求审核后,通过"中国学生体质健康网"上传至"国家学生体质健康标准数据管理系统"。测试和数据上传时间由教育行政部门确定。

(二)单项指标与权重

测试对象	单项指标	权重/%
大学各年级学生	体重指数(BMI)	15
	肺活量	15
	50 米跑	20
	坐位体前屈	10
	立定跳远	10
	引体向上(男)/1 分钟仰卧起坐(女)	10
	1 000 米跑(男)/800 米跑(女)	20

注:体重指数(BMI)= 体重(千克)/ 身高^2(米^2)。

(三)评分表

1. 单项指标评分表(表 4-2-1 至表 4-2-7)

表 4-2-1 体重指数(BMI)单项评分表　　　　单位:千克/米^2

等级	单项得分	大学男生	大学女生
正常	100	17.9~23.9	17.2~23.9
低体重	80	≤ 17.8	≤ 17.1
超重		24.0~27.9	24.0~27.9
肥胖	60	≥ 28.0	≥ 28.0

表 4-2-2 肺活量单项评分表　　　　　　　　　　　单位：毫升

等级	单项得分	男生		女生	
		大一、大二	大三、大四	大一、大二	大三、大四
优秀	100	5 040	5 140	3 400	3 450
	95	4 920	5 020	3 350	3 400
	90	4 800	4 900	3 300	3 350
良好	85	4 550	4 650	3 150	3 200
	80	4 300	4 400	3 000	3 050
及格	78	4 180	4 280	2 900	2 950
	76	4 060	4 160	2 800	2 850
	74	3 940	4 040	2 700	2 750
	72	3 820	3 920	2 600	2 650
及格	70	3 700	3 800	2 500	2 550
	68	3 580	3 680	2 400	2 450
	66	3 460	3 560	2 300	2 350
	64	3 340	3 440	2 200	2 250
	62	3 220	3 320	2 100	2 150
	60	3 100	3 200	2 000	2 050
不及格	50	2 940	3 030	1 960	2 010
	40	2 780	2 860	1 920	1 970
	30	2 620	2 690	1 880	1 930
	20	2 460	2 520	1 840	1 890
	10	2 300	2 350	1 800	1 850

表 4-2-3 50 米跑单项评分表　　　　　　　　　　　单位：秒

等级	单项得分	男生		女生	
		大一、大二	大三、大四	大一、大二	大三、大四
优秀	100	6.7	6.6	7.5	7.4
	95	6.8	6.7	7.6	7.5
	90	6.9	6.8	7.7	7.6
良好	85	7.0	6.9	8.0	7.9

续表

等级	单项得分	男生		女生	
		大一、大二	大三、大四	大一、大二	大三、大四
良好	80	7.1	7.0	8.3	8.2
	78	7.3	7.2	8.5	8.4
	76	7.5	7.4	8.7	8.6
	74	7.7	7.6	8.9	8.8
及格	72	7.9	7.8	9.1	9.0
	70	8.1	8.0	9.3	9.2
	68	8.3	8.2	9.5	9.4
	66	8.5	8.4	9.7	9.6
	64	8.7	8.6	9.9	9.8
及格	62	8.9	8.8	10.1	10.0
	60	9.1	9.0	10.3	10.2
	50	9.3	9.2	10.5	10.4
	40	9.5	9.4	10.7	10.6
不及格	30	9.7	9.6	10.9	10.8
	20	9.9	9.8	11.1	11.0
	10	10.1	10.0	11.3	11.2

表 4-2-4　男生坐位体前屈单项评分表　　　　　单位：厘米

等级	单项得分	男生		女生	
		大一、大二	大三、大四	大一、大二	大三、大四
优秀	100	24.9	25.1	25.8	26.3
	95	23.1	23.3	24.0	24.4
	90	21.3	21.5	22.2	22.4
良好	85	19.5	19.9	20.6	21.0
	80	17.7	18.2	19.0	19.5
及格	78	16.3	16.8	17.7	18.2
	76	14.9	15.4	16.4	16.9
	74	13.5	14.0	15.1	15.6

续表

等级	单项得分	男生		女生	
		大一、大二	大三、大四	大一、大二	大三、大四
及格	72	12.1	12.6	13.8	14.3
	70	10.7	11.2	12.5	13.0
	68	9.3	9.8	11.2	11.7
	66	7.9	8.4	9.9	10.4
	64	6.5	7.0	8.6	9.1
	62	5.1	5.6	7.3	7.8
	60	3.7	4.2	6.0	6.5
不及格	50	2.7	3.2	5.2	5.7
	40	1.7	2.2	4.4	4.9
	30	0.7	1.2	3.6	4.1
	20	−0.3	0.2	2.8	3.3
	10	−1.3	−0.8	2.0	2.5

表 4-2-5　男生立定跳远单项评分表　　　　单位：厘米

等级	单项得分	男生		女生	
		大一、大二	大三、大四	大一、大二	大三、大四
优秀	100	273	275	207	208
	95	268	270	201	202
	90	263	265	195	196
良好	85	256	258	188	189
	80	248	250	181	182
及格	78	244	246	178	179
	76	240	242	175	176
	74	236	238	172	173
	72	232	234	169	170
	70	228	230	166	167
	68	224	226	163	164
	66	220	222	160	161

续表

等级	单项得分	男生		女生	
		大一、大二	大三、大四	大一、大二	大三、大四
及格	64	216	218	157	158
	62	212	214	154	155
	60	208	210	151	152
不及格	50	203	205	146	147
	40	198	200	141	142
	30	193	195	136	137
	20	188	190	131	132
	10	183	185	126	127

表 4-2-6　引体向上（男生）、一分钟仰卧起坐（女生）单项评分表　　单位：次

等级	单项得分	男生		女生	
		大一、大二	大三、大四	大一、大二	大三、大四
优秀	100	19	20	56	57
	95	18	19	54	55
	90	17	18	52	53
良好	85	16	17	49	50
	80	15	16	46	47
及格	78			44	45
	76	14	15	42	43
	74			40	41
	72	13	14	38	39
	70			36	37
	68	12	13	34	35
	66			32	33
	64	11	12	30	31
	62			28	29
	60	10	11	26	27
不及格	50	9	10	24	25

续表

等级	单项得分	男生		女生	
		大一、大二	大三、大四	大一、大二	大三、大四
不及格	40	8	9	22	23
	30	7	8	20	21
	20	6	7	18	19
	10	5	6	16	17

注：男生：引体向上；女生：一分钟仰卧起坐。

表 4-2-7 耐力跑单项评分表　　　　　　　　单位：分·秒

等级	单项得分	男生（1 000 米）		女生（800 米）	
		大一、大二	大三、大四	大一、大二	大三、大四
优秀	100	3′17″	3′15″	3′18″	3′16″
	95	3′22″	3′20″	3′24″	3′22″
	90	3′27″	3′25″	3′30″	3′28″
良好	85	3′34″	3′32″	3′37″	3′35″
	80	3′42″	3′40″	3′44″	3′42″
及格	78	3′47″	3′45″	3′49″	3′47″
	76	3′52″	3′50″	3′54″	3′52″
	74	3′57″	3′55″	3′59″	3′57″
	72	4′02″	4′00″	4′04″	4′02″
	70	4′07″	4′05″	4′09″	4′07″
	68	4′12″	4′10″	4′14″	4′12″
	66	4′17″	4′15″	4′19″	4′17″
	64	4′22″	4′20″	4′24″	4′22″
	62	4′27″	4′25″	4′29″	4′27″
	60	4′32″	4′30″	4′34″	4′32″
不及格	50	4′52″	4′50″	4′44″	4′42″
	40	5′12″	5′10″	4′54″	4′52″
	30	5′32″	5′30″	5′04″	5′02″
	20	5′52″	5′50″	5′14″	5′12″
	10	6′12″	6′10″	5′24″	5′22″

注：男生：1 000 米跑；女生：800 米跑。

2. 加分指标评分表（表4-2-8）

表4-2-8 加分指标评分表

加分	男生 （引体向上/次）		女生 （1分钟仰卧起坐/次）		男生 （1 000米）		女生 （800米）	
	大一	大二	大一	大二	大一	大二	大一	大二
10	10	10	13	13	−35″	−35″	−50″	−50″
9	9	9	12	12	−32″	−32″	−45″	−45″
8	8	8	11	11	−29″	−29″	−40″	−40″
7	7	7	10	10	−26″	−26″	−35″	−35″
6	6	6	9	9	−23″	−23″	−30″	−30″
5	5	5	8	8	−20″	−20″	−25″	−25″
4	4	4	7	7	−16″	−16″	−20″	−20″
3	3	3	6	6	−12″	−12″	−15″	−15″
2	2	2	4	4	−8″	−8″	−10″	−10″
1	1	1	2	2	−4″	−4″	−5″	−5″

注：引体向上、1分钟仰卧起坐均为高优指标，学生成绩超过单项评分100分后，以超过的次数所对应的分数进行加分。1 000米跑、800米跑均为低优指标，学生成绩低于单项评分100分后，以减少的秒数所对应的分数进行加分。

第五章
体育文化与欣赏

第一节 体育文化概述

随着社会的发展，人们开始从文化的角度去认识体育，越来越多地开始关注体育背后的文化意蕴，体育文化这一概念应运而生。

一、体育文化的概念

弘扬中华
体育精神

体育文化是一切体育现象和体育生活中展现出来的特殊的文化现象，是关于体育运动的物质、制度、精神文化的总和。它涵盖了人类的体育认识、体育情感、体育价值、体育理想、体育道德、体育制度和体育物质等方面。

不同于传统体育理论给体育运动所做的定义，体育文化的含义包括：其一，把体育运动当作一种文化现象；其二，研究体育活动的文化背景，观察体育运动与文化的关系；其三，考察体育运动的文化意义，确定体育在人类文化中的地位；其四，研究如何自觉地塑造具有独立形态价值的体育文化等。

体育是一种文化，原因在于：

第一，体育是人类创造出来的一种社会生活。人类区别于其他动物的重要特征，就在于能创造出各种文化系统，而这些系统恰恰包含体育。动物的肢体活动和嬉戏是它们的本能活动，不具备任何文化意义。

第二，体育运动具备文化的各种特征，文化的继承性、时代性、民族性、世界性和阶级性等都能在体育运动中清晰地看到。

第三，体育运动不仅有其外在的身体活动形式以及设施、器材等物态体系，而且具有内在的价值观念、意识形态和行为规范等。这些深层的意识形态方面的内容已经成为人类共同理想的一部分，如奥林匹克精神以及随之而产生的一些体育道德等。当代体育文化将随着人类社会的发展越来越繁荣，甚至成为社会文明程度的一个标志。因此，体育运动是文化中不可或缺的一部分。

二、体育文化的内涵

体育文化是人类在体育生活和体育实践中创造出来的，并通过有形的身体形态、动作技能、运动器材、物质以及无形的与社会属性相关的意志、观念和时代精神反映出来，显现了各具特色的存在方式。体育文化和其他文化一样，反映了一个时代、一个国家或一个民族的特征，并规范着人们的体育行为，影响着人们的价值观念。

体育文化是人们在体育生活和体育实践过程中，为谋求身心健康发展，通过竞技性、娱乐性、教育性等手段，以身体形态变化和动作技能所表现出来的具有运动属性的文化。

体育文化反映了以下特征：
（1）总是与人的体育生活紧密联系在一起的。
（2）反映本民族、传统的体育特征，这些传统的体育文化规范着本民族的体育行为，也影响着人们不同的体育价值观念。
（3）体育文化和一个地域或民族的社会文明、物质文明及自身发展有着紧密的联系。
（4）体育文化是人类整体文化系统中的一个分支，但有其特有的个性，其产生和发展有着自身的变化规律，具有独立性的一面。

三、体育文化的价值

（一）奥林匹克运动文化的价值

现代奥运会经过100多年的发展，已经成为世界上影响最广泛的社会文化现象。现代奥运会精神文化的设计，是对古代奥运会的简单继承和发展。古希腊的竞技运动受到社会各界的广泛支持和尊重。竞技场上的优胜者不仅会受到橄榄桂冠、棕榈花环和塑像等奖励，更重要的是他们会像英雄一样受到故乡人民的崇拜。

奥林匹克运动会的起源

奥林匹克的格言是"更高、更快、更强——更团结"，它激励人们奋发向上，超越自我，向着更高的目标迈进。运动员勇于克服各种艰难险阻，付出辛勤的汗水去争取胜利的意志和品质对所有人都是一种启迪。

奥林匹克精神是：互相理解、友谊、团结和公平竞争。

奥林匹克最终目的是：为建立一个和平美好的世界做出贡献。

现代奥运会的五环设计比20世纪二三十年代的设计又推进了一大步。体育文化的任务由感性深入到理性，从形体美深入到心灵美。体育文化的理性任务要求锻炼者在身体健美、均衡和体态端正的基础上达到意志品质高尚、身心尽善尽美的境地，并与艺术相结合。这种深入的心灵美，是一种更高层次的体育文化的理性价值。

（二）竞技体育文化的价值

体育与人类的生存、发展紧密相连，人类创造了体育，也创造了体育文化。体育文化是一种竞技运动文化。正是人类对这一种竞技运动文化进行了改造，经济、文化才不断获得创新与发展。然而这些创新与发展，是在众人不断的实践中完成的，并经历了与西方学者社会变革的历史进程相对应的三个阶段，即宗教体育文化阶段、科学体育文化阶段和正在进行中的艺术体育文化阶段。艺术体育摆脱了人类求生存的宗教体育文化和强身健体适应环境的科学化与功利性体育文化的特征之后，正向着竞技与艺术相结合、形体美与心灵美相结合的形态发展。

（三）大众体育文化的价值

在人类文明的进程中，出于人类的共同需要，人类对自身生存、发展、享受的追求和关注一刻也没有停止过，正是这种大众体育文化在教育全球化的浪潮中的推动力最大，影响最为广泛，也最为深刻。这是因为大众体育文化给人类带来快感和美感，并给社会带来健康和活力。无论中国的大众体育，还是西方的大众体育，都是以全面发展和和谐发展为根基的。

（四）中国传统体育文化的价值

中国传统文化历史悠久、博大精深，是中华民族自强不息的象征。中国传统体育文化在体育形态上强调整体观和意念感受，动作简单而内涵深刻，很少有强烈的肌肉运动，因此缺少激进和冒险行为。随着东西方文化的交往，中国传统体育文化这种整体修炼和内在和谐之美，正在和现代科学相结合，并形成新的独特风格。

四、体育文化的特性

（一）民族性

人类文化的存在和发展，不仅有共性的一面，也有其个性的一面。这种人类文化的差异性，就是民族性的表现。不同地域的人们，创造了不同类型、不同形态的文化，又塑造了具有不同文化特征的群体。任何形式的民族文化，都与本民族的形成、延续和发展密切相关，都与本民族的地理环境、人种特点、风土人情、经济条件、生产水平乃至和社会结构相适应。

（二）时代性

时代在不断演化和发展。不同的历史时期，有着不同的生产方式。人们总是生活在一个特定的环境中，这个生活环境对人类来说有着重大的影响。人们在生活实践中所创造的文化，也都离不开这个环境的影响。因此，文化具有特定的性质、内容和形态，表现出鲜明的时代性。

（三）社会性

文化的社会性，也称文化的群众性。任何文化都离不开大众，更不能离开社会。如果说人离开了文化，就不能成为真正的人；同样，社会离开了文化，就会变成一个愚昧的社会。因此，人、文化和社会三者之间是一个相互关联、相互作用的复合体。

（四）差异性

文化的差异性既表现在一个地区、一个民族的行为习惯上，也表现在价值标准和价值观念上。例如，东方体育文化重礼节、求持中、重自身完善、求个人身心平衡，表现出人的内在品质和言行相一致的东方色彩。而西方体育文化则表现出竞争、激进冒险的风格，人们常把身体健美的人视为偶像，表现了人的外在行为和言行开诚布公的西方特色。

（五）继承性

在养生学的发展中，东方人原先主张以静养生，后来有人主张以动养生，再后来主张动静结合，这是人们对体育文化延续和不断深化认识的过程。例如，中国传统体育文化以前注重于修身养性，后来泛化为强身健体，直到今天的健身娱乐与休闲文化。而中国传统体育文化中的舞龙、舞狮、气功、武术等也都已经成为风靡全球的运动项目。

第二节　校园体育文化

校园体育文化主要是指人们在学校体育教育过程中所创造和拥有的精神财富和物质财富的总和，它涵盖了校园体育意识文化、行为文化和物质文化三大类。校园是学生学习和生活的主要空间，校园文化建设的好坏，将直接影响到育人的成败。校园体育文化是校园文化的重要组成部分，校园体育文化建设，会直接影响到学校体育活动的开展，与学生的身心健康有很大的关系。良好的校园体育文化环境可以陶冶学生的情操，纠正学生的不良行为，是学生身心发展的必要条件。

一、校园体育文化的内容及特点

1. 校园体育文化的内容

校园体育文化是一种特别的文化现象，它既是校园文化的一部分，又是体育文化的一部分；它是校园文化和体育文化两者相互影响、相互渗透、相互促进而发展起来的；它是校园内对学生实施体育教育，促进学生身心的全面发展，具有时代特点的一种群体文化；它是学校在长期的教学、科研和行政管理过程中逐步形成的，更是在广大学生直接参与和精神培养的基础上发展起来的。

校园体育文化是以学生为主体、以课外体育活动为主要内容、以校园为主要空间、以校园精神为特征的一种群体文化。它通过多种形式来体现，其主要形式有早操、课间操、课外体育活动、运动队训练、小型运动竞赛、体育讲座、专题报告会、体育技能表演、学校体育节等。

2. 校园体育文化的特点

（1）导向性：学校体育文化这种特定的文化氛围是和学校培养目标、校风校纪、生活方式等内容相联系的。它既充分体现了一所学校的教学秩序，也反映了学校管理工作的系统性，同时还可以约束各种不文明行为的发生。

（2）教育性：开展学校体育文化活动是实现学校体育教育目标的重要途径，是培养学生"终身体育"和"健康第一"思想的重要环节。因此，应把有目的、有计划、有组织的课外体育锻炼、校外活动和运动训练等纳入体育与健康课程，形成课内外相结合的课程结构。通过课外体育活动与课堂互补，从而实现课内外一体化，达到健康育人的目的。

（3）开放性：体育文化的传递模式应该是多渠道的，仅局限在校园内的文化活动，无法满足大学生的文化需求，必须从封闭式的校园走向社会，结合素质教育参加各种体育活动。譬如，组织观看或参加校外各类组织形式的体育竞赛；开展户外活动，如定向运动、野外生存、爬山、骑自行车等；通过校际、学校与社会之间的交流与接触，增进学生对社会的了解，开阔视野；提高学生在不同的社会环境中的适应能力和交往能力，从而弥补校园文化的不足。

（4）竞争性：竞争观念是现代人应具备的重要的价值观念。竞争是现代体育的灵魂，竞技活动的社会教育作用是其他任何文化活动难以比拟的。体育中所蕴含的竞争观念不仅有振奋民族精神的现实意义，更有着造就新一代民族个性的深远价值。

（5）参与性和健身性：现代体育高度重视个体参与的积极性、主动性和创造性的内在需要。体育的参与过程是人自我完善的过程。在体育竞赛中，人的技术水平得到了提升，人的身体得到了锻炼，人的心理得到了磨炼，人的自由和个性可以得到充分释放，人的价值和尊严可以得到充分体现。体育特有的健身功能是其他文化活动所不能替代的。

二、校园体育文化的作用及价值

1. 校园体育文化的作用

（1）增进学生身心健康：增进健康，促进学生身心发展是学校体育的本质功能，也是大学体育终极目标。参加体育活动不仅可以增强学生的体质，通过参与体育活动还可以释放不良情绪，从而达到调节心情的作用，这对学生身心发展是极有利的。

（2）改变学生的不良行为：当人处在一个文化环境中，就会受到该文化的熏陶，潜意识就会约束自己的行为。校园体育文化作为一种文化，自然也具有这种功能。服从规则是体育的重要文化价值，学生在进行体育活动的过程中，必须遵守体育规则，违反规则就会受到惩罚或谴责。多参与体育活动，可以督促学生改变自己的不良行为。

（3）激发参加体育运动的积极性：良好的校园体育文化环境提供了一个良好的体育氛围，这可以鼓舞学生积极参加体育活动。如学校宣传栏中的体育新闻、体育明星，尤其是学校体育明星，都可以从精神上鼓励学生积极参与体育活动。

（4）培养学生的竞争意识：学生参加体育竞赛和体育锻炼的过程，从本质上来说也是一种与他人竞争的过程，经常参与体育锻炼和体育竞赛，可以培养学生的竞争意识。而经常参与团体项目可以让学生懂得：只有加强与队友的合作，才能最终取得比赛的胜利。在这些项目中，团队的荣誉是第一位的。参与体育活动，可以增强学生与他人合作的意识，加强集体观念。

（5）培养学生的意志品质：体育活动不是一个简单的过程，学生在从事体育活动过程中，会遇到许多困难和伤痛，只有不断克服它们，才能真正享受体育的快乐。因此，通过体育活动可以培养学生吃苦耐劳、克服困难、挑战自我、超越自我等良好的意志品质。

2. 校园体育文化的价值

（1）树立"健康第一"的指导思想：校园体育文化帮助学生达到生理、心理和社会适应等全面性健康要求，注重对学生的心理健康教育和对社会的责任感及坚韧不拔的意志和艰苦奋斗的精神的培养。

（2）为推行素质教育服务：当前，大学体育教学应更多地关注学生的个性发展，提高学生的人文体育素养，培养学生的健康人格，增强学生的健身意识和品德修养，提高学生的人际沟通能力和合作精神。

（3）培养终身体育的观念：终身教育是法国的保尔·朗格朗于1965年提出来的。他认为，接受教育应当是每个人一辈子的事情。终身教育是教育定向上的整合，终身体育是终身教育的一个重要组成部分。

（4）校园体育文化的多样性：校园体育文化的宗旨主要是培养学生的体育精神、体育意识和体育技能，提高学生的体育文化素养，增进学生的身心健康，并在此宗旨指导下开展多种多样的校园体育文化活动。

第三节　体育欣赏

体育欣赏是一种文化审美活动，是指人们通过对体育运动竞赛、体育艺术作品的欣赏，产生强烈的审美感受，从而感到欢欣愉悦并受到教育。它是人们生活方式多元化和体育文化大众化、生活化的产物，它可使个人在身体和精神方面得到休息、放松和享受。通过体育欣赏能力的培养，可以提高大学生文化修养和人文素质，同时能提高对体育文化内涵的认识。

一、体育欣赏的特点

（一）体育欣赏的无功利性

体育欣赏的无功利性是指人们在欣赏体育活动中没有实用功利的考虑。中国古典美学中的"审美心陶"的理论，从老子的"涤除玄鉴"到庄子的"心斋""坐忘"，再到宗炳的"澄怀观道"和郭熙的"林泉之心"；西方美学中的"审美态度"的理论从托马斯·阿奎那夏夫兹博里到康德，再到布洛等都是关于欣赏的无功利性理论。奥林匹克之父顾拜旦说："啊，体育，你就是乐趣！想起你，内心充满欢喜，血液循环加剧，思路更加开阔，条理愈加清晰。你可使忧伤的人散心解闷，你可使快乐的人生活更加甜蜜。"这些都充分反映出体育欣赏的无功利性。体育欣赏的无功利性绝不意味着精神的麻木与死寂，正相反，它是精神的解放、活跃，是生命和创造力的升腾洋溢。体育欣赏的无功利性也不意味着欣赏体育活动对于人类生活是无价值和无意义的，恰好相反，它表明欣赏体育活动对人的生活有着特殊的重大的价值和意义。

顾拜旦——体育颂

（二）体育欣赏的直觉性

体育欣赏的直觉性特征概括为三点：第一，它是体育欣赏活动感性形成的存在；第二，它具有直接性和整体性；第三，它具有情感体验性和模糊性。即通常所说的"只能意会不可言传"。体育欣赏的直觉性是感性的，但它渗透着理性，即在体育比赛或活动中既有事，又有理，还有情。如欣赏 2004 年雅典奥运会 110 米栏刘翔的比赛时，感性是他的技术，快速灵敏的起跑、和谐的栏间步节奏、精美的攻栏技术和有力的冲刺，即事；他的战术、心理、情感合理，强烈的自信心、合理的技战术和时间、体力的分配，优秀的心理素质、稳中求胜的个性，即理；他 12 秒 91 的成绩，平世界纪录、破奥运纪录、短跑比赛奥运零的突破、中华民族的骄傲、亚洲的骄傲、中国体育科技研究的成功、多少幕后人用心血努力的结果，即情。因此，体育欣赏有着很强的直觉性，在观看体育赛事时，能使我们的感性世界产生丰富的精神多样性。

（三）体育欣赏的创造性

创造性是体育欣赏的重要特征，无论从动作过程来看还是从结果来看，体育欣赏都趋向于新形式和新意。如我国优势项目运动员的技战术，都是由无数优秀的教练员结合先进的科学技术相互合作创造出来的，若没有教练员的欣赏和反复创造、组织训练，我国不可能在短短几十年里成为世界体育大国。所以，欣赏（感觉、直觉）就是对感性世界的理想。另外，发现就是创造，教练员培养运动员，都是在参加比赛及观赏比赛中，不断发现问题、反复认证、纠正错误、不断创新，使技战术更加完善。因此，要通过体育欣赏的实践活动，培养自己多种思维方式及创新能力，充分调动参加体育运动的积极性。

（四）体育欣赏的超越性

人的个体生命是有限的、暂时的存在。但人在精神上有一种趋向无限、趋向永恒的要求。在欣赏体育活动中，往往可以超越个体生命存在的有限性和暂时性，冲开人的精神束缚，获得审美愉悦。如果个人在现实生活中遇到了挫折，此时让其亲临现场观看一场高级别的体育比赛，他会把现实中所有的不开心之事抛置脑后，融入体育比赛的气氛中去，并从中获得快感，这就是超越性，也只有它才是一种自由的、积极的超越，才能满足人性的这种需求。利用体育欣赏的超越性，可以改善大学生的不良心理，促进身体、心理正常发展。

（五）体育欣赏的愉悦性

愉悦性是体育欣赏最明显的特点，可以将其看作体育欣赏的综合效应。观看一场精彩的体育比赛是一种精神享受，从中可以获得生理和心理乐趣。

1. 体育欣赏愉悦和生理快感的关系

欣赏愉悦是生理快感和精神快感的复合体，我们在体育欣赏过程中不仅有精神的参与，同时还有生理的参与。如观看奥运会比赛，每当我国选手夺冠、五星红旗冉冉升起时，我们的民族自豪感就会油然而生。对于现场的中国啦啦队来说，他们的呐喊助威、全身心的投入，就是一种生理快感的表现。观众的心理会随着比分的变化而起伏，会随着比赛的延续而紧张，并集聚生理和心理能量，直到最后获胜，就会最大限度地释放能量，获得生理和心理乐趣。这些都说明欣赏愉悦是心理和生理快感的复合体。

2. 体育欣赏愉悦的情感多样性

体育欣赏愉悦是指在欣赏体育活动中，人的精神和生理从总体上得到一种感发和兴发。它包括和谐感与不和谐感、快感与痛感、喜悦与悲哀。如在1993年当中国北京申办2000年夏季奥林匹克运动会失败时，我们是悲伤的；2015年，当国际奥委会主席巴赫宣布北京获得2022年冬季奥林匹克运动会举办权时，我们欢欣喜悦并为之自豪，这些都说明了体育欣赏情感的多样性。

3. 体育欣赏愉悦意象和意境层次

意象是指一般的欣赏体验，是形而上的愉悦；而意境是指高峰体验，是属于一种存在价值的观悦。如欣赏大学校园内的体育比赛，就属于意象愉悦；而欣赏我国第一块奥运会金牌获得者许海峰的比赛就属于意境愉悦。在体育欣赏实践中，要学会去体验体育比赛，这样有利于大学生在"逆境智商"中得到发展。

（六）体育欣赏的趣味性

趣味是指人们对现实生活中的某些事物、某些现象表现出的一种富有感情和个性特征的喜爱和癖好。欣赏趣味，是人在社会的历史发展中形成的对欣赏对象进行评价、判断时的一种带有特定倾向性的主观爱好形式。它既有个体性与多样性的特点，又蕴涵着普遍性与一致性的因素。

1. 体育欣赏趣味的个体性与多样性

西方有句谚语："谈到趣味毋争辩"，我国有句俗谚："萝卜白菜，各有所爱。"这充分肯定了人们的日常欣赏趣味的丰富多样和人们喜爱体育形式的不尽相同。正是欣赏趣味的多样性给人们生活带来了勃勃生机，让世界变得更加多姿多彩。又由于人与人之间感官功能有差异性以及生理因素和环境习俗因素的不同，人们的欣赏趣味就会体现出个体性。人是具有可塑性的，尤其是学生时代所培养的习惯、地域、时代、环境、精神、文化的作用和个体的心理需求，都会促使体育欣赏趣味个体性的形成，如有的是足球迷，有的是篮球迷，有的是体操迷等。

2. 体育欣赏趣味的普遍性与一致性

体育欣赏趣味尽管有浓重的个体性和无限的多样性，然而也包含普遍性和一致性。人类的感官感觉的差异性中含有共同性。体育比赛及其他文化活动是人类创造的，含有丰富的文化内涵，它所体现出的人们欣赏趣味的普遍性和一致性是非常明显的。如中国的太极拳非常普及，每个练习者都能知道它的作用和功能；学生的从众心理也说明了体育欣赏趣味的普遍性和一致性。体育欣赏的趣味性能培养自己的个性，使自己对喜欢的体育项目产生兴趣、养成习惯、培养意识，从而提高对该项目的欣赏水平，为终身进行体育锻炼打下良好的基础。

社会体育的哲学基础是生活世界，体育回归生活正成为世界体育发展的时代潮流。只有把体育欣赏特点的 6 个方面统一起来理解，才能获得体育欣赏的完整概念，才能真正理解为什么体育欣赏对于我们的物质生活和精神生活、对于现代体育的发展和全民健身计划的实施是非常有必要的。

二、体育欣赏对大学生的教育作用

（一）有助于激发大学生参与体育运动的兴趣

兴趣直接影响并调节学生在学习过程中的态度和积极性。体育欣赏能激发学生学习体育的兴趣，使体育成为学生自发的需要，它是提高学生自觉参加体育运动的重要因素。体育实践课教学多以运动技能学习为主，主要强调学生对体育运动中某一技能的学习和掌握，它的弱点在于反复地练习同一技术，从而容易造成枯燥感，使学生对学习体育的兴趣大大降低。体育欣赏实践通过视觉、听觉刺激和一系列心理感知来吸收知识，它强调的是学生的视觉感知、心理体验、联想、创造性思维等心理活动过程；体育欣赏实践可以在短时间内向学生传达大量的体育文化知识，它摆脱了技能教学的枯燥和乏味，使学生通过视觉得到感官上的愉悦，获得精神上的满足和乐趣，使自身的情感和体育的情感直接沟通；体育欣赏实践激发了学生学习体育的欲望和兴趣，同时也促进了学生在课余时间自觉参与体育活动的积极性。

（二）有助于丰富大学生的体育知识和文化素养

大学生正处于人体生命力最旺盛的时期，处于这一时期的学生对知识的渴望最强烈，好奇心也最强，他们渴望了解更多的知识来丰富自己的精神世界，提高人文素养。通过体育欣赏不仅能了解各项体育运动的基本知识，而且还能领略体育运动的无穷魅力。体育欣赏的内容丰富多彩，大学生在进行体育欣赏时不仅可获得美的享受，还能了解和掌握有关的体育运动知识，学习运动员的意志品质，树立顽强拼搏的精神，提高适应社会环境的能力。

（三）有助于对大学生进行美育和德育教育

体育欣赏的实践可向学生展示体育运动的美，如人体美、姿态美、素质美、动作美、技术美以及比赛中运动员所表现出的意志品质美和智慧美等。体育美中透视着人的力量、智慧、能力、技术、战术和创造精神，同时向人传达着美的意识、美的观念和美的创造，可以使人在潜移默化中受到感染和教育。它对培养学生正确的审美观念和提高学生的体育鉴赏能力有着积极的作用。体育欣赏也是进行德育的一种重要途径，借助欣赏内容可以引发情感活动，在学生的审美心理和道德心理间架起一座桥梁，从而使审美情感成为完善学生道德心理的一种动力。

（四）有助于培养大学生的创新能力和想象力

体育欣赏不是被动地接受，而是能动的、积极的，从这个意义上来说，体育欣赏是创造性的欣赏。要欣赏体育就必须要理解体育，欣赏并不是简单地用眼看、用耳听，而是用心去感知，才能走进体育，完善自我。在学校体育教学中，教师要结合体育欣赏内容充分调动学生的积极性和多种思维方式，培养学生多方位的创新能力与想象力。

（五）有助于促进高校体育教学的开展

在高校体育技术课教学中，很多技术动作是不方便做示范的，而只能依靠抽象的语言来描述，这将使学生学习技术动作变得无所适从。体育欣赏教学可以弥补这一不足，在具体教学实施过程中可与现代化多媒体技术手段相结合，这样既保证了体育教学进一步新颖化，又可以让学生了解优秀运动员规范的技术动作，使学生对该运动项目有完整、具体的认识。此外，还可以让学生在欣赏过程中明白整个动作的来龙去脉，在技能练习时就能够自觉地去理解和体会动作，而不是靠单纯的模仿，这可大大提高整个体育实践课的质量。

三、不同体育运动项目的特点与欣赏

（一）田径运动的特点与欣赏

田径运动是比速度、高度、远度的项目，要求运动员在短时间内表现出最大速度与力量或较长距离的忍受能力。田径运动竞争激烈，是奥运会上奖牌最多的项目，也是对观众有强烈吸引力的项目。田径运动除了向人们展示运动员强健、匀称的美之外，运动员在运动中表现出的速度、力量、耐力和灵敏等，也足以让人精神振奋和愉悦，使人感受到运动中人体充满活力的美。

速度反映了人体进行快速运动的能力，是对运动审美的标准之一。为了达到更快的速度，必须采取合理的动作技术，也就是说人体在运动过程中，要有正确的姿势。最协调的姿势，是最科学、最优美的姿势。运动员之间速度的快慢会给观众强烈的对比感，可使人产生昂扬、振奋、活跃和激烈的情感，培养人们积极进取的精神。

起跑姿势虽因距离长短有所不同，但都呈现出人体的姿势美。动与静、力与健的造型等，无不传达了青春勃发的生命活力，体现了人类独有的精神品格。如待一声令下，运动员一个个如箭出弦，运动场上呈现出万马奔腾的热烈气氛。随着运动员途中你追我赶，观众的情绪也此起彼伏。当运动员全力冲刺时，观众和运动员都很振奋，同时也唤起了人们对运动员平时训练中勤学苦练、探索钻研、创造奉献精神的敬意。人们对锲而不舍精神的赞叹，显示出人类进步与追求以及人的生命和生活的价值，更重要的是映照了人类的优秀品格，折射了人类的崇高精神。

跳跃和投掷主要表现运动员的力量和灵敏。力量的训练，使人的肌肉发达，有力的健美体型给人以雄壮、勇猛、活泼、强健的感觉，表现出具有生气和生命之美。古人就崇尚这种力量的美，如古希腊的塑像《掷铁饼者》，至今仍作为美的化身供人们欣赏。由此可见，田径运动在健美的同时，还锻炼了人的意志和个性，陶冶了情操，升华了精神。

（二）球类运动的特点与欣赏

1. 篮球运动

篮球运动在我国是最普及的一项体育活动，也是最受群众喜爱的运动项目之一。一场高水平的篮球比赛，往往能给人带来无穷的乐趣、愉悦的心情和强烈的美感。运动员身材高大、形体匀称、肌肉发达、彪悍强壮，然而他们又快速敏捷、柔韧性好、弹跳力惊人，这些超凡的身体素质，向人们展现了体质美、阳刚美。在赛场上，他们精湛的技艺和卓越的表演，使健、力、美融为一体，达到绝妙无比的艺术境界，美不胜收，向人们展示了技艺美。运动员以各自技术特征展示着进攻、防守的转换，表现出激烈对抗的动态美。篮球运动是一项典型的讲究张弛相宜的有节奏的运动，向人们展现出变幻无穷的节奏美。

当代的篮球运动不仅比技术、比战术、比意志，而且也是智慧之争。人们喜欢观看篮球巨星乔丹打球，不仅是观看他高超的技艺，更多的是赞叹他的智慧。不论他的对手如何强大，他总是能根据场上的情况，切入或分球，虚虚实实，使己方获得成功，这充分展示了他创造性的智慧和才能，体现出智慧美给人的震撼和享受，使人们感受到人类自身智慧的伟大。

2. 排球运动

排球运动是世界范围内普及程度极其广泛的运动项目之一。各国人民之所以喜欢这项运动，不仅是因为排球比赛激烈刺激，更主要的是它的运动美令千万人陶醉，如排球场上那种千姿万态的神奇变化和精彩纷呈的战术对抗，常给人一种独具特色的情感体验和艺术美感。这种美将智慧、才华、体能和技巧融为一体，升华为一种艺术魅力，也正是这种艺术魅力才使排球运动具有很高的艺术价值。那些高水平的运动员凭借其超凡的身体素质、高超的技战术水平、出众的弹跳、凶猛的大力扣球、出人意料的后排进攻和令人眼花缭乱的战术配合，将排球运动的美展现得淋漓尽致。人们把欣赏高水平的排球比赛当作美的享受，借以抒发人们内心对美的向往和感受。

3. 足球运动

足球运动是世界上最吸引观众的体育项目，被誉为"世界第一运动"，其魅力在于激烈的竞争和对抗。足球场上人数之多、场地之大、比赛时间之长、战术之多变，是其他运动项目无法比拟的。运动员在场上做奔跑、断球、带球、突破、射门等各种动作，充分体现了运动员强有力的体魄、充满个性和富有创造性的特点。快速奔跑能力和勇猛顽强的战斗意志，达到了人的意志美和身体矫健美的完美结合。足球比赛获胜的艰辛和难测的悬念，使比赛的形式变化莫测，扣人心弦，而最终胜负取决于运动员的灵敏性、主动性、创造性、全队的战术配合以及能否把握战机，这为该运动增添了神秘美的色彩。

4. 乒乓球运动

乒乓球是我国的国球，1988年被列为奥运会比赛项目，是人民群众最喜爱的运动项目之一。其受欢迎的原因是由乒乓球运动独特的个性美决定的，即除了它对运动空间大小要求不高、运动量可大可小、技术水平要求可高可低等因素外，最主要的原因是在乒乓球运动中，每一板球的时空特征，即速度、旋转、力量、弧线、落点5个物理竞技要素和不同打法具备的"快、转、狠、准、变"或"转、稳、低、变、攻"等制胜因素以及这些制胜因素依个人气质、精神风貌的不同而有所侧重的长期稳定的结合，形成的各自不同的技术风格。此外，乒乓球运动员的身体美、技术美和竞赛的场地、环境和器材美等，均构成了乒乓球运动丰富多彩、引人入胜的美的内容或形式。如以凶怪风格为主的邓亚萍、以快巧为主的刘国梁、以稳凶为主的孔令辉等，他们的技术动作和技术风格具有强烈的审美效应。因此，乒乓球运动中存在着大量的美学特征，在"美启真""美导胜"的正确原则指引下，对于这样一项富含美的韵味的体育运动项目，深入探讨其美的本质及特征，掌握其审美因素，培养运动员自觉地练就技术美，造就精神美、道德美、意志品质美的能力，是非常必要的。另外，国际乒联从20世纪末开始就一再强调要提高乒乓球运动的观赏性，力争吸引更多的观众观看乒乓球比赛。为此，国际乒乓球联合会试图通过规则的修改和电视转播等手段提高乒乓球运动的观赏性。从乒乓球运动发展史的角度来看，规则的修改始终是围绕提高乒乓球运动的观赏性而展开的。

5. 网球运动

网球运动可以培养参与者的速度、力量、耐力、灵敏等素质，对发展协调性也有积极的作用。它是一项把力量美和艺术美、形体美、服饰美与环境美结合于一体的运动，是一项把竞争性、文化性、观赏性和参与性有机结合在一起的极具魅力的体育项目，是一项既有悠久历史，又不断得到普及发展，深受群众喜爱的时尚健身运动。网球运动之所以有其独特的欣赏价值，还因为它特有的"网球精神"：网球比赛跑动场面大、对抗激烈，且又在露天进行，因此，运动员的体力消耗很大；规则规定要连胜两分才算取胜一局，要连胜两局才算取胜一盘，否则便要无休止地对抗下去。可见，在网球比赛中，运动员不但要有高超的运动水平，还要有勇敢拼搏的精神。因此，网球比赛是力的较量，是技战术的较量，也是心理素质的较量。人们在欣赏网球比赛时，会有一种力的感受、雅的体验、美的熏陶，而这些正是网球运动所特有的魅力。

6. 羽毛球运动

羽毛球运动不仅是一项竞技项目，也是广大群众喜爱的娱乐活动，有着很强的观赏性。参与者在球的对击过程中，通过不停地奔跑和身体的变化，努力地去把球击到对方的场地。每当击球者在击出一个好球或赢得一个球时，都能使自己兴奋并达到一种成功的喜悦。球的飞翔有快慢、轻重、高低、远近、狠巧、飘转等变化，使这种运动本身充满了丰富的乐趣。由于羽毛球运动具有竞争性、对抗性、大强度等特点，要求参与者不仅要有全面的技术、成熟的心理，还要有顽强的意志品质。羽毛球技术的千变万化，使得这项运动呈现出很强的观赏性。如猛虎下山的上网技术，蛟龙出水一样的跳起击球，身如满弓的扣杀，犀牛望月似的抢扑救球，进攻时似高屋建瓴、势如破竹，防守时的绵绵细雨、固若金汤……这些都展示了羽毛球运动的力与美，使观赏者如同吟诵一首动人的诗，浏览一幅悦目的画，令人心旷神怡、流连忘返。

（三）体操运动的特点与欣赏

体操动作内容丰富、形式多样，是审美价值较高的运动项目。不论单个动作还是成套动作，都要求幅度大、舒展、协调、节奏感强、造型美观大方。艺术体操、健美操、女子自由体操、技巧运动、广播体操、团体操等都要配以音乐伴奏，运动员上场亮相展示出的人的形体美，在音乐的伴奏下轻快、活泼、抒情、优美的姿态、稳健的造型和高超的动作技巧，无不给人以美的享受。

竞技体操突出表现了运动员的力量、柔韧、灵敏、协调等因素，充分展示了各种优美的人体造型。在比赛过程中，运动员各种优良品质的表现，又体现出品德风尚美。另外，竞技体操动作难度大、惊险复杂，要求运动员以娴熟的技战术和自己的创造，新颖独特的动作与悦耳的音乐紧密配合，使动作舒展、开朗、协调、美观、扣人心弦。艺术体操适合女子生理与心理特点，动作柔韧、协调、灵巧，具有刚柔相济的美和节奏感，充分展示了优美的动态形象和韵律感，使观众能感受到力的造型、美的展示，感受到青春活力的生命美。

（四）武术运动的特点与欣赏

武术作为一种传统体育运动，具有深刻的民族文化特点和广泛的社会发展基础。中国武术之所以经久不衰，而且越来越有魅力，不仅是因为它具有健身自卫的实用价值，而且还因为它是一种独特的表演艺术。武术的表演艺术特性、娱乐观赏作用以及审美功能和美学价值，充分表现在运动的全过程中。武术的全部内容倾注着中华民族的民族气质、民族美感和民族精神。

武术套路是按照攻守进退、刚柔虚实等对立统一规律编排而成的。其动作的美学特征以内在的精神气质为基础，以外在的技艺美为表现形式，是一种内外合一、形神具备的特殊文化现象。武术之美是东方古老文明之美的缩影，受中国古典哲学"天人合一"思想文化的影响，它强调顺应自然，按自然规律去发展。因此，无论是武术的技术原理、招式或动作的命名，都充分地展示着自然之美，追求人与自然的和谐，从人与自然的统一中寻求美，所以中国武术将这种和谐作为自己的审美特征。

（五）体育舞蹈的特点与欣赏

体育舞蹈在国际上非常流行，是融体育、艺术于一身的体育运动。体育舞蹈将以往的交际舞不断更新，并赋予时代气息和竞赛性质，使其不仅成为人们建立友谊、陶冶情操、锻炼身体、提高技艺的良好形式，而且具有独特的艺术表演价值，给舞蹈者和观赏者以美的享受，令人身心愉悦、悦目怡神，进而提高人们的艺术修养和审美情趣。欣赏体育舞蹈中的美主要体现在以下几个方面：

1. 体育舞蹈中的人体美

体育舞蹈中的人体之美表现在健与美的有机结合上，它要求男女选手以精湛的舞蹈技艺、默契的配合、精心的组织编排去表现这一感人的体育艺术项目。由于人体具有形状、线条、比例、透视、颜色、光泽、质感、对称、动态等一系列的审视条件，因此将人体作为审美对象是最自然的了。通过欣赏体育舞蹈选手的表演，可使人意识到人体的美丽，发现蕴藏于这项运动中的丰富而动人的人体之美。

2. 体育舞蹈中的服饰美

体育舞蹈中，男女选手的服饰起着衬托美化作用，可为舞蹈锦上添花，具有其独特的审美价值和艺术魅力。在现代舞比赛中，男士通常穿礼服，以显示优美的身体线条和庄重的气质风度；女士着晚礼服式露背长裙，给人以华贵、娴熟、高雅之感。对于拉丁舞选手而言，男士着紧身长裤，上衣多穿宽松式长袖衫，女士则穿露背露腿的草裙式短裙，展示出浓郁的拉丁风情。至于舞鞋，男士均穿黑色或与服装同色的平跟缚带皮鞋；女士则穿高跟缚带皮鞋，颜色与衣裙相同，并可附加亮饰，从而令选手舞步醒目，足下生辉。

任何一种色彩都会给人以美感。在快步舞、桑巴舞、维也纳华尔兹、恰恰恰等节奏欢快激烈的舞蹈中，男女选手采用对比强烈的色彩组合，能起到相互衬托的作用。而在华尔兹、狐步舞、伦巴舞等风格优雅抒情的舞蹈中，男女舞伴则采用对比较弱的色彩搭配以产生和谐效果。

3. 体育舞蹈中的动作造型美

男女选手"动""静"造型的交相辉映赋予体育舞蹈丰富的表现手段。运用动作造型全面展示各舞种的艺术风格是体育舞蹈的一项重要功能。男女选手以人体为媒介，通过面、头、颈、肩、胸、腰、胯、臀、膝、臂、手、腿、足及躯干和四肢的动作配合，按照多变的节奏和丰富的韵律，造成点与线的移动以及静与动的各种造型，使其具有爆发性、对比性、转折性、整体性，进而给人特有的瞬间美、过程美、变化美和立体美的享受。丰富多彩的舞蹈动作造型，基本上可分为动态造型和静态造型两大类。动态造型包括男女选手的运步、跳跃、转体、摆荡、升降、倾斜等舞蹈动作，其美感特征是瞬间的造型美。静态造型则主要是指各种起始与结束舞姿和平衡静止动作，这种"定格"的舞姿造型能强化观众的视觉印象。它们在时间和空间上的美妙组合，造成了连绵不断的神奇效果，从而使动静相间、刚柔并济、虚实变化，恰如一幅流动的画，一首立体的诗，成为人们欣赏体育舞蹈最基本的审美点。

4. 体育舞蹈中的音乐美

音乐与体育舞蹈有着天然的姻缘关系。作为体育舞蹈的灵魂，音乐以其优美的旋律、鲜明的节奏、多彩的风格使体育舞蹈的艺术表现力更加丰富、更为动人。音乐以其独有的魅力促进了体育舞蹈的发展。体育舞蹈的音乐美发挥着控制舞蹈动作的重要作用。在舞蹈进行中，男女舞伴默契配合，翩翩起舞，节奏同步和谐，动作轻快流畅，旋转优美飘逸，这不仅需要选手具有娴熟高超的舞技，也依赖于音乐节奏的引导和指挥，才能使舞伴之间及舞蹈动作与音乐韵律协调统一起来，从而表现出和谐之美。

运动技能篇

第六章
身体素质锻炼

探究人的身体运动轨迹、身体思维、身体展演和身体修炼等，可以更好地理解和发展自我；对身体的认知与实践，可以更好地调整自我与他我的互动关系，从体育中寻绎可能蕴含的思想资源，使我们从身体与自然的互动中去探索增强体质之道、养生之道和培养精神之道。

我国古代十分重视身体素质的修炼。如重内在修炼，重精神涵养，强调的是气的流通顺畅，体内各部位的和谐通泰以及身体与自然的气息沟通，关注的是柔韧性、持久性、耐力、灵活性和灵敏度，提倡"修身以道，修身以仁"。认为修身的终极目标是："志于道，据于德，依于仁，游于艺。"这意味着修身的目标在于"道"的实现。修身过程中不能违背道德精神，修身又必须符合"礼"的标准。而"游于艺"对身心修持更具有特殊的含义。

增强人民体质，保障人民健康

第一节 身体素质概述

身体素质是指人体在运动中所表现出来的力量、速度、耐力、柔韧和灵敏等身体基本状态和功能，是人体的各种与运动和生活能力相关的综合功能状态，同时也包括运动员在其特殊运动项目中的运动能力。身体素质还是人体生存及运动的基本条件，是人们从事体育运动的基础。

一、身体素质的内涵

身体素质的好坏，直接可以反映出人类的体质状况。而体质这个概念较为单纯，基本保持在身体的范围内。体质具有长期和稳定的特征，而健康具有短期、易变的特征。同样处在健康状态的人，基本体质状况可能千差万别；同样体质状况的人，在短期内可能由于疾病的影响出现健康方面的不同表现。

健康对人所做的评价相对静态，而体质则相对动态，重点在于对人的生活能力、劳动能力、适应能力和运动能力的评价。运动能力对于人类的进化和发展十分重要，不能把运动能力仅仅看成是一种游戏能力、竞技能力。儿童和青少年时代培养的身体素质和运动素质，对其一生的体质发展和生活、生产技能的掌握都是有益的。因此，对身体素质的评价更能反映出体质的价值和作用。

二、身体素质的外延

身体素质还有其外延，归纳起来，大致有三类：

（1）身体素质包括体质基础、心理发展水平、体育文化素养和终身体育能力等内容。
（2）身体素质由人体形态结构、生理机能、适应能力和心理素质等构成。
（3）身体素质重要包括以下素质：① 力量素质：由肌肉紧张或收缩时所表现出来的一种能力。适宜的力量，可更好地控制体重来抵抗地心引力和更快地操纵身体，力量在身体素质中占相当重要的地位；② 速度素质：指人体进行快速运动的能力，其表现形式有反应速度、动作速度和周期性运动中的位移速度；③ 耐力素质：指人体长时间进行肌肉活动的能力，也可看作是对抗疲劳的能力。耐力有肌肉耐力和心血管耐力两种。心血管耐力又分为有氧耐力和无氧耐力；④ 灵敏素质：是一种复杂的素质，是人体活动中的综合表现，指人体在复杂条件下快速、准确、灵活地完成动作的能力。灵敏素质表现了第一、第二信号系统的分析综合能力的高度发展；⑤ 柔韧素质：是人体各关节的活动幅度、肌肉韧带的伸展性的表现，是人体运动时加大动作幅度的能力。

三、身体素质的结构

身体素质一般可以分为三类：

（一）与健康有关的身体素质

（1）心肺耐力：是指一个人持续进行身体活动的能力。尤其是在进行有一定强度的活动时，良好的心肺功能则显得更加重要。心肺功能越强，走、跑、学习和工作就会越轻松，进行各种活动保持的时间也会越长。

（2）柔韧性：是指身体各关节的活动幅度以及跨过关节的肌肉、韧带、皮肤和其他组织的弹性和伸展能力，可以通过经常性的身体练习而得到提高，柔韧性对于提高身体活动水平、预防肌肉紧张以及保持良好的体态等具有重要作用。

（3）肌肉力量：是一块肌肉或肌肉群一次竭尽全力从事抵抗阻力的活动能力，所有的身体活动均需要使用力量。肌肉强壮有助于预防关节的扭伤、肌肉的疼痛和身体的疲劳。如果背肌力量较差，往往会导致驼背现象。

据科学统计，男性肌肉含量在 40 岁后就开始以每年 1% 的速度递减，到了 60 岁男性肌肉含量仅相当于年轻时的 75%。

肌肉含量不断下降意味着三大危害：首先会导致男性基础代谢率降低，外在表现是肥胖；其次，肌肉是心脏等器官的重要组成部分，它的衰退，成了男性心血管病高发的帮凶；再次是会导致力量下降，甚至连上台阶都感到吃力，这是许多男性感到腰酸背痛的主要原因。

（4）肌肉耐力：是一块肌肉或肌肉群在一段时间内重复进行肌肉收缩的能力，与肌肉力量密切相关。一个肌肉强壮和耐力好的人能更好地抵御疲劳的发生，因为这样的人只需花很少的力气就可以重复收缩肌肉。

（5）身体成分：包括肌肉、骨骼、脂肪等成分。身体素质与体内脂肪比例之间的关系最为密切，脂肪过多者是不健康的，其在活动时比其他人需要消耗更多的能量，心肺功能的负担也更重，因此，心脏病和高血压发生的可能性更大。另外，肥胖会使人的心理健康水平下降，也会影响寿命的长短。

（二）与动作技能有关的身体素质

（1）速度：指快速移动的能力，即在短时间内移动一定的距离。在许多竞技体育项目中，速度对个人取得优异成绩至关重要。

（2）爆发力：指短时间内克服阻力的能力，举重、投铅球、掷标枪等体育竞技项目均能显示一个人的快速力量能力大小。

（3）灵敏性：指在活动过程中，既快速又准确地变化身体移动方向的能力。灵敏性在很大程度上依赖神经肌肉的协调性和反映时间，可以通过提高这两方面的能力来改善人的灵敏性。

（4）神经肌肉协调性：神经肌肉协调性主要反映一个人的视觉、听觉和平衡觉与熟练的动作技能相结合的能力。在球类和体操运动中，这种身体素质成分显得尤为重要。

（5）平衡：指当运动或静止站立时保持身体稳定性的能力。滑冰、滑雪、体操、舞蹈、技巧和武术等项目对提高平衡能力是很好的运动，闭目单足站立练习也有相当好的效果。

（6）反应时：指对某些外部刺激做出生理反应的时间。反应速度是许多项目优秀运动员的特征，特别是短跑的起跑阶段，反应时的作用更重要。

与健康有关的身体素质和与动作技能有关的身体素质有重叠之处，如心肺耐力、肌肉力量、肌肉耐力、柔韧性和身体成分等，这无论是对健康还是对技能性要求较高的运动都是十分重要的。

（三）与心理生活有关的身体素质

（1）神经过程的强度：指神经细胞在工作中能经受得住刺激强弱的程度，如果一个人能经受得起较强的刺激，并能持久地工作，就表明其神经系统是强的，反之就是弱的。

（2）神经过程的平衡性：指兴奋与抑制的力量对比的程度。如果兴奋强度大于抑制强度，就是平衡性低或不平衡；如果兴奋强度与抑制强度势均力敌，那就是高平衡性。

（3）神经过程的灵活性：指兴奋和抑制互相转换或彼此替代的速度。如果兴奋转为抑制很快，或抑制转为兴奋也很快，就是灵活性高；如果兴奋与抑制的相互转换与彼此替代都很慢，就是灵活性低。

四、良好身体素质的特征

（1）身体发育正常，身高和体重均按时增长，无肥胖或豆芽形体型的发展。
（2）皮肤光滑、清爽、不干燥，表皮油脂不过多。
（3）毛发整齐而有光泽。
（4）眼睛明亮有神，眼白清洁无疵，眼圈不发黑。
（5）牙齿清洁整齐，无龋齿。
（6）不用口呼吸。
（7）手指清洁，指甲修整，不存污垢。
（8）脚趾向前，无弯曲现象，不是扁平足。
（9）坐、卧、立、行都能保持良好的姿势。
（10）身体各部分功能均正常。
（11）运动后虽有正常的疲劳，但经过适当休息后，即可恢复如常。
（12）食欲良好，睡眠充足，且定时排便。
（13）能够完成日常学习活动和家庭作业，并且不产生过度疲劳或情绪紊乱。
（14）能够正常参加课程表中规范的体育课和其他体力活动。

（15）在游戏和身体基本姿势方面，能够表现出与其年龄、性别、体型和运动经验相适应的技巧。

第二节　身体素质与社会适应能力

随着身体素质概念的广泛传播以及人们对严峻的现实状况的了解，越来越多的人认识到身体素质对于人类适应生活、活动和环境，以及享受休闲、应对突发事件的重要性。提高身体素质水平不仅有助于身体健康，而且能更有效改善情绪，减轻心理压力，缓解心理和情绪障碍，增强自尊、自信，提升自我意识，具有改变生活方式，提高生活满意度和幸福度等功效。因此，良好的身体素质已成为现代人重要的生活追求。

一、身体素质练习对心理的影响

身体素质练习对心理会有改善作用，如会减少焦虑和抑郁程度。身体素质对调节情绪的优势表现在：身体素质练习是人们调节情绪的最自然的选择；身体素质练习是情绪调节的一种建设性的行为。

身体素质练习具有显著的情绪效应。一次身体素质练习，使紧张、困惑、疲劳、焦虑、抑郁和愤怒等不良情绪状态显著改善以及精力感和愉快程度显著提高；仅一次球类练习或自行车练习就使健康和不太健康的大学生焦虑程度下降，如散步、慢跑也有助于提高心境状态。身体素质练习可使青少年的状态焦虑、抑郁、紧张和心理紊乱等水平显著降低，而精力和愉快程度显著提高。而长期坚持身体素质练习，获得的心理效应比偶然进行练习的要好。

身体素质练习的强度也会直接影响心理效应。如高强度的练习虽能增强心肺功能，提高代谢水平，但对改善心境状态效果不是太好，而低强度练习却对心境更具积极作用。

二、身体素质练习对社会适应能力的影响

把身体素质练习作为一种手段，其根本目的是使青少年在和谐、平等、友爱的运动环境中感受到集体的温暖和情感的愉悦；在经历挫折克服困难的过程中，提高抗挫折能力和情绪调节能力，培养坚强的意志和品质；在不断体验进步或成功的过程中，增强自信心和自尊心，培养创新精神和创新能力，形成积极向上、乐观开朗的生活态度；培养青少年忠诚、勇敢、顽强和坚忍不拔的意志、毅力；塑造坚强的人格和体魄，亦使他们有能力和意志完成各种使命和任务；培养青少年具有团队合作精神和阳刚之气，能够教他们在任何险境或困苦的条件下都能尽自己最大的努力，拼搏到最后；培养青少年身体的协调性和气质；培养学生"悦耳悦目""悦心悦意""悦志悦神"的审美能力，达到以美引善，提高青少年的思想品德；以美启真，增强青少年的智力；以美怡情，增强青少年的身心健康，促进青少年全面和谐发展，以更好地适应社会的发展。可以说，身体素质是青少年生活、事业、人生幸福的基础，也是青少年发展的理想追求。

社会适应是指个体为了适应社会生活环境而调整自己的行为习惯或态度的过程。良好

的社会适应能力主要是指人际关系，协调能力是指一个人能否积极和谐地与他人相处。在社会生活中，每个个体都有自己独特的为人处世、待人接物的方式，都有人际交往、合作、友情、尊重、名誉及取得成就的愿望和需要，所有这些需要的满足，都依赖于个体的社会适应。身体素质练习本身所具有的种种特性及矛盾性，使其在促进个体社会化，提高社会适应能力方面具有不可代替的特殊意义。在学校体育活动环境中，青少年可以以更直接、生动和集中的方式接触、体验近似于社会上所能遭遇到的各种情境，如竞争、冲突、分享、合作、共处、避让、包容、突变、角色和角色转换、表扬、批评、成功、失败、规范、处罚、控制、自控、对抗、磋商及展示……从而不断学习，不断调适个体社会适应的意识和能力。

第三节　身体素质的锻炼方法

身体运动技能主要是指力量、速度、灵敏、耐力和柔韧5个方面的素质，它是衡量身体素质的重要标志。这5项身体素质的增长速度呈现一定的顺序性，其顺序为：柔韧、速度、灵敏、力量和耐力。所以在进行身体素质练习时，必须按顺序和规律，有针对性地进行，以达到提高5项身体素质的目的。

提高身体素质，要注意身心的协调发展。心理健康与身体健康是相互影响、相互制约的。身体健康是心理健康的基本条件之一，只有具备健康的身体，才可能具备健康的心理。而心理健康对于身体健康的影响也是很大的，如心理冲突、不安全感、长期抑郁、过分焦虑等不良情绪状态能严重影响个人机体的免疫系统，造成免疫能力下降，这为各种疾病的发生提供了条件。青少年处于身心发展阶段，无论生理还是心理都是极不稳定的，容易产生心理冲突和困惑，如不能及时引导，就会产生不健康的心理，从而影响身体发育。因此，在发展青少年身体素质的同时，必须加强心理教育，以利于身心协调发展。

一、柔韧练习方法

根据人体生理解剖结构，柔韧包括四肢和躯干各关节的柔韧。其主要关节有肩、肘、腕、髋、膝、踝及脊柱等。柔韧性的锻炼就是针对上述各关节灵活性的练习。

发展关节的柔韧性，应根据参加锻炼项目的特点，有目的、有选择地进行练习。柔韧性练习一般在适当的准备活动以后进行，也可安排在每次锻炼的结束部分进行。为了防止受伤，应先采用静态伸展肌肉的方法，再采用弹性伸展法。

（一）肩关节柔韧性锻炼

（1）压肩：① 正压肩。伸展的肌肉：胸大肌、背阔肌。方法：手扶一定高度的物体或两人手扶对方肩，体前屈直臂压肩；② 反压肩。伸展的肌肉：胸大肌、三角肌前束。方法：反手扶一定高度的物体，下蹲直臂压肩。

（2）吊肩：伸展的肌肉：胸大肌、背阔肌等肩带周围肌群。方法：单杠各种握法（正、反、反正、翻等握法）的悬垂；或单杠悬垂后，两腿从两手间穿过下翻成反吊。

（3）转肩：伸展的肌肉：肩带周围肌群。方法：用木棍、绳、毛巾等做直臂或屈臂的向前、向后的转肩，握距应逐渐缩小。

（二）下肢柔韧性练习

（1）弓箭步压腿：伸展的肌肉：大腿屈肌、股四头肌。方法：前跨一大步成弓箭步，后脚跟提起，膝关节略屈，向前顶髋。

（2）后拉腿：伸展的肌肉：大腿屈肌、股四头肌。方法：一手扶一定高度的物体，另一手抓异侧的脚背，向后拉腿。

（3）正压腿：伸展的肌肉：股后肌群、小腿三头肌。方法：单脚支撑，一腿放于一定高度的物体上，两膝伸直，身体前倾下压。

（4）侧压腿：伸展的肌肉：大腿内侧肌群、股后肌群、小腿二头肌。方法：侧立单脚支撑，一腿放于一定高度的物体上，两膝伸直，身体侧屈下压。

（三）踝关节柔韧性练习

（1）跪压：伸展的肌肉：小腿前肌群、股四头肌。方法：跪于平面上，脚背伸直，臀部坐在脚跟上。

（2）倾压：伸展的肌肉：小腿后肌群。方法：手扶墙面站于一定高度的物体上，先提踵，后脚跟下踩，身体略前倾。

（四）腰腹部柔韧性练习

（1）体前屈：伸展的肌肉：腰背及股后肌群。方法：两腿并步或开立，膝关节伸直，身体前倾下压。

（2）体侧屈：伸展的肌肉：体侧肌群。方法：两腿开立，一手臂上举，上臂贴耳，身体侧屈下压。

（3）转体：伸展的肌肉：躯干和臀转肌。方法：把一只脚放于另一腿的膝盖外侧，向弯曲腿的方向扭转身体。

（五）柔韧性练习的注意事项

（1）柔韧性练习强度应采用缓慢、放松、有节制和无疼痛的练习，只有通过适当的努力才会提高。

（2）柔韧性练习的时间由采用的伸展方式决定，它主要取决于重复的次数和伸展位置上停留的时间。

（3）柔韧性练习应循序渐进，持之以恒，还必须注意兼顾到身体各部分关节柔韧性的全面发展。同时，在练习结束后，应做些相反方向的练习，使供血供能机能加强，这有助于伸展肌群的放松和恢复。

二、速度练习方法

速度素质是人体在尽可能短的时间内完成动作的能力。神经系统的反应能力、做动作的频率和动作幅度的大小，是影响速度素质发展的主要因素。发展速度素质，对于提高大脑皮质的反应能力和对身体快速指挥和协调能力，使身体更加灵活，做动作更加迅速，具有重要的作用。速度可分为反应速度、动作速度、移动速度。各种速度素质练习，都应在体力充沛、精力饱满的情况下进行。

（一）发展反应速度的方法

反应速度是指人体对外界刺激反应的快慢程度。它是以神经反射的反应时为基础的，反应时越短，反应速度越快；反之，则反应速度越慢。反应速度是由运动分析器和神经肌肉系统的功能确定的。发展反应速度的基本方法与手段：听信号后用最快的速度完成规定的练习、运动中听信号或看到标记迅速改变运动方向和方式的各种练习、发展提高完成动作自动化程度的各种专门练习、各种游戏性质的反应练习和各种球类运动练习等。

（1）听号接球：练习者围圈报数后向着一个方向跑动，教练持球站在圈中心，将球向空中抛起喊号，被喊号者应声前去接球。要求根据时间和空间采取应急行动。

（2）互相拍肩：两人相对1米左右站立，既要设法拍到对方的肩膀，又要防止对方拍到自己的肩膀。要求伺机而动，身手敏捷。

（3）围圈打猴：指定几个人当"猴"在圈中活动，余者作为"猎人"手持2~3个皮球围在圈外，掷球打圈的"猴"（只准打腿部），被击中的"猴"与掷球的"猎人"互换。要求眼观六路，耳听八方，掷球准确，躲闪机灵。

（二）发展动作速度的方法

动作速度是指人体快速完成单个动作的能力。通常用单位时间内完成动作数量的多少来度量。动作速度取决于中枢神经系统的灵活性以及完成动作的力量、幅度、协调性、力量耐力等因素。此外，还与技术水平、机能能力的发展水平等密切相关。提高动作速度的锻炼方法有：① 减少练习难度，加助力法，如牵引助力跑步或游泳、顺风跑、下坡跑、顺水游和推掷较轻的器械等；② 加大练习难度，发挥后效作用法，如负重跳或推掷超重器械练习后，接着做跳跃或推掷标准器械的练习；③ 时限法，按预定的音响节拍频率完成动作，以改变练习者的动作频率和速度。反应速度和动作速度与年龄密切相关，应在儿童少年年龄段加强反应速度和动作速度的训练。

（1）依靠肌肉克服由弹性物体形变而产生的阻力，发展快速用力的方法，如使用弹簧拉力器、拉橡皮带等。

（2）用轻重量哑铃，快速反复进行上举、前举、侧举等动作。每组30~50次，重复做5~8组。

（3）用轻重量杠铃，连续快速做上举动作。每组20~30次，重复做5~8组。

（三）发展位移速度的方法

位移速度是指单位时间内人体位移的距离。在周期性的运动中，指人体通过一定距离所用时间的多少。提高动作速度是提高位移速度的基础，并与四肢肌肉的爆发力密切相关。通常采用下列方法：① 快速跑，如短距离用最快速度重复跑、让距离追逐游戏、短距离游泳、速滑等；② 加速动作频率的练习，如快频率小步跑、快速摆臂练习等；③ 发展下肢的爆发力，如负重跳、单脚跳、跨步跳等。

（1）反复起跑：蹲踞式或站立式起跑30~60米，每组做3~4次，重复做3~4组。

（2）短跑：以最快速度跑30~50米，每组1次，重复做4~5组。

（3）反复跑：跑距为60米、80米、100米等。重复次数应根据距离的长短及学生水平而定。一般每组做3~5次，重复做4~6组。强度一般用心率控制。如80米跑，练习时心率应达到180次/分，间歇恢复至120次/分时，进行下一次练习。

（4）间歇行进间跑：行进间跑距为30米、60米、80米、100米等，计时进行，每组2~3次，重复3~4组。

（5）计时跑：可做30~50米距离的重复计时跑或长于50米距离的计时跑。重复次数应根据学生水平及跑距而定。距离短，强度应大些。

发展速度素质应注意的几个问题：一般采用强度大、持续时间短的练习，应在精力充沛、运动欲望强的情况下各种练习交替进行。在疲劳时如只用单一的练习方法,易形成速度障碍,不能收到良好的效果。同时,发展速度素质要与发展力量、耐力和柔韧性素质结合起来,注意提高肌肉的放松能力。

三、灵敏练习方法

灵敏素质是指人体在各种突然变化的条件下,快速、协调、敏捷和准确地完成动作的能力。它是人的运动技能、神经反应和各种身体素质的综合表现,因为各运动项目的每一个动作都不同程度地体现了力量、速度、耐力、柔韧等素质。如通过力量,特别是爆发性力量,控制身体的加速或减速;通过速度,控制身体移动、躲闪、变换方向;通过柔韧保证力量、速度的发挥;通过耐力保证持久的工作能力。这些素质的综合运用才能保证动作的熟练程度,而动作的熟练程度必须在中枢神经支配下才能运用自如。

(一)提高反应判断能力的练习

(1)按口令做相反的动作。

(2)原地、行进间或跑步中听口令做动作。

(3)一对一互看对方背后号码。

(4)听信号或看手势做急跑、急停、转身和变换方向练习。

(5)一对一做脚跳动猜拳、手猜拳、打手心手背、摸五官等练习。

(二)发展平衡能力的练习

(1)一对一面向站立,双手直臂相触,虚实结合相互推,使对方失去平衡。

(2)一对一弓箭步牵手面向站立,虚实结合互推互拉,使对方失去平衡。

(3)各种站立平衡,如俯平衡、搬腿平衡、侧平衡等。

(4)在肋木上横跳、上下跳练习。

(5)急跑中听信号完成急停动作。

(6)发展旋转的平衡能力练习。原地跳转180°、360°、540°、720°,落地站稳。

(三)发展协调能力的练习

(1)各种徒手操练习。

(2)脚步移动练习:如前后、左右、交叉的快速移动,单脚为轴的前后、转体的移动,左右侧滑步、跨跳步的移动。

(3)跳起体前屈摸脚。

(4)选用健美操、体育舞蹈、街舞中的一些动作。

(四)选用体操中的一些动作

(1)前滚翻、后滚翻。

(2)连续前滚翻或后滚翻。

(3)连续侧手翻。

(4)鱼跃前滚翻。

(5)屈伸起。

(五)灵敏性游戏

在灵敏性游戏的设计、选择、运用中,要注意把思维判断、快速反应、协调动作和节奏感等内容有机地结合起来。进行游戏时,要严格执行规则,注意安全。

(1)抓"替身":成对前后站立围成圈,指定一人抓,另一人逃,逃者通过站到一队人的前面来逃脱被抓，后面的人立即逃开。当抓人者拍打着被抓者时，两人交换继续抓"替身"。要求反应快、躲闪灵。

（2）双脚离地：练习者分散在指定的地方任意活动，指定其中几个为抓人者，听到教练的哨音后，谁的双脚离地就不抓他，抓人者勿缠住一人不放。要求快速悬垂、倒立、举腿等。

（3）老鹰抓小鸡："小鸡"跟在"母鸡"背后，用手扶住前面人的髋，排成纵队。"老鹰"站在"母鸡"前面要抓后面的"小鸡"，"母鸡"伸开双臂设法阻止。要求斗智斗勇，巧用心计。

（4）传球触人：队员分散站在篮球场内，两个引导人利用传球不断移动，追逐场上队员并以球触及场内闪躲逃跑的队员。凡被球触及者参加传球，直到场上队员全部被触及为止。要求传球者不得运球或走步违例，闪逃者不准踩线或跑出界外。

四、力量练习方法

肌肉力量是身体素质的重要组成部分。提高肌肉力量和耐力，是提高身体素质的必然选择。力量素质只有在对肌肉不断强烈刺激下，并且加以刺激的强度超过上一次时，才会得到发展。所以，要不断地增加负荷，并超过原来的负荷，大负荷能够动员更多的肌肉群参加，增强肌肉力量，小负荷或中等负荷对发展肌肉体积有利。

肌肉力量的大小并非绝对来自天生，在后天的锻炼中亦能得到很大程度的增强。如经常进行肌肉锻炼的人，在肌肉收缩运动中，肌肉内 90% 的肌纤维都能在一瞬间收缩并发挥出很大的力量；而没有经过锻炼的人，只有 60% 的肌纤维在收缩。

负重抗阻练习是增强肌肉力量的基本手段。杠铃与哑铃练习法是典型的负重抗阻练习，是力量练习的基本方法。

1. 卧推

器械：杠铃、长凳。

练习方法：正握杠铃杆，将杠铃缓慢落到胸前，然后推起。

要点：屈膝 90°，放下动作要慢。

发展的肌肉：胸大肌、肱三头肌、三角肌。

2. 挺举杠铃

器械：杠铃。

练习方法：正握杠铃杆，爆发用力，将杠铃举到胸前。翻腕、屈膝后用力将杠铃举过头顶，然后屈臂、屈髋、屈膝，将杠铃降至大腿部后缓慢放下。

要点：握杠铃同肩宽，准备姿势成蹲姿抬头，背部挺直。

发展的肌肉：斜方肌、竖脊肌、臀大肌和股四头肌。

3. 负重半蹲

器械：杠铃。

练习方法：正握杠铃，将杆置于肩上，屈膝成 90° 后还原。

要点：将脚跟踮起，下颌微朝前。

发展的肌肉：股四头肌、臀大肌。

4. 负重提踵

器械：杠铃，5 厘米左右的厚板。

练习方法：正握杠铃于肩上，提踵。

要点：调整脚尖由朝前到向内或向外，保持身体正直。

发展的肌肉：腓肠肌、比目鱼肌。

5. 硬拉

器械：杠铃。

练习方法：采用混合握法，屈膝使大腿与地面水平，然后用力将杠铃提起，身体保持直立，后屈膝将杠铃缓慢落下。

要点：抬头、挺胸，握距同肩宽。

发展的肌肉：竖脊肌、臀大肌、股四头肌。

6. 提铃耸肩

器械：杠铃。

练习方法：正握，耸肩至最高点，然后回落。

要点：四肢充分伸展。

发展的肌肉：斜方肌。

7. 俯立飞鸟

器械：哑铃。

练习方法：弓身成水平状，两臂向后上振至哑铃与肩同宽，后缓慢还原。

要点：膝与肘微屈。

发展的肌肉：三角肌后群、背阔肌、斜方肌。

8. 哑铃弯举

器械：哑铃。

练习方法：手持哑铃，前臂弯举至肩部，后缓慢还原。

要点：使背部保持正直、稳定。

发展的肌肉：肘部屈肌。

9. 腕弯举

器械：杠铃。

练习方法：五指可稍微分开，握住（反握）杠铃杆屈腕。

要点：以适宜的握距，将前臂固定好。

发展的肌肉：腕屈肌群。

10. 肱二头弯举

器械：杠铃。

目的：发展肱二头肌的力量。

练习方法：前臂弯举。

要点：弯举尽可能靠近肩部，动作应有控制地还原。

发展的肌肉：肱二头肌、肘部屈肌。

11. 仰卧起坐

目的：发展腹部肌肉。

练习方法：躯干卷曲。

要点：仰卧，手置于胸前或背后，膝部弯曲成90°，脚不要离地，上体起至与地面成45°。

锻炼的关节：脊柱各关节。
发展的肌肉：腹直肌。

12. 俯卧撑

目的：发展手臂和胸部肌肉力量。

重复次数：初练者10次，中级水平者20次，有训练者30次。

要点：躯干与下肢保持在同一条直线上，下落时胸部不要触地。

注意：避免背部的过分伸展。

发展的肌肉：肱三头肌、胸大肌。

五、耐力练习法

耐力是人体在尽可能长的时间内进行活动的能力，也可以看作是抵抗疲劳的能力。

拥有耐力是身体健康的必备条件。耐力运动可以使得大脑皮质长时间保持兴奋与抑制有节律地转换，使大脑皮质神经过程的均衡性得到改善，使神经系统的工作能力得到提高，支配肌肉活动的各运动中枢之间的协调得到改善。

耐力运动可以增强心肺的功能。通过运动，心脏增大而心率降低，心肌肥厚有力，心脏体积和力量增大，射血量和血输出量得到提高；耐力运动还可以使肺内和肌肉的毛细血管网增加，这样，就可以保证肺内表面与血液之间进行更多的气体交换。

（1）综合练习：由几种不同的锻炼内容组成。如第一天跑步，第二天游泳，第三天骑自行车。综合练习的一个优点是可以避免日复一日进行同一种练习的枯燥感，并且可以防止身体同一部位的过度使用而产生疲劳或损伤。

（2）持续练习：指长时间、长距离、慢节奏和中等强度（约70%最大心率）的锻炼，也是一种最受欢迎的心肺锻炼方法。渐进阶段，如果运动强度不增加，锻炼者就能轻松地完成身体练习。在不受伤的情况下，一次锻炼时间可持续40~60分钟。同较大强度的运动相比，持续练习引起受伤的可能性较小。

（3）间歇练习：指重复进行强度、时间、距离和间隔时间都较固定的锻炼方法。练习持续的时间各不相同，但一般为1~5分钟。每次练习后有一休息期，休息期的时间与练习时间相等或稍长于练习时间。有一定耐力基础和希望能获得更高适应水平的锻炼者或运动员常用这种方法。间歇练习比持续练习能使人完成更大的运动量，且锻炼的方式可以有所变化，这就减少了其他锻炼方式容易造成的冗长与枯燥。

（4）1分钟立卧撑：由直立姿势开始，两腿始终并拢，下蹲两手撑地，伸直腿成俯撑，然后收腿成蹲撑，再还原成直立。每次做1分钟，4~6组，间歇5分钟，强度为50%~55%。要求动作规范，必须站起来才算完成一次练习。也可以穿上沙背心做该练习。或做立卧撑接蹲跳起，则强度稍大，做30次为一组，组间歇为10分钟。

（5）重复爬坡跑：在15°的斜坡道或15°~20°的山坡上进行上坡跑，重复5次或更多些，跑距为250米或更长。也可根据训练目的决定强度，以心率控制运动强度，也可穿沙背心练习。

（6）沙滩跑：在沙滩上做快慢交替自由跑，每组500~1 000米，也可穿沙背心跑。速度变化和要求可因人制宜，一般做4~6组。

（7）变速越野跑：在公路、树林、草地、山坡等地进行越野跑，在越野跑中做50~150米或更长些距离的加速跑或快跑。加速或快跑的距离为1 000~1 500米

(8）跳绳跑：在跑道上做两臂正摇跳绳跑，每次跑200米，做5~8次，每次间歇5分钟。强度为最大锻炼强度的60%~70%。要求每次结束时心率达160次/分，当间歇恢复到120次/分以下时开始第二次练习。也可规定速度指标进行练习。

（9）重复跑：在跑道上进行，重复跑的距离、次数与强度也应根据专项任务与要求而定。发展有氧耐力重复跑时，强度不宜大，跑距可长些。一般重复跑距离为600米、800米、1 000米、1 200米等，重复练习4~10次。

第七章
田径运动

第一节　田径运动概述

　　田径运动是人类以走、跑、跳、投等自然运动发展起来的体育运动和竞技项目。田径运动在体育运动中具有举足轻重的地位，被誉为"运动之母"。田径运动不仅具有全面锻炼身体的功能，每一个单项又具有明显的指向性，可以有效地发展速度、力量、耐力等身体素质。田径运动的很多项目及其采用的主要练习手段经常被其他体育项目选作发展身体能力的重要训练手段，并可作为评价训练效果的测试内容和评定指标。

　　田径运动大致可以分为8大类：竞走、平跑、自然条件下的跑、障碍跑、接力跑、跳跃、投掷、全能运动。其中，全能运动有男子五项全能、十项全能、女子五项全能和七项全能等。

　　田径运动是一种结合了速度与能力，力量与技巧的综合性体育运动。"更高、更快、更强——更团结"的奥林匹克运动精神在很多方面都能够通过田径运动得到集中体现。在1984年洛杉矶奥运会上，我国选手朱建华获得了男子跳高铜牌，实现了中国田径奥运奖牌零的突破；在1992年巴塞罗那奥运会上，陈跃玲获得了女子10公里竞走金牌，这是我国的第一枚奥运田径金牌；在2004年雅典奥运会上，刘翔获得了男子110米栏的金牌，打破了欧美垄断短跨项目的神话；在2008年北京奥运会上，我国田径运动员取得了女子马拉松和女子链球的两枚铜牌；2020年东京奥运会男子4×100米接力决赛，由汤星强、谢震业、苏炳添、吴智强组成的中国队发挥出色，以37秒79的成绩获得铜牌。

自信的力量源于强大的祖国

第二节　走、跑、跳、投基本技能与练习方法

一、竞走

（一）竞走的基本技术

　　竞走项目是眼睛可观察到的单腿支撑和双腿支撑相交替，支撑腿在通过垂直瞬间膝关节伸直的周期性运动。可将技术动作分为以下几个阶段：

　　（1）后摆阶段：这个阶段是从右脚趾离地时开始至右脚摆动到支撑腿垂直部位时结束。

　　（2）前摆阶段：这个阶段开始于摆动脚的踝关节与支撑脚的踝关节重合之时，至前摆右脚蹬触地时止。

（3）前支撑阶段：这个阶段是从脚掌触地开始，到支撑腿处于垂直位置，与重心垂直投影点相吻合时结束。

（4）后支撑阶段：这个阶段开始于支撑腿的垂直位置，结束于脚尖将要离地。

（5）双支撑阶段：指一条腿后支撑阶段结束，另一条腿前支撑开始，双脚同时接触地面的瞬间。

（6）垂直支撑阶段：前支撑结束瞬间，身体重心投影点与支撑腿重合，称为垂直支撑阶段。

竞走

（二）练习提示和方法

1. 练习提示

走时应以脚跟着地，然后滚动到全脚掌。提示学生在支撑脚着地前瞬间积极伸直腿；摆动腿不能过早屈膝折叠小腿，否则就变成了"后摆式"走，容易变为跑。

2. 练习方法

（1）原地摆臂模仿练习。

（2）两臂放在背后的竞走；直臂走；两臂和肩积极参与的竞走。

（3）在练习中不能有横向动作，动作应该放松、协调。提示学生两肩积极协同两腿动作的重要性。两臂动作要大而放松。上述练习距离为50~100米。

二、短跑

1896年，首届现代奥林匹克运动会设有男子100米和400米比赛，美国运动员布克分别以12秒0和54秒2获得两项冠军。第2届奥运会增设了200米比赛项目。女子100米、200米、400米比赛项目则是在1928年、1949年、1964年奥运会上依次设立的。

学习短跑，掌握短跑的基本技术和练习方法，可以达到健身和发展速度、力量、灵敏素质的目的。

（一）短跑的基本技术

短跑的全程技术可分为起跑、加速跑、途中跑和终点跑4个部分。

（1）起跑：起跑的任务是获得向前的冲力，使身体摆脱静止状态，为起跑后的加速跑创造有利条件。听到发令员的口令后，快速做好"各就位""预备"动作，并高度集中注意力听枪声。听到枪声的瞬间，两手迅速推离地面，双臂屈肘做快速有力的前后摆动，两脚同时用力蹬离起跑器，后腿以膝领先迅速向前摆动，将身体向前上方有力地送出（图7-2-1）。

图7-2-1

短跑

（2）起跑后加速跑：身体保持适当的前倾，后蹬充分有力，前摆积极，两臂摆动有力，幅度大，步频加快。随着跑速加快，上体逐渐抬起，步长也逐渐加大。

（3）途中跑：途中跑的每一单步结构均由着地缓冲、后蹬、前摆三个动作阶段组成。

途中跑时，上体稍前倾或正直，两臂前后摆动，两臂屈肘成90°，手指自然成半握拳或自然伸掌（图7-2-2）。

图7-2-2

（4）终点跑：终点跑的任务是尽力保持途中跑的高速度跑过终点。终点跑包括终点跑技术和撞线技术。在离终点10~20米，躯干稍有前倾，加快两臂摆动速度和力量。在离终点线前约一步距离时，上体急速前压，以胸部或肩部撞终点线。短跑时应发挥个人的特长，反应速度快、加速能力强的运动员，争取前半程领先对手，后半程尽力保持高速度。绝对速度好的运动员应发挥自己的最高速度能力和持久力。

（二）短跑的练习方法

1. 原地练习

（1）原地做弓箭步摆臂练习。

（2）原地做屈臂前摆、大腿下压趴地练习。

2. 直道途中跑的练习要求

（1）在直道上以中等匀速反复跑30米、50米、60米、80米，动作协调、步子开阔，注意蹬地和摆腿的正确技术。

（2）50~60米、60~70米、70~80米不同距离的加速跑。

（3）80~100米放松跑，步幅放开，动作自然有力，注意蹬摆结合技术。

（4）80~120米重复跑，在技术动作正确的基础上加快速度。

（5）采用多种跑的专门性练习，如小步跑、高抬腿跑、后蹬跑、车轮跑等。

3. 弯道途中跑的练习要求

（1）直道进入弯道，有意识加大右腿的蹬地力量和摆动幅度。

（2）弯道进入直道，出弯道的前几步，身体逐渐正直，体会顺惯性的自然跑。

（3）40~60米弯道跑：体会随着速度的增加，身体内倾的速度也不断加大。

（4）100~150米弯道跑：体会进入弯道、弯道跑、出弯道跑的衔接技术。

4. 蹲踞式起跑的练习要求

（1）反复练习"各就位""预备"动作，体会"预备"动作的提臀与探肩的空间感觉。

（2）练习起跑后的20~30米加速跑。

（3）快跑上台阶10~15级，快跑下台阶10~15级；快速上坡跑15~20米，中速下坡跑。

5. 终点跑的练习要求

（1）先快速跑20~30米并直接跑过终点，再用快速跑在接近终点1米处，做胸部撞线动作，迅速跑过终点。

（2）原地摆臂，上体迅速前倾做撞线动作；慢跑中撞线；中速跑 15~20 米撞线；快速跑 20~25 米撞线。

三、中长跑

（一）中长跑的基本技术

中长跑是中距离跑和长距离跑的统称。中长跑是发展耐久力的项目，要求具备合理的技术，即在保持高频率跑的情况下，尽可能少消耗能量，这样才能在途中跑的任何段落中具有加速跑的能力。在跑的过程中，掌握正确的技术和合理分配体力是非常重要的。

（1）起跑和起跑后的加速跑：起跑一般采用站立式起跑。听到枪声时，两腿蹬地，后腿蹬地后迅速前摆，使身体快速向前移动。起跑后加速跑时，上体前倾稍大。无论是在直道上起跑或在弯道上起跑，运动员都应沿着弯道的切线方向和朝着自己有利的位置跑去，然后进入匀速而有节奏的途中跑。

（2）途中跑：途中跑时，一腿进行后蹬，另一腿进行前摆，蹬摆必须结合好，后蹬产生的支撑反作用力是向前上方的，前摆的惯性又加大了这个推动人体前进的力量。后蹬腿髋、膝、踝三个关节要伸展，摆动腿屈膝前摆，并带动髋部前送。两肩放松，前后自然摆动，肘关节的角度在垂直部位可大一些，以利两臂肌肉的放松。弯道跑时，身体应稍向左倾斜，右臂摆动的幅度较大，与短跑基本相同，只是动作的幅度与用力的程度较小。

（3）终点跑：终点的冲刺距离要根据比赛项目、个人特点和战术需要来确定。一般情况下，800 米跑在最后 200~250 米开始加速，而在此之前的直道上要占据有利位置。1 500 米跑可在最后 300~400 米进行冲刺跑。5 000~10 000 米跑时，在最后 600~1 000 米开始加速跑。加速跑时要选择良好的时机，动员全部力量以顽强的毅力跑过终点。冲刺时，应加大摆臂，加快步频和增加躯干的前倾角度。

（4）中长跑的呼吸技术要点：中长跑时，人体消耗能量较大，有机体需要更多的氧来维持运动中需氧量和供氧量的平衡。当供氧量不能满足需要时，组织内能量物质的分解与合成过程进行缓慢，使能量供应不能满足跑的需要，因而使跑速下降，步长缩短，步频减慢。可见呼吸对发挥正确的跑的技术起重要作用。

（二）中长跑的练习方法

（1）匀速跑 60~80 米：体会惯性跑和自然放松的技术；用均匀的速度，2/3 的力量进行 5 分钟定时跑，体会呼吸方法和呼吸节奏，合理分配体力。

（2）跑走交替：随着耐力的提高，逐步增加跑的距离。

（3）用 1/2 或 2/3 的力量重复跑 400~600 米，间歇 3~5 分钟，体会跑的节奏。

（4）弯道跑 50~100 米：体会弯道跑技术。

（5）越野跑：力求自然放松，发展一般耐力。

（6）定时跑：以均匀的速度跑一定时间，根据跑的时间分配体力及掌握跑的速度。

（7）变速跑：快跑与慢跑交替进行，快跑速度以 1/2 的力量跑进，快跑段与慢跑段的距离应视自身情况而定。

（8）间歇跑训练方法：间歇跑训练方法其效果取决于跑的段落长度、跑的速度、重复次数、间歇时间、休息的性质（消极、慢跑、走）等。一般采用跑 200~400 米段落，间歇 60~90 秒，段落跑的速度以跑程终点的脉搏一分钟不超过 180 次，休息的间歇以一分钟低于 130 次。采用这种方法，要严格控制跑的强度与恢复时间。

（9）重复跑训练方法：可采用 500~600 米，1 000~1 200 米，2 000 米或更长的距离，练习时心率为 170~190 次/分，休息的时间取决于跑的速度，并根据心率恢复到 130 次/分以下再进行下一次快跑，一般为 3~12 分钟。

四、接力跑

（一）接力跑的基本技术

1. 持棒起跑

第一棒运动员采用蹲踞式起跑，以右手持棒，接力棒不得触及起跑线和起跑线前的地面，持棒起跑技术和短跑的起跑基本上相同（图 7-2-3）。

2. 接棒队员的起跑

第二、三、四棒的运动员用站立式或一手撑地的半蹲踞式起跑姿势，站在选定预跑段的起跑线前面，两脚前后开立，两膝弯曲，上体前倾，第二、四棒运动员因站在跑道外侧，所以左腿放在前面，右手撑地面。身体重心稍向

图 7-2-3

右偏，头转向左后方，目视跑来的同队队员和自己的起动标志线或标志区。第三棒运动员是站在跑道内侧，应以右腿在前，用左手支撑地面，身体重心稍向左偏，头转向右后方，目视跑来的同队队员和自己的起动标记或标志区。

传接棒的方法很多，常用的方法有上挑式和下压式两种。

（1）上挑式：接棒人的手臂自然向后伸出，手臂与躯干成 140°~145°，掌心向后，拇指与其他四指自然张开，虎口朝下，传棒人将棒向前上方送入接棒人的手中（图 7-2-4 之 1）。

（2）下压式：也有人叫"向前推送"的传接方法，手腕内旋，掌心向上，拇指与其余四指自然张开，虎口朝后，传棒人将棒的前端由上向下传到接棒人的手中（图 7-2-4 之 2）。

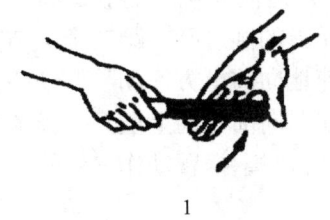 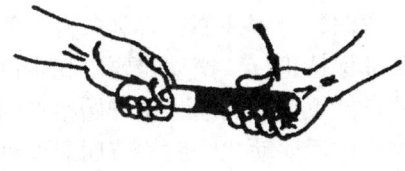

1　　　　　　　　　　　　　2

图 7-2-4

（二）接力跑的练习方法

（1）了解持、接棒技术和有关规则，做上挑式和下压式的传棒练习。

（2）徒手和持棒摆臂，集体按口令做上挑式和下压式的接棒练习。

（3）两人一组在行进中按口令做上挑式和下压式传、接棒练习，要求同上。

（4）两人一组在慢跑和中等速度跑中反复做上述练习，要求同上。

五、跳远

跳远是一个古老的田径项目，早在希腊古代奥运会上，就有跳远比赛。从事跳远练习能有效地发展速度、灵敏、力量等素质，特别是发展腿部力量，提高跳跃能力。跳远也可以培养大学生坚强的意志品质和勇于进取的精神。

（一）跳远的基本技术

跳远是克服水平障碍的跳跃项目，完整的跳远技术由助跑、起跳、腾空和落地4个部分组成（图7-2-5）。

跳远

图 7-2-5

（1）助跑：助跑的任务是为获得更快的水平速度，并为准确踏板和快而有力的起跳做准备。从静止状态开始，一般采用"半蹲式"或"站立式"起动姿势开始加速。采用平稳加速的方式，跑法与加速跑基本相同，开始步频较慢，然后逐渐加大步长，提高步频，跑的动作轻松、自然。助跑开始几步的步长较短，步频较快，上体前倾也较大。助跑距离的长短应根据运动员发挥速度快慢的能力而定。男子助跑距离一般为45米左右，跑18~24步；女子一般为35米左右，跑16~18步。

（2）起跳：起跳的任务是充分利用助跑获得的速度，创造尽可能大的腾起初速度和适宜的腾起角。在助跑最后一步，起跳腿积极前摆，然后快速有力地下压，着地时以脚跟先触板，然后用全脚掌迅速蹬地。

（3）腾空：起跳脚着板后，身体重心继续积极前移，迫使起跳腿的髋、膝、踝三个关节退让缓冲弯曲，为蹬伸创造有利条件。蹬伸时，起跳腿的髋、膝、踝三个关节充分伸展，上体和头部保持正直，摆动腿要以腿带髋积极、迅速地向前上方摆动，摆动腿大腿接近水平，小腿自然下垂。当起跳腿开始蹬伸时，同侧臂屈肘向前、向上摆动，异侧臂后引或侧引向体侧或体后摆动。当肘关节屈肘摆到与肩接近平行时，摆臂动作突然停止，以维持身体平衡。

（4）落地：落地技术要求尽可能推迟脚落地的时间，加大着地点和身体重心投影点之间的距离，保证身体移过着地点，安全落地。

落地技术包括以下几个动作：着地前两腿屈膝高抬或团身，膝关节主动向胸部靠拢；着地时，膝关节伸直，小腿前伸，以脚跟先接触沙面；着地后屈膝骨盆前移，两臂前摆。使身体迅速移过落点，避免后坐。

（二）跳远的练习方法

1. 建立正确的跳远技术概念
2. 学习助跑与起跳相结合技术

（1）原地起跳模仿练习。
（2）走步中做起跳练习。
（3）助跑3~5步或4~6步结合起跳。
（4）助跑4~6步起跳后成"腾空步"。
（5）助跑6~8步起跳后成"腾空步"，然后摆动腿下落沙坑，继续向前跑出。

3. 助跑技术练习方法

（1）各种距离的加速跑练习。

（2）用加速跑测定助跑后的第20、25、30、35、40米处的成绩，以测定个人发挥最高速度时的距离。确定距离后，反复进行加速跑练习，最后确定步数和全程跑距离，再移到助跑道上，进一步加以调整。在起跳线上设一个标志，在起跳板前8步处设一个标志。

4. 腾空姿势和落地练习方法

（1）原地挺身式跳远的模仿练习。
（2）从高处跳下，完成挺身式空中模仿动作。
（3）4~6步助跑起跳成"腾空步"后，摆动腿放下，并向后摆，滚动前移，挺胸展体成挺身姿势，双脚落于沙坑。
（4）半程、全程助跑挺身式跳远练习。

六、跳高

跳高是一项由节奏性助跑、单脚起跳、越过横杆落地等动作组成，以越过横杆上缘的高度来计算成绩的田径比赛项目。跳高起源于古代人类在生活和劳动中越过垂直障碍的活动。现代跳高始于欧洲。18世纪末苏格兰已有跳高比赛，19世纪60年代开始流行于欧美国家。跳高有跨越式、剪式、俯卧式、背越式等过杆技术，现绝大多数运动员都采用背越式。男、女跳高分别于1896年、1928年被列为奥运会比赛项目。

（一）背越式跳高的基本技术

背越式跳高技术是指人体通过助跑、起跳、腾空转体后以背对横杆的姿势越过横杆的跳高技术（图7-2-6）。

图7-2-6 背越式跳高技术

1. 助跑的技术要点

背越式跳高是用距横杆较远的腿起跳，一般是前段跑直线，后段跑弧线，呈不等半径的抛物线形。要使全程助跑轻松、自然、快速，需要有一个准确的助跑步点。

2. 起跳的技术要点

起跳动作可分为起跳腿的着地、缓冲和蹬伸三个阶段及摆动腿与双臂的配合。

（1）起跳腿的着地、缓冲和蹬伸技术：为加快起跳的速度，起跳腿应大幅度、平稳地以脚掌外侧着地，并迅速从脚跟向前脚掌滚动。这时由于迈步放脚时髋关节的积极快速前送和迅速的弧线助跑而形成了身体向后、向内的倾斜姿势。在起跳的缓冲阶段，为了提高起跳的速度，还应减小屈膝的幅度，以利于保持水平速度。在这个阶段，当身体由倾斜转为垂直至身体重心移至起跳腿的上方时，迅速有力地充分蹬直起跳腿的髋、膝、踝三个关节，躯干在离地前瞬间几乎垂直地立于起跳脚之上。这时起跳腿的蹬伸方向应在身体重心的外侧，从而产生了过杆所必需的旋转冲力。

（2）起跳时摆动腿与双臂的协调配合技术：起跳时离横杆较远的一臂用力地向上摆动，并且较早地制动，另一臂不要充分摆出，这样有利于肩轴倾向横杆。摆动腿的摆动应从屈膝的起跳腿旁开始，以膝盖领先，先屈膝折叠，用跳高架的远端支柱上方用力摆出。当摆动腿摆到起跳腿前方之后应向里转，而小腿和脚要稍许外展。这样的积极动作，有助于使骨盆保持在起跳力量的作用线上，围绕纵轴产生转身动作。此时，头应补偿性地转向横杆。

3. 过杆和落地的技术要点

过杆就是充分利用起跳获得的腾空时间改变身体姿势，缩短身体重心与横杆之间的距离，并利用身体的屈伸、旋转越过横杆。过杆时，立即屈髋收腹，下颚迅速引向前胸，同时双腿补偿性地高举，两小腿积极向上甩起。应注意，落地前的收腹举腿，以背先着地或团身以肩先着地，然后再做一个后滚翻。为了控制腾越方向，头部不能后仰，要注意在落垫过程的"视力监督"，眼睛始终要注视着横杆方向。

（二）背越式跳高的练习方法

1. 学习背越式过杆落地技术

（1）背对海绵包站立，然后提脚跟，挺身、向后引肩，落地。

（2）背对皮筋站立，两腿屈膝，而后蹬伸向上跳起并与皮筋后引肩，做背越式过杆的动作。开始不放横杆"空跳"——皮筋，最后再跳过杆。

2. 学习起跳与起跳衔接过杆的技术

（1）迈步摆腿练习：起跳腿向前迈步放脚时，身体稍向起跳腿一侧倾斜，随着屈腿向前摆动，上体由倾斜转为垂直。同时提肩，拔腰，摆臂，并蹬伸起跳腿。

（2）沿直径为15~20米的圆圈走动，每隔一步做一次摆腿和摆臂练习。

（3）自然跑2~4步起跳后做背越式过杆动作。

3. 学习助跑与起跳相结合技术

（1）沿直径15米左右的圆圈加速跑，改进弯道跑的技术。

（2）5~7步弧线助跑起跳反手触高物。

（3）在圈上跑进时，每跑3~5步做一次起跳动作。

（4）在海绵包前，面对横杆做弧线助跑起跳练习，此练习在跳高架前做。

4. 学习完整背越式跳高技术
（1）丈量全程助跑步点。
（2）全程助跑背越式跳高练习。

七、推铅球

（一）推铅球的基本技术

目前，主要采用背向滑步推铅球和旋转式推铅球技术，这里主要分析背向滑步推铅球技术。完整的背向滑步推铅球分为握持球、滑步、蹬转、最后用力、维持身体平衡5个部分（图7-2-7）。

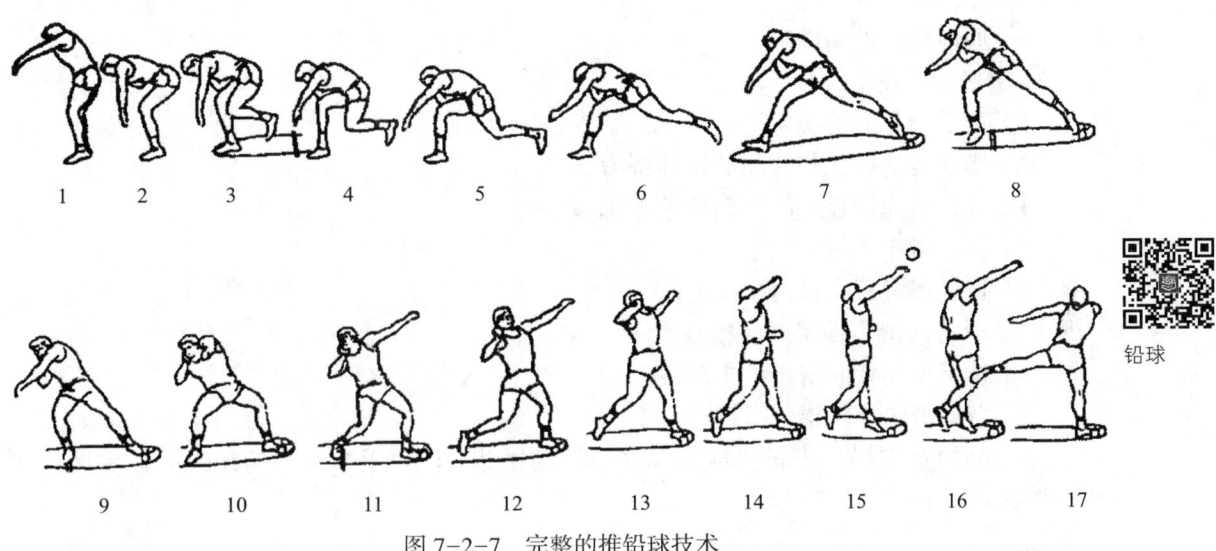

图7-2-7 完整的推铅球技术

1. 握持球的技术要点

握球手五指分开，将球放在食指、中指、无名指的指根处，手掌中空，拇指和小指贴在球的两侧。握好球后，把铅球放在持球手同侧肩上方锁骨窝处，紧贴颈部。

2. 滑步的技术要点

完整的滑步技术包括预备姿势、团身、滑步及最后用力4个部分（以右侧为例）。

（1）预备姿势：背对投掷方向，两脚前后站立，身体重心落在右腿上，左脚置于右脚跟后20~30厘米处，以脚尖或前脚掌着地，上体与头部正直，集中注意做准备滑步。

（2）团身的技术要点：向前屈体，屈膝下蹲，同时左腿和头部向右腿靠拢，完成团身动作。

（3）滑步：当团身臀部后移时，左大腿带髋，以左脚跟为前导快速向抵趾板中间略偏左方向摆出；右腿积极蹬伸，使摆蹬动作协调配合，以摆动腿的力量带动支撑腿，同时以蹬地的力量推送摆动腿，做到摆腿与蹬地互相结合，推动身体向投掷方向移动。

3. 最后用力的技术要点

最后用力是推铅球技术的主要环节，直接影响出手速度、出手角度。最后用力分为准备和加速两个部分。

4. 维持身体平衡的技术要点

推铅球出手时,由于身体充分伸展,重心较高并移向左脚,再加向前的冲力较大,铅球出手后,为防止犯规,这时应迅速交换两腿,以全脚掌着地,屈膝降低身体重心来减缓冲力,以维持身体平衡。

(二)推铅球的练习方法

1. 学习原地推铅球技术

(1)练习握球、持球、推球的方法。

(2)原地向上推铅球,两脚左右开立与肩同宽,下蹲时右肩下沉,然后迅速蹬起将球向上推出,体会推球用力顺序。

(3)原地侧向推铅球。

(4)原地背向推铅球。

2. 学习滑步技术

(1)徒手团身模仿练习。

(2)摆动腿的后摆与右腿的蹬伸练习。

(3)收拉右腿结合左脚主动快落地练习。

(4)徒手滑步练习。

(5)持轻球进行完整滑步练习。

3. 学习背向滑步推铅球完整技术

(1)徒手模仿背向滑步推铅球技术。

(2)背向滑步推轻铅球。

(3)圈内背向滑步推轻铅球或标准重量的铅球,注意滑步与最后用力的连贯性,完成动作的加速节奏。

八、掷标枪

(一)掷标枪的基本技术(图 7-2-8)

图 7-2-8 掷标枪完整动作

1. 出枪技术要点

最后用力是学习的重点。因为掷标枪成绩的好坏,主要取决于最后用力技术的好坏。

出枪时,投掷臂处于身后,约与肩高,与躯干几乎成直角。(以右手为例)弯曲的左腿做迅速有弹性的蹬伸,同时胸部尽量前送,并带动小臂向前做爆发性"鞭打"动作,使全身的力量通过手臂和手指作用于标枪纵轴。枪离手一刹那,手腕的鞭打动作和手指的积极拨动,能使标枪沿着纵轴按顺时针方向自转,这可以保持标枪在空中飞行的稳定性,提高标枪的滑翔效果。

2. 助跑的技术要点

正确的投掷步技术，特别是交叉步技术，是助跑技术的主要环节，它起着承上启下的作用，是助跑和最后用力结合的关键。助跑教学，应注意引枪和下肢动作协调配合，各步的步长和动作节奏，都要稳定。

（二）掷标枪技术的练习方法

（1）练习掷枪前的姿势：身体左侧对投掷方向，两脚左右开立，右腿弯曲，重心落于右腿，右臂伸直持枪手右肩后方，手稍高于肩，左臂前伸稍内旋，左肩稍高于右肩，标枪位于眉和额之间，并贴近面部，眼看投掷方向。

（2）练习"满弓"动作：呈掷枪前姿势，在左腿稳固支撑的情况下，完成右腿前转送肩、转肩、挺胸、翻肘成"满弓"姿势。

（3）练习最后用力动作：从掷枪前姿势到标枪离手刹那间的身体姿势。

第三节　田径运动竞赛规则简介

一、径赛项目

所有400米或以下的径赛项目，必须采用蹲踞式起跑及使用起跑器。在"各就位"及"预备"口令之后，参赛者应马上完成有关动作，不能在合理时间内完成有关动作，则属起跑犯规。除此以外，在"各就位"后，以声音或动作扰乱他人，会被判起跑犯规。400米以上的径赛项目，口令只有"各就位"，当所有参赛者均准备完成及静止后，便可鸣枪开始比赛。

在划分线道进行的径赛项目或其部分中，参赛者不得越出其指定之赛道，否则取消参赛资格。在任何径赛项目中，若冲撞、突然切入或阻碍其他参赛者，亦会被取消参赛资格。

跨栏项目参赛者必须在自己的线道内完成比赛，而且当参赛者跨越栏架时，若其腿或脚从低于栏架顶的水平线跨越或跨越并非自己赛道上的栏架，均应被取消参赛资格。若裁判员认为参赛者故意以手或足撞倒任何栏架，亦应取消其参赛资格。

4×100米接力跑是分道进行。在4×400米接力跑中，第一棒全程及第二棒的第一弯道是分道跑，第二棒运动员要跑至抢道线后方可自由抢道。第一棒的传接必须在参赛者指定的线道内进行，其余各棒的传接，裁判员会根据第二及第三棒运动员通过200米起点处之先后，按次序让其第三及第四棒的队友在接棒范围内，由内至外排列等候接棒。所有接棒者均不可以在接棒区外起跑。接力棒必须拿在手中，直到比赛结束为止。

二、田赛项目

田赛项目分为掷类和跳类。除跳高外，若参赛人数超过8名，每人应有3次试掷（跳）机会，试掷（跳）成绩最好的8名参赛者可获得另外3次试掷（跳）的机会。若超过一名参赛者同时获得相同于第八名的成绩，则每位成绩相同于第八名的参赛者，均可再获 3 次试掷（跳）的机会。若参赛的总人数是 8 人或以下，则每位参赛者应给予 6 次试掷（跳）的机会。若参赛者同时参加了田赛和径赛项目或一项以上的田赛项目，而在比赛时间上有所冲突时，田赛项目裁判可让参赛者在每一轮中更改赛前预定的试掷（跳）次序，但每一位参赛者在任何一轮的比赛中，不得有多于一次试掷（跳）的机会（跳高除外）。用距离决定胜负的田赛项目，以参赛者全部试掷（跳）中之最佳成绩计算名次。遇上最佳成绩相同时，应以次佳成绩定胜负，依此类推。若仍无法定出胜负而又涉及竞逐第一名时，则成绩相同者须依原来顺序进行比赛，直至分出胜负为止。由高度决定胜负的田赛项目，遇上最佳成绩相同时，以最少试跳次数成功越过最后高度的参赛者应获排较前的位置。如仍未分胜负，则全场比赛中试跳失败次数最少（包括最后跳过的高度）的参赛者应获排较前的位置。若仍无法分别胜负而涉及竞逐第一名，虽然有关的参赛者有可能曾经在不同高度作试跳而相继失败，裁判应以其中最低的高度上，再给予一次试跳机会。如仍无法分别高下，则每次升高或降低 2 厘米让有关参赛者加跳一次，直至能定出胜负为止，而且在此情况下，有关参赛者必须参加试跳，以便判定名次。

　　铅球参赛者必须在推掷圈内，由静止状态开始，将铅球以单手由肩上推出。在整个推铅球的过程中，铅球应接触或接近参赛者的下颌，并且不得低于此位置，也不得移至肩线之后。推掷时，参赛者可以触碰投掷圈及抵趾板的内缘，但身体的任何部位若触到投掷圈或抵趾板上缘或投掷圈外面的地面，均视作试推失败。铅球未着地前，参赛者不得离开投掷圈。离开投掷圈时，亦必须从其后半圆离开。在推掷的过程中，参赛者可以中途停顿，甚至把铅球放下以及离开投掷圈（但仍要符合上述规定），然后重新由静止位置开始推掷。铅球必须完全落在扇形着地区角度线范围以内方为有效。丈量时应从铅球着地痕迹之最近端拉向投掷圈的圆心，以投掷圈内缘至铅球着地痕迹近缘的距离计算成绩。距离的计算须精确到 0.01 米，不足 0.01 米者应以较低的读数计算成绩。

　　铁饼除了投掷方式上的不同外，所有推铅球的规则通用于掷铁饼项目，丈量时应以 0.02 米为最小单位，不足 0.02 米者应以较低的读数计算成绩。

　　标枪参赛者应握着标枪的握把处，自肩上或投掷手臂上方将枪掷出，投掷时不得将枪抛出或甩出。参赛者不得转身完全背向投掷弧。标枪着地前，参赛者不得离开助跑道，离开时也要在助跑道两边平行线的直角方向及投掷弧的两端延长线后面走出。标枪着地时，枪尖必须先着地，并落在扇形着地区的内方算有效。丈量时应由枪尖着地的最近点，通过投掷弧线的圆心，量至投掷弧线的内缘作为该掷的成绩。距离的计算须以 0.02 米为最小单位，不足 0.02 米者应以较低的读数计算成绩。

　　跳高比赛开始前，裁判员必须向参赛者宣布起跳的高度及每次晋升的高度，直至只剩下一位参赛者为止。除非只余下冠军参赛者，否则横杆的升幅不得少于 2 厘米，而且横杆的升幅不得增加。在只剩下冠军参赛者的情况下，横杆的升幅可按其意愿而作出决定。参赛者必须单脚起跳。若起跳后，横杆不停留在支架上或在尚未越过横杆前，身体的任何部位触及两支架间或两支架外的地面（包括其着地区），则以试跳失败论。如果参赛者在试跳时，其脚部触及着地区，而裁判员认为并未因此而获得利益，则该跳仍算有效。参赛者可以在任何一个高度开始起跳，往后亦可以自由选择高度试跳，但不管高度为何，连续 3 次试跳失败，便会丧失继续比赛的资格。若参赛者曾放弃某一高度的第一次试跳，其后便不得在同一高度上再次要求试跳机会（成绩相同时的额外试跳除外）。

跳远参赛者触犯下列任何情况，均作试跳失败论：

不论起跳与否，身体的任何部位触及起跳线前方的地面。着地时，身体的任何部分触及着地区以外的地面，而该点较其落在着地区的位置近。完成试跳后，在着地区向后行。使用任何翻腾动作试跳。丈量试跳成绩时，距离的计算需以0.01米为最小单位，不足0.01米者应以较低的读数计算成绩。三级跳远必须顺序由单足跳、跨步跳及跳跃三个部分组成。第一步起跳后，须以同足着地进行第二次起跳；第二步起跳后，则要以另一脚着地，然后再做第三次（最后一次）起跳。除场地外，跳远的所有规则，均适用于跳远项目上。

第八章 足球运动

第一节 足球运动概述

足球运动是以脚支配球为主、两队互相进行攻守对抗的体育项目。足球运动是世界上开展得最广泛、影响力最大的体育运动,被誉为"世界第一运动"。

一、足球运动发展史

(一)古代足球起源于中国

据史料记载,早在战国时代,中国就出现了"蹴鞠"游戏。"蹴"是踢的意思,"鞠"是球的意思,这是足球运动最早的雏形。2004 年 7 月 15 日,国际足联主席布拉特宣布:中国是足球的故乡,足球最早起源于中国山东省淄博市的临淄。2005 年 5 月 21 日,布拉特在国际足联总部向中国的临淄颁发了足球起源地认定证书。

足球运动的真谛和足球精神

(二)现代足球运动起源于英国

19 世纪下半叶,随着工业革命的推进,足球运动在英国有了新的发展。不过当时还没有统一规定场地、比赛方法、参赛人数和时间长短等。1857 年,英国成立了第一个足球俱乐部。1863 年 10 月 26 日,英国成立了第一个足球组织——英格兰足球协会。后来,这被认为是现代足球运动的开端。

1904 年 5 月 21 日,由法国、比利时、丹麦、荷兰、西班牙、瑞典和瑞士 7 个国家在巴黎发起成立了国际性的足球组织——国际足球联合会(FIFA)。到目前为止,国际足联已发展成为由 200 多个会员组成的世界最大的单项体育组织。

二、足球运动的特点

(1)足球运动是一项富有战斗性的激烈对抗的体育项目:在比赛中,双方为了把球踢进对方的球门,而又不让球进入本方的球门,展开了短兵相接的争斗,尤其在双方罚球区内的争夺尤为激烈。

(2)足球是一项技战术复杂的非周期性运动项目:其技战术受到对手的干扰和限制,比赛中需要灵活地运用。足球比赛的参加人数较多,行动不易协调和统一,所以攻守战术的配合较困难。

(3)足球比赛时间长、场地大、体能消耗大。正式比赛为 90 分钟,有时还要进行加时赛(30 分钟)。在一场高水平的足球比赛中,运动员往往要跑动 10 000 米以上,而且还要做上百个技术动作,体能消耗非常大,比赛结束后,有些队员的能量消耗在 2 000 卡左右,体重甚至会下降 3~5 千克。

(4)足球运动规则简单易懂,对场地器材要求不高,易于开展。

三、重大足球赛事简介

（一）世界重大足球赛事

1. 世界男子足球锦标赛

4年一届的世界男子足球锦标赛（又称世界杯足球赛）是全世界最高水平的足球赛事，全世界200多个会员都在为争夺决赛阶段的32个名额而奋斗。1930年，第一届世界杯足球赛在乌拉圭成功举行，至今已举办了21届。第22届世界杯于2022年在卡塔尔举行，阿根廷、法国、克罗地亚分获前三名。

2. 世界女子足球锦标赛

1991年，国际足联正式举办第一届世界女子足球锦标赛。此后，每4年举办一届。2007年，在中国举行了第五届世界女子足球锦标赛，共有16个国家的女子足球队来中国参赛。

3. 奥运会足球比赛

奥运会足球比赛共有16支男子足球队和12支女子足球队参加。奥运会男子足球比赛规定，23岁以下球员才能参加比赛，每队最多有3名超龄球员；女子比赛不受年龄限制。

在世界范围内，每两年还举行一届19岁以下和17岁以下的青少年足球锦标赛；世界大学生运动会也有男、女足球比赛。

（二）亚洲重大足球赛事

1. 亚洲杯男、女足球锦标赛
2. 亚运会足球赛
3. 世界杯、奥运会以及世界青年锦标赛等各项赛事的亚洲区选拔赛
4. 亚洲俱乐部冠军联赛

（三）欧洲重大足球赛事

1. 欧洲杯赛

每4年举行一届，共有16支足球队进入决赛阶段的比赛。

2. 欧洲俱乐部冠军联赛

3. 欧洲五大联赛

意大利足球甲级联赛、英格兰足球超级联赛、西班牙足球甲级联赛、德国足球甲级联赛、法国足球甲级联赛。

（四）国内主要足球赛事

1. 中超、中甲联赛

参赛队为在中国足协注册的职业足球俱乐部。每队场上可以有4名外援参赛。

2. 中国足协举行的青少年足球比赛

以球员的年龄分组进行，有U-19、U-17、U-15三个年龄组。

3. 全国运动会的足球比赛

以各省、自治区、直辖市为单位，前12名球队参加，每4年举行一届。

（五）全国大学生足球比赛

1. 大学生超级联赛

以高校为参赛单位，先进行各省、自治区、直辖市的选拔赛，最后进行总决赛。每年举行一届。

2. 室内五人制足球比赛

由各省、自治区、直辖市先进行预选赛，各区冠军队参加大区的复赛，最后进行总决赛。

3. 全国大学生运动会足球比赛

由各省、自治区、直辖市组织最高水平的混合队，先通过预选赛，最后十六强参加决赛阶段的比赛，每4年举行一届。

第二节　足球运动的基本技术与练习方法

一、颠球

颠球

颠球是熟悉球性的一种练习手段。

1. 双脚脚背颠球

脚向前上方摆动，用脚背击球。击球时，踝关节固定，击球的下部。两脚可交替击球，也可一只脚支撑，另一只脚连续击球。击球时，用力均匀，使球始终控制在身体周围。

2. 双脚内侧、外侧颠球

抬腿屈膝，用脚的内侧或外侧向上摆动，击球的下部，两脚内侧或外侧交替击球。

3. 大腿颠球

抬腿屈膝，用大腿的中前部位向上击球的下部。两腿可交替击球，也可一只脚做支撑，用另一侧的大腿连续击球。

4. 各部位连续颠球

根据上述单一颠球技术动作要领，用各部位配合连续颠球，配合的部位越多，难度越大。颠球的部位有脚背、脚内侧、脚外侧、大腿、头部、胸部、肩部等。

练习方法：

（1）一人一球颠球：体会触球的时间、触球的部位、触球的力量和整个动作的协调配合。

（2）两人一球颠球：用脚背、大腿、头部以及身体各部位触球，掌握好触球的力量，尽量不让球落地。每人可触球一次颠给对方，也可触球多次互颠。

二、踢球

踢球的方法很多，主要有脚内侧踢球、脚背内侧踢球、脚背正面踢球、脚背外侧踢球、脚跟和脚尖踢球。但是无论哪一种踢球方法都是由助跑、支撑脚站位、踢球腿的摆动、脚触球和踢球后的随前动作5个环节组成的。其中脚触球是决定踢球准确性的关键。

1. 脚内侧踢球

脚内侧踢球（又称脚弓踢球），它是脚内侧部位踢球的一种方法。其特点是脚与球接触面积大，出球准确平稳，且易于掌握。由于出球力量相对较小，比赛中该技术一般都用于短传配合和近距离射门。

踢定位球时，应直线助跑，支撑脚落在球侧约 15 厘米处，脚尖正对出球方向。在支撑脚着地时，踢球腿大腿带动小腿由后向前摆动，在前摆的过程中大腿外展，当膝关节的摆动接近球的正上方时，小腿做爆发式摆动，踢球脚脚底与地面平行，脚尖微跷，脚后跟前送，踝关节绷紧击球的后中部，击球后踢球脚随球前摆落地。脚内侧在踢地滚球时，因为球在地面滚动，因此，在支撑与摆腿击球的过程中，要根据球滚动的方向、速度，对动作方法中的某些环节做适当调整（图 8-2-1）。

脚内侧踢球

图 8-2-1

2. 脚背正面踢球

脚背正面踢球（又称正脚背踢球），摆幅相对较大，加之用脚背踢球接触面（与球）相对较大，因而其特点是踢球力量大、准确性较强，但出球的方向及性质相对变化较小。脚背正面踢球是远距离传球和大力射门的主要方法。

踢定位球时，应直线助跑，最后一步稍大，支撑脚落在球的侧面 7~15 厘米处，脚尖正对出球方向，踢球腿以髋关节为轴，大腿带动小腿由后向前摆动。当膝关节摆至接近球的正上方时，小腿做爆发式的摆动，脚趾扣紧，以脚背正面部位击球的后中部。击球后，身体及踢球腿随球前移。踢空中球时，首先要判断好球运行的路线和击球点，踢球时，身体侧对出球方向，支撑脚跨上一步，脚尖指向出球方向，上体向支撑脚一侧倾斜，踢球腿的大腿高抬接近与地面平行，然后以大腿带动小腿急剧向出球方向摆动，用脚背正面踢球的后中部（图 8-2-2）。

脚背正面踢球

图 8-2-2

3. 脚背内侧踢球

脚背内侧踢球（又称里脚背踢球）的特点是踢球摆动动作顺畅、幅度大、速度快、脚触球面积大、出球平稳有力，且线路和性能富于变化，因此主要用于中远距离的传球和射门。

踢定位球时，应斜线助跑，助跑方向与出球方向约成 45°，最后一步稍大，支撑脚脚

脚背内侧踢球

尖指向出球方向，距球内侧后方 20~25 厘米。在支撑脚着地的同时，踢球腿以髋关节为轴大腿带动小腿由后向前呈弧形摆动，当大腿摆至与支撑腿接近同一平面时，小腿做爆发式摆动，此时脚尖外转、脚背绷直，以脚背内侧部位触击球。击球后，踢球腿及身体继续随球向前。踢弧线球时，助跑和支撑脚与踢定位球的动作方法相同，用脚背内侧踢球的后外侧，摆腿用力的方向不通过球的中心。在踢球的一刹那，踝关节用力向里转，脚稍上跷，使球成侧旋并沿一定的弧线运行（图 8-2-3）。

图 8-2-3

脚背外侧踢球

4. 脚背外侧踢球

脚背外侧踢球（又称外脚背踢球）由于踢球时脚踝灵活性较大，摆腿方向变化较多，且助跑时又是正常的跑动姿势，故其出球隐蔽性较强，在足球比赛中踢各种距离的弧线球及非弧线球均可使用这种踢法。

踢定位球时，助跑，支撑脚的位置和踢球腿的摆动基本上与脚背正面踢球相同。但是在踢球腿的膝盖摆到接近球的垂直上方的一刹那，小腿加速前摆，脚尖内转，脚背外侧与地面垂直，脚面绷直，脚趾扣紧，以脚背外侧部位击球的后中部。踢球后，踢球腿随球继续前摆（图 8-2-4）。

图 8-2-4

练习方法：

（1）各种踢球技术动作的模仿练习。

（2）一人用脚底挡球，另一人上步做踢球练习。

（3）各种脚法的两人练习：两人相距 15 米左右，用脚的各个部位相互练习踢定位球，然后过渡到踢移动中的球或空中球。

（4）利用足球墙和标杆做踢旋转球的练习：可将标杆插在踢球者与墙之间，标杆与人及墙的距离视需要而定，开始可大些，当掌握技术后再逐步缩小。

（5）一人传球，一人射门练习：一人从侧前方、侧方、侧后方传地滚球或抛高球，另一人迎球踢地滚球、反弹球或凌空球射门。

（6）两人一组进行有对抗的传射练习。

三、接球

1. 脚内侧接球

脚内侧接球由于脚触球面积大,动作简单,较易掌握,在比赛中经常使用这种技术接各种地滚球、反弹球、空中球等。

脚内侧接地滚球时,支撑脚脚尖正对来球,接球腿提膝大腿外展,脚尖微跷,脚底基本与地面平行,脚内侧正对来球并前迎,当脚内侧与球接触的一刹那迅速后撤,把球接在衔接下一个动作需要的位置上(图8-2-5)。脚内侧接反弹球时,应根据来球的落点,及时移动到位,支撑脚与球落点的相对位置在球的侧前方,接球腿提起小腿且放松,脚尖微跷,脚内侧对着接球后球运行的方向并与地面成一锐角,当球落地反弹刚离地面时,大腿向接球后球运行的方向摆动,用脚内侧部位轻推球的中上部。

脚内侧接球(地滚球)

图 8-2-5

2. 脚底接球

脚底接球动作简单,技术便于掌握,易于将球接到位置,常被用来接各种地面球和反弹球。

脚底接地面球时,身体正对来球方向,移动前迎,支撑脚稳固支撑,脚尖正对来球方向,同时接球腿提起,膝关节微屈,脚尖翘起,使脚底与地面形成一定夹角。在触球瞬间,接球脚前脚掌挡压球的中上部。脚底接反弹球时,应根据来球落点,及时前移迎球,支撑脚站在落点侧后方,脚尖正对来球方向,球落地瞬间,用前脚掌去触球的中上部,用脚掌将球接在体前(图8-2-6)。

脚底接球

图 8-2-6

3. 大腿接球

由于大腿接球触球部位面积大且肌肉丰富有弹性,一般用来接抛物线较大的高空球和略高于膝的低平球。

大腿接抛物线较大的下落球时,面对来球方向,根据球的落点迅速移动到位,接球腿大腿抬起,当球与大腿接触的瞬间,大腿下撤将球接到需要的位置上。大腿接低平球时,应面对来球方向,根据来球高度,接球腿大腿微屈,送髋前迎来球,当球与大腿接触瞬间,收撤大腿,使球落在所需要的位置上。

4. 胸部接球

胸部接球是接高球的一种好方法,包括挺胸式接球、收胸式接球两种方式。

挺胸式接球时,面对来球站立(两脚左右或前后开立),两膝微屈,上体后仰,下颌微收,两臂自然张开,触球瞬间两脚蹬地,膝关节伸直,用胸部轻托球的下部,使球微微弹起于胸前上方(图 8-2-7)。收胸式接球时,面对来球,两脚左右或前后开立,挺胸迎球,触球瞬间收胸、收腹、臀部后移,将球接在体前(图 8-2-8)。

胸部接球

图 8-2-7　　　　　　　　　　图 8-2-8

练习方法:

1. 停地滚球练习

(1)两人距离约 10 米,一人用手抛地滚球,另一人迎球用脚内侧把球停在体前或向左、右侧停球,停球后将球拾起再用手抛球给对方。两人依次反复进行。

(2)两人相距 10~15 米,甲向乙两侧传球,乙停球后再回传给甲。

(3)三人站成一条直线,每人相距约 10 米,甲传球给乙,乙用脚内侧向两侧或转身停球,然后传给丙,丙再回传给乙。三人可互换位置。

2. 停反弹球练习

(1)自己向空中抛(踢)球,练习停反弹球。

(2)两人相距约 10 米,一人踢或抛有一定弧度的下落球,一人停反弹球。

3. 停空中球练习

(1)用各种停空中球的方法自抛自停空中球。

(2)两人互抛互停空中球,逐渐改变球的飞行弧度、落点进行停球。

(3)两人相互传高球,练习停空中球。

四、运球

常用的运球技术有脚背正面运球、脚背外侧运球、脚背内侧运球。

1. 脚背内侧运球

运球时身体稍侧转,步幅小,上体前倾,运球腿提起外展,膝微屈外转,脚后跟提起,脚尖外转,使脚背内侧正对运球方向,在运球脚落地时用脚背内侧推拨球,使球随身体前进(图 8-2-9)。

脚背内侧运球由于身体稍侧转,不能采用正常跑动姿势,因而不适用于高速运球。但

脚背内侧运球

图 8-2-9

由于接触部位和支撑位置的特点易于完成向支撑脚一侧的转动，故多用于向支撑脚一侧的转动变向运球。

2. 脚背外侧运球

运球时，身体保持正常跑动姿势，上体稍前倾，步幅不宜过大，运球腿提起，膝关节稍屈，脚后跟提起，脚尖稍内转，使脚背外侧正对运球方向，在运球脚落地前用脚背外侧推拨球的后中部（图 8-2-10）。

脚背外侧运球

图 8-2-10

脚背外侧运球除了可发挥出较快的速度外，利用脚腕的动作还可以很快改变脚背外侧所正对的方向，故在运球脚一侧改变方向时也多采用这种运球方法。

3. 脚背正面运球

运球时，身体保持正常跑动姿势，上体稍前倾，步幅不宜过大，运球腿提起，膝关节稍屈，髋关节前送，脚后跟提起，脚尖下指，在着地前用脚背正面部位触球的后中部将球推送前进。

脚背正面运球

4. 运球时常用的动作

（1）拨球：用脚踝的扭拨动作，以脚背内侧或脚背外侧触球，使球向侧方或侧前方运动。用脚背内侧拨球的动作称"里拨"，用脚背外侧拨球的动作称"外拨"。

（2）扣球：指用突然的转身和脚踝急转扣压动作以脚背内侧或脚背外侧触球，将球向侧后方停下或改变方向运行。用脚背内侧扣球的动作称"里扣"，用脚背外侧扣球的动作称"外扣"。

（3）拉球：指用脚掌将球由前向后或由左（右）向右（左）拖拉球的动作。

（4）挑球：指用脚背与脚尖跷起上挑的动作或用脚背上撩的动作，使球向前上方改变方向。

5. 运球过人

（1）利用速度强行过人：持球者以突然的快速推拨球并与快速的奔跑相结合越过对

手的阻拦。

（2）利用身体的掩护强行过人：当持球者接近对手时双方速度减慢，持球者侧身用身体靠住对手以另一侧脚将球拨出，同时转身将对手倚在身后并随球越过对手。

（3）利用变速运球过人：对手在持球者侧面，持球者用另一侧脚运球，利用运球速度的变化达到甩掉对手或越过对手的目的。

（4）运球假动作过人：运球者利用腿部、上体的晃动使对手产生错觉，在对手做抢球动作时，使其重心产生错误的移动，运球者则抓住时机从另一方向越过对手。

练习方法：

（1）两脚分开与肩同宽，双脚拨球练习：用双脚脚内侧来回拨球，可在原地拨动，也可边拨边向前或后移动。

（2）走或慢跑中用单脚或双脚交替进行拨、拉、扣、推和各种技术的直线和折线运球。

（3）运球绕杆练习：队员成一路纵队依次进行过杆练习。

（4）假踢后踩球向后拉球练习，两脚交替进行练习。

（5）右（左）跨、左（右）拨练习：在直线运球过程中，右腿从球的上方跨过，着地后变支撑脚，接着用左脚脚背外侧向左侧前方拨球。

五、头顶球

根据顶球时运用头的部位，头顶球可分前额正面头顶球和侧面头顶球。

1. 前额正面头顶球

前额正面坚硬平坦，触球面积大，它处于头的正前方和两眼上方，便于在顶球时观察来球周围的情况，使击球准确有力。

原地前额正面头顶球

顶球时，身体正对来球方向，两脚前后开立，膝关节微屈，重心在后，两眼注视来球，判断好来球的速度，下颌平收，两臂自然张开，上体后倾，顶球时后脚迅速蹬地，上体由后向前摆动，以腰腹和颈部的快速摆动主动迎击来球。击球时，颈部肌肉保持紧张，两眼注视出球方向。跳起头顶球时，重心下降，两脚用力蹬地起跳，眼睛注视来球，身体自然成背弓。当球运行到身体垂直部位前的一刹那，迅速收腹，上体前摆，用前额正面将球顶出。顶球后，两腿自然弯曲落地（图8-2-11）。

图 8-2-11

2. 前额侧面头顶球

前额侧面顶球的部位是前额的两侧。这个部位亦坚硬，但不平坦，面积小，顶球时摆体用力方向又与来球方向不是迎面相遇，出球力量较小。但其优点是动作突然，能变换出球方向。

顶球前与出球方向同侧腿向前跨出一步，两膝微屈，身体重心放在后脚上，上体和头稍向异侧倾斜并转体，两眼斜视来球，两臂自然张开。顶球时，后脚蹬地，上体和头向出球方向迅速扭转，屈体甩头，用前额侧面顶球后中部。跳起头顶球时，一般用单脚起跳。在跳起上升的过程中，上体侧屈，侧对来球。在跳到最高点顶球时，急速转体、甩头，用前额侧面将球顶出。顶球后，两膝微屈，缓和落地。

练习方法：

（1）向空中或对墙抛球，待球下落或弹回时对墙顶球。

（2）两人或多人进行互抛互顶球练习。

（3）多人围圈进行头顶球接力，练习时，尽量使球不落地。

（4）跑动中正面顶球射门：练习顶球队员持球站在罚球弧附近，将球掷给站在球门内或球门侧面的队员。该队员用手接球后再抛至罚球点附近，顶球队员跑上顶球射门。

（5）顶边路传中球：中间插上包抄做头顶球射门练习。

第三节　足球运动的基本战术

足球比赛是由攻守矛盾组成的。攻和守不断地转换组成了比赛的全过程。因此，足球战术可分为进攻和防守两大系统。进攻和防守中又分别包含个人战术和集体战术两类。

一、进攻战术

（一）个人进攻战术

1. 摆脱与跑位

摆脱就是甩掉对手对自己的防守，跑动到有利于进攻的位置上去，达到有利于控制球和将进攻推向对方球门的目的，争取射门得分。

2. 接应

接应是对运控球同伴的支持与帮助。接应必须遵循以下几个原则：一是要拉开；二是接应要及时，到位要快，保持能够接到球的角度，并起到转移进攻点的作用；三是几个队员同时接应时，应保持纵深和角度。

3. 传球

传球是集体配合的基础，是完成战术配合，创造射门的主要手段。

（1）传球目标：分为向脚下传和向空位传两种。

（2）传球时机：一种是跑位引导传球，即先跑位后传球；另一种是传球引导跑位，即先传球后跑位。

（3）传球力量：应有利于接球者处理来球，并且要准确。

4. 运球突破

运球突破是进攻战术中极为重要的个人战术，当控球队员在无人接应或不利于传球时，控球队员冲破对方的紧逼盯人，从而为形成局部以多打少，获取传球空当和射门创造机会。

（二）局部进攻战术

比赛中经常采用的二人配合进攻方法有传切配合二过一、踢墙式配合二过一和回传反切二过一。二过一是足球比赛中最常用、最有效、最简捷的进攻配合方法。无论在球场任何一个区域，任何两名同队队员都可以采用这种方法。

1. 传切配合二过一

传切配合二过一是两名进攻队员通过一传一切配合越过一名防守队员的配合方法。

（1）斜传直插二过一（图8-3-1）。

（2）直传斜插二过一（图8-3-2）。

图8-3-1

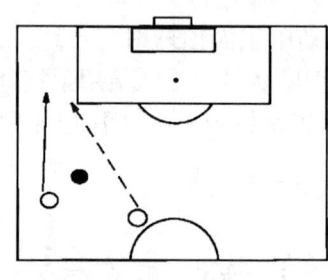
图8-3-2

斜传直插和直传斜插二过一都是只通过一次传球和穿插就越过一名防守队员，配合十分简捷和实用。在进行配合时，两名进攻队员要保持适当的距离。控球队员可采用运球或其他动作，诱使防守者上前阻截，插入的队员必须突然、快速起动，但应避免越位。

2. 踢墙式二过一

踢墙式二过一是两名进攻队员通过两次传球越过一名防守队员的配合方法（图8-3-3）。在进行踢墙式二过一配合时，持球队员最好传地滚球，因为地滚球力量适度，方向准确；接应队员在控球同伴带球逼近防守队员时，要突然摆脱防守者与持球同伴形成三角形位置接应，并一次触球将球传到队友脚下。

3. 回传反切二过一

回传反切二过一是当接应队员与控球队员有一定纵深距离，并且防守者身后有较大空隙时采用的二过一配合。它是通过三次传球组成的配合方法（图8-3-4）。

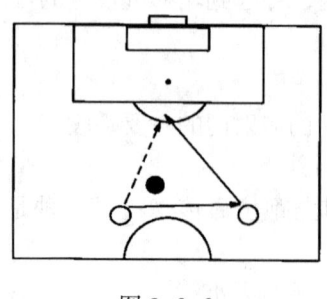
图8-3-3

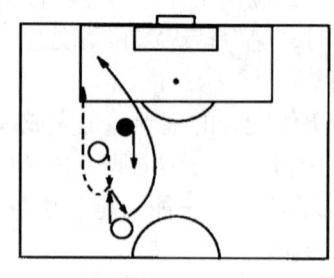
图8-3-4

（三）边路进攻

边路进攻是指在对方半场两侧地区发展的进攻。边路进攻包括边锋或其他到边锋位置上的队员运球突破下底或里切、边锋与边锋运用二过一突破、由边后卫边线插上配合、斜线传中等进攻方法。

（四）中路进攻

中路进攻是指从比赛场地中间地带发起的进攻。它包括回传反切、前卫插上、短传配合等方式。

二、防守战术

（一）个人防守战术

1. 选位

防守队员选择的位置，原则上是站在对手与本方球门中心所构成的一条直线上，与对手的距离要根据场区以及球所处的位置来决定。

2. 盯人

盯人是指防守者所处的位置能够限制、看守对方活动，达到及时地封堵对手接球或传球路线的目的。盯人有紧逼盯人和松动盯人两种。紧逼盯人指贴近对手不给其从容活动的机会；松动盯人指与对手保持一定距离，以便随时上前抢截对手的球或对手得球后能立即逼近对手。在一般情况下，离球远的一侧可采用松动盯人，离球近或有可能接球的队员以及对球门有威胁的队员要采取紧逼盯人。

（二）局部的防守配合

1. 保护与补位

保护是指位于抢球队员（第一防守者）身后的保护队员（也称第二防守者）直接提供增援的防守方法。补位是指防守队员弥补同伴在防守中出现漏洞或进攻留下空当时所采取的互相协助的战术配合。保护与补位是局部地区集体防守的基础。保护是补位的前提，没有保护也不可能有效地补位。补位有两种，一种是队员去补空缺，另一种是邻近队员相互补位。

2. 围抢

围抢是指在特定场区，2~3名防守队员快速多方位夹击对方控球队员，夺取球权或破坏球的战术配合。围抢是一种主动防守战术行为。

（三）全局战术

全局防守战术包括盯人防守、区域防守、混合防守。严密封堵球门前30米范围是全队集体防守的关键。

三、定位球战术

定位球战术是指比赛成死球时所采用的攻守战术方法，包括球门球、中圈开球、掷界外球、角球、任意球、点球等。

（一）角球战术

1. 角球进攻战术

随着技战术的发展，角球也是破门得分的重要手段之一。其主要进攻配合方式有以下两种：

（1）短传角球：这种角球的优点是快，缩短传中距离，提高传球的准确性和增大传球角度，丰富战术打法，增加防守难度，对球门威胁大。队员身材不高、争夺空中球能力较弱的队用此方法者较多。

（2）长传角球：用内弧线球直接射球门的前、后上角，运用者较少。多数长传角球是将球传至门前区域，由同伴头顶或配合射门。

在踢角球时，一般由擅长右脚者罚左侧的角球，擅长左脚者罚右侧的角球，这有利于踢出球速快、旋转强、落点好的内弧线球，从而为本队队员的争顶创造机会。

2. 角球防守战术

对方踢角球时，前锋、前卫队员要快速回防，迅速组织防守。所有队员的注意力应高度集中，分工明确，各司其职，人球兼顾，切忌盯人不看球或看球不盯人。一般以头球好的队员守在门前危险区域，重点防守头顶球好的对方队员。守门员选位在球门中部，斜向站立，这样，既能看到罚球者，又能看到罚球区内的攻方队员，保护球门及控制球门区。两边后卫分别防近、远门柱区域的射门和高球，守门员出击时，他们应退至球门线补门。当球解围时，全体防守队员应快速同步向罚球区线上压上，以造成对方越位。

（二）任意球战术

1. 任意球进攻战术

直接任意球比赛解析

前场任意球，特别是在对方禁区附近的任意球进攻是一次极好的破门得分机会，各队都十分重视该区域的任意球战术配合。

直接射门：罚直接任意球时，如果距球门比较近，守方未布好防线、"人墙"有漏洞或守门员站位不佳时可采用直接射门。如果守方已布好防线，可由善于踢弧线球的队员直接射门，同时其他进攻队员要采用穿插跑位等行动干扰守方主防队员和守门员。

传球配合射门：传球配合射门方法很多，一般多采用长传门前由同伴头顶射门或先短传后中长传配合射门。

2. 任意球防守战术

无论是直接任意球还是间接任意球，守方的所有队员都应迅速退守，积极干扰对手罚球，争取时间迅速组织人墙，根据不同罚球区域来排"人墙"，射门角度大则"人墙"人数多，反之则少。排墙时，最高的队员在外侧，依次向内；最出色的防守队员不参加排墙，而是和其他队员一道去控制和封锁要害空间，防止进攻队员的穿插。在球罚出时，人墙应迅速向球移动，有效地封堵和缩小射门角度，人墙不能过早散开。

第四节　足球运动竞赛规则简介

一、比赛场地

1. 球场

球场边线长度不得多于120米或少于90米，球门线的长度不得多于90米或少于45米。在任何情况下，球场边线的长度必须大于球门线的长度，场地各线宽度不超过12厘米。

2. 罚球区

在比赛场地两端距球门柱内侧 16.50 米处的球门线上，向场内各画一条长 16.50 米与球门线垂直的线，一端与球门线相接，另一端画一条连接线与球门线平行，这三条线与球门线范围内的区域叫罚球区。在本方罚球区内，守门员可以用手触球。

3. 球门

球门由两根内沿相距 7.32 米，与两边角旗点相等距离的直立门柱以及一根下沿离地面 2.44 米的水平横柱连接组成。门柱及横梁的宽度、厚度与球门线均应对称相等，不得超过 12 厘米。

4. 角球弧

以边线和球门线外沿交点为圆心，1 米为半径，向场内各画一段 1/4 的弧，这个弧内地区叫角球区。

5. 罚球点

在两球门线中点垂直向场内量 11 米处各做一个清晰的标记，叫罚球点。

二、队员人数与装备

一场比赛每队上场队员不得多于 11 名或少于 7 名，其中必须有一名守门员。同队队员的服装（包括上衣、短裤和护袜）颜色必须一致，并与对方队有明显区别。守门员的服装颜色必须与双方其他队员和裁判员有明显区别。并且队员不能佩戴任何可能伤害到自己或别人的佩饰。

三、比赛时间

正式足球比赛每场为 90 分钟，分上下两个半场，每半场为 45 分钟。除经裁判员同意外，两个半场之间的休息不得超过 15 分钟。如比赛需决出胜负，90 分钟内战平，双方需打加时赛。加时赛共计 30 分钟，分为上下两个半场，每半场为 15 分钟，中间不休息。如加时赛后仍未分出胜负，则以点球决胜。

四、计胜方法

凡足球的整体从门柱间及横梁下越过球门线外沿的垂直面，且此前未违反竞赛规则，均为攻方胜一球。

五、越位

1. 构成越位的条件

（1）进攻队员处在对方半场。
（2）进攻队员处在球的前面。
（3）进攻队员与对方球门线之间，对方队员不足两人。
（4）接同伴的球或干扰比赛，获得利益。
上述四条缺一不可，若缺少任何一条，队员均不处于越位位置。

2. 判断越位的时间

判断队员是否处于越位位置的时间是同队队员踢或触及球的一瞬间，而不是该队员接获球时。

越位比赛解析

3. 越位的判罚

当同队队员踢或触及球的一瞬间，队员处在越位位置，并且裁判员认为该队员有干扰比赛或干扰对方队员的行为才判罚越位犯规。

4. 不应判罚越位的情况

裁判员认为，队员只是仅仅处在越位位置。如果队员处在越位位置直接接得球门球、角球、界外球和裁判坠球时，也不判该队员越位。

六、犯规与不正当行为

1. 直接任意球

队员违反下列 10 条中任何一条者应判罚直接任意球：

（1）踢或企图踢对方队员。

（2）绊摔或企图绊摔对方队员。

（3）跳向对方队员。

（4）冲撞对方队员。

（5）打或企图打对方队员。

（6）推对方队员。

（7）在抢截对方队员控制的球时，于触球前触及对方队员。

（8）拉扯对方队员。

（9）向对方队员吐口水。

（10）故意手球。

2. 间接任意球

队员违反下列 7 条中任何一条者应判罚间接任意球：

（1）危险动作。

（2）阻挡对方队员。

（3）阻挡对方守门员发球。

（4）守门员用手控球在发出球之前持球超过 6 秒、2 次持球、接回传球、接队员直接掷入的球。

（5）擅自进、退场。

（6）连踢犯规（角球、开球、点球、球门球、任意球、掷界外球时连踢）。

（7）越位犯规。

3. 警告与罚令出场

凡队员犯有下列 7 条中任何一条者将被出示黄牌警告：

（1）犯非体育道德行为。

（2）以语言或行动表示异议。

（3）持续违反规则。

（4）延误比赛重新开始。

（5）当以角球或任意球重新开始比赛时，不退出规定的距离。

（6）未得到裁判员许可进入或重新进入比赛场地。

（7）未得到裁判员许可故意离开比赛场地。

队员违反下列 7 条中任何一条者将被出示红牌罚令出场：

（1）严重犯规。
（2）暴力行为。
（3）向对方或其他任何人吐口水。
（4）用故意手球破坏对方的进球或明显的进球得分机会。
（5）用犯规破坏对方明显的进球得分机会。
（6）使用无礼、侮辱或辱骂性的语言及动作。
（7）在同一场比赛中受到第二次警告。

七、任意球

任意球分为直接任意球和间接任意球两种。
（1）直接任意球可以直接踢入对方球门得分。
（2）间接任意球不可直接踢入对方球门得分，除非踢入的球触及了场上的其他队员。
（3）踢任意球时，所有对方队员距球至少 9.15 米直到比赛恢复，如果球距球门线不足 9.15 米时，允许对方队员站在球门线上。

八、罚球点球

在比赛进行中，如果防守队员在本方罚球区内违反可判直接任意球的犯规应被判罚球点球。

九、掷界外球

（1）比赛中，当球的整体在地面或空中越过边线时即为球出界，应由出界前最后触球的对方队员在离球出界处的边线外一米范围内，用合法的动作将球掷入场内。
（2）如队员不在球出界处掷界外球或掷球违例，裁判员应判由对方在原球出界处掷界外球。

十、球门球

（1）球由地面或空中踢或触出对方球门线时，由对方在球门区内任何地点踢球门球恢复比赛。踢球门球可以直接得分。
（2）踢球门球时，当球直接踢出罚球区进入场内时，比赛方为恢复。
（3）踢球门球后，如球未被直接踢出罚球区或任何队员在罚球区内触及球，即未进入比赛，应令重踢球门球。

十一、角球

（1）当队员踢或触球的整体在空中或地面从球门外超出本方球门线时，由对方队员将球的整体放定在离球出界处较近的角球弧内踢角球。
（2）踢角球时，在比赛恢复前，对方队员至少距球 9.15 米。
（3）队员踢出的角球，如果球击中门柱或处于场内的裁判员而弹回时，该队员补射，应判连踢犯规，进球无效。

第九章 篮球运动

第一节 篮球运动概述

一、篮球运动的起源与发展

现代篮球运动是由美国马萨诸塞州斯普林菲尔德市体育教师詹姆士·奈史密斯于1891年发明的。他从工人和儿童用球向桃子筐内做投准的游戏中受到启发，故将这项运动称为"篮球"。在最初的篮球比赛中，场地大小、上场人数的多少以及比赛的时间均无严格的限制，比赛规则也比较简单。1892年，奈史密斯博士制定出了最原始的13条篮球竞赛规则。1893年，在比赛器材上，形成了近似现代篮板、篮筐和篮网。此后，篮球运动以其独特的吸引力迅速向欧、亚、非、大洋洲四大洲传播，其技战术水平不断提高，竞赛规则也不断完善。在1936年第11届奥运会上，男子篮球被列为正式比赛项目。1950年和1953年，分别在阿根廷和智利举行了首届世界男、女篮球锦标赛。在1976年第21届奥运会上，女子篮球被列为奥运会正式比赛项目。

随着场上队员身高的不断增长和高空技术的不断发展，世界篮球运动呈现出高技巧、高速度、高强度、多变化、高比分、高空优势突出、高空技术出众等特点。美国、俄罗斯（苏联）、塞黑和克罗地亚（南斯拉夫）长期称雄于世界篮坛。尤其是美国队，在1992年巴塞罗那奥运会上，以乔丹、约翰逊、马龙、皮蓬等一代世界超级巨星组成的美国"梦之队"以平均胜出对手44分的绝对优势获得了冠军，全世界的篮球观众都被美国职业篮球巨星无与伦比的技艺所震撼。1993年，现场直播美国男子职业篮球联赛赛事的国家和地区超过了160个。进入21世纪以来，美国男子职业篮球联赛继续引领世界篮球发展潮流，与此同时，欧洲篮球全面崛起，南美劲旅也咄咄逼人，各种打法、技战术特点不断交织融合以及规则的不断修改极大地推动了世界篮球运动向更高的水平迈进。

二、中国篮球运动发展概况

篮球运动于1894年传入我国天津，最初在一些大城市的学校中开展，但发展十分缓慢。1910年，在南京举行的第一届全国运动会上，男子篮球被列为表演项目。1913年，在由中国、日本、菲律宾三个国家组织的远东运动会上，篮球被列为正式比赛项目，这也是我国篮球队首次参加国际性篮球比赛。1921年，我国在第5届远东运动会上获得男子篮球比赛冠军，这是旧中国篮球史上唯一一次在国际运动会上取得冠军。在1930年第4届全国运动会上，女子篮球被列为正式比赛项目。

中华人民共和国成立后，篮球运动技术水平在普及的基础上得到了迅速提高。"积极、主动、快速、灵活、准确"是各专业队训练的指导思想。到了20世纪60年代中期，我国的篮球运动水平接近世界先进水平。进入 20 世纪 90 年代，随着中国篮球与世界交往的进一步加强，我国的篮球运动水平有了新的提高。国家男篮在 1994 年第 12 届世锦赛和 1996 年第 26 届奥运会上获得第 8 名；国家女篮在 1992 年第 25 届奥运会和 1994 年第 12 届世锦赛上夺得亚军。1995 年，我国举行了首届中国职业篮球甲级联赛（CBA 联赛）。1998 年，以"发展高校篮球，培养篮球人才"为目标的首届 CUBA（中国大学生篮球联赛）也如期举行。随着我国篮球运动与世界篮球运动的进一步接轨，以及越来越多的青少年投身于篮球运动，我国篮球事业必将得到更加快速和健康的发展。

三、篮球运动的特点和作用

篮球运动是一项身体对抗十分激烈的运动，场上双方各 5 名队员，按照一定的规则，利用各种技战术，在 28 米 ×15 米的场地上围绕着把球投进对方球篮和阻止对方把球投进本方球篮而展开一系列攻守对抗与激烈争夺。每名队员在场上不仅需要通过大量的奔跑、移动、跳跃、投掷等身体运动来完成各种攻防技术动作，还要按照教练员的指挥与部署，对场上瞬息万变的复杂情况做出及时合理的分析判断，与同伴进行有效的攻防战术配合，从而使全队的整体战斗力达到最佳化。因此，篮球运动具有集体性、对抗性、多变性、游戏性、趣味性和观赏性等特点，集健身性、益智性、娱乐性、教育性等作用于一体，是最适合在高校开展的体育项目之一。

第二节　篮球运动的基本技术与练习方法

篮球运动的技术分为进攻技术和防守技术两大部分，常用的基本技术有移动、传接球、运球、突破、投篮、防守和抢篮板球等。

一、移动

1. 基本站立姿势

两脚前后或左右开立，重心落于两脚间，两膝微屈，上体稍前倾，脚跟稍提起，两臂微屈于体侧，两眼注视场上情况。

2. 起动、跑

起动时，迅速以上体前倾或侧转，向跑动方向移动重心，同时用后脚或异侧脚的前脚掌短促有力地蹬地，并迅速向跑动方向迈出。起动后的两三步要积极、短促而迅速，在最短的距离内把速度充分发挥出来。

跑主要有侧身跑、变方向跑、后退跑、变速跑等。

3. 急停

急停包括跨步急停和跳步急停两种方法。

（1）跨步急停：在快速跑动急停时，先向前跨出一大步，用脚跟先着地过渡到前脚掌着地，屈膝，上体稍后仰，重心下降，减缓向前的冲力。第二步落地的同时，脚尖稍内扣，用脚前掌内侧蹬地，两膝深屈，腰胯用力，身体稍侧转，两臂屈肘张开，帮助控制身体平衡（图9-2-1）。

跨步急停

图 9-2-1

（2）跳步急停：急停时，用单脚或双脚起跳（一般离地不高），上体稍后仰，两脚同时平行落地，略比肩宽。两膝深屈，重心下降，两臂屈肘微张，以利于保持身体平衡（图9-2-2）。

跳步急停

1　　　　　2　　　　　3　　　　　4　　　　　5

图 9-2-2

4. 转身

转身前，两膝微屈，上体稍前倾，身体重心投影在两脚之间。转身时，以中枢脚的前脚掌为轴，移动脚的前掌内侧用力蹬地跨出，上体随着移动脚转动以改变身体的方向。移动脚向中枢脚脚尖方向跨过称"前转身"，向中枢脚脚跟方向跨过称"后转身"。

5. 跳

跳有单脚起跳和双脚起跳两种。

6. 滑步

滑步是队员防守时运用的主要移动技术之一，可分为侧滑步、前滑步和后滑步三种。

侧滑步：在基本站立姿势的基础上，两臂左右张开，并不停地上下挥动。在向左侧滑步时，右脚前脚掌内侧蹬地，左脚向左跨出，在落地的同时，右脚紧随滑动靠近左脚，左脚又继续跨出连续进行。向右侧滑步时方向相反（图9-2-3）。

侧滑步

1　　　　　2　　　　　3　　　　　4

图 9-2-3

前滑步、后滑步：动作要领与侧滑步相同，只是向前、后方移动。

7. 攻击步

攻击步常用来抢球、打球或造成对手传接球、投篮的困难。利用后脚蹬地，前脚迅速向前跨出，逼近对手身前，前脚落地，后脚的前掌辗地跟进，后腿屈膝，前脚同侧手臂伸出打球或干扰。

8. 后撤步

撤步时，前脚用脚掌内侧蹬地，同时向撤步方向扭转腰髋，前脚后撤，同侧臂后摆，后脚前掌用力蹬地，前脚撤回后紧接着滑步，重心要稳定，后撤角度不宜过大。

练习方法：

（1）由基本站立姿势开始，按信号做迅速起动练习。

（2）原地徒手或持球做转身跨步练习。

（3）利用标志杆做徒手起动、急停、转身、变向跑练习。

（4）原地背向站立，听信号后做转身起动、急停、转身综合练习，或按要求做变速变向跑练习。

（5）利用篮球场上的罚球圈、中圈和三分线，做变向跑、变速跑、侧身跑练习。

（6）原地双脚起跳，向前、左、右跨一步或向后撤一步做双脚起跳练习。

（7）跑动中做单脚起跳摸篮板、篮圈练习。

（8）全场一对一做徒手攻防脚步动作练习。

二、传、接球

1. 双手胸前传球

双手持球，两拇指位于球后侧呈"八"字形，其余四指分开置于球侧，掌心不要触球。传球时，迅速向传球方向伸臂，重心前移、翻腕、拨指（图 9-2-4）。

双手胸前传球

图 9-2-4

2. 单手肩上传球

以右手传球为例：左脚向传球方向迈出半步，同时右转体将球引至右肩侧上方。出球时，右脚蹬地的同时转体带动上臂，肘在前，前臂迅速前甩，手指用力下压将球传出（图 9-2-5）。

3. 双手反弹传球

这种传球方法与双手胸前传球基本相似，不同点在于用力方向是向前下方击地反弹，击地点在距接球者 1/3 的地方。接球时，迎球跨步，上体前倾，两臂向前下方伸出迎球，五指自然张开，手触球后，两手握球顺势将球移至胸腹间。

单手肩上传球

图 9-2-5

4. 单手体侧传球

队员在向左侧跨出半步的同时，右手将球移至右侧，向前做弧线摆动。当球摆过身体右前方时，迅速收前臂，借手腕的力量将球传出。

5. 接球

手指自然分开，手心空出，双臂向前伸出。在手触球时，双臂顺势随球后引缓冲来球的力量（图 9-2-6）。

双手接中部位的球

图 9-2-6

双手接高部位的球

练习方法：

（1）徒手做双手传接球模仿性练习。

（2）两人一球原地体会持球和传球的手腕动作，两人相互纠错，轮流练习。

（3）两人直线跑动传接球。

（4）半场四角跑动传接球。

（5）两三人行进间做全场传接球练习。

（6）两人一组一球，做单手肩上传接球快攻练习。

三、运球

运球是控制支配球，组成战术配合及突破防守的重要手段，主要包括高运球、低运球、体前变向换手运球、背后运球、胯下运球、运球后转身等技术。

1. 高运球

抬头，目视前方，上体稍前倾，以肘关节为轴，拍按球的后上方，球的落点在身体前侧方，球的反弹高度在腰腹之间。主要用于行进间运球（图 9-2-7）。

2. 低运球

抬头，目视前方，两膝深屈，用身体和腰保护球，同时用手短促拍按球，球的反弹高度在膝部。主要用于遇到防守急停时的运球（图9-2-8）。

图 9-2-7

图 9-2-8

高运球

低运球

3. 体前变向换手运球

运球者从右手低运球开始，向防守队员左侧后方快速推进，同时左臂自然抬起侧身保护球。当防守队员重心左移时，运球变向，右手拍按球的右侧上方，同时上右腿，左转侧肩保护球，换至左手运球（图9-2-9）。

图 9-2-9

体前变向换手运球

4. 背后运球

以右手运球，向对手左侧运球为例：当防守队员身体重心左移，右腿在前突然用右手拍球的外侧，左脚上步的同时使球从身后反弹至左前方，左腿迅速向左前方跨步，以臂、腿保护球，换至左手运球。

5. 胯下运球

当防守队员迎面堵截时，右手运球，用右手拍按球的右侧上方，将球从右拍至胯下，反弹至左侧，用左手继续运球。

6. 运球后转身

当防守队员堵截运球线路时，运球队员持球控制在身体右侧，左脚向前跨出一步作为中枢脚置于对手两脚之间，然后右脚用力蹬地后撤，顺势做后转身动作的同时，右手拍按球的右侧前方，将球拉引向身体的侧后方落地，转身后换手用左手继续运球。

练习方法：

（1）原地运球练习：每人一球，听信号做高低运球、横向运球、拉球、推球、体侧前拉后推球、体前左右换手运球等练习。

（2）看信号行进间做高、低、变速、急起急停运球练习。

（3）沿球场内中圈和罚球圈做曲线运球和变向运球练习。

（4）绕障碍做变向换手和运球后转身练习。

（5）全场进行传、运、投技术综合练习。

四、投篮

投篮是篮球运动中最主要的进攻技术，主要包括原地双手胸前投篮、原地单手肩上投篮、行进间投篮、跳起单手肩上投篮等技术。

1. 原地双手胸前投篮

原地双手胸前投篮

两脚前后或左右开立，两膝微屈，双手持球于胸前，肘关节自然下垂。投篮时，眼睛瞄准篮筐，下肢蹬地发力，腰腹伸展，两臂向前上方伸出，前臂内旋，拇指下压，手腕前屈，食指中指用力拨球通过指端将球投出。

2. 原地单手肩上投篮

以右手投篮为例：右手投篮时，右脚在前，脚尖正对球篮，屈膝，身体重心在两腿之间，上体保持正直，右手指自然分开托球于肩上，手腕后翻，掌心空出，左手扶球的侧下部。投篮时，两脚蹬地发力，伸展腰腹向前上方，抬肘伸臂，手腕前屈，食指最后用力，并使球向后旋转将球投向篮圈（图9-2-10）。

原地单手肩上投篮

图9-2-10

3. 行进间单手肩上高手投篮

行进间单手肩上高手投篮

以右手投篮为例：当球在空中运行时，右脚向来球方向或投篮方向跨出一大步，同时接球，左脚向前跨出一小步，脚跟先着地，上体稍后仰，然后迅速过渡到前脚掌着地，并用力蹬地起跳，右腿屈膝上抬，左脚蹬离地面。同时双手向前上方举球，腾空后，右臂向前上方伸展。投篮出手后，两脚同时落地，两腿弯曲，以缓冲落地的力量（图9-2-11）。

4. 跳起单手肩上投篮

屈膝，重心在两脚之间，两脚用力蹬地垂直起跳，同时将球举至右肩上，左手扶球左侧下方，当身体接近最高点时，右臂向前上方伸直，手腕前屈，手指拨球将球投出。在空中要保持身体平衡，球出手后自然落地（图9-2-12）。

练习方法：

（1）徒手做各种投篮的模仿练习。

（2）两人一组一球，相距4~5米相对站立，原地做单、双手投篮模仿练习。

图 9-2-11

图 9-2-12

（3）各种角度、距离的投篮练习。
（4）在移动中接球后做各种投篮练习。
（5）5 点连续投篮练习。
（6）运球行进间投篮练习。

五、持球突破

持球突破是持球队员运用脚步动作和运球技术快速超越对手的一种攻击性很强的技术。持球突破基本技术由蹬跨、转体探肩、推放球和加速几个环节组成。

1. 交叉步突破

以右脚作中枢脚为例：两脚左右开立，两膝微屈，身体重心降低，持球于胸腹之间。突破前，先做瞄篮动作或向左虚晃动作，以吸引防守队员，造成防守队员的重心不稳定。突破时，左脚内侧迅速蹬地并向右前方迈出一大步，上体右转，左肩前探下压，右手放球于迈脚的侧方，同时右脚蹬地向前跨出，右手运球超越对手（图 9-2-13）。

持球交叉步突破

2. 同侧步突破

以左脚作中枢脚为例：动作方法与交叉步突破基本相同。不同之处在于，右脚向右前方跨步，左脚蹬地向前方跨出。

练习方法：
（1）原地持球做瞄篮动作后做交叉步、同侧步突破的蹬地、侧肩、放球加速动作。
（2）自抛自接急停后做交叉步、同侧步突破练习，主要明确中枢脚和放球的时机。
（3）接球急停突破投篮练习。

同侧步突破

图 9-2-13

六、防守

防守的基本技术包括防守无球队员和防守持球队员两个方面。

1. 基本防守姿势

两脚平行或前后开立，略宽于肩。两膝弯曲，身体重心投影置于两脚之间。上体稍前倾，两眼平视，两臂左右或前后张开以扩大防守面积，随时准备移动抢位。

2. 防守无球队员

防守离球近的对手时，防守者应采用面向对手、侧向球的斜前站立姿势。靠近对手的异侧脚在前，堵截对手摆脱移动的接球路线，伸前脚一侧手臂封锁接球路线。防距离远的对手时，可采用两脚平行站立、侧向对手面向球的姿势，以便协防或断球反击。

3. 防守持球队员

首先应占据球篮与进攻队员之间的有利位置，并根据对手特点和意图调整位置。平步防守面积大，便于横向滑动，两臂侧举对防运球和突破有利；斜步防守，一臂前上举，可以干扰对方投篮，另一臂斜下伸阻挠运球突破。

4. 抢球

抢球时，手部动作有拉抢和转抢两种。抢球时，用双手抓住球向后突然猛拉，或者采用前臂、手腕及上体扭动的力量将球夺走。

5. 打球

当对手接到球的瞬间，可突然上步打球，若对手持球较高，可采用由下而上的方法打球，用手指和指根击球的下部。若持球部位较低，可采用由上而下的方法打球，用手指和手指外侧击球的上部。此外，还有跳起投篮时的封盖球。

6. 断球

断球前，重心下降，做好起动的准备。当持球者传球给同伴离手的瞬间，突然起动，快速短促助跑，单脚或双脚蹬地起跳，侧身跃出，充分伸展两臂和身体，用单手或双手将球截获。断球有横断球、纵断球和封断球三种。

练习方法：

（1）两人一组一球，原地做打、抢球的手法练习。

（2）断球练习：三人一组，一人防守，另两人相距 5~6 米传球，防守者做断球练习。

三人轮换练习。

（3）全场一对一防无球队员练习：两人相距一米，一攻一守。攻方做变速变向突破等动作，摆脱防守者。守方练习撤步堵截，然后交换练习。

（4）全场一对一防有球队员练习：一人运球突破，另一人练习防守，然后交换练习。

（5）三对三半场防守练习：进攻者在外围做原地传球练习，防守队员采用人盯人防守，随球转移及时调整防守位置，尽量做到盯人为主、人球兼顾。

七、抢篮板球

抢篮板球技术由抢位、起跳、空中抢球和抢到球后的动作组成。

1. 抢进攻篮板球

当同伴或自己投篮时，处在靠近球篮位置的进攻队员应及时判断球的反弹方向，快速起动摆脱防守，同时抢占有利位置起跳，跳至最高点补篮或抢篮板球。落地时屈膝，重心落于两脚之间，将球持于胸腹之间，肘外展（图9-2-14）。

图 9-2-14

2. 抢防守篮板球

防守队员屈膝上体前倾，重心在两脚之间。当进攻方投篮时，注意对手的动向，运用上步、撤步和转身占据有利位置，把进攻队员挡在身后，同时判断球的落点。起跳至最高点时，用双手抢球或将球点拨给同伴。如果在空中未传球，落地时保护好球并迅速完成第一传（图9-2-15）。

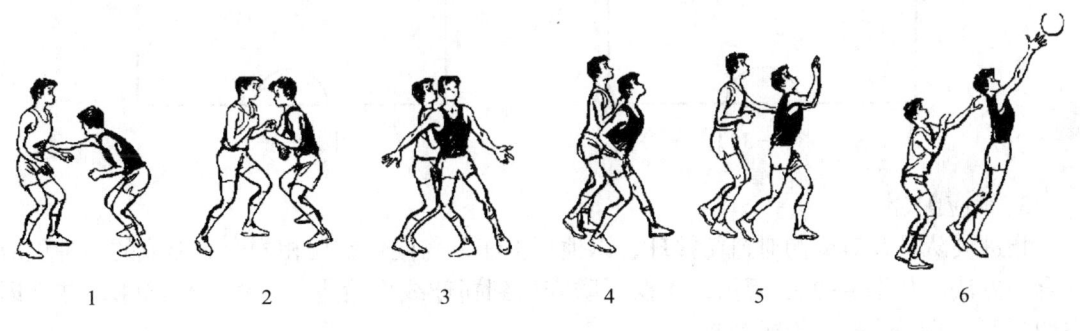

图 9-2-15

练习方法：

（1）自抛自抢篮板球练习。

（2）抢占位置练习。

（3）全队连续助跑起跳托球碰板练习。
（4）抢篮板球结合一传练习。

第三节　篮球运动的基本战术

篮球战术是比赛中队员个人技术的合理运用和队员之间相互协调配合的组织形式。篮球战术分为进攻和防守两大部分，从战术的局部和整体来讲可分为战术基础配合和全队战术。

一、进攻战术基础配合

1. 传切配合

指进攻队员之间用传球和切入技术组成的简单配合。如图 9-3-1 所示，⑤传球给④时，⑤乘对手不备，突然横切或从底线切入篮下接④的传球投篮。

2. 掩护配合

指掩护队员采用合理的行动，以自己身体挡住同伴的防守者的移动线路，使同伴借以摆脱防守的一种配合方法。根据掩护队员的掩护位置可分为前掩护、侧掩护、后掩护。如图 9-3-2 所示，⑤传球给④后跑到④的侧面做掩护，④接球后做投篮或突破的动作，吸引❹的防守，当掩护到位时，④持球从防守的左侧突破投篮。⑤掩护后及时移动到有利的位置去接球或抢篮板球。

传切配合

掩护配合

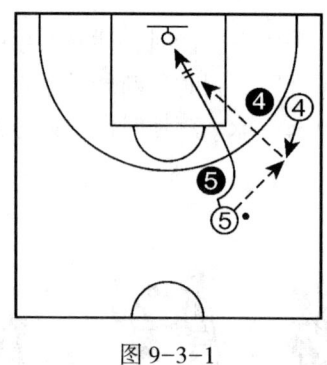

图 9-3-1　　　　　　　　图 9-3-2

3. 策应配合

指进攻队员背对或侧对篮筐接球，以他作枢纽，与同伴空切相配合而形成的一种里应外合的方法。如图 9-3-3 所示，④摆脱防守插到罚球线作策应，⑤将球传给④，并立即空切篮下，接④的策应传球投篮。

4. 突分配合

指有球队员突破后，主动地或应变地利用传球与同伴配合的方法。如图 9-3-4 所示，⑤从防守者的左侧突破，❹协助防守，封堵⑤向篮下突破的路线，此时④及时跑到有利的进攻位置，接⑤的球投篮，或做其他进攻配合。

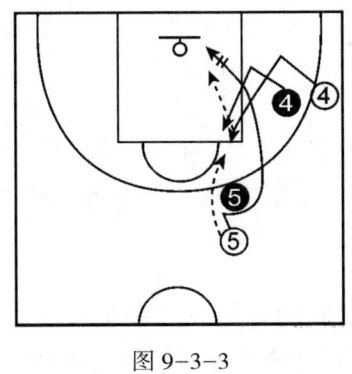
图 9-3-3

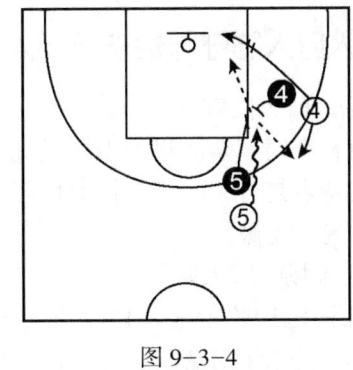
图 9-3-4

二、防守战术基础配合

1. 交换防守

指为了破坏进攻队员的掩护配合,防守队员之间彼此及时交换自己所防守的对手的配合方法。当对方队员进行掩护时,防守队员相互呼应,并紧跟自己的对手,当进攻队员摆脱切入时,及时换防。

2. 关门防守

指邻近的两个防守队员协同防守突破的配合方法。当进攻队员运球向篮下突破时,防守突破的队员应挡住其通往篮下的路线,这时临近突破一侧的防守队员,应及时向防守突破的队员靠拢,像两扇门一样关起来,堵住突破者的路线。

3. 夹击防守

指两个防守队员积极防守一个进攻队员的配合方法。它要求夹击时行动要积极、果断、突然,出其不意,攻其不备。

4. 补防

指两三个防守队员之间的一种协同防守的配合。当同伴被进攻者突破而有直接得分的可能时,邻近的防守队员要立即放弃自己的对手去补防。

三、快攻与防守快攻

1. 快攻

是由防守转入进攻时,积极、主动、勇猛顽强地以最快的速度、最短的时间造成人数上以多打少的优势,在对方尚未部署好防守之前,果断而快速地发起攻击的一种速决战。抢到防守篮板球、断球、掷界外球和跳球等都是发动快攻的有利时机。

快攻战术是由发动、推进、结束三个阶段组成的。快攻的形式主要有长传快攻、短传快攻和结合运球突破的快攻等。

2. 防守快攻

防守快攻是防守战术的重要组成部分,它的目的在于制约进攻速度,为本队积极防守争取时间。防守快攻方法有:提高进攻成功率、积极拼抢篮板球、攻防变换时头脑冷静,速度快,减少对方发动快攻的机会,堵截快攻第一传,尽量控制对方的推进,卡住快下队员,切断对方长传快攻的路线,同时提高以少防多的能力。

四、半场人盯人防守与进攻半场人盯人防守

1. 半场人盯人防守

是由攻转守时，全队迅速退回后场，每个队员在盯住自己对手的同时，采取集体防守的战术。其特点是分工明确、针对性强、机动灵活、能有效控制对方进攻重点，但它容易被进攻队员局部击破。

2. 进攻半场人盯人防守

是由各种掩护、策应、传切和突破分球等基础配合组成的全队战术。要求合理组织进攻队形，充分利用基础配合组成全队战术，有目的地穿插换位，内外线结合，正面与侧面进攻相结合，扩大攻击面，注重速度，讲究节奏、快慢、动静结合，注意攻守平衡。

五、区域联防与进攻区域联防

1. 区域联防

是一种半场防守的全队战术，由防守队员退回半场后，每人负责一定的区域，严密防守进入该区的球和队员，并与同伴协同防守而构成的一种集体防守战术。

区域联防的站位队形有 2-1-2 联防、2-3 联防、3-2 联防和 1-3-1 联防几种。2-1-2 联防是区域联防的基本形式，这种站位队形队员分布均匀，易于联系协作，同时也便于控制后场篮板球发动快攻。但这种防守的薄弱环节是队员的防区衔接处，即图 9-3-5 的阴影区。

2. 进攻区域联防

进攻区域联防，应根据联防的特点和规律，针对其薄弱环节，占据有利的进攻位置，并结合本队的具体情况，确定进攻重点，组织有针对性的进攻战术。

进攻队 1-3-1 站位（图 9-3-6）是攻 2-1-2 联防的基本阵式。这种阵形，队员分布面广、攻击点多、便于内外联系、左右配合，有利于组织抢篮板球和保持攻守平衡。

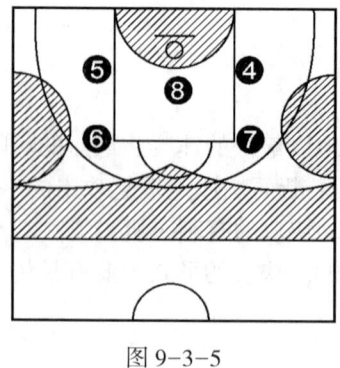

图 9-3-5　　　　　　图 9-3-6

第四节　篮球运动竞赛规则简介

一、场地与设备

（一）场地

标准篮球场是长 28 米、宽 15 米的长方形，球场各线的宽度为 5 厘米。球场的大小从端线和边线的内沿算起。球场内有三分投篮区、限制区和罚球区。

（二）设备

在篮球场纵轴延长线上，端线外至少 2 米的地方各安置一篮球架，架上安装篮板，篮板的投影垂直于地面，平行于端线，并距离端线 1.2 米，下沿离地面 2.75 米。篮板中安装牢固的篮圈，篮圈平行于地面，距离地面 3.05 米。

二、违例、犯规及罚则

1. 违例及其罚则

有违反规则的行为而未构成犯规统称违例。其罚则是违例队失去控球权，由对方在最靠近发生违例的地点掷界外球。

（1）跳球违例：跳球时，两名跳球队员的脚要站在靠近本队球篮一边的半圆，一只脚靠近两人之间的线的中心，球达到最高点后必须被一名双方跳球队员合法地拍击。超出以上规定为跳球违例。

（2）队员出界和球出界：当队员身体的任何部分与界线或界线外的地面接触时，即为队员出界；当球触及界外队员或任何其他人员、界线上或界线外的地面或任何物体、篮板的支柱或背面时即为球出界。

（3）非法运球：队员第一次运球结束后，不得再次运球，否则为非法运球。

（4）带球走：不按规则规定的持球移动叫带球走。持球时，球未离手而中枢脚已离开地面再运球或中枢脚提起又落地后再传球、投篮等，均判违例。

（5）3 秒违例：某队控制球时，持球队员或其同伴在对方限制区内停留时间不得超过 3 秒钟。否则为违例。

（6）5 秒违例：有三种情况：罚球队员在裁判员递交球后 5 秒没有投篮出手；掷界外球的队员在裁判员递交球后或已将球放在他可处理球的地点后 5 秒没有将球掷入场内；持球队员被严密防守，在 5 秒内没有传、投、滚或运球时。

（7）8 秒违例：进攻队在后场控制球后，未能在 8 秒内使球进入前场。

（8）24 秒违例：一个队在场上控制活球时，未能在 24 秒内投篮出手。

（9）掷界外球违例：掷界外球时，掷球队员未站在裁判员指定的距违例地点最近的界外掷球入场（直接位于篮板后面的地方除外）。

（10）拳击球、脚踢球违例：队员用拳击球为违例，故意踢球或用腿的任何部分拦阻球为违例，脚或腿偶然碰球不算违例。

（11）球回后场违例：某队控制前场活球，该队的队员不得使球回他们的后场（中线属于后场）。否则为违例。

（12）干扰球违例：在投篮的时候，当球在飞行中下落，并完全在篮圈水平面上时，进攻或防守的队员都不能触球，但球触及篮圈后或明显不会触及篮圈时除外。

2. 犯规及其罚则

犯规是违反规则的行为，含有与对方队员的身体接触和违反体育道德的举止。对犯规队员应予以登记，并按照规则的有关条款予以处罚。

（1）侵人犯规：是一种违反规则而造成与对方发生不合理的身体接触，如通过伸展臂、肩、髋、膝或过分地弯曲身体成不正常姿势以阻挡、推拉、撞绊来阻碍对方行进或使用粗野动作以及用手触及对方等。

（2）技术犯规：有意的、不道德的或有投机取巧性质的行为，虽未发生身体接触，但应判技术犯规。技术犯规在比赛期间包括临场队员、替补队员、教练员、助理教练员和随从人员。

（3）双方犯规：双方队员同时相互犯规为双方犯规。

（4）违反体育道德的犯规：裁判员认为队员不是在规则的精神和意图的范围内合法、直接地试图抢球，造成的侵人犯规是违反体育道德的犯规。

（5）取消比赛资格的犯规：任何技术犯规、侵人犯规都是十分恶劣的不道德行为，均为取消比赛资格的犯规，并令其离开球场。

（6）打架：在打架或可能导致打架的任何情况下，任何座席人员离开球队席区域的界限应被取消比赛资格，并令其离开球场附近，包括球队席区域和球场附近，并不得以任何方式再和他的球队联系。

三、一般规定

（1）队员5次犯规：一名队员已发生5次侵人犯规或技术犯规，他必须在30秒内被替换。

（2）全队犯规：在一节中某队已累计发生了4次队员犯规时，该队处于全队犯规处罚状态。所有随后发生的对未做投篮动作的队员的侵人犯规应被判2次罚球，代替掷球入界。

（3）可纠正的失误：如果裁判员无意地忽略了某条规则，并仅仅是导致了以下5种情况时，允许裁判员纠正这个失误：没有判给应得的罚球；判给不应得的罚球；允许不该罚球的队员执行罚球；在错误的球篮执行罚球；不正确地判给了得分或取消得分。

四、比赛通则

（1）比赛时间：篮球比赛分为4节，每节10分钟。在第1、2节（第一半时）和第3、4节（第二半时）之间以及每一决胜期的前面有2分钟的比赛休息时间。两个半时的休息时间为15分钟。

（2）比赛开始：比赛由中圈内跳球开始。

（3）暂停：每队第一半时有2次暂停，第二半时有3次暂停，决胜期有1次暂停。暂停机会可以不用，但不准挪到第二半时或决胜期内使用。每次暂停时间为1分钟。

（4）替换：替换队员必须亲自到记录台前报告被替换队员号码，然后坐在替换席上，经临场裁判准许后，方可进入场地替换。只有在替换机会期间，球队才可以替换队员。

（5）比赛结束：当结束比赛时间的比赛计时钟信号响时，一节、决胜期比赛应结束。

（6）比分相等和决胜期：如果在第4节比赛时间终了时两队比分相等，为打破平局，需要一个或多个5分钟的决胜期来继续比赛，直到分出胜负为止。

第十章 排球运动

第一节 排球运动概述

1895年，美国人威廉·摩根为了选择一种较为和缓、活动量适当的运动方式来满足所有人的需要，设计了一种把网球网升到一定高度、让人们隔网用手来回拍打篮球内胆、不让球落在自己场区的击打性游戏。由于这种游戏是让球在空中飞来飞去，故取名为"volleyball"，意为"空中飞球"。1896年，美国开始有了排球比赛，并制定了第一部排球规则。随着排球运动的不断发展，排球设备和比赛规则不断改进和完善，使得这项运动具有独特的魅力，并吸引了广大群众积极参与。

女排精神

1947年，国际排球联合会成立。1949年和1952年，分别举行了首届男、女世界排球锦标赛。在1964年第18届奥运会上，男、女排球被列为奥运会正式比赛项目。1965年和1973年，分别举行了首届男、女世界杯排球赛。此后，排球运动在世界各地蓬勃地发展起来，并成为世界上会员国最多的运动项目之一。

1905年，排球运动传入中国，此后先后经历了十六人制→十二人制→九人制→六人制的演变过程。新中国成立后，排球运动得到了前所未有的发展。1953年，中国排球协会成立，并于次年成为国际排联的会员国。在努力学习外国先进经验和技术的基础上，结合我国的实际情况，我国首次提出了"三从一大"的训练原则，极大地推动了我国排球运动的发展。1979年，中国男、女排双双获得亚洲锦标赛冠军，取得了参加奥运会的资格。中国女排从1981年的世界杯到1986年的世界锦标赛，创造了世界女子排球"五连冠"的骄人成绩。"五连冠"之后，中国女排由于新老交替等原因，整体实力出现下滑，世界女子排坛进入了古巴时代，中国女排阔别世界大赛冠军17年之久。直至2003年世界杯至2019年间，中国女排又5次登上了世界之巅。如今，排球运动已成为我国学校体育的主要内容，在高等学校有着广泛的群众基础。

>>> **知识链接**

排球世界三大赛事

世界排球锦标赛、世界杯排球赛、奥运会排球赛并称为排球世界三大赛。世界锦标赛是由国际排球联合会主办的国际排球比赛，是排球运动开展最早的、规模最大的世界性比赛，每4年举行一届。从1962年起改在奥运会后第二年举行，冠军获得者可直接参加下届奥运会。世界杯排球赛的前身是"三大洲"排球赛，即亚、欧、美三大洲。1964年，国际排球联合会将其更名为"世界杯排球赛"，并决定于1965年9月在波兰举行首届世界杯男子排球赛。世界杯是由全球高水平的男、女球队参加的国际排球比赛。获得前三名的队伍则有资格进入奥运会。1964年，排球运动第一次被列为奥运会正式比赛项目。有资格参加的队是：各大洲的冠军队、主办国的代表队、上一届世界杯的前三名，由国际排球联合会直接管辖的预选赛产生的三支球队等。

第二节　排球运动的基本技术与练习方法

排球运动的技术可分为准备姿势和移动、发球、垫球、传球、扣球、拦网6大基本技术。

一、准备姿势与移动

准备姿势与移动是完成发球、垫球、传球、扣球和拦网等各项有球技术的前提和基础，对各项有球技术的运用起着串联和纽带的作用。

1. 准备姿势

按照身体重心的高低，准备姿势可分为半蹲准备姿势、稍蹲准备姿势和低蹲准备姿势三种。其中半蹲准备姿势运用较多。

（1）半蹲准备姿势：两脚左右开立，稍比肩宽，一脚稍前，两脚尖内收，脚跟稍提起；膝关节保持一定的弯曲，其投影点在脚尖的前面；上体前倾，重心靠前；两臂放松，自然弯曲，双手置于腹前；两眼注视来球，两腿始终保持微动（图10-2-1）。一般多用于接发球、拦网和各种传球。

（2）稍蹲准备姿势：稍蹲准备姿势比半蹲准备姿势重心稍高，动作方法相同（图10-2-2）。一般用于扣球助跑之前、不需要快速反应起动的时候。

（3）低蹲准备姿势：低蹲准备姿势比半蹲准备姿势的身体重心更低（图10-2-3）。一般在防守和做各种保护动作时使用。

图10-2-1　　　　　　　　　图10-2-2　　　　　　　　　图10-2-3

2. 移动

移动的目的主要是及时接近球，保持好人与球的位置关系，以便击球。常用的移动步法有以下几种：

（1）并步与滑步：如向前移动，则后腿蹬地，前脚向来球方向跨出一步，后腿迅速跟上做好击球准备。连续并步就是滑步。并步主要用于传球、垫球和拦网。

（2）跨步与跨跳步：如向前移动，则后腿用力蹬地，前脚向来球方向跨出一大步，膝部弯曲，上体前倾，身体重心移至前腿上。跨步过程中如有跳跃腾空动作即为跨跳步（图10-2-4）。跨步适用于来球较低、离身体1米左右垫击时使用。

（3）交叉步：以向右交叉步为例，上体稍向右转，左脚从右脚前面向右交叉迈出一步，然后右脚再向右跨出一大步，同时身体转向来球方向，保持击球前的姿势。当来球距离3米左右时，可采用交叉步，主要用于二传、拦网和防守。

图10-2-4

（4）跑步：跑步时，应随时注意球的飞行方向，两臂要配合摆动。如球在侧方或后方时应边转身边跑。跑步一般在当球距离身体更远时采用。

（5）综合步：以上各种步法的综合运用。

练习方法：

（1）两人一组，一人做准备姿势，另一人纠正其错误动作，交换进行。

（2）两人一组相对站立，一人跟随，另一人做同方向的移动。

（3）两人一组，相距6米，各持一球，两人同时把球滚向对方体侧3米左右处，移动接住后再滚给对方，如此反复进行。

（4）结合其他技术的练习。

二、发球

发球是排球比赛中一项重要的进攻技术。发球也是比赛的开始。准确而有攻击性的发球可以直接得分或破坏对方的战术组成，减轻本方的防守压力，为反击创造有利的条件，同时能振奋精神、鼓舞士气，在心理上给对方造成压力。发球失误，将直接失分和失去发球权。常用的发球技术有正面下手发球、正面上手发球、正面上手飘球、侧面下手发球、勾手发球和跳发球等。

1. 正面下手发球

面对球网，左脚在前，右脚在后，两膝微屈，上体前倾，左手持球于腹前，右臂自然下垂，两眼注视球。左手将球在体前右侧抛起，高于手20~30厘米，在抛球的同时，右臂后摆。右脚蹬地，身体重心前移，右臂伸直。以肩为轴，向前摆到腹前，用虎口、掌根或手掌击球的后下部，随着击球动作身体重心前移，顺势进场（图10-2-5）。

图10-2-5

2. 侧面下手发球

左肩对网，两脚左右开立，约与肩同宽，两膝稍屈，上体稍前倾，重心落在两脚之间，左手于腹前将球平稳上抛，距离身体约一臂远，球离手高度约一个半球。抛球同时，右臂后摆至右侧后下方。利用右脚蹬地向左转体的力量，带动右臂向前上方摆动，用虎口、掌根或手掌击球的后下方。击球后，身体转向球网，顺势进场（图10-2-6）。

3. 正面上手发球

面对球网，左脚在前，左手于体前将球平稳地抛于右肩的前上方，同时右臂抬起，屈肘后引，肘与肩平，上体稍向右侧转动，抬头、挺胸、展腹，手掌自然张开。利用蹬地，使上体向左转动，同时收腹，带动手臂向前上方快速挥动。在右肩前上方伸直手臂至最高点，用全掌击球的后中下部。击球时，手张开与球吻合，手腕迅速做推压动作，使击出的球呈上旋飞行。击球后，随着重心前移，顺势入场（图10-2-7）。

侧面下手发球

图10-2-6

图10-2-7

正面上手发球

发球的技术要点

1. 抛球稳。球抛得稳与否是影响发球准确性的主要原因。
2. 击球准。要以正确的手形击准球的相应部位，才能使发出的球与预期相一致。
3. 手法正确。击球的手法不同，发出球的性能也不同。只有采用正确的手法击球，才能发出相应性能的球。
4. 用力适当。用力大小与发球站位的远近、击球弧度的高低、发出球的性能和落点密切相关。

练习方法：

（1）近距离对墙发球练习，将抛球、挥臂、击球、用力等环节有机地衔接起来。

（2）两人一组间距9米左右相互发球。

（3）近距离进行隔网发球练习。

（4）站在端线向对区发球。
（5）站在端线左、中、右三个不同的位置向对区发球。
（6）向指定区域内发球。

三、垫球

垫球主要用于接发球、接扣球和接拦回球，是组织进攻的基础。垫球是比赛中多得分、少失分、由被动转主动的重要技术，是稳定队员情绪、鼓舞队员士气的重要手段。垫球还可在无法运用传球技术进行二传时用来组织进攻或处理球。常用的垫球技术有正面双手垫球、体侧垫球、背垫、跨步垫球、单手垫球、鱼跃垫球等。

1. 正面双手垫球

正面双手垫球是各种垫球技术的基础，是最基本的垫球方法。

两脚开立，稍比肩宽。在左半场及中场位置接球，左脚在前，在右半场位置则右脚在前，在中场可采用内八字站位。两脚适当提起脚跟，双膝弯曲，上体自然前倾，全身放松，随时准备移动（图10-2-8）。两手掌根紧靠，两手手指重叠合掌互握，两拇指平行，手腕稍下压，两臂外翻形成一个平面（图10-2-9）。对准来球，两臂夹紧前伸，插到球下，用前臂腕关节上方两臂桡骨内侧约10厘米处形成的一个近似的平面，击球的下部（图10-2-10）。向前上方蹬地抬臂，迎击来球。

正面双手垫球

      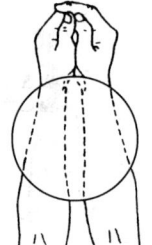

图10-2-8　　　　　　　　　　　　　　　　图10-2-9　　图10-2-10

2. 体侧垫球

体侧垫球的特点是控制面宽，但较难把握垫击的方向、弧度和落点。

以左侧垫球为例，右脚前脚掌内侧蹬地，左脚向左跨出一步，身体重心随即移至左脚，并保持左膝弯曲，两臂夹紧向侧伸出，左臂高于右臂，右肩向下倾斜，再用向右转腰和收腹的力量，配合两臂在体侧截击球的后下部。切忌随球摆臂。

3. 背垫

背垫大多用于接应同伴垫飞的球或将球处理过网。

背垫时，首先判断来球的落点、方向和离网的距离，然后迅速移动到球的落点处，背对出球方向，两臂夹紧伸直，插到球下。击球时，蹬地、抬头挺胸、展腹，直臂向后上方摆击球。在垫低球时，也可利用屈肘、翘腕动作，以虎口处将球向后上方垫起。

垫球的技术要点

由于各种发球的性能不同，垫球的方法也有所不同。但不管采用何种方法，都要全神贯注，全身保持放松状态，根据击球人的动作特点，做好判断和准备。垫球时，要做到：判断准确，移动快速，对正来球，协调用力；保持好手臂与地面的适度夹角。

练习方法：

（1）两人一组，相距 4~5 米，一抛一垫。
（2）两人一组，相距 4~5 米，连续对垫。
（3）2~4 人一组，一人发球，其余人轮流接发球。
（4）半场接发球练习：三人一组，一人发、两人垫，将球垫到 2 号位、3 号位之间。
（5）结合场上位置练习：站好接发球位置，加强配合，接好各种发球。

四、传球

传球是排球运动的基本技术之一。传球技术主要用于二传，为进攻创造条件，在比赛中起着组织进攻的作用。传球技术也可用来接发球，接对方的处理球、吊球和被拦回的高球。还可用来吊球和处理球，起着进攻的作用。常用的传球技术可分为正面传球、背传球、侧传球以及跳传等。

1. 正面传球

正面传球是最基本的传球方法，是其他一切传球技术的基础。

稍蹲姿势，上体稍挺起，仰头看球，两手自然抬起，屈肘，放松置于脸前。当来球接近额前时，开始蹬地、伸膝、伸臂，手指微张，从脸前向前上方迎出。当手和球即将接触前，手腕和手指要有前屈迎球的动作，在脸额前上方约一球距离处手与球接触，十指自然张开使两手成半球状，手腕稍后仰，以拇指内侧、食指全部、中指的二、三指节触球的后下部，无名指和小指在球两侧辅助控制球的方向。两拇指相对近"一"字形。触球后各关节继续伸展，用手指、手腕的弹力将球击出。全身各部位动作应协调一致（图 10-2-11）。

正面传球

图 10-2-11

2. 背传

上体比正面传球时稍后仰，双手自然抬起置于脸前。抬上臂、挺胸、上体后屈。击球点在头上方，比正面传球略偏后。手形与正面传球相同，但触球时手腕要稍后仰，掌心向上，拇指托于球下，击球的下部。利用蹬腿、展体、抬臂、伸肘和指腕的弹力，把球向后上方传出。

背传

传球技术的运用

比赛或训练时,二传队员应做到取位恰当,善于观察,动作隐蔽,调整节奏,手法熟练。顺网正面二传是最简单最常用的二传技术。其传球动作与正面传球相似,其区别在于顺网正面传球时,身体不宜面对来球,要适当转向传球方向,尽可能保持正面传球,使球顺网飞行。

练习方法:
(1)连续自传,传球高度不低于 50 厘米。
(2)距墙 50 厘米,对墙连续传球。
(3)两人一组,相距 3~4 米,传对方抛到额前的球。
(4)两人一组,相距 3~4 米,对传。
(5)在 3 号位向 4 号位、2 号位传顺网球。

五、扣球

扣球是排球运动的基本技术之一。扣球在比赛中占有重要的地位,是得分的主要手段,是进攻中最积极有效的武器,是一个队摆脱被动、争取主动的途径,是攻击力强弱的表现。强有力的扣球可以鼓舞士气、振奋精神、挫伤对方的锐气,给对方造成强大的心理压力。常用的扣球技术有正面扣球、单脚起跳扣球和勾手扣球等。

1. 正面扣球

采取稍蹲的姿势,距离球网约 3 米处,面对来球方向,观察来球。助跑时,左脚先向前迈出一步,紧接着右脚再快速跨出一大步,左脚及时并上,踏在右脚之前,两脚尖稍向右转。同时,两臂自后积极向前摆动,随着双腿蹬地向上起跳,两臂配合起跳有力地向上摆动。

起跳后,挺胸展腹,上体稍向右转,右臂向后上方抬起,身体呈反弓形。挥臂时,迅速转体、收腹发力,依次带动肩、肘、腕各部位关节向前上方成鞭甩动作挥动。击球时,五指微张,以掌心为主,全掌包满球,在手臂伸直的最高点的前上方击球的后中部,同时主动用力屈腕屈指向前推压,使扣出的球呈上旋。落地时,以两脚前脚掌先着地再迅速过渡到全脚掌着地,同时顺势屈膝、收腹,随即做好下一个动作的准备(图 10-2-12)。

正面扣球

图 10-2-12

2. 勾手扣球

扣球时,助跑最后一步两脚和左肩侧对球网,或起跳后在空中使左肩转向球网。跳起后，整个挥臂击球动作与勾手发球相似。击球后，身体面向球网落地。

扣球技术的运用

1. 扣近网球的特点是击球点高、路线变化多、威力大，但易被拦网。扣球时，要向上垂直起跳，以免前冲力过大，造成触网或过中线犯规。跳起后，主要利用收胸动作发力，以肩为轴，向前上方挥臂，以全手掌击球的后中上部。击球后，手臂要顺势回收，以防止手触网。

2. 扣远网球的特点是力量大、角度较平、对方不易拦网。跳起后，击球点要保持在右肩前上方最高点，用全手掌击球的后中部，击球瞬间手腕要有明显的推压动作，使球上旋飞出。

练习方法：
（1）两人一组，一人手持球高举做固定球，另一人扣该固定球。
（2）距墙 3~4 米，连续对墙扣反弹球。
（3）在 4 号位助跑起跳，把由 3 号位抛来的球在高点轻拍过网。
（4）在 4 号位、2 号位助跑起跳，扣顺网传来的球。
（5）在 4 号位、2 号位助跑起跳，扣调整传来的球。

六、拦网

拦网是排球运动的基本技术之一。拦网是防守的第一道防线，是反攻的重要环节。拦网具有强烈的攻击性，可以直接拦死、拦回对方的扣球，能够削弱对方的锐气，动摇对方的信心，给对方造成心理压力。拦网也可以将对方有力的扣球拦下，减轻后排防守的压力。常用拦网技术有单人拦网、双人拦网和三人拦网。

1. 单人拦网

面对球网，两脚左右开立，约与肩同宽，距网 30~40 厘米。两膝微屈，两臂屈肘置于胸前。注视来球，迅速移动。起跳时，两腿屈膝，重心降低，随即用力蹬地，两臂以肩发力，在体侧近身处，划弧前后摆动，帮助身体迅速跳起。两手从额前沿球网向上方伸出，两臂伸直并保持平行，两肩上提。两臂应尽力伸过网去接近球。两手自然张开，屈指屈腕成半球状。当手触球时，两手要突然紧张，手腕下压盖在球的前上方。拦球后，要做含胸动作，以保持身体平衡，手臂要先后摆或上提，从网上收回至本方上空，再屈肘向下收臂，以免触网。与此同时屈膝缓冲，双脚落地，随即转身面向后场，准备下一个动作（图 10-2-13）。

图 10-2-13

2. 双人拦网

双人拦网是排球比赛中最常见的一种拦网方式。主要在对方大力扣球时采用。

双人拦网时，应以一人为主拦队员，另一人为配合队员。但主拦队员不是固定的，一般情况下距对方扣球点近的队员应为主拦队员。主拦队员必须抢先移动到对正扣球点的位置，并做好起跳准备，配合队员则迅速移动靠近主拦队员准备同时起跳。两队员之间的距离一定要合适。双人拦网起跳时，两人的手臂在体前划小弧向上摆伸，都要尽量垂直向上起跳，要防止互相碰撞或干扰。手臂在空中既不能重叠，造成拦击面缩小，又不能间隔太宽，造成中间漏球。扣球靠近边线时，靠边线近的拦网队员外侧的手应适当内转，以防打手出界。

拦网的技术要点

拦网时，要人球兼顾，重点要判断出扣球队员的助跑路线和起跳时机，根据扣球队员的助跑方向和扣球线路起跳和伸臂堵住其主要线路。拦强攻时，要尽量组成两人或三人拦网，晚跳、高跳；拦快球时，根据扣球的特点，起跳、伸臂要快，手尽量伸过网去接近来球，将球封住；拦各种掩护球时，要随时对对方队员的各种动作做出预判，及早移动对正实扣队员，做好起跳准备，动作节奏与扣球队员要保持一致。

练习方法：

（1）原地做拦网的徒手动作练习。

（2）由 3 号位向 2 号位、4 号位移动拦网徒手练习。

（3）两人一组，一人站在高台上持球，另一人跳起拦固定球。

（4）低网扣拦练习：两人一组，原地一扣一拦。

（5）结合扣球练习拦网。

知识链接

排球运动技战术发展趋势

1. 向攻守平衡发展

在排球发展过程中，攻强守弱的状态已持续了很长时间，国际排球联合会为了扭转这种局面，对排球规则进行了几次重大修改，如每球得分制的使用、自由人的出现、发球区的扩大、允许身体任何部位击球等。进攻与防守战术的相互对抗又相互联系，相互制约又相互促进是现代排球运动技战术发展的主要动力。进攻技战术的提高带动了防守技战术的进步，而防守技战术的加强，又反过来促进进攻技战术的发展，形成了排球技战术发展螺旋式递进的特征。

2. 向全面、高度、快速、多变方向发展

现代排球运动要求运动员技术全面，能攻能守，在进攻上既能强攻又能快攻，既能前排攻又能后排攻，前后排融为一体。根据运动员不同特长，有效地组合不同的战术，使战术组合更具个性化，发挥整体优势。

第三节 排球运动的基本战术

排球运动的战术指在比赛中根据排球运动的规律、双方的具体情况和临场的变化，合理地运用技术以及采取的有组织、有目的和有预见的一种配合行动。排球运动基本战术可分为个人战术和集体战术两大类。

一、阵容配备

阵容配备的目的是合理地把全队的力量搭配好，更有效地发挥每一个队员的特长和作用。在排球比赛中，常用的阵容配备有以下三种形式：

1. "三三"配备

"三三"配备即3名进攻队员和3名二传队员，两两搭配，进攻队员和二传队员间隔站位。这种配备方法战术形式简单，适合初学队采用，但进攻能力较差。

2. "四二"配备

"四二"配备即4个进攻队员和2个二传队员相互配备。4个进攻队员中有2个是主攻队员，2个是副攻队员，他们都站在对角位置上。这种配备方法可以组织多种战术形式，在一般水平的队中采用较多。

3. "五一"配备

"五一"配备即5个进攻队员和一个二传队员相互配备。为了弥补在主要二传队员来不及传球时所出现的被动局面，可以在二传队员的位置上，配备一名有进攻能力的接应二传队员。这种配备方法攻击力较强，能组织多种战术体系，目前在水平较高的队中被普遍采用。

二、位置交换

为了最大限度地发挥队员的特长，调动一切积极因素，加强攻防力量，以弥补由于队员身体、技术发展不平衡所带来的阵容配备上的缺陷，比赛中在规则允许的条件下，可以采取交换位置的方法，即在发球队员击球后，双方队员可以在本场区内任意交换位置。

位置交换的目的是充分发挥每个队员的专长，以取得扬长避短的效果。前排队员之间的换位，主要是为了便于进攻战术的实施和拦网的调整。前、后排队员之间的换位，主要是为了保持前排三点进攻。后排队员之间的换位，是为了加强后排重点部位的防守。

三、进攻战术

进攻战术是指接对方来球后，全队所组成的有目的、有组织的配合。进攻战术是由一传、二传、扣球三个环节所组成的。主要分为进攻阵形和进攻打法两个方面。

（一）进攻阵形

1. "中一二"进攻阵形

"中一二"进攻阵形是进攻战术中最简单、最基本的战术形式，是指由3号位队员作二传，将球传给4号位、2号位队员进攻的组织形式（图10-3-1）。这种进攻阵形一传向网中间 3 号位垫球比较容易，二传向 2 号位、4 号位传球的距离较短，容易传准，有利于组成进攻，适合初学者采用。其缺点是战术变化少，只能两点进攻，战术意图容易被对方识破。

2."边一二"进攻阵形

指由 2 号位队员作二传，将球传给 3 号位、4 号位队员进攻的组织形式（图 10-3-2）。其优点是两相邻进攻队员相互掩护，可以组织更多战术。其缺点是对一传要求较高，尤其 5 号位队员向 2 号位垫球时，由于距离远，角度大，控制球难度较大。

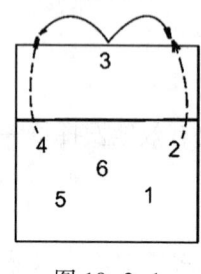

图 10-3-1

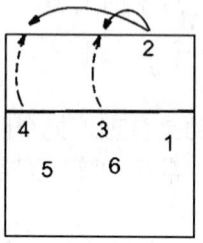

图 10-3-2

3."后排插上"进攻阵形

指由后排队员插上做二传，前排 4 号位、3 号位、2 号位队员进攻的组织形式。"后排插上"进攻阵形是现代排球先进战术的主要形式，它是在"中一二、边一二"进攻阵形的基础上发展起来的。"中一二、边一二"进攻阵形的各种战术都可以在此阵形加以运用。这种阵形进攻点多，战术配合更加复杂多变，适合技术水平较高的队使用，但对一传及队员间的配合要求较高。

（二）进攻打法

进攻打法是指排球比赛中，一传、二传和扣球队员之间实施各种进攻战术配合的方法。其目的是为避开对方的拦网，突破对方的防线，争取主动，扩大战果。

1. 强攻

强攻就是在没有快球掩护的情况下，凭借队员个人的身高和弹跳力，利用扣球的力量和个人扣球技术，强行突破对方的防御。

2. 快攻

快攻是在一传到位的基础上，通过扣球人的快速跑动，互相配合组成各种进攻战术。快攻战术隐蔽性强、变化多，能分散对方的防守，但需要全队协调统一以及高水平的二传。

练习方法：

（1）通过教学示范，明确各个位置的作用。

（2）徒手轮转位置，转 6 轮。

（3）接抛球组织进攻。

（4）接发球组织进攻。

四、防守战术

（一）接发球防守战术

常用的接发球阵形是"5 人接发球阵形"，即除一名二传队员外（前排或后排），其余

5 名队员均参加接发球。这是一种最基本的接发球阵形，常在"中一二"和"边一二"进攻战术中运用，初级水平的球队多采用此阵形。"5 人接发球阵形"包括"W"站位阵形、"M"站位阵形和"一"字站位阵形。

(二) 接扣球防守战术

接扣球防守战术可分为前排拦网、保护球以及后排防守等几个环节。

常用的接发球防守战术主要是双人拦网跟进保护防守。双人拦网防守阵形有如下两种：

1. "边跟进"防守

"边跟进"防守阵形也称"马蹄形"或"1 号位、5 号位跟进"防守阵形。目前，国内外强队广泛采用这种防守阵形。

以对方 4 号位扣球为例：由 2 号位和 3 号位队员拦网，1 号位队员跟进到拦网队员身后防吊球及前区球。6 号位队员向右移位补防扣向 1 号区的直线球。5 号位队员防后场 6 号区，4 号位队员后撤防斜线球（图 10-3-3）。

这种阵形主要在对方进攻力量比较强、战术变化较多、吊球较少时采用。这种防守阵形对于防御对方重扣球较为有利，同时也便于组织反攻。但球场中间空隙较大，容易形成"心空"。

2. "心跟进"防守

"心跟进"防守阵形也称"6 号位跟进"防守阵形，多在对方扣球能力较强、对方采取打吊结合时使用。

以对方 4 号位扣球为例：由 2 号位和 3 号位队员拦网，封住中区，4 号位队员后撤 4 米左右防守，6 号位队员跟至拦网队员身后 3 米附近，1 号位和 5 号位队员防守后场，每人负责一个防区（图 10-3-4）。

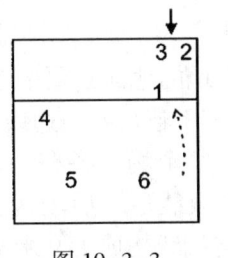
图 10-3-3

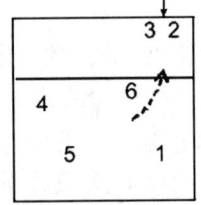
图 10-3-4

当对方扣球队员经常采用打吊结合，而本方拦网能力较强时，就可采用这种防守阵形。采用这种防守阵形，可以加强前区的防守能力，有利于防吊球和拦网弹起的球，也便于接应和组织进攻。其缺点是后场后排防守队员之间的空隙较大，后场中央和两腰容易形成空当。

练习方法：

（1）徒手站位，轮转 6 轮，明确轮转到各个位置的防守站位方法。

（2）在对方进攻点（2 号位、4 号位）抛球，本方练习防反。

（3）在对方进攻点（2 号位、4 号位）扣球，本方练习防反。

（4）攻防结合练习防反。

>>> **知识链接** -

排球运动的攻防一体化

所谓进攻，是指有威胁性的发球、有效的进攻战术、有效的进攻方法以及有效的拦网。特别是其中的进攻方法，如重杀、轻扣、快打、平抽、吊球等。

所谓防守，是指高质量的接发、有效的拦网、最合理的防守站位和对球的二次保护等。

对发球一方来说，发球开始，进攻就开始了。有力且落点好的发球能破坏对方的一传，甚至能直接得分，这既是一种直接打击，也是对对方进攻战术的打击，从而使己方的防守处于有利地位，为防守反击创造有利条件。

对于接球方而言，稳定的一传既是防守的开始，更是进攻的开始。一传到位，二传便可采取最优化的战术组织进攻。对于防守方而言，有效的拦防既是防守的生命线，更是防守反击的开始。从发球就开始进攻，从接球和拦网开始就已在反击，所以，当今排球已分不清什么是进攻，什么是防守。攻中有防，防中有攻，即攻防一体化。

- -

第四节　排球运动竞赛规则简介

一、场地器材

排球比赛场区为长 18 米、宽 9 米的长方形。场地的地面必须平坦、水平。

比赛场地界线的长线称边线，短线称端线。在网下连接两条边线中点的线称中线。中线将场地分为长 9 米、宽 9 米的两个相等的场区，每个场区各有一条离中心线 3 米、长 12.5 米的平行线称进攻线。进攻线前为前场区，进攻线后为后场区。两条边线有两条长 15 厘米的短线延长线，置于距端线外 20 厘米处，与端线构成了 9 米宽的地区为发球区。

球网为黑色，长 9.5 米、宽 1 米。在 9 米处球网的两边各有两条标志带和两根标志杆，杆长 1.8 米。球网高度成年男子为 2.43 米，成年女子为 2.24 米。

正式排球比赛的用球，是用柔软的皮革制成外壳，橡胶做球胆。球应是一色的浅色或国际排球联合会批准的多色球。在一次比赛中所用的球的圆周、重量、气压等都必须是统一的。

二、胜一分、胜一局和胜一场

胜一分：比赛采用每球得分制，胜一球即得一分。如果是发球方则得一分并继续发球；如果是接发球方则得一分同时获得发球权；如果双方犯规，则判"双方犯规"，不得分，由原发球方重新发球。

胜一局：比赛的前四局以先得 25 分，并同时超出对方 2 分的队为胜一局。当比分为

24∶24时,比赛继续进行至某队领先2分为胜一局(如26∶24,27∶25)。决胜局以先得15分,并同时超出对方2分的队获胜。当比分为14∶14时,比赛继续进行至某队领先2分为止(如16∶14,17∶15)。

胜一场:正式比赛采用五局三胜制。最多比赛五局,先胜三局的队为胜一场。

三、比赛方法

(1)双方上场队员各6名,自左向右排列,前排为4号位、3号位、2号位,后排为5号位、6号位、1号位。比赛开始前,教练员将上场队员号码站位表交记录台登记,由第二裁判员检查站位次序,当第一裁判员鸣笛后,不得更改。

(2)比赛开始,由发球方1号位队员在发球区内发球,发出的球通过有效过网区直接落于对方场地上或对方接发球失误或发球方进攻有效,发球方得一分,并继续发球。如果发球失误、违例、犯规或对方进攻有效,对方得一分并获得发球权,由2号位队员发球。

(3)比赛过程中,队员可以用身体任何部分触球,每队允许击球三次(拦网除外),将球通过网的有效区域击入对方场区,每人不能连续触球两次(拦网除外)。比赛应不间断地进行,直至球落地、触击障碍物或某一队员犯规。决胜局重新挑边,比赛中任何一方先得到8分时双方应交换场地,位置不变,比赛继续进行,直至决出胜负。

四、暂停

在排球比赛成死球(球着地)时,教练员或场上队长可向裁判员请求暂停,每局每队可有两次暂停,每次暂停时间为30秒,教练员可在场外指导。请求暂停的队可以要求提前恢复比赛。除教练员请求暂停外,每局中任何一方得分达到8分和16分时,规定技术暂停,时间为60秒。

五、换人

只有在比赛出现死球时,由教练员或场上队长请求,经裁判员允许才准予换人。每局比赛中,每队最多可替换6人次,可同时换,也可分开换。每局开始上场的队员只能退出比赛一次,在同一局中,若他再次上场比赛,只能替换替他上场的那个队员。替补队员每局只能上场比赛一次,他可以替换任何一位队员,在同一局中,他只能被他换下的队员来替换。

六、持球、连击、借助击球

所谓持球是队员没有将球清晰地击出,或触球时有较长的停留造成的犯规。

连击是指一名队员明显地连续两次触球(拦网除外)所造成的犯规。

借助击球是指队员在比赛场地内借助同伴或任何物体的支持进行击球。

七、界内外球

球触及比赛场区的地面(包括界线)为界内球。

球接触地面的部分完全在界线以外、触及场外物体、天花板或非比赛人员、触及标志杆、网绳、网柱或球网标志杆以外部分、球的整体或部分从过网区以外过网等均为界外球。

八、在球网附近犯规

在比赛过程中,任何队员都不得触及球网。

队员的一只(两只)脚或一只(两只)手越过中线触及对方场区的同时,其余部分还接触中线或置于中线上空是允许的,不判为犯规。队员身体的任何其他部分都不允许接触对方场区。在不妨碍对方比赛的情况下,允许队员在网下穿越进入对方空间。

九、自由人(后排自由防守队员)

规则规定每队有一名身穿不同颜色比赛服的后排自由防守队员。他可以不经过裁判同意,替换后排任何一名队员,但不得在前场区传球组织进攻,不得发球、拦网和进攻。

>>> **知识链接**

自 由 人

自由人即自由防守球员。自由人作为排球比赛新规则的产物,在比赛中发挥着巨大的作用,在接发球和防守中有明显的优势。合理地选拔、培养自由人,并设计出行之有效的战术,是提高全队战斗力、发挥自由人优势的有效途径,也是赢得比赛胜利的保证。

设置自由人的目的主要是为了加强球队的防守。自由人在场上要穿和本队其他球员颜色明显不同的球服。

在比赛中,每队可以有一名自由球员,不跟裁判打招呼,可以随时与后排球员替补,但必须在球成为死球之后替换,不计入正规替补次数内,但只能替补后排位置的球员。

自由人是不能发球、扣球、拦网或试图拦网、在前场区做二传参与前场进攻的。

<<<

十、后排队员进攻性击球犯规

后排队员在前场区或踏及进攻线,击高于球网上沿的球,并使球的整体由过网区通过球网垂直面进入对方场区或触及对方队员,则为后排队员进攻性击球犯规。

第十一章
乒乓球运动

第一节　乒乓球运动概述

一、乒乓球运动的起源与发展

（一）乒乓球运动的起源

乒乓球运动起源于19世纪末的英国，由网球运动派生而来。相传19世纪后半叶的一天，在英国伦敦有两位青年网球迷去一家高级餐厅就餐，因为天气炎热，在等待侍者上菜时，他们就随手拿起桌上大号雪茄烟的硬纸盒盖子用来扇风降温。当两人在闲聊中为网球战术而争论得不可开交时，便从酒瓶上拔下一个软木塞，以餐桌为场地，用烟盒盖作球拍，现场模拟起实战网球来。他们将软木塞打来打去，越打越起劲，竟引来了许多人围观。餐厅的女主人完全被这种别开生面的游戏吸引住了，情不自禁地脱口而出："table tennis（桌上网球）！"不经意间，就给这项运动命了名。很快，这项餐桌上的游戏就在欧洲各国流传开来。在那个时候，这项运动还仅限于欧洲的王公贵族们闲来无事消磨时间的一种娱乐活动。

1890年，有位名叫詹姆斯·吉布（James Gibb）的英国著名越野跑运动员到美国旅行时，偶然发现了一种用赛璐珞制成的空心玩具球，弹跳力很强，于是，他就将这种球带回英国，稍加改进后，逐步在英国和世界各地推广开来，最终演变为今天的乒乓球。也许是因为乒乓球在桌上发出"乒乒乓乓"的声音，英国一家体育用品公司率先用"乒乓"（Ping Pong）一词做了广告中的商品名称。1891年，英格兰人查尔斯·巴克斯特把"乒乓"（Ping Pong）作为商业专利权来申请许可证。

（二）乒乓球运动的发展

1900年，英国成立了乒乓球协会。同年12月，在伦敦举行了英国第一次大型乒乓球比赛，开创了乒乓球正式比赛的历史。1926年12月，国际乒乓球联合会在英国伦敦成立，并将随后举行的欧洲乒乓球锦标赛确定为第1届世界乒乓球锦标赛。当时的比赛设男子团体、男子单打、女子单打、男子双打和混合双打5个项目。自2003年第47届世界乒乓球锦标赛开始，单项比赛于单数年举行，团体赛在双数年举行。国际重大的乒乓球比赛还有世界杯乒乓球赛和奥运会乒乓球赛。国际乒乓球联合会从1980年起每年举办一届乒乓球世界杯赛（埃文斯杯），1996年又增设了世界杯女子单打项目。1983年10月1日，国际奥林匹克委员会在德国巴登举行的第84次会议上决定，自1988年韩国汉城奥运会开始，乒乓球被列为奥运会正式比赛项目，比赛设男子单打、女子单打和男子双打、女子双打4个项目。在2008年北京奥运会上，乒乓球比赛项目有所改变，团体项目取代了双打项目。2000年10月1日起，乒乓球运动进入"大球"时代，球体直径从38毫米增至40毫米，

国乒精神

球的重量由 2.5 克增加到 2.7 克。这种变化使得击球的速度和旋转相对减弱，回合增加，从而使比赛更激烈更精彩。2002 年 9 月 1 日，国际乒乓球联合会又对乒乓球竞赛规则进行了重大修改，实行了"11 分制"和"无遮挡发球"；2008 年 9 月 1 日，无机胶水代替了有机胶水，使乒乓球比赛增加了偶然性和悬念，世界乒乓球竞技水平更加均衡，比赛也更具观赏性。

二、乒乓球运动的特点

（1）球体小、球体轻、速度快、旋转变化多，富有技巧性和很强的趣味性。
（2）乒乓球运动速度快、变化多，要求运动者在瞬间对球作出判断和反应。
（3）运动量可大可小，不受年龄、性别和身体条件的限制。
（4）器材设备比较简单，室内室外均可以进行，易于开展。

三、乒乓球运动的锻炼价值

经常参加乒乓球运动，可以发展人的灵敏性和协调性，提高动作的速度和上下肢活动的能力，改善心血管系统的机能，促进新陈代谢，增强体质，培养参与者勇敢顽强、机智果断等品质。此外，乒乓球运动对场地设备、气候条件和练习者身体素质的要求也相对简单，是一项男女老幼皆宜、健身效果非常好的运动，因而深受人们的喜爱，更是很多大、中、小学生首选的一项运动。

第二节 乒乓球运动的基本技术与练习方法

一、乒乓球运动基本理论

（一）常用术语

1. 球台左、右半台

又称 1/2 台。其左右方向是对击球者而言的。

2. 站位

站位是指运动员开始击球前的基本位置（图 11-2-1）。站位分为：

近台：站位离球台端线 50 厘米以内的范围。
中近台：站于球台端线 50~70 厘米以内的范围。
中远台：站于球台端线 70~100 厘米以内的范围。
远台：站于离球台端线 1 米以外的范围。

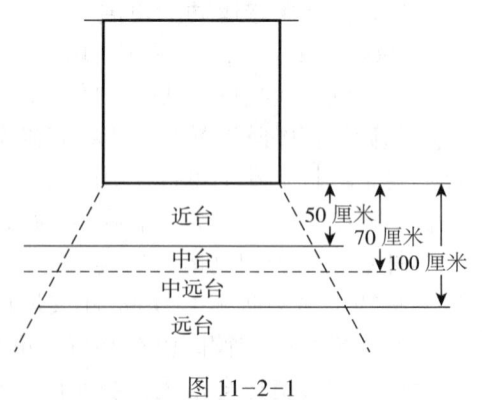

图 11-2-1

（二）击球路线

击球路线是球在球台上空飞行弧线的投影线。有 5 条基本线路：右方斜线、右方直线、左方斜线、左方直线和中路直线。

(三) 击球时间

击球时间是指对方击来球到本方台面弹起后，在经上升至下降这段时间中，拍触球时球正处在空间的那一段时间。击球时间一般分为5个时期（图11-2-2）：

上升前期：球从台面反弹刚上升的阶段。

上升后期：球从台面弹起上升前期后至接近最高点的阶段。

高点期：球从上升后期到达最高点的阶段。

下降前期：球从高点期开始下降的最初阶段。

下降后期：球经过下降前期到球下降到接近地面之前的阶段。

(四) 击球部位

击球部位是球拍触及球的部位（图11-2-3）。

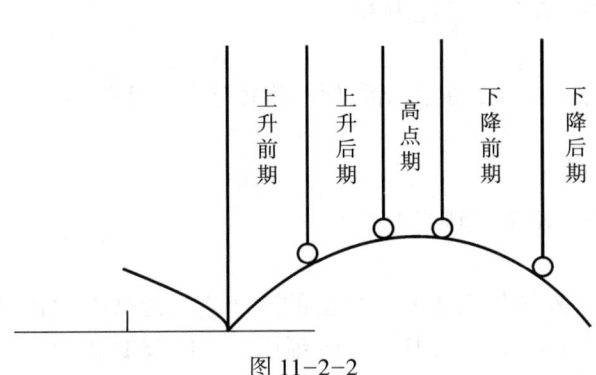

图 11-2-2

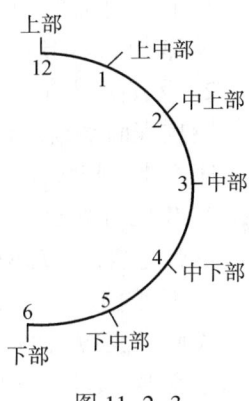

图 11-2-3

上部：球拍触球 12—1 时的部位。

中上部：球拍触球 1—2 时的部位。

中部：球拍触球 3 时的部位。

中下部：球拍触球 4—5 时的部位。

下部：球拍触球接近 6 时的部位。

(五) 拍面角度和拍面方向

拍面角度是指拍面与球台所形成的角度（图11-2-4）。

拍面前倾：拍面触球 1 时的角度。

拍面稍前倾：拍面触球接近 2 时的角度。

拍面垂直：拍面触球接近 3 时的角度。

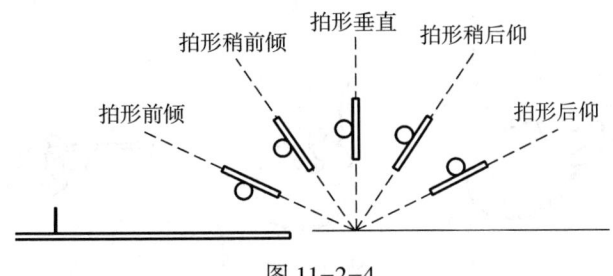

图 11-2-4

拍面稍后仰：拍面触球接近4时的角度。
拍面后仰：拍面触球接近5时的角度。
拍面向上：拍面触球接近6时的角度。
拍面向下：拍面触球接近12时的角度。
拍面向左：击球右侧所对的方向。
拍面向右：击球左侧所对的方向。

（六）击球点

击球点是指击球时，球拍与球接触的那一点所处空间的位置。击球点是对击球者所处的相对位置而言的。它包括三个因素：一是指击球时，球处于身体的前后位置；二是指击球时，球和身体的远近距离；三是指击球时，球的高低位置。

（七）球拍性能

1. 正胶海绵拍

反弹力强，回球速度快，摩擦力较小，制造旋转能力差。

2. 反胶海绵拍

胶皮表面平整，有较大的黏性，摩擦系数大，能击出强烈的旋转球。但反弹力稍差，回球速度比正胶海绵拍慢。

3. 生胶海绵拍

反弹力强，回球速度快，摩擦力较小，制造旋转能力差。

4. 长胶拍

长胶的胶粒高度为1.6~2毫米，由于胶粒长而柔软，打出的球产生的旋转变化比普通球拍要多。长胶主要依靠来球的旋转或冲力来增加回球的旋转强度。用削球回击对方拉过来的弧圈球或重板扣杀球时，回球则更加旋转。如果来球旋转弱或冲力小，则回球的旋转也弱。用长胶拍发过去的球不是很转。用长胶拍在近台挡过去的球有三种情况：一是对方来球是下旋时，则回过去的球是上旋；对方来球是上旋，则回过去的球是下旋；对方来球不转，则回过去的球也不转。长胶拍比普通胶皮更难控制，球速度不快。

二、乒乓球运动的基本技术

（一）握拍法

乒乓球运动的握拍法，有直握法和横握法两种。不同的握法有不同的特点和打法。

1. 直握法

用拇指和食指握住球拍柄与拍面的结合部位。拍柄右侧贴在食指的第二关节内侧，食指的第二关节压住球拍的右肩，其第一关节自然向内弯曲，拇指的第一关节压住球拍的左肩，其他三指自然弯曲，斜形重叠，以中指、无名指的手指前部顶住球拍背面上端处（图11-2-5）。

图11-2-5

2. 横握法

用中指、无名指和小指自然握住拍柄，拇指在球拍正面，食指自然伸直斜放于球拍的反手面，虎口正中贴拍柄正侧面（图 11-2-6）。

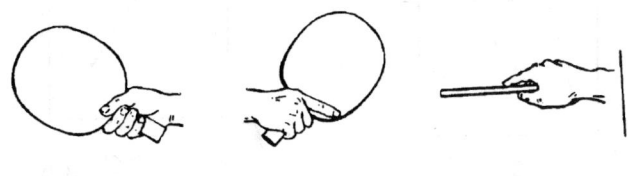

图 11-2-6

（二）基本站位、基本姿势

基本站位应根据不同类型打法及个人打法特点来确定。采用左推右攻打法的运动员的基本站位在近台中间偏左，采用两面攻打法的运动员在近台中间，采用弧圈球打法的运动员在中台偏左，采用横板攻削结合打法的运动员基本站位在中台附近，以削球为主要打法的运动员在中远台附近。

正确的基本姿势应该是两脚平行站立，略比肩宽，提踵，前脚掌内侧用力着地，两膝微屈、上体略前倾；重心置于两脚之间，下颌稍内收，两眼注视来球。以右手握拍为例，将持拍手臂自然弯曲置于身体右侧，手腕放松，持拍手置于右腹前，离身体 20~30 厘米。

（三）基本步法

乒乓球运动的步法是乒乓球运动的"灵魂和生命"。乒乓球运动的基本步法有：

1. 单步

单步在来球离身体较近时使用。特点是移动简单，范围小，重心移动平稳。方法是以远离来球的一只脚的前脚掌为轴，另一脚向前、侧、后移动半步或一步，重心随之跟上（图 11-2-7）。

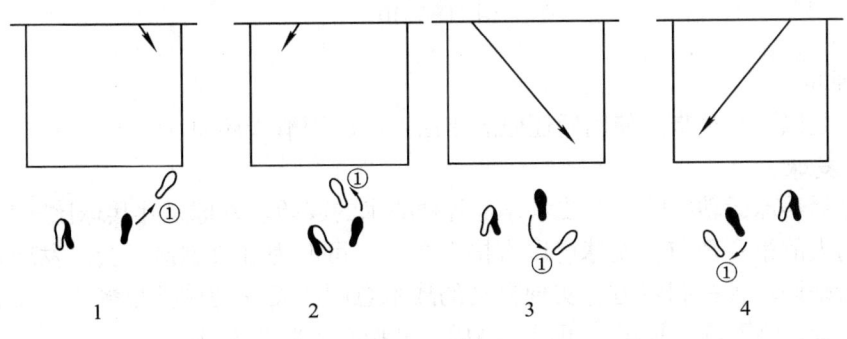

图 11-2-7

2. 滑步

滑步在来球离身体稍远时使用。特点是移动范围较大，重心转换迅速。方法是两脚几乎同时向来球方向蹬地，几乎同时离地，来球异方向脚先落地，同方向脚紧随着地（图 11-2-8）。

3. 交叉步

交叉步在来球离身体远时使用。特点是移动范围大、容易发力、速度快、稳健性好，多用于正手左右移动攻球或侧身攻球。方法是来球同方向脚蹬地，异方向脚向来球方向跨出一大步。此时，身体呈交叉状，然后蹬地脚迅速跟上结束交叉（图11-2-9）。

交叉步

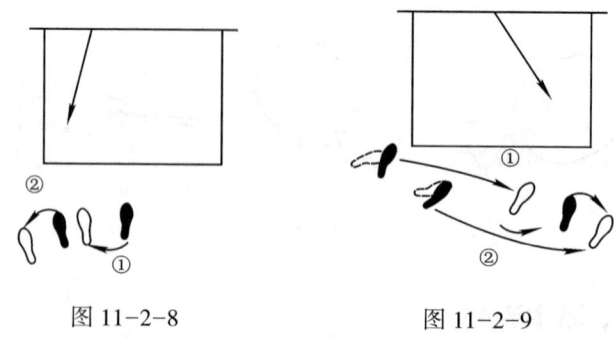

图11-2-8　　　　　　　图11-2-9

4. 跨步

跨步在来球离身体较远时使用。特点是移动速度快、移动范围比单步大。由于一脚移动幅度大，降低了重心，不宜连续使用。方法是来球异侧方向的脚蹬地，另一只脚向来球方向跨出一大步，身体重心迅速移至该脚，蹬地脚随即跟上（图11-2-10）。

跨步

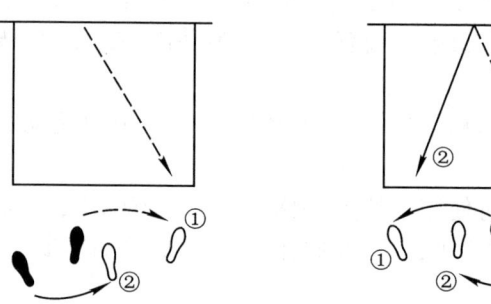

图11-2-10

5. 还原步

还原步是以上几种步法使用后还原的步法。一般用滑步还原。

（四）发球

发球是乒乓球运动中的进攻技术，是各种战术的起始。发球是乒乓球比赛时，力争主动、先发制人的第一环节。发球可以直接得分，也可以为进攻创造机会。发球是以旋转、速度、落点来调动、控制对方，实现自己的战术意图。发球的种类很多，主要有发上旋、下旋、侧上旋、侧下旋、长球、短球、高抛、低抛与下蹲式发球等。

1. 正手发平击球

特点：一般不带旋转，是学习其他发球技术的基础。

方法：以右手持拍为例。右脚稍后，身体稍向右转，左手掌心托球，置于身体右前方。抛球时，右臂内旋，使拍面稍前倾，向身体右后方引拍，在球下降至稍高于球网时，向前挥拍击球的中上部。

正手发平击球

2. 正手发转与不转球

特点：球速较慢，旋转变化大，发转球与不转球时的手法相似，易造成对方接球失误或为自己抢攻创造机会。

方法：正手发转球时，前臂向后上方引拍，拍面略后仰。抛球后，待球下落时，前臂迅速向前下方挥动并略外旋，手腕用力转动使拍面后仰角度大些，约与网同高时击球，摩擦球的中下部（图 11-2-11）。正手发不转球时，手臂向前下方挥摆，前臂外旋与手腕的转动要慢或外旋后在触球瞬间略有内旋，使球拍面后仰角度小些，用球拍下部偏右处向前撞击球减小向下的摩擦力（图 11-2-12）。

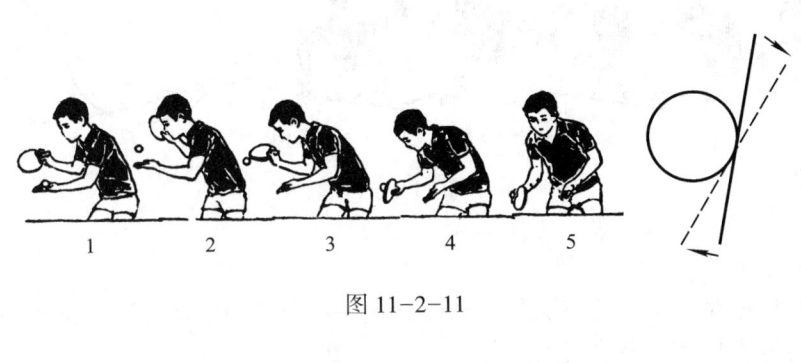

图 11-2-11

正手发转球

图 11-2-12

正手发不转球

3. 正手发左侧上（下）旋球

特点：发左侧上（下）旋球时，手法较为相似，并能充分发挥手臂和手腕的作用，旋转力较强，对方挡球后，向其右侧上（下）方反弹。

方法：正手发左侧上旋球时，右脚在后，抛球时，持拍手向右上方引拍，手腕略向外展。当球下落时，手臂迅速向左下方挥动，在与网同高时触球，触球瞬间手腕快速向左上方转动，使球拍从球的中部偏下向左上方摩擦。正手发左侧下旋球时，手腕快速向左下方转动，使球拍从球的中下部向左下方摩擦（图 11-2-13）。

正手发左侧上旋球

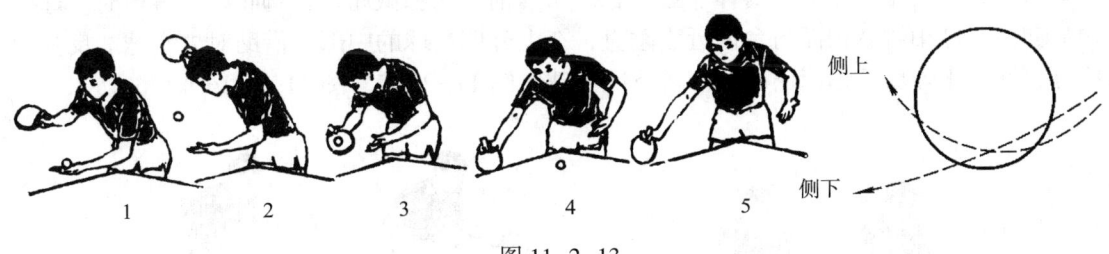

图 11-2-13

正手发左侧下旋球

4. 反手发右侧上（下）旋球

特点：能充分运用转体动作，旋转力较强，对方挡球后，向其左侧上（下）反弹。

反手发右侧上旋球

方法：反手发右侧上旋球时，右脚稍前，持拍手向左上方引拍，拍柄在下。抛球后，当球下落时，前臂和手腕同时发力，向右下方挥拍，在与网同高时击球，触球瞬间手腕向右上方转动，使拍从球的中部略偏下向右上方摩擦。发右侧下旋球时，手腕向右下转动，使拍从球的中下部向下方摩擦（图11-2-14）。

反手发右侧下旋球

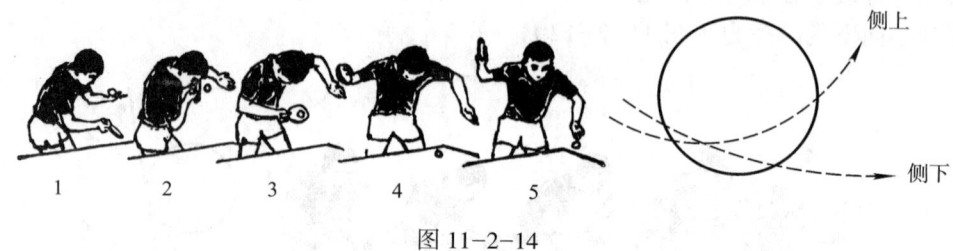

图11-2-14

（五）接发球

接发球要根据对方发球的方法与来球的性能决定自己的接球方法。技术环节包括站位与判断、移动步法与接球手法三大部分。

接发球的站位应根据自己的打法和对方的发球位置来确定，接发球的方法必须根据对方来球状况来定。当对方球拍与球接触的一瞬间，根据球拍移动的方向和触球的部位来判断球的旋转方向及旋转程度，根据对方用力的大小，判断来球的速度和落点。看清并判断来球后，采用点、拨、带、拉、攻、推、搓、削、摆短、撇等技术动作接球。

接急球：接急球时，可利用推挡或攻球回击。如回斜线球应尽可能使角度大些，注意使手腕外旋，用拍触球的侧面，将球推或攻到对方球台的一侧，使对方难以侧身抢攻或本方快速变直线。

接短球：接短球时，可"以短回短"把球回到对方近网处，使其不易发动进攻。球拍触球时，如接上旋球板形前倾一些，接下旋球板形稍后仰，减力将球接回。

（六）推挡球

推挡球是左推右攻型运动员的一项主要技术。推挡球具有站位近、动作小、速度快、变化多的特点。在对攻中常用快速推压，结合力量、落点和旋转变化牵制对方，为正手攻和侧身攻创造有利条件。在被动时，还可以起到积极防御的作用。

1. 挡球

特点：球速慢、力量轻、动作简单、容易掌握，是初学者的入门技术。

方法：两脚平行站立，身体靠近球台。击球前，两膝微屈，含胸收腹。击球时，球拍由后向前，球拍触球拍面与台面近乎垂直，在上升期击球的中部，借助对方来球的反弹力将球挡回。击球后，迅速还原，准备下次击球（图11-2-15，图11-2-16）。

图11-2-15

图11-2-16

2. 快推

特点：站位近、动作小、速度快、变化多，既利于防守，又可以辅助进攻，是推挡球时最常用的一种技术。

方法：站位近台，右脚稍后或两脚平行开立，上臂和肘关节靠近右侧身旁。击球时，前臂向前推出，食指压拍，拇指放松，球拍前倾，在来球上升前期击球的中上部。击球后，手臂随势前送（图11-2-17）。

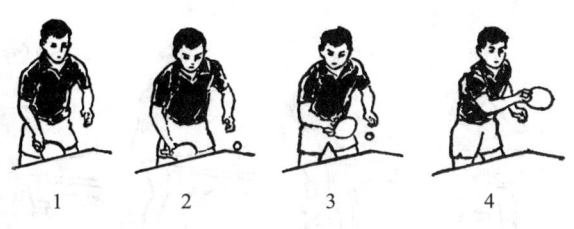

图 11-2-17

快推

（七）攻球

攻球是乒乓球比赛中争取主动和获得胜利的重要技术。它具有速度快、击球力量大、落点变化多、杀伤力强等特点，是主要的得分手段。

1. 正手近台攻球

特点：站位近、动作小、球速快，能借来球反弹力还击。

方法：直拍正手近台攻球时，身体靠近球台，右脚稍后，两膝微屈，上体略前倾。击球前，引拍于身体右侧成半横状，上臂与身体约成35°，与前臂约成120°。当球从台面弹起时，手臂由右侧向左前上方迅速挥动，以前臂发力为主。击球时，食指放松，拇指压拍，使拍面前倾并结合手腕内转动作，在来球上升期击球的中上部（图11-2-18）。

图 11-2-18

直拍正手近台攻球

横拍正手近台攻球时，前臂与手腕成直线并与台面接近平行，拍柄略朝下。击球的时间、部位，拍面角度及手臂挥动方向基本上与直拍相似（图11-2-19）。

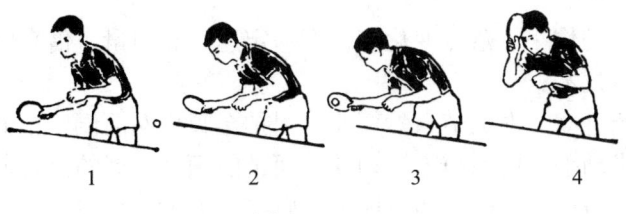

图 11-2-19

横拍正手近台攻球

2. 正手拉球

特点：速度快、动作小、线路活，是还击下旋球的有效方法。

方法：站位近台，右脚稍后，重心放在右脚上。击球前，引拍至身体右侧下方呈半横状，拍面近乎垂直。当球从最高点开始下降时，上臂和前臂由后下方向前上方挥动，前臂迅速内收，结合手腕转动的力量摩擦球的中部或中下部。击球后，重心移至左脚，球拍随势挥至头部（图11-2-20）。

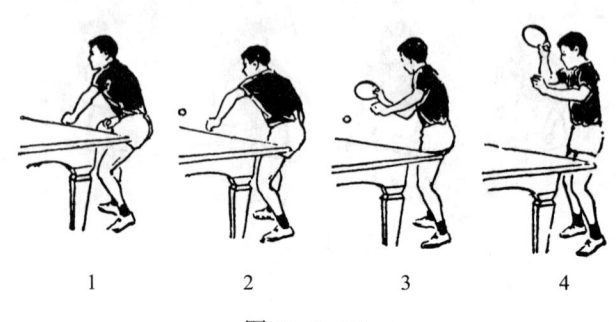

图 11-2-20

3. 反手近台攻球

特点：站位近、动作小、速度快、进攻性强，是直、横两面攻常用的一项重要技术。

方法：直拍反手近台攻球，身体靠近球台，两脚平行开立。击球前，引拍至腹前左侧，肘关节略前出，上臂和前臂约成100°，拍柄稍向下。击球时，上臂贴近身体，前臂外旋向右前上方挥动，配合转腕动作，使拍柄略前倾，在球的上升期击球的中上部。击球后，随势将拍挥至右肩前（图11-2-21）。

图 11-2-21

横拍反手近台攻球时，两脚平行开立，上体稍前倾，肘关节自然弯曲，上臂与前臂约成100°，前臂与手腕几乎成直线，拍柄稍向下，球拍置于腹部左前方。击球时，前臂向右前上方挥动，在球的上升期击球中上部，触球时，手腕向外转动。

4. 反手快拨

特点：站位近、动作小、落点变化多，有一定速度和力量，借来球反弹力量还击，是横拍反手近台的基本技术。

方法：两脚平行开立，肘关节自然弯曲，引拍至腹部左前侧，拍柄稍向下，肘部稍前出。击球时，前臂带动手腕向右前方挥动，拍面稍前倾，在球的上升期击球中上部，借来球反弹力将球拨回。击球后，球拍随势挥至右肩前（图11-2-22）。

图 11-2-22

横拍反手
快拨

（八）搓球

搓球是一项过渡性技术，用它来应对下旋球比较稳健，也是初学削球者必须掌握的技术，它通过旋转、落点和速度的变化，给对方回球制造一定的困难，为自己抢攻或抢拉创造机会。

1. 慢搓

特点：慢搓动作幅度较大，回球速度慢，一般在下降期击球。在对搓中如能运用旋转变化，可以直接得分或为进攻创造条件。

（1）反手慢搓：两脚开立，身体离台较远，手臂自然弯曲，向左上方引拍。击球时，前臂内旋配合转腕动作，向前下方用力，拍面后仰，在来球下降期摩擦球中下部（图 11-2-23）。

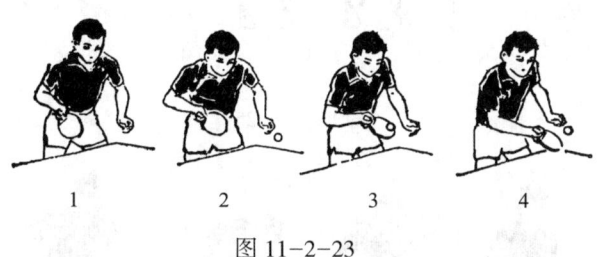

图 11-2-23

直拍反手
慢搓

（2）正手慢搓：两脚开立，右脚稍后，两膝微屈，身体稍向右转，离台稍远。击球前，向右上方引拍，拍面后仰。击球时，前臂和手腕向左前下方挥动，在来球下降期摩擦球的中下部（图 11-2-24）。

图 11-2-24

直拍正手
慢搓

2. 快搓

特点：动作幅度小，回球速度快，借来球的力量将球搓回。

（1）正手快搓：两脚开立，两膝微屈，身体靠近球台。击球时，拍面稍后仰，前臂配合手腕转动动作向前下方切动，在来球上升期摩擦球的中下部，将球快速搓出。

（2）反手快搓：两脚平行或右脚稍前，两膝微屈，身体靠近球台。击球前，右手向右上方引拍，指面稍后仰。击球时，前臂和手腕向左前下方切动，在来球上升期摩擦球的中下部，将球搓出。

（九）削球

削球是一种防守技术，削球可以造成对方失误直接得分，也可以在稳健削球的基础上，利用削转与不转球的变化，快速结合落点变化来调动对方，为反攻创造机会。

特点：击球动作较大，球速较慢，弧线较长，比较稳健，利于实现旋转变化和防守对方的扣杀。

1. 正手远削

左脚稍前，身体离球台 1 米以外。上体稍右转，重心放于右脚上。击球前手臂自然弯曲，将拍引向右上方与肩同高。击球时，手臂向左前下方挥动，在下降期击球中下部。触球刹那前臂加速削击球，同时手腕向下辅助用力。击球后，球拍随势前送，重心移至左脚（图 11-2-25，图 11-2-26）。

图 11-2-25

图 11-2-26

2. 反手远削

右脚稍前，身体左转，手臂弯曲，球拍向左上方引至与肩同高，拍柄向下，重心放在左脚上。击球时，手臂向右前下方挥动，手臂与手腕加速用力削击来球，在下降期，击球中下部。击球后，上体向右转动，将球拍随势挥至身体右侧，重心移至右脚（图 11-2-27，图 11-2-28）。

3. 正手近削

左脚稍前，站位距球台 50 厘米左右，上体稍向右转。击球时手臂弯曲，把球引至与肩同高，拍形稍后仰。触球时，前臂由右或左向前下方挥动，手腕配合下压，在球的上升后期或高点期，击球的中部或中下部。

图 11-2-27

图 11-2-28

4. 反手近削

右脚稍前,手臂弯曲向左或右上方引拍,击球时,前臂向前下方挥动,手腕配合用力下压,在球的上升后期或高点期,击球的中部或中下部。

第三节 乒乓球运动的基本战术

一、发球抢攻战术

发球抢攻是我国乒乓球运动员的重要战术之一。近年来,世界各种类型打法的运动员都越来越重视这一战术,并使之有了很大的发展。

(一)发球抢攻的注意事项

运用发球抢攻,应注意以下几点:

(1)注意发球与抢攻的配合。发球时,应明确对方可能怎样接、接到什么位置、自己怎样抢攻等。

(2)注意发球抢攻与其他战术的配合。有时接过来的球很难抢攻。此时,可先控制一板,争取下一板抢攻。不能一心只想发球后就抢攻,一旦无机会,或盲目抢攻,或无计可施,都会形成相持球的被动。

(3)注意提高发球的质量,将速度、旋转和落点的变化结合起来。同时,应特别强调发球花样的创新,为抢攻制造更多的机会。

(4)抢攻应大胆果断,不论对方用搓拉(包括弧圈球)等技术接发球,自己都应调整位置伺机抢攻。抢攻的技术好,可以增加发球的威力。

（5）每个运动员应有两套特别突出的发球的抢攻。

具体的发球抢攻战术，主要有下面几套：

（二）发球抢攻的战术类型

1. 正手发转与不转球后抢攻

一般以发至对方中路或右方短球为主，配合左方长球。开始先发短的下旋球为好，以控制对方不能抢攻或抢拍，然后再发不转球抢攻。不转球，一般也先发短的，或发至对方攻势较弱的一面；如果对方接，还可以适当发些长的球到其正手。若能发到似出台又未出台的落点，则效果更好。

2. 侧身用正手发高、低抛左侧上、下旋球后抢攻

侧身用正手发高、低抛左侧上、下旋球的落点为：发至对方中左短、左大角、中左长、中右（向侧拐弯飞行正好至对方怀中）和右短，配合一个直线奔球。

3. 反手右侧旋后抢攻

此战术尤其适合擅长反手进攻的选手运用。一般可发至对方中右近网或半出台落点，然后用正、反手抢攻对方反手。

4. 反手发急球后抢推、抢攻

5. 反手发高抛右侧上、下旋球后抢攻

一般以发至对方正手位或中右近网为主，配合发两大角长球，伺机抢攻。

二、对攻战术

两名进攻型选手相遇，形成攻对攻的局面时，常采用下列战术：

（1）压对方反手，伺机正手攻或侧身攻一般用于对付反手较弱或进攻能力不强的对手。压反手时，可用推挡、反手攻或弧圈球。

（2）压右调右（亦称压反手变正手）。适用范围：① 自己反手不如对方反手时，主动变线，避实就虚；② 对方侧身攻的意识极强，用变其正手的方法，既可偷袭空当，又可牵制对方的侧身攻；③ 对付正手位攻力不强的选手；④ 自己正手好，主动变对方正手后伺机正手攻；⑤ 自己反手攻击力很强，可在变对方正手位时直接得分或取得主动；⑥ 左手持拍的选手用此战术较多。因变线的角度大，右手持拍的选手往往被动。

（3）压左等右（紧压对方反手，等着对方变线，自己用正手抢攻）。多在对方采用压左调右的战术时使用。运用此战术时，压对方反手要凶些，否则对方变线较狠，自己往往会被动。

（4）调右压左先打对方正手，将其调到正手位并被迫离台后，再打其反手位。

（5）用加减力量压对方反手、中路后，迅速抢攻用于对付站位中台的两面拉（攻）选手。一般先用加力推（攻）将对方压下去，再用减力挡将其诱上来，然后伺机加力扣杀。

三、拉攻战术

拉攻是进攻型选手对付削球打法的主要战术，即用拉球找机会，然后伺机突击。主要有以下几种方法：

（1）拉一角为主，伺机突击自己的特长线路追身。

（2）拉中路杀两角或拉两角杀中路。

（3）拉左杀右或拉右杀左。
（4）拉直杀斜线或拉斜杀直。
（5）拉长球配合拉将出台的球，伺机突击。
（6）变化拉球的旋转，伺机突击。
（7）拉搓、拉吊结合，伺机突击。
（8）拉、搓、拱结合，伺机突击。
（9）以稳拉为主，伺机突击。

四、搓攻战术

搓攻战术是进攻型打法的辅助手段之一，又是削球打法相互交锋时的主要战术。

（1）先搓反手大角，再变直线，伺机进攻。主要用来对付不擅长反手进攻的选手。逼住对方反手大角，视其准备侧身攻或将注意力都放到了反手后，将球拉起攻其正手，伺机抢攻。

（2）搓转与不转后，伺机反攻。

（3）以快搓短球为主，配合劈两大角长球，伺机进攻。

（4）搓右转快攻。

五、接发球战术

（1）接发球抢攻，这是最积极主动的接发球方法。

（2）用拉（包括小上旋和弧圈球）、拨或推的方法将球接至对方弱点处。

（3）以摆短为主，结合劈两大角长球，争取下一板主动，先上手或抢攻。

（4）稳健控制法。一般在攻对削、削对攻或削对削时采用。

（5）接发球战术的指导思想：① 力争积极主动，克服单纯求稳的思想，能攻的要攻，能撇的要撇，尽量少用搓球，应增加用正手侧身接发球的意识；② 最大限度地控制对方的发球抢攻，在此基础上，争取为下一板球的进攻制造机会；③ 接发球后，要有防御的准备，一旦被对方抢攻，应具备从被动转主动的意识和能力。

第四节　乒乓球运动竞赛规则简介

标准乒乓球比赛场地长14米、宽7米、高要有4米以上的空间，四周用75厘米高的暗色挡板围住。球台总长2.74米，宽1.525米，台面离地面高度76厘米。球网长183厘米，高15.25厘米。

乒乓球由赛璐珞或塑料制成，多为不反光的白色、橙色，圆形，球的直径为40毫米，重量为2.7~2.75克。

一、一局比赛、一场比赛

在一局比赛中，先得11分的为胜方。若到10平后，先多得2分者为胜方。大型国际乒乓球团体赛中，每场比赛，均采用五局三胜制；单打或双打比赛则采用七局四胜制。

二、交换发球次序、交换方位

开赛前，用抽签等公平选择方式决定某一方先发球和双方方位。开赛产生 2 分后换另一方发球，以此类推，直到一局结束。如果双方的比分都达到 10 分时，开始按每得一分就换发球方一次的方法，直到该局分出胜负为止。

一局中，站在某一方位的单打或双打运动员，在下一局应与对方交换方位，在决胜局中，当一方先得到 5 分时，即应与对方交换方位。

三、合理发球

发球时，球应放在不执拍手的手掌上，手掌应静止、朝上、伸平。发球时，不执拍手应始终在台面以上、端线以外，把球向上抛起 16 厘米以上，不能使其旋转，抛出的球倾斜不能超过 45°，当抛起的球从高点下降后才能击球，击球后，球应先落在本方台面，然后弹起落到对方台面上。发球时，发球者有责任让对方、裁判清楚地看见发球的技术合理性，不能有遮挡现象出现。

四、合法还击

1. 对方发球或还击后，本方运动员必须击球，使球直接越过或绕过球网装置，或触及球网装置后，再触及对方台区。

2. 比赛次序

（1）在单打中，首先由发球员合法发球，再由接发球员合法还击，然后两者交替合法还击。

（2）在双打中，首先由发球员合法发球，再由接发球员合法还击，然后由发球员的同伴合法还击，再由接发球员的同伴合法还击，此后，运动员按此次序轮流合法还击。

五、重发球

回合出现下列情况应判重发球：

（1）如果发球员发出的球，在越过或绕过球网装置时，触及球网装置，此后触及对方台区。

（2）如果接发球员或同伴未准备好时，球已发出，而且接发球员或其同伴均没有企图击球。

（3）由于发生了运动员无法控制的干扰，而使运动员未能合法发球。

（4）裁判员或副裁判员宣布暂停比赛。

（5）在双打时，运动员错发，错接。

六、得一分

除被判重发球的回合，下列情况运动员得一分：

（1）对方运动员未能合法发球。

（2）对方运动员未能合法还击。

（3）运动员在发球或还击后，对方队员在击球前，球触及了除球网装置以外的任何东西。

（4）对方击球后，该球越过本方端线而没有触及本方台区。

（5）对方阻挡。

（6）对方连击。

（7）对方用不符合条款的拍面击球。

（8）对方运动员或他穿戴的任何东西使球台移动。

（9）对方运动员或他穿戴的任何东西触及球网装置。

（10）对方运动员不执拍手触及比赛台面。

（11）双打时，对方运动员击球次序错误。

（12）执行轮换发球法时，接发球运动员或其双打同伴，包括接发球一击，完成了13次合法还击，接发球方得一分。

七、发球、接发球和方位的次序

（1）选择发球、接发球和这一方位、那一方位的权力应由抽签来决定，中签者可以选择先发球或先接发球，或选择先在某一方位。

（2）当一方运动员选择了先发球或先接发球，或选择先在某一方位后，另一方运动员应有另一种选择的权力。

（3）在产生每2分之后，接发球方即成为发球方，以此类推，直至该局比赛结束，或者直至双方比分都达到10分或实行轮换发球法，这时，发球和接发球次序仍然不变，但每人只轮发一分球。

（4）在双打的第一局比赛中，先发球方确定第一发球员，再由先接发球方确定第一接发球员。在以后的各局比赛中，第一发球员被确定后，第一接发球员应是前一局发球给他的运动员。

（5）在双打中，每次换发球时，前面的接发球员应成为发球员，前面的发球员的同伴应成为接发球员。

（6）一局中首先发球的一方，在该场下一局应首先接发球。在双打决胜局中，当一方先得5分时，接发球方应交换接发球次序。

（7）一局中，在某一方位比赛的一方，在该场下一局应换到另一方位。在决胜局中，一方先得5分时，双方应交换方位。

八、发球，接发球次序和方位的错误

（1）裁判员一旦发现发球、接发球次序错误，应立即暂停比赛，并按该场比赛开始时确立的次序，按场上比分由应该发球或接发球的运动员发球或接发球；在双打中，则按发现错误时那一局中首先有发球权的一方所确立的次序予以纠正，继续比赛。

（2）裁判员一旦发现运动员应交换方位而未交换时，应立即暂停比赛，并按该场比赛开始时确立的次序按场上比分运动员应站的正确方位予以纠正，再继续比赛。

（3）在任何情况下，发现错误之前的所有得分均有效。

九、轮换发球法

（1）如果一局比赛进行到10分钟仍未结束（双方都已获得至少9分时除外），或者在此之前任何时间应双方运动员要求,可实行轮换发球法。

(2)当时限到时,球仍处于比赛状态,裁判员应立即暂停比赛。由被暂停回合的发球员发球,继续比赛。

(3)当时限到时,球未处于比赛状态,应由前一回合的接发球员发球,继续比赛。

(4)此后,每个运动员都轮发一个球,直至该局结束。如果接发球方给予了13次合法还击,则判发球方失一分。

(5)轮换发球法一经实行,该场比赛的剩余部分必须继续实行,直至该场比赛结束。

第十二章
羽毛球运动

第一节 羽毛球运动概述

现代羽毛球运动起源于英国。1873 年,在英国道拉斯哥附近的鲍弗特公爵的伯明顿庄园内举办了一次别开生面、妙趣横生的羽毛球比赛,给众人留下了深刻的印象。从此以后,人们便用这个地名来命名这项运动"badminton"。1877 年,第一个成文的羽毛球规则在英国出版。1934 年,羽毛球世界联合会(BWF)成立,总部设在伦敦。1939 年,BWF 制定了会员国共同遵守的羽毛球规则。1992 年,羽毛球运动被列为奥运会正式比赛项目,这给世界羽毛球运动的发展带来了很大的影响。

王文教与中国羽毛球

现代羽毛球运动于 1920 年前后传入我国。1952 年,毛泽东主席发出了"发展体育运动,增强国民体质"的号召后,越来越多的人投入到羽毛球运动中来。此后,中国羽毛球运动水平几经周折,不断向上发展,我国羽毛球队的整体实力已位居世界前列。随着参与和研究羽毛球运动的人越来越多,我国的羽毛球运动训练积累了丰富的经验,如以快为主,以攻为主,走自己发展的道路;在技术全面的基础上发挥特长;创新步法和手法,保证快速特点的充分发挥;注重反应速度、灵活性、爆发力和耐久力为主的身体素质训练;实行多周期训练,适应日益频繁的比赛任务等。

第二节 羽毛球运动的基本技术与练习方法

羽毛球运动的基本技术主要有手法和步法。每一基本技术都有很多的技术动作,各个技术动作之间相互联系,构成了羽毛球运动的基本技术系统。常用的羽毛球运动基本技术有握拍、发球、击球以及各种步法。

一、握拍法

1. 正手握拍法

左手拿住拍杆,使拍面与地面垂直,这时直视下方,从左向右拍柄可见四条斜棱,自然张开右手,用握手的方法握住球拍,虎口对准拍柄的内侧斜棱,小指、无名指和中指并拢握住拍柄,力度得当(感觉握着鸡蛋,松到不至于把鸡蛋掉地的力度为最佳)。手心能够放两个手指。单打拍柄握持的位置一般是拍柄远端靠在小鱼际肌上较佳。双打时,在前封网的选手可将手握位置偏上些,便于快速击球。后场扣杀的选手可以握后一些(图 12-

2-1）。

2. 反手握拍法

在正手握拍法的基础上，稍微将拍外旋，大拇指往上提，内侧顶贴着第一斜棱旁的球拍宽面，食指往下扣，其余三指与正手握拍相似；掌心、拍柄与小鱼际肌间留有空隙。发力时，后三指紧握拍柄，拇指前顶发力（图 12-2-2）。

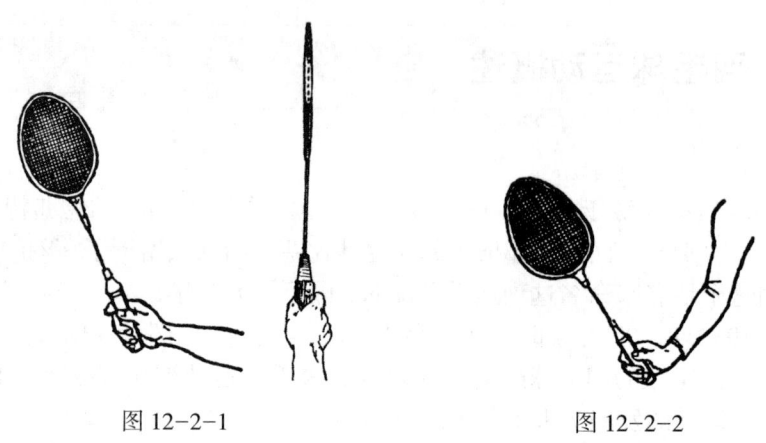

图 12-2-1　　　　　　　　　　　图 12-2-2

练习方法：

（1）通过看技术录像，观摩优秀运动员的比赛、技术示范，进行模仿练习。

（2）体会握拍的部位是否准确。正手握拍法如同与人握手方式。常见错误是虎口不是对着拍柄窄面内侧斜棱上，而是对着拍柄宽面上；拇指掌面过于紧贴在拍柄内侧宽面上；拳式握拍，各手指相互紧靠并与拍柄棱呈垂直状态。

（3）体验握拍的松紧度。握拍太紧动作必然僵硬，握拍太松击球无力，且动作可能变形。

（4）反复进行正手握拍和反手握拍的练习。

二、发球

发球是羽毛球运动的一项重要的基本技术。发球的方式主要有正手发球、反手发球。发球的种类有后场高远球、平高球、平射球和网前小球等。

1. 正手发后场高远球

正手发后场高远球指把球发得又高又远，使球接近垂直地落在对方后发球线附近的发球区里，最好是落在四个角里。这样球由于离网远，对手很难打出攻击性较大的回球，从而可以给自己的得分创造条件。

准备发球时，两脚与肩同宽，自然分开，左脚在前，脚尖正对网；右脚在后，与左脚大约成 45° 夹角，重心位于右脚；左手三指（拇指、食指、中指）拿住球中部，自然上抬到与左肩齐平，正对球网；右手握拍，自然屈肘，举到身体右后侧；两眼注视前方，观察对方准备接球的动向。左手放松羽毛球，使球自然下落，右手大臂外旋，并带动小臂沿半弧形做回环引拍动作。击球时前臂内旋，带动手腕从伸腕到展腕闪动发力，击球最佳点位于身体的右前下方。击球完毕，手腕呈展腕状态，身体重心移至左脚，持拍手随击球动作的惯性，自然向左上方挥动（图 12-2-3）。

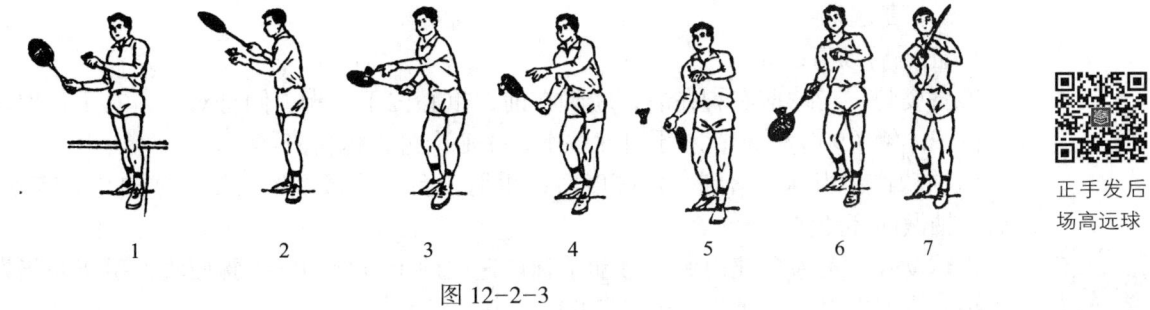

图 12-2-3

2. 正手发小球

发球击球后,球擦网而过,正好落于对方前发球线附近的区域内,称为发网前球。

准备动作与正手发高球相同,只是大臂挥动的幅度和手腕后伸的角度要比发高球稍小。球拍触击球时,拍面从右后向左斜切击球,使球刚好越网而过,落在对方前发球线附近(图 12-2-4)。

图 12-2-4

发球质量好坏的关键

1. 能否合理掌握球拍面的击球点。
2. 能否正确运用手腕、手指的爆发力。

练习方法:

(1) 原地挥拍做模仿练习。

(2) 对墙发球练习。

(3) 定点定位,多球发球练习。

(4) 发球、接发球对抗性练习。

三、击球

击球技术分后场击高远球、平高球、吊球、杀球;中场击球技术包括接杀球、平推球、平挡;前场击球技术包括放网、搓球、推球、钩球、扑球等。

（一）高远球

1. 正手后场高远球

准备姿势：击球前右脚在后，左脚在前，重心位于右脚，侧身对网，右手正握球拍，屈肘位于体侧（90°为佳）；左手自然往上，手心向外，保持身体平衡。

引拍动作：当球下落到一定高度时，手肘上台，手臂后倒引拍（球拍与后背垂直），以肩为轴做回环动作。

击球动作：前臂急速内旋，带动手腕加速向前上方挥动，手腕屈收，手指屈指发力，用正拍面将球击出。击球点位于右肩的前上方。

击球后动作：右手随击球后的惯性，向左前下方挥动，然后顺势收回到体前，成接球前的准备姿势（图12-2-5）。

正手后场高远球

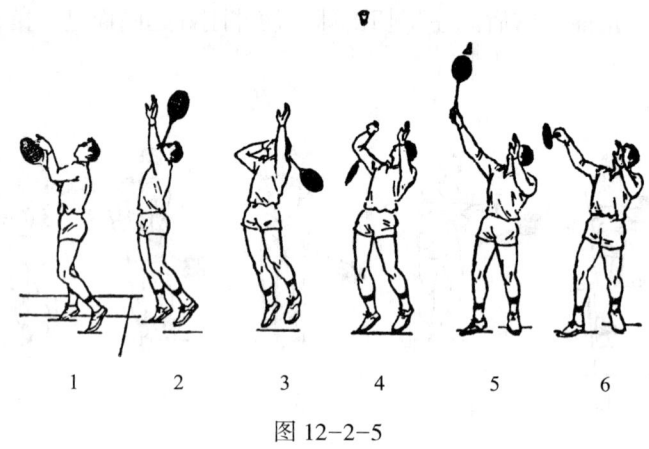

图 12-2-5

2. 头顶后场高远球

头顶后场高球是将飞往左后场区的球用正手握拍击球的正面，将球击到对方后场区的击球技术。准备动作与正手后场高球基本相同，只是在引拍时身体略朝左后倾斜；击球时将球拍绕过头顶，在头顶左肩上方击球。

练习方法：

（1）原地做击高远球挥拍动作练习。

（2）用细绳把球悬挂在适当的高度上做击球练习。

（3）一人发球，一人击高远球练习。

（4）定点定位进行多球击球练习。

（二）吊球

吊球分为正手后场吊球和头顶吊球，都是将后场球压击至近网两点的进攻性较强的技术。吊球飞行速度快、线路短，是一项调动对方前后奔跑的主要技术。

1. 正手后场吊球

吊球的准备动作、引拍动作和击球后的回收动作与高球的技巧相同，只是其击球点比高球更靠前些。击球时，用手指捻动发力，使球拍外旋，稍屈外，拍面向前下方切球托的右侧部位，挥拍始终放松（图12-2-6）。

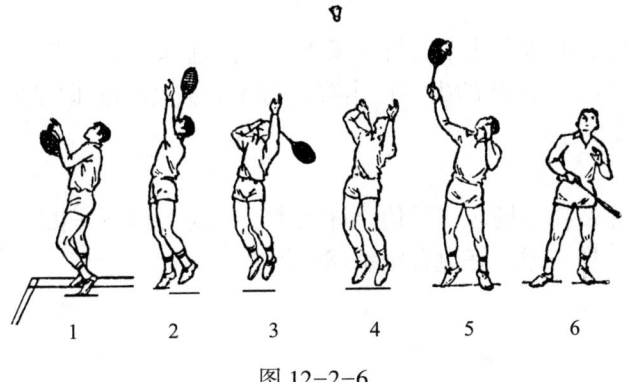

正手后场吊球

图 12-2-6

2. 头顶吊球

起动、引拍和击球后的回收动作均与头顶击后场高远球相似，不同之处：① 击球力量较小；② 拍面的仰角较小，一般在 90° 左右；③ 吊球时，前臂应内旋带动球拍自左向右挥动，手腕放松，手指控制好拍面。

练习方法：

（1）挥拍练习吊球动作。

（2）一人发高球，一人连续吊对角练习。

（3）一人挑高球，一人连续吊球练习。

（4）吊球熟练后可做高、吊、杀的综合练习。

（三）杀球技术

杀球技术击球力量最大，速度也最快，进攻威力也最强，是后场进攻和争取得分的主要手段。

1. 正手杀球

准备姿势及击球动作与正手后场高远球基本一致。因为杀球力量大，引拍动作比后场高远球动作要大。大臂带动小臂充分地后倒回环，上身要后仰，形成一定的背弓，击球前准备要充分。击球点位于右肩的前上方，位置比高远球和吊球的位置都要偏前。在击球瞬间，将上下肢全身的力量通过手腕由伸到屈快速闪动发力，以正拍面向前下方全力压击球（图 12-2-7）。

正手杀球

图 12-2-7

2. 头顶杀球

准备姿势、引拍及击球后动作均与后场头顶击高远球一致。击球动作和后场正手杀球也是一样。不同点是：① 击球的力量比击高远球大，发力的方向是向下的；② 击球点稍向前些，拍面的角度要小。

练习方法：

（1）手持羽毛球站在半场区，模仿杀球的方法向对方区下压掷球。

（2）陪练者发半场高球，练习者做杀球练习。

（3）一攻一防练习。

四、网前击球

（一）放网

1. 正手放网前球

正手放网前球

准备动作：运用正手上网步伐向来球方向移动。当右脚向前蹬跨的同时，持拍手于胸前向来球方向伸出，争取高的击球位置。左手于身后拉举至右手对称的反方向，保持身体平衡。

引拍动作：在伸拍的同时，右前臂外旋，手腕后伸外展，做半弧形引拍动作。

击球动作：击球时小臂稍内旋，手腕由后伸至内收闪动，食指和拇指夹住拍柄轻击球托底部。

随势动作：击球后，右脚掌触地后立即蹬地收回，击球手臂收回至胸前，准备下一次击球（图12-2-8）。

图 12-2-8

2. 反手放网前球

反手放网前球其方法与正手放网前球相似。不同之处在于：应向左前场转体，向球的方向跨步，并及时转换成反手握拍法，用反手击球。

（二）搓球

1. 正手网前搓球

正手网前搓球

正手握拍，将飞至右前场区的球用斜拍面切削球托，使球向上旋转漂浮过网。正手网前搓球的准备动作、引拍动作与击球后的随势动作与正手网前放网技术相同，只是在击球时必须用斜拍面切削球托的右侧。

2. 反手网前搓球

反手网前搓球

反手握拍，将飞至左前场区的球用斜拍面切削球托，使球向上旋转漂浮过网。反手网前搓球的准备动作、引拍动作与击球后的随势动作与反手网前放网技术相同，只是在击球时必须用斜拍面切削球托的左侧。

（三）勾球

勾球就是在网前把球击到对方网前斜对角的小球。勾对角有两种情况：一种是位置比较高；还有一种是位置比较被动，即位置较低的时候。

1. 正手网前勾对角线小球

基本动作与正手网前放网相同。以手肘一定的回拉动作带动上臂内旋手腕，由伸腕向收腕发力切击球托的右后部位，击球力量不宜太大，并根据不同来球的位置调整好击球的拍面角度。如离球网距离较近，球拍向下切击的成分要多点；如球位置较低，且离球网距离较远，推送的力量可较大些（图12-2-9）。

图 12-2-9

2. 反手网前勾对角线小球

基本动作与反手放网前球相同。上臂外旋带动手腕伸腕发力向网前对角的斜前方向切击球托的左后侧。击球力量的大小、位置的高低和出球角度的调整均与正手网前勾对角线小球相仿。

（四）挑球

1. 直斜线挑球

基本动作均与正手放网前球相同。伸腕在身体的右前下方沿半弧形向前上方做回环动作，球拍击球瞬间，前臂迅速内旋带动。手腕向前上方展腕发力击球，击直线球或是斜线球可由调整球拍的拍面和击球方向来决定。击球后，球拍自然收回胸前，脚步迅速回位（图12-2-10）。注意：不必抢大臂。

2. 网前反手挑直斜线球

运用反手上网步伐，当右脚向前蹬跨步的同时，反手握拍向前上方的来球方向伸手。以肩和肘为轴心，前臂内旋在身体的左前下方带动手腕，由展腕沿半弧形，前臂外旋带动手腕发力，并充分利用大拇指的力量将球击出。击直线球或是斜线球由调整球拍的拍面和击球方向来决定。

图 12-2-10

练习方法：

（1）原地或跨一步做模仿练习（不用球）。

（2）原地或跨一步做多球练习。

（3）从场区中心位置开始，做上网步法并结合击球练习。

（4）从场区中心位置开始，做定点、定动作的上网击球动作练习。

（5）"吊上网"练习。

五、步法

在羽毛球比赛中，我们常常会被运动员精妙的小球、迅猛的跳杀所折服，而这一切与羽毛球的基本步法是离不开的。羽毛球场地约 30 平方米，要在这样小的范围内打赢对方，需要前后左右调动对手，使对手处于被动局面而露出空当，这样才能"一招致命"。这就需要有快速灵活的步法作保证，这样才能准确、有效地发挥手法。

（一）后场步法

后场正手后退步法

（1）一步后退步法：由接球准备姿势起动，以左脚前掌为轴心，右脚向右侧后场区蹬地，在后转的同时，右脚后退一步，击球时，右脚蹬地向前交叉起跳。左脚右摆，击球后回中心。

（2）两步后退步法：起动后，右脚向来球方向后退一小步，左脚紧接着蹬地向右脚并一步，重心放在右脚上起跳接球。

（3）三步后退步法：起动后，右脚向来球方向后退一小步，左脚紧接往后交叉迈一步，重心放在右脚上起跳接球。

（二）前场步法

1. 前场正手上网步法

（1）一步步法：左脚向前蹬地，右脚前迈。

（2）两步步法：两脚掌接触地起动后，左脚向身体右侧前方来球方向迈出一小步，紧接着左脚用力蹬地，同时右脚经左脚又向前跨出一大步接球。接球后，左脚稍向右脚跟进靠拢，右脚立即往中心位置蹬地退回一步，左脚紧跟其后。注意：① 右手击球时，手要保持平衡（左手要拉开）；② 起动以后迈出一步，迈第二步时左脚要蹬地（尽量往前蹬），右脚要向前跨，步子越大越好，这样便于接球，右脚要脚跟着地，脚尖外展一点，否则难以站稳。右脚前跨后，左脚脚掌内侧面划地，以阻止向前的冲力，也便于回到原位。

（3）三步步法：起动后，右脚迅速向身体右侧前方迈出一小步，左脚紧接着向前垫一小步并至右脚后跟出，同时左前脚掌用力蹬地，右脚又向前跨出一大步接球，右脚触地、回动。

2. 前场反手上网步法

（1）一步步法：右脚往前蹬地，左脚往前迈。

（2）两步步法：两脚掌接触地起动后，右脚蹬地，左脚向身体左侧前方来球方向迈出一小步，同时右脚向前跨出一大步接球。接球后，左脚稍向右脚跟进靠拢，右脚立即往中心位置蹬地退回一步，左脚紧跟其后。

（3）三步步法：起动后，右脚迅速向身体左侧前方迈出一小步，左脚紧接着向前垫一小步并至右脚后跟出，同时左前脚掌用力蹬地，右脚又向前跨出一大步接球，右脚触地、回动。

（三）中场步法

中场步法主要用于接杀球。

1. 正手中场步法

（1）一步法：判断来球后，脚前掌触地起动，左脚向身体右前侧右场区边线方向蹬地，右脚向来球方向转动。

（2）两步法：起动后，左脚可向来球方向小垫一步，右脚紧接其后又跨一大步接球。

2. 反手中场步法

（1）一步法：起动后，右脚用力向来球方向蹬地，左脚向左侧转髋的同时向来球方向跨一大步接球。左脚后跟着地，脚尖注意外展。

（2）两步法：起动后，左脚向来球方向垫一小步，并向前方用力蹬地，同时身体向左侧转体，右脚紧随，用反手接球。

练习方法：

（1）做好准备姿势，看手势信号做起动练习。

（2）按不同的步法逐个进行练习。

（3）多球练习。

（4）一对一比赛。

第三节　羽毛球运动的基本战术

一、单打战术

1. 逼反手

（1）调开对方位置：使对方反手区露出空当，然后把球打到反手区，迫使对方使用反拍击球。

（2）对反手较差的对手：重复攻击对方的反手区，使其身体位置远离中心。这样就会使对方的正手区出现大片空当,成了被攻击的目标。

2. 平高球压底线

用快速、准确的平高球打到对方后场两角,在对方不能拦截的前提下尽量降低球的飞行弧线,把对方紧压在底线,当对方回击半场高球时,就可以扣杀进攻。使用平高球压底线时,如配合劈吊和劈杀可增加平高球的战术效果。在一般情况下,平高球的落点和杀、吊的落点拉得越开,效果越好。

3. 拉、吊结合杀球

此战术是把球准确地打到对方场区的四个角上,使对方每次击球都要在场上来回奔跑。使用这种战术时,对不同特点的对手要采用不同的拉、吊方法。对后退步法慢的对手可以多打前、后场;对盲目跑动满场飞的对手可使用重复球和假动作;对灵活性差的对手应多打对角线,尽量使对方多转身;对后场反手差的对手可以通过拉开后攻反手;对体力不好的对手可用多拍拉、吊来消耗其体力,然后战胜之。

4. 吊、杀上网

先在后场以轻杀、点杀、劈杀配合吊球把球下压,落点要选择在场地两边,使对方被动回球。对方还击网前球时,迅速上网以贴网的搓球,或勾对角,或快速平推创造半场扣杀机会;若对方在网前挑高球,可在其向后退的过程中把球直接杀向他的身上。

练习方法:

(1)发球、接发球练习。

(2)做规定球路练习。

(3)"吊上网""杀上网"练习。

(4)攻守练习。

(5)两点打一点、一点打两点、一点打多点练习。

(6)单打计分的战术练习。

二、双打战术

1. 攻人

这是双打中常用的一种战术,即以人为攻击目标。对付两名技术水平高低不一的对手时,一般都采用这种战术。对付两名实力相当的队员时,也可采用这一战术。这种战术集中几种攻势于对方一名队员,常能起到"集中优势兵力打歼灭战"的作用;在另一队员过来协助时,又会暴露出空当,可在其仓促接应、立足不稳时偷袭他。

2. 攻中路

(1)守方左右站位时把球打在两人的中间:这种战术可以造成守方两人抢接一球或同时让球,彼此难以协调;可以限制对手在接杀球时挑大角度高球调动攻方;有利于攻方的封网,由于打对方中路,对方回球的角度也小,网前队员封网的难度就小了。

(2)守方前后站位时把球下压或轻推在边线半场处:这种战术多半是在接发网前球和守中反攻抢网时运用。这种球守方前场队员拦截不到,后场队员又只能以下手击球放网或挑高球,后场两角便会露出很大空当,因而有隙可乘,可攻击他的空当或身体位。

3. 攻后场

这种战术常用来对付后场扣杀能力较差的对手,把对方弱者调动到后场后也可以使用这种战术。此战术多采用平高球、平推球、挑底线把对方一人紧逼在底线，使其在底线两角移动击球，在其还击出半场高球或网前高球时即可大力扣杀，取得该球的胜利或主动。如在逼底线两角时，对方同伴要后退支援，则可攻击网前空当或打后退者的追身球。

4. 后攻前封

后场队员积极大力扣杀创造机会，在对方接杀放网、挑高球或企图反击抽球时，前场队员以扑、搓、钩、推控制网前，或拦截吊、点封住前半场，使整个进攻连贯而又有节奏变化，使对方防不胜防。

练习方法：

（1）加强双打技术的练习。

（2）"压网"练习。

（3）跑位配合练习。

（4）双打比赛。

第四节　羽毛球运动竞赛规则简介

一、比赛场地

羽毛球场地呈长方形，长13.4米，单打场地宽5.18米，双打场地宽6.10米。球场外面两条边线是双打场地边线，里面的两条线是单打场地边线，双打边线与单打边线相距0.46米。靠近球网1.98米与网平行的两条线为前发球线，离端线0.76米与底线相平行的线为双打后发球线。球场上各条线宽均为4厘米，用白色、黄色或其他易于识别的颜色画出（图12-4-1）。

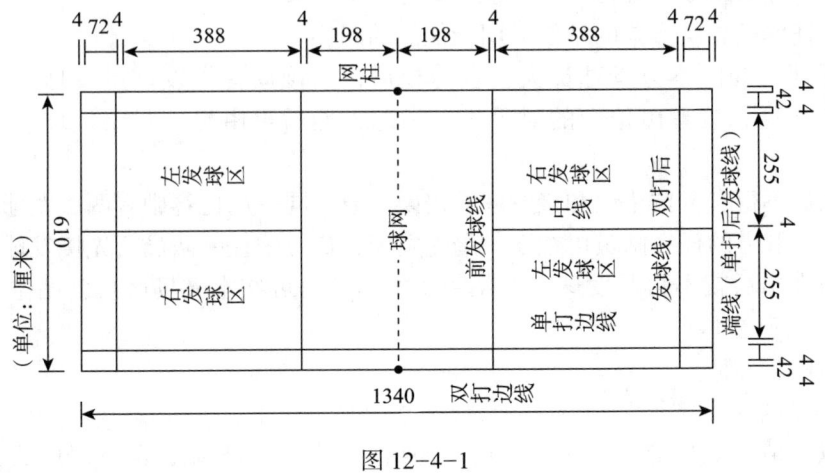

图 12-4-1

二、比赛方法及主要规则

（一）比赛的项目

羽毛球比赛项目分为男子单打、女子单打、男子双打、女子双打、混合双打、男子团体、女子团体。

（二）比赛的计分方法及规则

（1）比赛采用每球得分、21分制，即双方分数先达21分者胜，三局两胜。每局双方打到20平后，一方领先2分即算该局获胜；若双方打成29平后，一方领先1分，即算该局取胜。

（2）得分者方有发球权，如果本方得单数分，从左边发球；得双数分，从右边发球。取消（单打）后发球线。在第三局或只进行一局的比赛中，当一方分数首先到达11分时，双方交换场区。

（三）比赛中的站位

1. 单打

（1）发球员的分数为0或双数时，双方运动员均应在各自的右发球区发球或接发球。

（2）发球员的分数为单数时，双方运动员均应在各自的左发球区发球或接发球。

（3）如"再赛"，发球员应以该局的总的分数来确定站位。若总分为15分（单数），双方运动员均应在各自的左发球区发球或接发球；若总分为16分（双数），双方运动员均应在各自的右发球区发球或接发球。

（4）球发出后，双方运动员就不再受发球区的限制而可以自由击到对方场区的任何位置，运动员的站位也可以在自己这方场区的界内或界外。

2. 双打

（1）一局比赛开始和获得发球局的一方，都应从右发球区开始发球。

（2）只有接发球员才能接发球；如果他的同伴去接球或被球触及，发球方得一分。每局开始首先接发球的运动员，在该局本方得分为0或双数时，都必须在右发球区接发球或发球；得分为单数时，则应在左发球区接发球或发球。

（3）上述两条相反形式的站位适用于他们的同伴。

（4）任何一局的本方发球员失去发球权后，由该局首先发球员发球，然后首先发球员的同伴发球，接着由他们的对手之一发球，然后再由另一对手发球，如此传递发球权。

（5）队员不得有发球错误和接发球的错误，或在同一局比赛中有两次发球。

（6）一局胜方的任一队员可在下一局先发球，负方中任一队员可先接发球。

（7）球发出后就不再受发球区的限制了。运动员可在本方场区自由站位和将球击到对方场区的任何位置。

（四）比赛规则

1. 交换场区

（1）以下情况队员应交换场区：第一局结束；第三局开始；第三局中或只进行一局的比赛进行至一方达到11分时。

（2）队员未按以上规则交换场区，一经发现立即交换，已得分数有效。

2. 合法发球

（1）发球时任何一方都不允许非法延误发球。

（2）发球员和接发球员都必须站在斜对角线发球区内发球和接发球，脚不能触及发球区的界限；两脚必须都有一部分与地面接触，不得移动，直至将球发出。

（3）发球员的球拍必须先击中球托，与此同时整个球必须低于发球员的腰部。

（4）击球瞬间球杆应指向下方，从而使整个拍框明显低于发球员的整个握拍手部。

（5）发球开始后，发球员的球拍必须连续向前挥动，直至将球发出。

（6）发出的球必须向上飞行过网，如果不受拦截，应落入接发球员的发球区。

3. 羽毛球的违例

（1）发球不合法违例。

（2）发球员发球时未击中球。

（3）发球时，球过网后挂在网上或停在网顶。

（4）比赛时：① 球落在球场边线外；② 球从网孔或从网下穿过；③ 球不过网；④ 球碰屋顶、天花板或四周墙壁；⑤ 球碰到队员的身体或衣服；⑥ 球碰到场地外其他人或物体；⑦ 球拍或球的最初接触点不在击球者网的这一方（击球者击球后，球拍可以随球过网）。

（5）比赛进行中：① 队员球拍、身体或衣服触及网或网的支持物；② 队员的球拍或身体，以任何程度侵入对方场区；③ 妨碍对手，如阻挡对方仅靠球网的合法击球。

（6）比赛时，队员有故意分散对方注意力的任何举动，如喊叫、故作姿态等。

（7）比赛时：① 击球时，球夹在或停滞在拍上紧接着又被拖带；② 同一队员两次挥拍连续击中球两次；③ 同一方两名队员连续各击中球一次；④ 球碰球拍继续向后场飞行。

（8）队员违反比赛连续性的规定。

（9）队员行为不端。

4. 重发球

（1）若遇到不能预见或意外的情况，应重发球。

（2）除发球外，球挂在网上或停在网顶，应重发球。

（3）发球时，发球员和接发球员同时违例，应重发球。

（4）发球员在接发球员未做好准备时发球，应重发球。

（5）比赛进行中，球托与球的其他部分完全分离，应重发球。

（6）司线员未看清球的落点，裁判员也不能做出决定时，应重发球。

（7）"重发球"时，最后一次发球无效，原发球员重发球。

5. 死球

（1）球撞网并挂在网上，或停在网顶上。

（2）球撞网或网柱后开始在击球这一方落向地面。

（3）球触及地面。

（4）"违例"或"重发球"。

6. 发球区错误

（1）发球顺序错误。

（2）从错误的发球区发球。

（3）在错误的发球区准备接发球，且对方球已发出。

第十三章 网球运动

第一节 网球运动概述

一、网球运动的起源及演变

网球运动的由来和发展可以用四句话来概括：孕育在法国，诞生在英国，普及和形成高潮在美国，如今盛行于全世界。

现代网球运动的历史是从 1873 年开始的。这一年，英国少校温菲尔德在羽毛球运动的启发下，改进了早期网球的打法，将场地移向草坪，并于同年出版了《草地网球》一书，创造了一套接近于现代网球的打法。1874 年，在规定了球网的大小和高低后，英国创办了简易的草地网球比赛。1875 年，英国板球俱乐部修订了网球比赛规则，并于 1877 年 7 月举办了第一届温布尔顿草地网球锦标赛。后来，该组织把网球场地定为长 23.77 米（78 英尺）、宽 8.23 米（27 英尺）的长方形，发球线距网 7.92 米，球网中央的高度为 99 厘米（之前球网中央的高度是 1.42 米），并确定了每局采用 15、30、40 的记分方法。1884 年，英国伦敦玛丽博恩板球俱乐部又把球网中央的高度定为 91.4 厘米。至此，现代网球正式形成，并很快在欧美盛行起来，成为一项深受大众欢迎的球类运动。

二、网球运动的发展

1913 年 3 月 1 日，澳大利亚、比利时、法国等 12 个国家的网球协会代表在巴黎成立了国际网球联合会（International Tennis Federation, ITF），简称国际网联。国际网联的成立，标志着网球运动由游戏、娱乐阶段开始过渡到竞技、职业阶段。1972 年，60 名男子职业网球运动员组成了世界男子职业网球协会（Association Tennis Professional, ATP）。协会的会员是名列世界前 200 名的男子运动员，该协会的目的是维护职业网球运动员的利益，为他们提供职业比赛的机会和高额的奖金，并发行《国际网球周刊》。1973 年，国际女子职业网球联合会宣布成立（Woman's Tennis Association, WTA）。其宗旨也是为女子网球运动员提供职业比赛机会和奖金，帮助她们获得健康保险和伤残保险。在奥林匹克大家庭中，网球运动占有一席之地，早在 1896 年雅典举行的第一届奥运会上，网球的男子单打和双打就是正式比赛项目，后来由于国际奥委会和国际网球联合会在"业余运动员"的定义上有分歧，已连续 7 届奥运会都进行的网球比赛被迫取消，直至 1992 年巴塞罗那奥运会，网球才重新被列为正式比赛项目。

三、我国网球运动概况

19 世纪后期，英、美、法等国商人、传教士和士兵将网球运动带入中国。随后在上

中国的网球事业

海、广州、北京等大城市中开展起来，在一些教会学校中也开始出现。

1980年，中国网球协会被接纳为国际网球联合会正式会员。随着我国网球运动水平的进一步提高，我国有多位运动员进入过世界排名前50位，如李娜、郑洁、晏紫、易景茜、李芳和彭帅等。虽然我国网球运动整体水平与欧美国家相比还有一定的差距，但中国选手的每一次进步和突破都具有历史意义，并极大地推动了我国网球运动的发展。

中国金花
李娜

第二节　网球运动的基本技术与练习方法

网球运动技术是指在网球规则允许的条件下，运动员采用的各种合理的击球动作和为完成击球动作必不可少的其他配合动作的总称。合理的击球动作是指各种直接触球的动作，如发球、接发球、挑高球、高压球和截击球等技术，这些技术称为有球技术。而准备姿势、移动、跑动和握拍方法等没有直接触及球的配合动作，称为无球技术。

一、握拍法

如果把拍柄底端平面比作一个时钟的表面，那么，就可以按照顺时针的方向，将钟面上端12点对应的平面称为第一平面，下面依次为第二至第八平面。由于握拍方法与所对应的平面密切相关，下面对常见的握法进行形象的讲解（图13-2-1）。

（一）单手正手握拍

（1）大陆式握拍法：食指远端指尖关节按在第二面上。

（2）东方式握拍法：食指远端指尖关节按在第三面上。

（3）半西方式握拍法：食指远端指尖关节按在第三、第四面上。

（4）西方式握拍法：食指远端指尖关节按在第四面上。

图13-2-1

（二）单手反手握拍

（1）东方式握拍法：食指远端指尖关节按在第一、第二面上。

（2）半西方式握拍法：食指远端指尖关节按在第一面上。

（3）西方式握拍法：食指远端指尖关节按在第一、第六面之间（图13-2-2）。

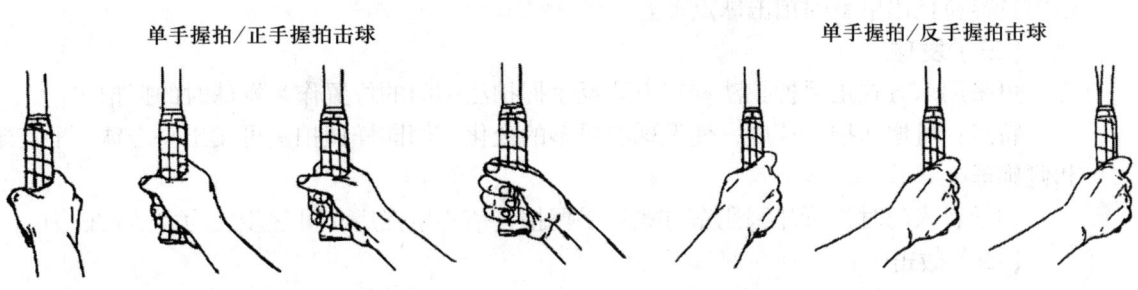

单手握拍/正手握拍击球　　　　　　　　　　　　　单手握拍/反手握拍击球

大陆式握拍法　东方式握拍法　半西方式握拍法　西方式握拍法　东方式握拍法　半西方式握拍法　西方式握拍法

双手握拍/正手握拍击球　　　　　　　　　双手握拍/反手握拍击球

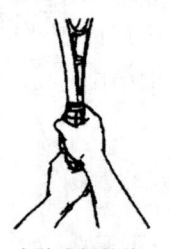 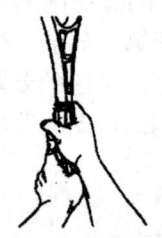 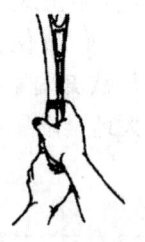 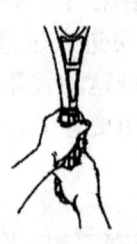 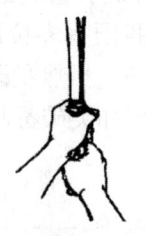 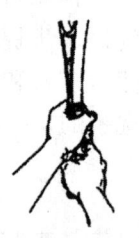

大陆式握拍法　　半西方式握拍法　　西方式握拍法　　大陆式握拍法　　半西方式握拍法　　西方式握拍法

图 13-2-2

二、基本握拍方法及击球的特点

（一）正手

1. 东方式正手握拍——"握手"式握拍

手掌紧贴拍柄，让球拍从手中自然伸展。

特点：可达到最大用力效果，适合于打任何高度的球。

2. 半西方式、西方式握拍

东方式握拍顺时针再向下转动。

特点：易于击打腰部以上高度的球，加力握拍可打出旋转球和高反弹的球；倾向于正手主动攻击，击球点要比"东方式"靠前，具备"西方式"的旋转和东方式握拍的力量。

（二）反手

1. 单手反手握拍——东方式反手握拍

手掌和食指远端关节在拍柄上部，通过握拍手向内转动1/4周。

特点：强劲的击球力量来自握拍，握拍越有力感觉越好。

2. 双手反手握拍（不改变握拍）

正手握拍（左手），正手握拍（右手）。

特点：握拍比较简单，比单手握拍能获得更大的力量。

3. 双手反手（变化握拍）

东方式正手握拍（左手），东方式反手或大陆式握拍（右手），双手靠紧。

特点：握拍的变化更容易打出上旋球，双手击球力量更大，挥拍更自如、有力，控制拍面更容易且比单手握拍击球点多。

（三）发球

可采用东方式正手握拍法和东方式反手握拍法中间的位置作为发球时的握拍法。

特点：可增加拍头速度，使发球有更多的变化（用同样握拍法可发出平击球、上旋球和侧旋球）。

初学者入门时，可先采用东方式正手握拍，信心增强后，可逐步变为大陆式握拍。

（四）截击

大陆式握拍法是常用的截击握拍法。正、反手截击不必换握法。大陆式握拍法可以节省时间，并且易于打较低的截击球。初学者练习时，可先采用正手东方式握拍法（但不可用半西方式正手握拍或西方式握拍），反手同样可采用东方式反手握拍法，信心增强后，可变换为大陆式握拍作为截击握拍法。

（五）高压球

正手高压球技术的握拍方法同发球（如大陆式握拍）。初学者可用正手握拍法练习，以增强信心。

（六）挑高球

正、反手挑高球与正、反手握拍相同。双手打反拍者可用单手握拍来挑高球。

三、基本技术

（一）正手击球

初学者一般采用东方式握拍法，也可采用半西方式握拍法。

1. 东方式握拍正手击球

准备姿势：将球拍放在身体的正前方，左手握住拍颈，膝关节微屈，两脚分开与肩同宽，身体重心在两脚之间；身体前倾，重心落在前脚掌，全身保持放松并注视来球，侧身引拍；转肩并向后引拍，使身体侧对球网，左肩在前，脚也变换成侧站位（左脚前跨）；拍头向后，拍柄底部对着来球，膝关节弯曲，做好由下向前上方移动的准备。

击球过程：开始向前挥拍时，左脚应向击球方向迈步，并利用身体和肩部的转动力量；击球点在身体的右前侧（前脚的侧前方），高度在腰部与膝部之间；击球后继续挥动球拍（由下向上提拉）；挥拍结束时，肘关节应大致与肩同高，拍头挥至身体的左侧上方或左肩后（图13-2-3）。

图 13-2-3

正手击球

2. 半西方式握拍正手击球

动作要点：此种握拍的击球站位方式采用开放式或半开放式；向后引拍由肘部带动，后引的高度也较高，理想的击球点要比东方式更靠前、更高，挥拍动作通常比东方式要快，动作结束时肘部位置也更高。

（二）反手击球（单手握拍）

（1）握拍：在准备动作中，一般用正手握拍。在做反手后摆时，再变为东方式反手握拍。东方式反手握拍需要从东方式正手握拍向左转动1/4周，将食指关节末端转到球拍上部。

（2）准备姿势：同正手准备姿势一样，但初学者在开始学习时，可采用东方式反手握拍作为准备姿势的握拍方法。

（3）侧身后引拍：将肩和胯转向侧对球网，双脚成侧站位（关闭式），身体重心移至左脚；左手握拍颈并将球拍向后引，球拍后摆并低于来球的高度，球拍底部正对来球；屈膝，为身体向前上方移动做准备，所有步伐的调整都应在此阶段完成。

（4）击球：向前挥拍开始前，右脚向击球方向迈步，击球点在右脚前，高度在膝部和腰部之间；击球时，拍面垂直于地面，挥拍轨迹由下向上朝目标方向挥动。

（5）随挥动作：击球后，球拍应沿目标方向继续挥出（由下向上），握拍手挥至肩上结束，左脚跟向上提，并保持身体平衡。

完整的单手反拍击球动作如图 13-2-4 所示。

单反手击球

图 13-2-4

（三）反手击球（双手握拍）

（1）握拍：

① 右手为主的反拍：变化握拍——右手用东方式反手握拍或大陆式握拍法，左手用东方式正手握拍法。

② 左手为主的反拍：双手都用东方式握拍法（不变化的握拍法）。

③ 运动员开始时通常采用双手正手握拍法，随着经验的增加，可将握拍法变为大陆式或东方式反手握拍法。

（2）准备姿势：与单手击球相同，双手可在拍柄上靠在一起。

（3）侧身引拍：转肩并向后引拍，当肩转动时，变化握拍，胯部也要随着转，身体重心转移到左脚上，双手靠紧；球拍引向后方并低于来球的高度，拍柄底部正对来球，屈膝，降低重心并做好向前上方移动的准备。

双反手击球

（4）击球：在向前挥击之前，运动员向来球方向迈步，击球点比单手略靠后和靠向侧面，击球时右臂伸直，击球点在右胯前面；击球时拍面垂直于地面，球拍挥出轨迹是由下向上朝目标方向挥动。

（5）随挥动作：击球后，球拍应沿目标方向继续挥出，动作完成时双手高于肩，左脚跟向上提，重心保持平稳；手臂可在体前伸直或屈肘，随球拍送到肩后。

完整的双手反拍技术如图 13-2-5 所示。

（四）截击球

截击是指运动员在球第一次落地之前的击球。运动员通常在球网和中场之间做截击动作。

图 13-2-5

1. 正手截击

（1）握拍：初学者可用东方式正手握拍，随着水平的提高可采用大陆式握拍。

（2）引拍准备动作：肩部稍做转动，球拍与肩平行对准来球线路。向后引拍要稳定，球拍要适当握紧，引拍动作不可过大、过后。

（3）击球与随挥动作：向前挥拍前左脚朝击球方向迈步，保持手腕稳固并在身体前方击球，球面应稍开放，但击高球除外；随挥动作应稳定，动作要短，以便快速回到接下一个球的位置（图 13-2-6）。

正手截击

图 13-2-6

2. 反手截击

（1）握拍：初学者用东方式反手握拍法，随着水平的提高，可用大陆式握拍法。

（2）引拍准备动作：肩部稍做转动，球拍与肩平行，并对准来球的路线；向后引拍要稳定，手腕紧握球拍，后引拍动作不可过于靠后。

（3）击球与随挥动作：向前挥拍前，右脚朝击球方向跨步，保持手腕稳定，并在身体前方击球；球拍面稍开放，但击高球除外；随挥动作应稳定、短促，以便快速回到下一个准备动作（图 13-2-7）。

反手截击

图 13-2-7

（五）发球

在网球比赛中，发球是比赛的开始，也是得分和占据主动的重要手段，因此，现代网球技术对发球越来越重视。

发好球的技术要素是动作连贯、动作简单、良好的平衡和准确的抛球、合理正确的握拍。

（1）握拍：初学者可用东方式正手握拍法。有些基础的初学者可采用大陆式握拍法，即半东方式正手和半东方式反手握拍法。

（2）准备动作和站位：双脚与肩同宽，在端线后侧站立。右脚与底线基本平行，左脚正对右网柱；手腕和手臂放松，握拍于体前。左手在拍颈处托住拍，两脚尖的切线对着目标（图13-2-8）。

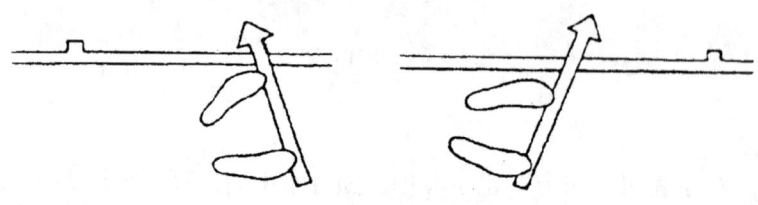

图 13-2-8

（3）向后引拍和抛球：两手臂同时向下和向上运动，球从伸展的左手中向上垂直抛，握拍手掌在向后引拍时朝下，身体重心平稳地向前脚移动，抛球的高度应能满足击球手臂的充分伸展，并使击球感到舒适。

（4）击球和击球点：抛球后身体开始向前上转动，球拍在身后向后下摆动，并最后加速向前上方挥动击球，尽力伸展身体，在最高点击球，击球点应在身体右前上方，大致位于右肩充分伸直的位置。击球时，手臂和球拍充分伸展，身体重心向前转动，右脚跟向上提，鞋跟正对后挡网，理想的状态是从球拍的顶部到左脚跟与身体成一条线。

（5）随挥动作：球拍成弧形下摆，并在身体左侧结束挥动，身体重心完全落在前脚上，右脚跟上提。

注意：发球熟练后，可在击球后右脚跟进到场地里，但初学者在击球时右脚应在底线后，这样可以发展平衡并可提高控球和抛球的稳定性。

完整的发球动作如图13-2-9所示。

发球

图 13-2-9

（六）高压球

网球运动员用头顶高压球来回击落地前或落地的挑高球。高压球与发球动作相似，但后摆准备动作较小。学习高压球技术，要把握以下技术要点：① 侧身；② 球拍及时上举；

③ 用小步移动来调整位置；④ 目视来球直到完成动作；⑤ 击打时用发球握拍法（初学者用东方式正手握拍法）；⑥ 击球时身体向上伸展；⑦ 打完高压球后，要立即还原到准备动作。

完整的高压球技术如图 13-2-10 所示。

高压球

图 13-2-10

（七）挑高球

挑高球通常被用在防守中，底线队员将球挑过在网前的对手。虽然同一般的底线击球方法近似，但挑高球时拍面略开放，后摆准备动作较小，向前挥击时，向上用力较多，向前用力较少。

（1）握拍：挑高球的握拍方法与击打底线球的握拍方法相同。

（2）击球：尽早移动到位，后摆准备动作要小；打开拍面，将拍向前上方挥击。

当水平提高后，可练习进攻或挑高球，挑高球的弧度要小，上旋的力度应加大，提高隐蔽性。

（八）其他技术

1. 放小球

放小球的目的是把球击到对方球场的近网处。使用放小球技术时，应遵循以下原则：① 尽量调动对手；② 把对方引到网前；③ 当对方站位不佳或向前移动比较慢时，用放小球取胜。

完整的放小球技术如图 13-2-11 所示。

图 13-2-11

2. 随球上网

随球上网是在中场采用的一种进攻性击球法，可使击球者击球后快速上网。随球上网是连接底线击球和截击球的桥梁。在一般的底线对打中，球员用此击球方法来寻找对方的空当（如击深和击大角度，以便使对方回击浅球）。一旦出现空当，球员应设法打死对方或击球后随球上网。

随球上网的最初目的不是一拍打死对方，而是通过随球上网的击球，获得截击和高压球的有利位置，然后趁势得分。可以用一般击打底线球的方法完成随球上网动作（如侧旋、上旋、平击和下旋）。

3. 破网（穿越球）

打穿越球应做到以下几点：

（1）早准备：可使击球动作和意图更加隐蔽（如斜线、直线或挑高球）。
（2）准确性：过网要低，并靠近边线。
（3）上旋：使球过网后快速向下。
（4）角度：角度刁钻古怪，使对手难以封堵。

4. 反弹球

在球刚弹起时立即击球的方法称为反弹球。这种击球方法常被随球上网者在球落在脚下时使用。反弹球应向上击出，通常是一种防守型的击球方式。

四、基本技术的练习方法

（一）原地练习

1. 挥拍练习

挥拍练习非常重要，应贯穿在整个练习过程中。如学员不能挥好拍，则不能完成好击球。

2. 底线击球（原地）

开始练习时，可由学员相互用手抛球，以便学员能注意自己的技术，做出合理的击球动作。

原地教学时，可把击球动作分解为几部分：准备动作—向后引拍—迈步/重心移动—击球—随挥动作。

首先模仿标准的动作来学习动作，然后开始击打不同难度的来球，可按以下步骤练习：近距离下手送球—加长距离下手送球—用球拍送球—中场或底线送球（近似对打）—截击送球—底线对打送球—练习比赛。

（二）移动练习

1. 移动/对打的练习

训练的目的是培养练习者的判断力、控制力和反应能力。在该练习中可以让学员对打，以此来提高其移动和跑位的能力。在移动练习过程中，练习的难度可逐渐增加，如在练习阶段，通常用简单的后引拍，并开始轻轻地把球击过想象中的球网（无网练习）或从近网处对打。随着技术水平的提高，逐渐从网前向后底线移动，并增加后引拍的幅度和随挥动作。

在初学者刚开始接触网球阶段，使用移动击球练习的最适宜的方法是小场地练习，随着各种能力的提高，可逐渐加长练习的距离，直到在底线之间练习。

2. 原地和移动结合练习

原地练习能帮助学员清晰地了解动作过程和体会击球动作的感觉（如进攻技术）。移动练习可使学员发展判断力和移动、取位的能力。

3. 底线击球、发球和截击的练习

（1）底线击球练习方法：

① 用正确的握拍方法，把球打到目标位置。

② 和同伴轮流把球打到同一个目标位置。

③ 和同伴把球打过假设的球网或小障碍后落到目标位置。

④ 和同伴把球打过网击到目标位置，学员可两次击球，第一次为自我控球，第二次是把球击给同伴（无网练习）。

⑤ 和同伴打把球过网并落在各自目标位置（双方的发球线内）。

⑥ 击球时逐渐向底线移动，并增加随挥动作——仍将目标定在对面的同伴前。

（2）发球练习方法：

① 保持抛球平稳：学员将球抛向目标或某个高度，并保持身体的平稳。

② 做发球挥拍练习。

③ 练习抛球：垂直抛起球后并让球落回到抛球者手里。

④ 站在球网附近，做一次发球挥拍练习，然后做一次实际发球练习，将徒手挥拍动作与实际发球动作进行比较。

⑤ 在半场将球发到发球区内，当连续5次都能动作正确地将球发进区域内时，学员可向后退三步，然后再发球，逐渐退到底线后。

（3）截击球练习方法：

① 握住球拍颈（握短拍）并设法用球拍拍面截击球：迈步方向要与击球方向一致，逐步握向球拍拍柄处。击球者可背靠挡网或围墙处进行后引拍练习，以防止过度后引拍。

② 一人为截击练习者，另一人为送球者和接球者，做一抛一击的正手和反手截击练习（距离5~6米）。

③ 两人在网前练习正手截击：开始时拍面要相对，做力量较轻的拦截练习（对打）。

④ 同③一样，进行反手截击练习。

⑤ 送球者可随意送球（正手、反手均可），击球者设法将球拦击到送球者的手中。击球者设法在送球者接住球前还原到准备动作。

⑥ 提高截击的控球练习：和同伴分别站在球网和发球线之间，设法用正手截击和反手截击来保持球的回合，学员应尽量在对方接触球前还原到准备状态。

第三节　网球运动的基本战术

网球运动的战术是指运动员在比赛中，根据网球竞赛规则和网球运动的规律、比赛双方的具体情况和临场变化，合理运用个人技术及采取的有意识、有组织的行动。根据网球运动的规则和基本特点，网球战术可分为单打战术和双打战术两大类。其中单打战术主要有发球战术、接发球战术、底线战术和网前截击战术等。

一、发球战术

网球运动中最具有攻击性的技术就是发球。发球不受对方任何影响，只需根据自己的情况去击球。要想在比赛中取胜，首先要控制住发球这一回合的主动权。

运动员在发球时选择的击球方式不同，其站位及瞄准的目标也有细微的变化。单打发球站的位置一般在中线附近。

（一）发平击球

发球要领：抛球的位置及击球点在身体的右前方，用力蹬地，身体充分伸展，利用手腕力量在最高点用力击球。

1. 一区（右区）（以右手持拍者为例，下同）

站在靠近中线处，所瞄准的目标也是对方中心线。从这个位置上发球，球飞行的距离最短，球可以从球网最低处通过，发球的成功率较高。有效地打到对方发球区后，可迫使对手后撤。

2. 二区（左区）

取位于中心线附近，瞄准的目标也是对方中心线。球可以从球网最低的位置上通过，此时球虽然是发到对手的正手，但是从中心方向接回的球很难打出角度，因此，发这种球有利于自己防守。

（二）发侧旋球

发球要领：抛球的位置及击球点比发平击球时稍靠右。击球时，好像是从球的右侧向左侧沿水平轴横切球一样，使之产生旋转。

1. 一区（右区）

站在离中心线标志向右边线方向横跨一步的位置上发球，瞄准的目标是对方边线。所发的侧旋球落地弹起后则飞向场外（从发球者看是向左侧飞），对手被迫追出场地外去接球。这样的发球能创造出较好的进攻机会。

2. 二区（左区）

同样站在靠近中心线的位置上，瞄准对方边线发球。球弹起后向后飞，对方接发球时难度较大。

（三）发旋转球

发球要领：抛球位置比发平击球时稍靠左，击球位置也稍向左侧移动。此时在稍低一些的位置上触球，击球时好像是从左下方向右方上摩擦似的将球击出去，使球产生旋转。

1. 一区（右区）

站在靠近中心线的位置上，瞄准对手的中心线。旋转发球落在对手场地后弹起，向后右侧高高地飞去（从发球方看是向右），而对于接球者来说，球已弹到其反手侧。

2. 二区（左区）

站在距中心线一步远靠近边线方向的位置上，瞄准的目标是对手边线。旋转球落地后弹起，直逼对手后侧，而且由于发球角度较大，可迫使对手追出场外去接球。

二、接发球战术

接发球与比赛一开始完全掌握主动权的发球技术相比,属于被动的技术。为了控制比赛的主动权,接好发球,除了要判断出对手所擅长的发球类型外,还要根据对手的不同打法采取有效的接发球策略。

(一)接平击球的战术

对于没有横向变化的快速平击球,可站在稍靠后的位置上接球。接发球时,首先要考虑设法将对手逼到底线附近,而不是一心想打出力量大、速度快的球。

(二)接侧旋球的战术

对于接落地弹起后向右拐弯的侧旋球,站位的方法是:当对方从一区(右区)发来球时,防守应靠向边线;当对方在二区(左区)发球时,应稍靠中线站位。最理想的击球路线是打对角线球,只有打大斜角才能有时间调整身体的姿势。

(三)接上旋球的战术

对于落地后弹得又高又远的上旋球,在球弹起时如果不能及时接球,则给对手造成攻击机会的可能性较高。接上旋球的对策是稍稍站在靠前的位置上,注意在球弹起前踏进击球点。接球时身体姿势的平衡容易遭到破坏,应抓住高点击球。

三、底线球战术

单打与双打不同,双打以网前积极进攻的打法为主,而单打上网的机会相对少些,以底线打法为基础。底线打法所取基本位置是底线中心位置。因为处于中心位置对于去追赶正手球和反手球都是最短的距离。

(一)针对底线型选手

作为一名底线型选手,在面临同样是底线型选手的时候,不要企图一拍将对方置于死地,要在对拉过程中寻求得分的机会。这就要先于对手找到突破口,创造机会球。"三球攻击战术"是寻找突破口、创造机会的方法之一。所谓"三球攻击战术",是指底线型选手在比赛中处于持续对拉的情况下,由三次击球组成的战术。主要有以下几种:

1. "I"攻击战术(图 13-3-1)

要领:对手为了防守自己的空当必定要跑回中点处,这时可以趁其向中心处返回时,再向其反方向攻击。

方法:① 将对方来球打向压底线的直线球;② 对方返回一个压底线的直线球;③ 将对方返回的直线球再打回直线(此时对方正处于向中心线返回途中)。

2. "N"攻击战术

要领:充分调动对手,让对手从场地的一端跑到另一端追赶着击球,最终迫使对手出现击球失误。

方法:① 将对方来球打向压底线的直线球;② 对方击回一个大对角线球;③ 再将来球打出压底线的直线球(即向对方空场处击球)。

3. "X"攻击战术(图 13-3-2)

要领:让对手从场地的一端跑到另一端,最终迫使对方击球失误。

方法:① 将对方来球打向大对角;② 对方击回直线球;③ 再把这个直线球向大对角打去。

图 13-3-1　　　　　　　　　　　图 13-3-2

4. "E"攻击战术

要领：当对方为防守场地空当向中心处返回的时候，突然向其反方向攻击。

方法：① 将对方来球打向大对角；② 对方击回一个大对角；③ 把回球再打向大对角。

5. "V"攻击战术（图 13-3-3）

要领：让对手在场地两端来回奔跑，即使第三个球被对方接回，对手也是处于向边线跑动中的状态，下一个球将是自己进攻的机会。

方法：① 将对方来球打向直线；② 对方击回一个直线球；③ 再把击回来的球向斜对角（空当）打去。

图 13-3-3

（二）针对平击球选手

平击类型的击球，由于几乎没有旋转，球擦网而过，直线飞来，落地之后，反弹很低，快速向前冲，但由于球速快，接这种球非常不容易。接球时，需把握好拍面，避免挥拍过迟。

1. 形成相持

遇到对方打平击球时，首先要能连续接起对方来球。由于平击球大多数是从网上约30厘米处通过，且球速很快，所以稍有一点疏忽就会导致失误。因此，关键是要比对方更有韧性，拖住对手，形成相持。

2. 打对角线

如果对手是平击球选手，当他击来平击球时，一般回对角线比较好。如果能迫使对手到场外追球，则可以造成对方的失误或为自己创造进攻的机会。

（三）针对削球型选手

对手来球是削球时，一般情况下，以削球对付较稳妥。削球运行轨迹很低，球手必须在低位击球，要想打出有威力的上旋球很困难。对付削球要求以较低的身体姿势进行击球同时还要具备较强的韧性。削球大部分是在两种情况下使用：一是当身体姿势被破坏时，为了使姿势恢复平衡，在打过渡拍的情况下使用；二是处理前场低浅球时使用，主要用于攻击对方的反手。

如对方为削球类型选手时，由于削球比平时击球的速度慢，因此，无论将球打到哪个区域，对方一般都有足够的时间应对。对付削球的原则就是朝对手的反手侧击球，当遇到机会时，坚决以正手抽球予以攻击。

（四）针对上旋型选手

上旋球因为是沿弧形线路飞行的，所以一般很少下网，也很少出界，可以说是准确性较高的击球方式。由于可以通过调节挥臂、旋转度的方法打出不同线路、不同旋转的上旋球，使球落地后弹得又高又远，故上旋球是最有效的一种击球手段。然而，上旋球也并非无懈可击。对付上旋球，可采用如下对策：

1. 破坏对方击球姿势

打上旋球的选手，为了加大球的旋转度，必须做到挥拍动作充分，使用全身的力量击球。因此，应尽量让对方左右不停地奔跑，迫使其不能从容击球，导致其无法完成高质量的回球，从而找到突破口。

2. 迫使对方改变打法

一般来说，旋转打法的选手，因其握拍方法的关系，大多数不擅长截击球。因此，碰到这样的选手，可以打近网低球，把对手调动到网前来，使其打并不擅长的网前球，迫使对方改变打法。

3. 截击之后立即上网

在双方对拉的持久战中，当对方掌握着主动权而频频向自己反手一侧攻击，或对方得分领先而自己处于非常被动的状况时，若来球的轨迹稍高，可果断地迎上去截击，随后快速上网。

四、双打战术

在网球双打训练中，应先学习怎样在双打比赛中运用已掌握的技术。如果组成一队的两个人分别按自己最擅长的方式一味地进攻，是不可能取得成功的。相互了解彼此打球的方式和习惯后，战术上的安排就会变得比较容易。另外，还要相互了解彼此的缺点，然后再考虑该怎样利用自己的技术与之配合，这是非常重要的。

（一）双打中的发球

在技术上，双打和单打并没有区别，但比赛战术却截然不同。

在单打比赛中，选手希望在第一次发球时就直接得分，而双打则应考虑如何提高一发的成功率，如何让自己的同伴感到对方的回球比较容易回击。

在双打比赛中，发球的要点如下：

1. 提高一发成功率

在双打比赛中，一发的力量应限制到单打比赛发球力量的80%，并重视对球落点的控制。若为直接得分而使出全力发球，成功率就会下降。这样到二发时，容易遭到对方接球选手的攻击而处于不利的位置。

2. 向对手反手位发球

第一次发球，应将球打到对方接球选手的反手侧，这样接球选手的移动就会受到限制，从而造成回球不到位。此时，截击空中球的同伴就可以抢到机会击球。若把球发到对方的正手位，同伴一定要注意对方回击直线球。

3. 灵活改变发球位置

若感到自己发球可能有利于对方回球或容易让对方抓住机会，可以左右稍微移动一下发球的位置，位置的变动会导致接球的选手无法及时地做动作，破坏对方回球。

（二）双打中的截击

在双打比赛中，截击空中球是得分的重要手段。快速截击时，除了应具备打远球的基本技术外，若要限制发球者上网，还要多打边角球。如果想控制网前球，就要采用近网低球打脚下。与单打相比，双打截击要把握如下要领：

1. 快速截击要远打

快速截击的基本要点是远打。如果对手的回球较高，可用高空截击打直线球打击对方；如果球被打到边角，为了防止对手上网抢攻，就必须打边角球回击。

2. 选择有效的进攻方式

在双打比赛中，积极进攻的一方总能给接球方施加压力。在中线接球进攻时，打距离接球方最远的边角球往往最有效。若击球距离较近且球的高度较高，就有可能遭到反击。

3. 重复落点战术

截击的另一个基本方式是把球按原来的路线打回去。在快速对攻中，回击的路线很难改变，同时也要考虑到被对方反击的可能性和截击失败的可能性。

（三）双打的接发球

双打比赛中的接发球与单打比赛中的接发球是完全不同的。由于本身处于被动位置，加上对方又有一名队员封网，所以接发球的难度加大，还要重视落点的控制。双打的接发球技术要把握如下要领：

1. 注意紧凑收拍

双打的接发球比单打接发球要更紧凑地收拍，与其快速回击，不如控制好球，让球落在对方的脚下，这样不仅可以迫使对方移动，而且会给对方发球造成压力。

2. 接发球迅速果断

由于双打的击打范围比单打小，所以，双打中的接发球如在尽可能短的时间内回出，对方就很难改变站位，从而使比赛朝着有利于本方的方向发展。

3. 多用直线球回击

在发球方展开积极的进攻之前，在比赛的前半段，接球方可以利用回击直线球给对方截击造成压力。如果接球者正、反手都能打，则把球回击到截击者的反手方，这也是双打比赛中非常重要的战术。

（四）双打中的抽击球

抽击球是双打比赛中不可缺少的技术。为了使比赛对自己有利，也要及时变化抽击球的落点，使对方失去进攻机会。双打的抽击球技术要把握如下要领：

1. 用抽击球进攻，把对方调到网前

把球按来时的路线用适当的旋转低抽回去，把对方调到网前。这时不用太担心对方的进攻，而应耐心地反击。

2. 在抽击几个回合后，抓住时机挑高球

在打了两三个抽击回合后，可在适当的时机将球挑到对方身后，迫使对方失误。尽量不要让对方从姿势上提前预判自己的企图，即使是放高球，也要采取与抽击球一样的身体姿势。

第四节 网球运动竞赛规则简介

一、场地、器材

1. 网球场地

网球场地是一个平整的长方形地面，长 23.77 米，宽 8.23 米，球网（网的中央高度为 91.4 厘米，两端高度为 107 厘米）把全场隔成相等的两个半场，接近球网两边的 4 块相等的区域是发球区，双打场地的两边较单打场地宽 1.37 米。全场除端线可宽至 10 厘米，其他各线的宽度均不得超过 5 厘米，也不得少于 2.5 厘米。全场各区域的丈量，除中线外都从各线的外沿计算。网球场地分草地、土地、硬地和塑胶场地等类型。

2. 网球球拍

网球拍一般由木质、铝合金、碳素等材质制成，各种材质的球拍都有其优缺点。目前，网球爱好者选择铝合金和碳素网球拍的居多。球拍分轻型（light）、中型（mdeium）、重型（heavy），分别表示球拍的重量类型。

二、发球

1. 发球前的规定

发球员在发球前应先站在端线后、中点和边线的假定延长线之间的区域里，用手将球向空中任何方向抛起，在球接触地面以前，用球拍击球。

2. 发球时的规定

发球员在整个发球动作中，不得通过行走或跑动改变原站的位置，两脚只准站在规定位置，不得触及其他区域。

3. 发球员的位置

（1）每局开始，先从右区端线后发球，得或失一分后，再换到左区发球。

（2）发出的球应从网上越过，落到对角的对方发球区内，或其周围的线上。

4. 发球失误

未击中球；发出的球，在落地前触及固定物（球网、中心带和网边白布除外）；违反发球站位规定。发球员第一次发球失误后，应在原发位置上第二次发球。

5. 发球无效

发球触网后，仍然落到对方发球区内，接球员未做好接球准备，均应重发球。

6. 交换发球

第一局比赛终了，接球员成为发球员。以后每局终了，均依次互相交换，直至比赛结束。

三、比赛通则

1. 交换场地

双方应在每盘的第一、三、五等单数局结束后以及每盘结束双方局数之和为单数时，交换场地。

2. 失分

发生下列任何一种情况，均判失分：

（1）在球第二次着地前，未能还击过网。

（2）还击的球触及对方场区界线以外的地面、固定物或其他物件。

（3）还击空中球失败。

（4）故意用球拍触球超过一次。

（5）队员的身体、球拍在发球期间触及球网。

（6）过网击球。

（7）抛拍击球。

3. 压线球

落在线上的球都算界内球。

四、双打

1. 双打发球次序

每盘第一局开始时，由发球方决定由何人首先发球，对方则同样在第二局开始时，定由何人首先发球。第三局由第一局发球方的另一球员发球。第四局由第二局发球方的另一球员发球。以下各局均按此秩序发球。

2. 双打接球次序

先接球的一方，应在第一局开始时，决定何人先接发球，并在这盘单数局，继续先接发球。双方同样应在第二局开始时，决定何人接发球，并在这盘双数局继续先接发球。他们的同伴应在每局中轮流接发球。

3. 双打还击

接发球后，双方应轮流由其中任何一名队员还击。如一方队员在其同队队员击球后，再以球拍触球，则判对方得分。

五、计分方法

1. 一局

（1）每胜 1 球得 1 分，先胜 4 分者胜一局。

（2）双方各得 3 分时为"平分"，平分后，净胜两分为胜一局。

- 0 分——呼报（love）
- 1 分——呼报 15（fifteen）
- 2 分——呼报 30（thirty）
- 3 分——呼报 40（forty）

如果比分 1 比 1，呼报为 15 平（fifteen all）；如果比分 3 比 3，呼报为 40 平（deuce）。

2. 一盘

（1）一方先胜 6 局为胜一盘。

（2）双方各胜 5 局时，一方净胜两局为胜一盘。

3. 决胜局计分制

在每盘的局数为 6 平时，有以下两种计分制：

（1）长盘制：一方净胜两局为胜一盘。

（2）短盘制（抢七）：决胜盘除外，除非赛前另有规定，一般应按以下办法执行：

- 先得7分者为胜该局及该盘（若分数为6平时，一方须净胜两分）。
- 首先发球员发第一分球，对方发第二、三分球，然后轮流发两分球，直到比赛结束。
- 第一分球在右区发，第二分球在左区发，第三分球在右区发。
- 每6分球和决胜局结束都要交换场地。

4. 短盘制的计分

（1）第一个球（0:0），发球员A发1分球，1分球之后换发球。

（2）第二、三个球（报1:0或0:1，不报15:0或0:15），由B发球，B连发两球后换发球，先从左区发球。

（3）第四、五个球（报3:0或1:2,2:1，不报40:0或15:30,30:15），由A发球，A连发两球后换发球后换发球，先从左区发球。

（4）第六、七个球（报3:3或2:4，4:2或1:5，5:1或6:0，0:6），由B发1分球之后交换场地，若比赛未结束，B继续发第七个球。

（5）比分打到5:5，6:6，7:7，8:8…时，需连胜两分才能决定谁为胜方。但在记分表上则统一写为7:6。

（6）决胜局打完之后，双方队员交换场地。

第十四章 武术

第一节 武术概述

一、武术的起源

武术的起源可以追溯到远古先民的生产活动中。远古时期，人们为了生存不得不与兽斗，在狩猎的过程中逐渐学会了徒手和使用木棒、石头等器具击打野兽的方法。通过本能和无意识的身体动作积累，人类逐渐形成了比较合理的攻击技能与防守技能。此外，武舞也是原始社会时期人们集宗教祭祀、教育、娱乐以及搏斗训练于一体的活动方式，人们通过武舞来模拟在狩猎、战争场景中搏斗的动作，幻想产生一种超自然的力量来战胜对手。武舞现象既是对搏杀技能操练的一种形式，也是宣扬武威的一种手段。

随着狩猎工具的不断创新和生产力的发展，人类迈入了私有制的门槛。为了部落或民族利益，抑或为了满足贪欲，频繁爆发战争。大量的生产工具转化为互相残杀的武器，在人与兽斗的过程中积累起来的技能也随之转变为人与人之间的搏杀格斗。这一时期，人类在踢、打、摔、拿、劈、砍、击、刺等技术上不断强化，积累了丰富的经验，同时也具有了创造锋利工具的能动性和使用工具方法的主动性。这种在战争中运用格斗技术的自觉性，标志着武术的初步形成。

讲好中国故事、传播中国声音

二、武术的发展概况

在我国古代夏、商、周时期，田猎和武舞是武技训练的主要手段。据《礼记·月令》载："天子乃教于田猎，以习五戎。"五戎即弓矢、殳、矛、戈、戟5种兵器。田猎是训练对各种武器的使用及驭马驾车，是集身体、技术、战术于一体的综合训练。这一时期的武舞由原始时期的武舞发展而来，是将用于实战的格杀经验按一定程式来训练的方法，是古代武术由感性认识向理性认识的升华、由支离破碎向系统化演进的象征。

春秋战国时期是我国封建社会转型的剧烈变化时期。频繁的战争推动了练兵习武的空前盛行，武术开始向多样化发展，手搏、角力在民间广泛开展，可用拳打脚踢、连摔带拿、运用奇巧战术来制胜对方。另外，在与文化的交融中，武术逐渐与养生相结合，逐渐形成了注重整体、强调精气、平衡阴阳的保健思想，这对武术的发展产生了重要影响。

近代中国，国势日渐衰弱，有许多爱国志士寻求救国救民的途径，提出了"强种强国"的思想。因此，武术被作为一种尚武强国的重要教育手段推向学校。一批武术家结合传统武术的内容与西方军事体操的特点，创编了"中华新武术"，为近代武术转型做了有益的尝试。

20世纪90年代，随着我国体育体制改革的深化，武术呈现出新的发展趋势。在1992

年全国武术工作会议上,提出了编写大、中、小学的武术教材,倡导将民族体育和现代体育联系起来进行教学,这对武术在学校的开展起到了较大的促进作用。更令人关注的是,为建立规范的全民武术锻炼体系,1997年,国家体委批准颁布实施了"中国武术段位制",将武术定为三级九段,为武术的发展作出了贡献。

1990年,在北京举行的第11届亚运会上,武术被列为正式比赛项目。1991年,首届世界武术锦标赛在北京举办,这标志着武术由国际性的赛事向世界性的竞赛转变取得成功。

通过多方筹措与不懈努力,中国武术以奥运会非正式比赛项目的方式进入第29届北京奥运会,这表明作为中华民族传统体育项目的武术正逐渐被世界所接纳,竞技武术在世界的传播和影响已不容忽视,武术终于初步实现了竞技武术国际化的目标。

三、武术的特点

武术作为一项历史悠久的运动项目,汇聚了不同地域、不同民族的智慧,形成了拳种丰富、器械多样的运动形式。武术不同于其他任何体育项目,它具有浓厚的中国传统文化特点。

踢、打、摔、拿、击、刺、砍、劈等多种攻防动作是组成武术套路的主要内容,也是武术搏斗项目中经常使用的技术动作;武术自身的发展规律,集中体现了武术技击性的本质;武术的习练讲究内外合一,形神兼备;在长期的历史演变中,武术又受到中国古代哲学、美学等方面的影响,形成了独具民族特色的运动形式。

四、武术的锻炼价值

长期坚持武术练习,能够加强人体肌肉韧带的伸展性,加大关节的运动幅度,提高人体的反应速度、力量、灵巧、耐力,增强人体的免疫力,对治疗多种慢性疾病和调节人体内环境平衡均有良好的医疗保健作用。同时,掌握搏斗运动的技法和规律,能促进攻防格斗的意识,既可以增强体质,也可以防身自卫。

武术在长期的发展过程中,继承和发扬了中华民族重礼仪、讲道德的优秀传统。"习武先习德""武训"说明武术历来十分注重武德教育。"尚武"与"崇德"是武术习练过程中的两个重点,可以培养习武者尊师重道、讲礼守信、宽以待人、严于律己、坚忍不拔的良好心理素质和高尚的道德情操。

武术运动也具有很高的观赏价值。武术套路动迅静定的节奏美,踢、打、摔、拿、跌巧妙结合的方法美,内外合一、形神兼备的和谐美,给人们带来了强烈的视觉震撼和精神冲击,极大地丰富了人们的文化生活。

五、武术的内容与分类

武术运动按照形式分类,可分为功法运动、套路运动和格斗运动。

(一)功法运动

功法又称基本功,是以单个动作为主的练习,以提高武术套路和武术搏斗项目中身体某方面的能力。从锻炼的形式与功用来分,功法又可分为内功、外功、轻功和柔功。

1. 内功

通过站桩、静坐等练习方法,可使练习者达到精足、气壮、神明、内脏坚实、经络血脉通畅、内壮外强的功效。

2. 外功

通过击打、跌摔等练习方法，可使练习者达到强筋骨、壮体魄的功效。

3. 轻功

通过各种弹跳动作的练习，可使练习者达到跑得快、蹦得高、跳得远的功效。

4. 柔功

通过压肩、压腿、下腰等练习方法，可使练习者达到提高肢体关节活动幅度和肌肉伸展能力的功效。

（二）套路练习

套路是指以技击动作为内容，以攻守进退、动静疾徐、刚柔虚实等矛盾运动的变化规律为依据编成的整套练习。按照套路运动形式，又可分为单练、对练和集体演练。

1. 单练

单练是单人演练的套路，包括徒手的拳术和器械练习。

（1）拳术：是徒手练习的套路运动。其主要的拳术有长拳、太极拳、南拳、形意拳、通背拳、八极拳、八卦掌、劈挂拳、翻子拳、地躺拳、少林拳、象形拳等。

（2）器械：是手持武术兵器练习的套路运动。器械的种类很多，可分为短器械、长器械、双器械和软器械4种。短器械主要有刀、剑、鞭等；长器械主要有枪、棍、大刀等；双器械主要有双刀、双剑、双钩、双枪等；软器械主要有三节棍、九节鞭、绳镖、流星锤等。

2. 对练

对练是两人或两人以上按照预定动作进行的假设性实战演练的套路形式，包括徒手对练、器械对练和徒手与器械的对练等。

3. 集体演练

集体演练是集体进行的徒手、器械和徒手与器械的演练。要求6人以上同时演练，队形整齐，动作协调一致，可变换队形并有音乐伴奏。

（三）格斗

格斗是两个人在一定条件下按照一定的规则进行斗智、较技、较力的对抗实战形式。

1. 散打

散打是以徒手的运动形式在擂台上进行的。使用踢、打、摔等方法制胜对方的竞技项目。

2. 推手

推手是以徒手的运动形式，使用掤、捋、挤、按、採、挒、肘、靠等技法，双方粘连粘随，通过肌肉感觉借劲发力将对方推出，以此决定胜负的竞技项目。

3. 短兵

短兵是两人手持一种特制的短器械，主要使用劈、砍、斩、刺等方法进行决胜负的竞技项目。

第二节 武术的基本功

一、手型和步型

（一）手型

1. 拳

五指握紧，拇指压在食指、中指的第二指节上。拳面要平，腕要直（图14-2-1）。

2. 掌

四指伸直并拢、向后伸张，拇指屈靠于虎口处或外展（图14-2-2）。

3. 勾

五指捏拢屈腕（图14-2-3）。

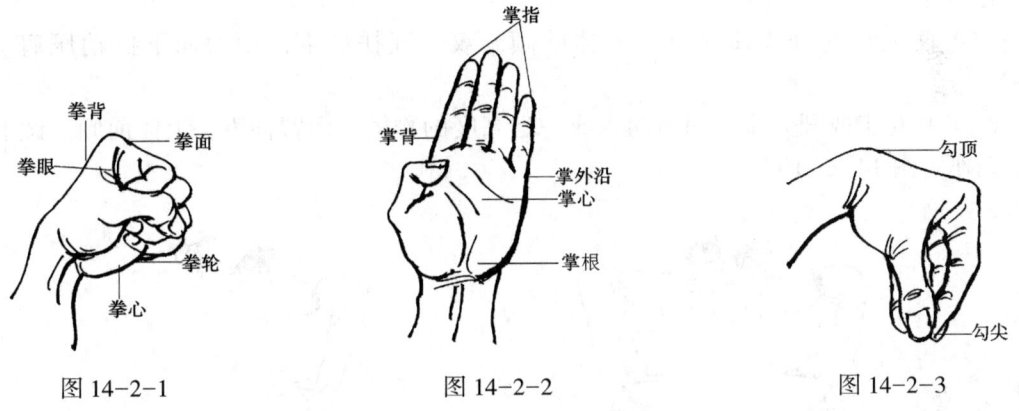

图14-2-1　　　　　图14-2-2　　　　　图14-2-3

（二）步型

1. 弓步

两脚前后开立一大步，为本人脚长的4~5倍，前腿屈膝，膝与脚尖垂直，后腿挺直，脚尖外撇约45°，两脚全脚着地。上体正对前方，眼平视，两手抱拳于腰间（图14-2-4）。弓右腿为右弓步，弓左腿为左弓步。

2. 马步

两脚平行开立（约为本人脚长的3倍），脚尖正对前方，屈膝半蹲，大腿接近水平，膝不超过脚尖，全脚着地，重心落于两腿之间，两手抱拳于腰间（图14-2-5）。

3. 仆步

两脚左右开立，一腿全蹲，大小腿靠紧，臀部接近脚跟，全脚掌着地，膝、脚尖外展（约45°）；另一腿伸直平仆，脚尖内扣，全脚着地。两手抱拳于腰间，眼向仆腿方向平视（图14-2-6）。仆左脚为左仆步，仆右脚为右仆步。

4. 虚步

两脚前后开立，后脚尖外展45°，屈膝半蹲，左脚跟离地，脚面绷直，脚尖稍内扣，虚点地面，重心落于后腿上，两手叉腰，眼平视（图14-2-7）。左脚在前为左虚步，右脚在前为右虚步。

5. 歇步

两腿交叉靠拢全蹲，前脚全脚着地，脚尖外展，后脚前脚掌着地，臀部坐于后小腿接近脚跟处，两手抱拳于腰间（图14-2-8）。左脚在前为左歇步，右脚在前为右歇步。

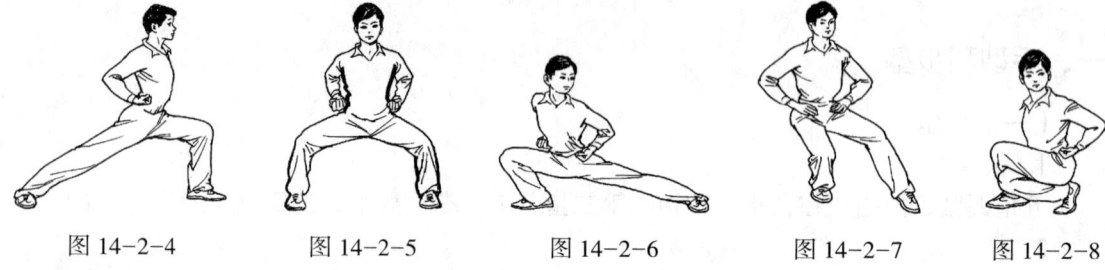

图14-2-4　　　图14-2-5　　　图14-2-6　　　图14-2-7　　　图14-2-8

二、肩臂功

1. 压肩

（1）两人相对开立步站立，上体前倾，双方互扶肩部，用力向下振动压肩（图14-2-9）。

（2）并立步或开立步，面对肋木或一定高度的物体，两臂伸直，上体前倾，做下振压肩动作（图14-2-10）。

图14-2-9　　　　　　　图14-2-10

2. 单臂绕环

弓步站立，一手按于膝上，另一臂伸直做向前、向后绕环动作（图14-2-11）。

3. 双臂绕环

开立步站立，两臂同时或依次做向前、向后绕环动作（图14-2-12）。

图14-2-11

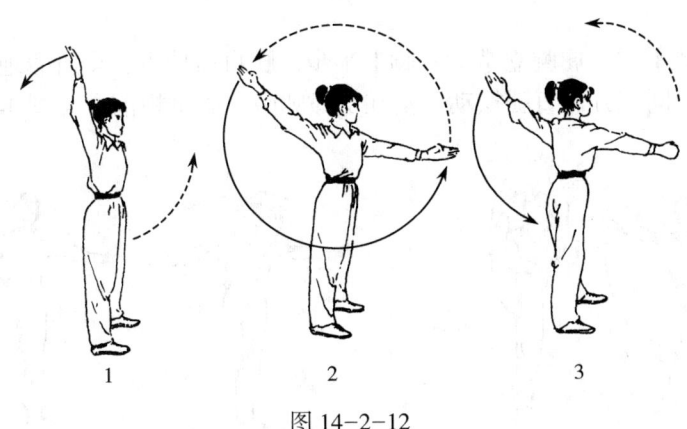

图 14-2-12

三、腿功

(一) 压腿

1. 正压腿

一腿前伸放于架上，脚尖勾紧，支撑腿脚跟着地，上体前俯，两手抱紧前脚掌，以下颌尽力接近脚尖。或者可利用肋木，一脚在肋木上，脚尖勾紧，两手按在膝上，两腿伸直，体前屈下压，两臂屈肘（图 14-2-13）。

2. 侧压腿

身体侧对肋木等物体，将一腿伸直，脚放于架上，脚尖勾紧；支撑腿挺直，脚内侧正对肋木，上体向被压腿侧侧屈（图 14-2-14）。

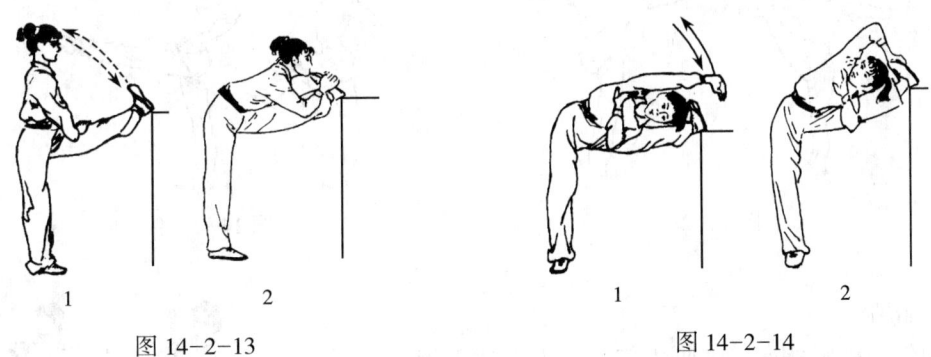

图 14-2-13　　　　　　图 14-2-14

(二) 腿法

1. 正踢腿

并步，两臂侧平举，屈腕立掌或两手叉腰。一脚上前半步，直立支撑；另一腿脚尖勾紧轻快有力地向前额处踢起，下落成并腿直立（图 14-2-15）。

2. 侧踢腿

并步，两臂侧平举，屈腕立掌。右脚向前上半步，脚尖外撇，身体微右转，左脚尖勾紧，向左侧脑后踢起。同时，右臂上举，左臂屈肘立掌于右肩前或体前按掌，落下时脚跟靠拢支撑脚（图 14-2-16）。

图 14-2-15

3. 外摆腿

并步，两手侧平举，屈腕立掌。一脚上半步，腿自然伸直，全脚着地；另一腿向异侧方踢起，经面前向同侧方做直腿摆动，落在支撑腿旁，眼平视前方（图 14-2-17）。

图 14-2-16　　　　　　　　图 14-2-17

4. 里合腿

并步，两手侧平举，屈腕立掌。一腿上半步，自然伸直，全脚着地；另一腿向侧上方踢起，经面前向异侧方向（向内）扇面直腿摆动，落于支撑腿外侧（图 14-2-18）。

5. 弹腿

并步，两手叉腰，右腿屈膝摆起，大腿与腰平，右脚绷直。提膝接近水平时，猛力向前平踢，力达脚尖，高于腰平，左腿伸直或微屈支撑，眼视前方（图 14-2-19）。

图 14-2-18　　　　　　　　图 14-2-19

6. 蹬腿

动作与弹腿相同，唯脚尖勾起，力点达于脚跟。

7. 侧踹腿

两脚左右交叉，右脚在前，微屈膝，接着右腿蹬直或稍屈支撑，左腿屈膝提起，脚尖勾起内扣，脚跟用力向左侧上方踹出，稍高于腰，上体向右侧倾，眼视左侧方（图 14-2-20）。

图 14-2-20

四、腰功

1. 俯腰

并步，两手五指交叉，两臂上举，手心翻上，上体前俯，两手尽量贴地。然后两手松开，抱住两脚跟腱使胸部贴近大腿。还可以向左、右两侧俯腰，两手在脚外侧贴触地面（图 14-2-21）。

2. 甩腰

开步，两臂上举，以腰髋为轴，上体做前后屈甩动，后屈时要抬头、挺胸、挺腹（图 14-2-22）。

3. 涮腰

两脚开立，略宽于肩，两臂自然下垂。以腰髋为轴，上体前倾，经右侧屈、后屈、左侧屈绕环一周，两臂随之绕动（图 14-2-23）。

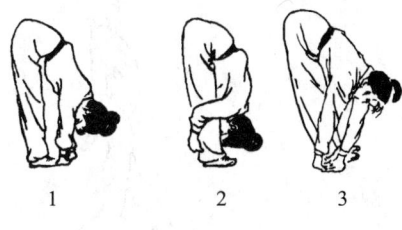

图 14-2-21

图 14-2-22

图 14-2-23

五、平衡

1. 提膝平衡

支撑腿直立站稳，上体正直，另一腿在体前屈膝提近胸，小腿斜垂里扣，脚面绷平内收（图 14-2-24）。

2. 望月平衡

支撑腿直立站稳，上体侧倾拧腰向支撑腿同侧方上翻，挺胸塌腰。后举腿在身后向支撑腿的同侧方上举，小腿屈收，脚面绷平（图 14-2-25）。

图 14-2-24　　图 14-2-25

六、跳跃练习

1. 腾空飞脚

摆动腿高提，起跳腿上摆伸直，脚面绷平，脚高过肩，击手和拍脚连续快速、准确响亮（图 14-2-26）。

2. 旋风脚

摆动腿直摆或屈膝，起跳脚伸直，向内腾空转体 270°，异侧手击拍脚掌，脚高过肩，击拍响亮，转体 360° 落地（图 14-2-27）。

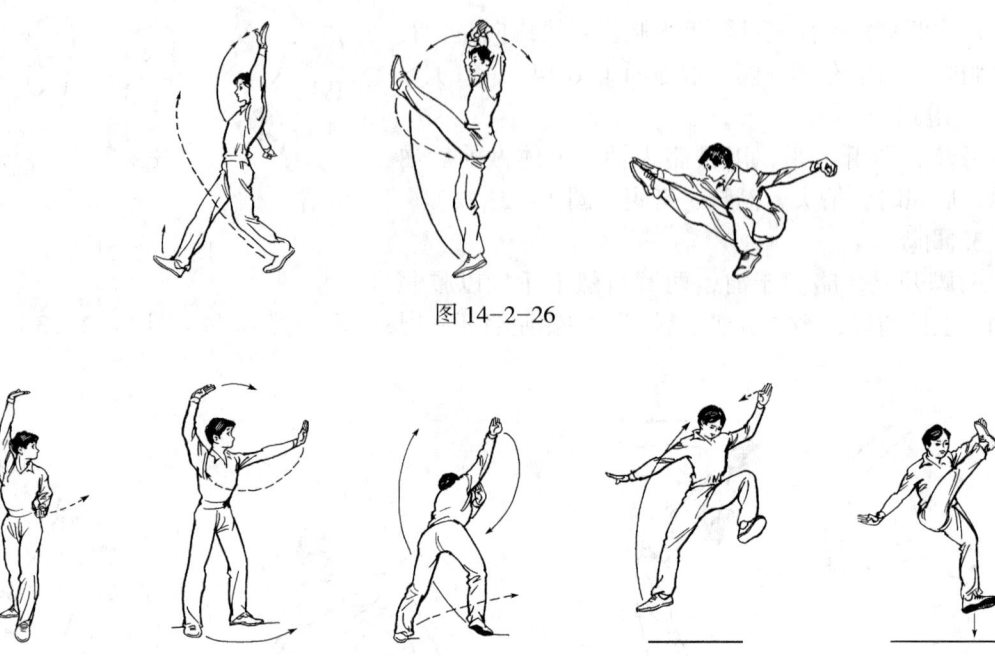

图 14-2-26

图 14-2-27

第三节　初级长拳三路

一、动作名称

组别	动作名称			
起势	1. 并步站立	2. 虚步亮掌	3. 并步对拳	
第一段	1. 弓步冲拳	2. 弹腿冲拳	3. 马步冲拳	4. 弓步冲拳
	5. 弹腿冲拳	6. 大跃步前穿	7. 弓步击掌	8. 马步架掌
第二段	1. 虚步栽拳	2. 提膝穿掌	3. 仆步穿掌	4. 虚步挑掌
	5. 马步击掌	6. 叉步双摆掌	7. 弓步击掌	8. 转身踢腿马步盘肘
第三段	1. 歇步抡砸拳	2. 仆步亮掌	3. 弓步劈拳	4. 换跳步弓步冲拳
	5. 马步冲拳	6. 弓步下冲拳	7. 叉步亮掌侧踹腿	8. 虚步挑拳
第四段	1. 弓步顶肘	2. 转身左拍脚	3. 右拍脚	4. 腾空飞脚
	5. 歇步下冲拳	6. 仆步抡劈拳	7. 提膝挑掌	8. 提膝劈掌弓步冲拳
收势	1. 虚步亮掌	2. 并步对拳	3. 并步站立	

初级长拳三路完整动作

二、动作说明及图解

起势

1. 并步站立（图 14-3-1）

两脚并步站立，两臂垂于身体两侧，眼向前平视。

要点：头要端正，颔微收，挺胸、塌腰、收腹。

2. 虚步亮掌（图 14-3-2）

右脚向右后方撤步成左弓步，右掌向右向上向前划弧，左臂屈肘，左掌提至腰侧，掌心向上，目视右掌。

右腿微屈，重心后移，左掌经胸前从右臂上向前穿出伸直，右臂屈肘，右掌收至腰侧，掌心向上，目视左掌。

重心继续后移，左脚稍向右移成左虚步，左臂内旋向左、向后划弧成勾手，右手继续向后向右向前上划弧，屈肘抖腕，在头前上方屈腕亮掌，目视左方。

要点：三个动作必须连贯。成虚步时，重心落于右腿上，左脚尖点地。

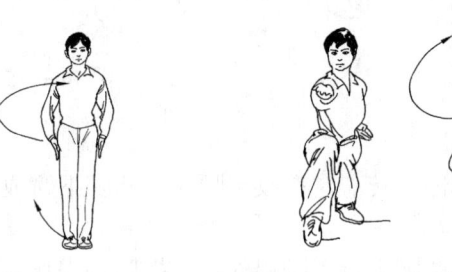

图 14-3-1　　　　　　　　图 14-3-2

3. 并步对拳（图 14-3-3）

右腿蹬直，左腿提膝，上肢姿势不变。

左脚向前落步，重心前移。左臂屈肘，左勾手变掌经左肋前伸，右臂外旋向前下落于左掌右侧，掌心向下。

右脚向前上一步，两臂下垂后摆。

左脚向右脚并步，两臂向外向上经胸前屈肘下按停于小腹前，目视左侧。

要点：并步后挺胸、塌腰；对拳、并步、转头要同时完成。

图 14-3-3

第一段

1. 弓步冲拳（图 14-3-4）

左脚向左上一步，脚尖向斜前方，右腿微屈，成半马步。左臂向上向左格打，右拳收至腰侧，拳心向上，目视左拳。右腿蹬直成左弓步，左拳收至腰侧，拳心向上，右拳向前冲出，高与肩平，目视右拳。

要点：成弓步时，右腿充分蹬直，脚跟不要离地；冲拳时，尽量转腰顺肩。

2. 弹腿冲拳（图 14-3-5）

重心前移至左腿，右腿屈膝提起，猛力向前弹出伸直，高与腰平。右拳收至腰侧，左拳向前冲出，目视前方。

要点：支撑腿可微屈，弹出的腿要用爆发力，力点达于脚尖。

图 14-3-4　　　　　　　　　　图 14-3-5

3. 马步冲拳（图 14-3-6）

右脚向前落步，脚尖里扣，上体左转。左拳收至腰侧，两腿下蹲成马步，右拳向前冲出，目视右拳。

要点：成马步时，大腿要平，两脚平行，脚跟外蹬，挺胸、塌腰。

4. 弓步冲拳（图 14-3-7）

上体右转 90°，右脚尖外撇向斜前方，成半马步。右臂屈肘向右格打，目视右拳。左腿蹬直成右弓步，右拳收至腰侧；左拳向前冲出，目视左拳。

要点：与本节的弓步冲拳相同，唯左右相反。

5. 弹腿冲拳（图 14-3-8）

重心前移至右腿，左腿屈膝提起，猛力向前弹出伸直，高与腰平。左拳收至腰侧，右拳向前冲出，目视前方。

要点：与本段的弹腿冲拳相同。

图 14-3-6　　　　　　图 14-3-7　　　　　　图 14-3-8

6. 大跃步前穿（图 14-3-9）

左腿屈膝，右拳变掌以手背向下挂至左膝外侧，上体前倾，目视右手。

左脚向前落步，右掌继续向后挂，左拳变掌，向后向下伸直，目视左掌。

右腿屈膝向前提起，左腿立即猛力蹬地向前跃出，两掌向前向上划弧摆起，目视左掌。右腿落地全蹲，左腿随即落地向前铲出成仆步，右掌变拳抱于腰侧，左掌由上向右向下划弧成立掌，停于右胸前，目视左脚。

要点：跃步要远，落地要轻。

图 14-3-9

7. 弓步击掌（图 14-3-10）

右腿猛力蹬直成左弓步。左掌经左脚面向后划弧至身后成勾手，右拳由腰侧变掌向前推出，目视右掌。

要点：推掌、勾手与弓步一致；左手向后上勾时不要挟上臂；不要弓腰、突臀、上体前倾。

8. 马步架掌（图 14-3-11）

重心移至两腿中间，左脚脚尖里扣成马步，右臂向左侧平摆，同时左勾手变掌由后经左腰侧从右臂内向前上穿出，目视左手。

右掌立于左胸前，左臂向左上屈肘抖腕亮掌于头部左上方，目向右转视。

要点：马步同前。

图 14-3-10　　　　　　图 14-3-11

第二段

1. 虚步栽拳（图 14-3-12）

右脚蹬地，左腿伸直，以前脚掌为轴向右后转体180°，右掌由左胸前向下经右腿外侧向后划弧成勾手，左臂随体转动并外旋，目视右手。

右脚向右落地，重心移至右腿上，下蹲成左虚步。左掌变拳下落于左膝上，拳心向后，右勾手变拳，屈肘向上架于头右上方，拳心向前，目视左方。

要点：右手勾挂要贴近右膝外侧，虚步右腿要蹲成水平。

2. 提膝穿掌（图 14-3-13）

右腿稍伸直，右拳变掌收至腰侧，左拳变掌由下向左向上划弧盖压于头上方，掌心向前。

右腿蹬直，左腿屈膝提起，右掌从腰侧经左臂内侧向右前上方穿出，左掌收至右胸前成立掌，目视右掌。

要点：支撑腿与右臂充分伸直。

3. 仆步穿掌（图14-3-14）

右腿全蹲，左腿向左后方铲出成左仆步。右臂不动，左掌由右胸前向下经左腿内侧，向左脚面穿出，目随左掌转视。

要点：穿掌时，两臂要呈一条直线，切忌右臂下垂。仆步左脚尖要向内扣紧。

图14-3-12　　　　　　图14-3-13　　　　　　图14-3-14

4. 虚步挑掌（图14-3-15）

右腿蹬直，重心前移至左腿，成左弓步。右掌稍下降，左掌随重心前移向前挑起。

右脚向左前方上步成右虚步，身体随上步左转180°，同时，左掌由前向上向后划弧成立掌，右掌由后向下向前挑起成立掌，目视右掌。

要点：上步要快，虚步要稳。

5. 马步击掌（图14-3-16）

右脚落地，脚尖外撇，重心稍升高并右移，左掌变拳收至腰侧，右掌俯掌向外捋手。

左脚向前上一步，以右脚为轴向右后转体180°，两腿下蹲成马步。左掌从右臂上成立掌向左侧击出，右掌变拳收至腰侧，目视左掌。

要点：右手做捋手时，先使臂稍内旋，手掌向下向外转，接着臂外旋，掌心经下向上翻转，同时抓握成拳。收拳和击掌动作要同时进行。

图14-3-15　　　　　　　　　　　　图14-3-16

6. 叉步双摆掌（图14-3-17）

重心稍右移，两掌向下向右摆掌，目视右掌。

右脚向左腿后插步，两臂继续由右向上向左摆，停于身体左侧，均成立掌，右掌停于左肘窝处，目随双掌转视。

要点：两臂要划立圆，幅度要大，摆掌与后插步配合要一致。

7. 弓步击掌（图 14-3-18）

两腿不动。左掌收至腰侧，掌心向上，右掌向上向右划弧，掌心向下。

左腿后撤一步，成右弓步。右掌向下向后伸直摆动成反勾手，左掌成立掌向前推出，目视左掌。

要点：击左掌、右勾手与后撤左步、蹬腿成弓步要完整一致。

图 14-3-17　　　　　　　　　图 14-3-18

8. 转身踢腿马步盘肘（图 14-3-19）

两脚以前脚掌为轴向左后转体 180°，左臂向上向前划半立圆，右臂向下向后划半圆。

上动不停，右臂由后向上向前划半圆，左臂由前向下向后划半立圆。

上动不停，右臂向下成反勾手，左臂向上成亮掌，右腿伸直向额前踢。

右脚向前落地，脚尖里扣。右手不动，左臂屈肘下落至胸前，目视左掌。

上体左转 90°，两腿下蹲成马步，同时左掌向前向左平捋变拳收至腰侧，右勾手变拳，由体后向右向前平摆至体前时屈肘，拳心向下，目视肘尖。

要点：两臂抡动时要划立圆，动作连贯。盘肘时要快速有力，右肩前顺。

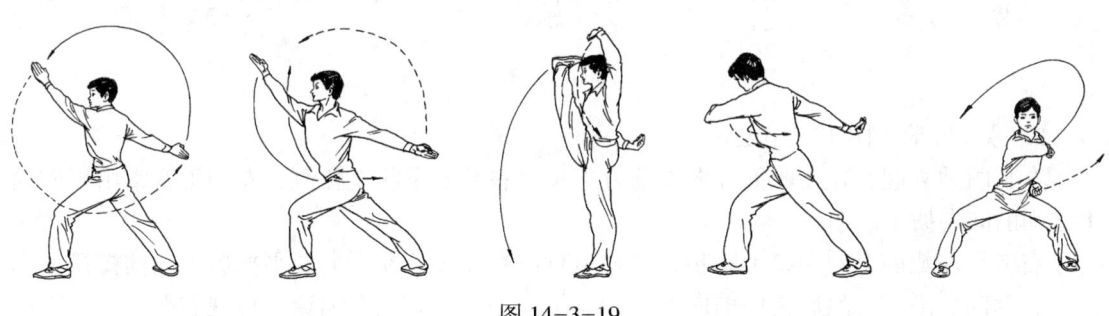

图 14-3-19

第三段

1. 歇步抡砸拳（图 14-3-20）

重心稍升高，右脚尖外撇。右臂由胸前向上向右抡直，左拳向下向左，使臂抡直，目视右拳。

上动不停，两脚以前脚掌为轴向右后转体 180°。右臂向下向后抡摆，左臂向上向前随身体转动。

紧接上动，两腿全蹲成歇步。左臂随身体下蹲向下平砸，拳心向上，肘部微屈，右臂伸直向上举起，目视左拳。

要点：抡臂动作要连贯完成，划成立圆。歇步要两腿交叉全蹲，左腿大、小腿靠紧，臀部贴于左小腿外侧，膝关节在右小腿外侧，右脚尖外撇，全脚着地。

图 14-3-20

2. 仆步亮掌（图 14-3-21）

左脚由右腿后抽出上前一步成右弓步，左拳收至腰侧，右拳变掌向下经胸前向右横击掌，目视右掌。

右脚蹬地屈膝提起，上体右转。左拳变掌从右掌上向前穿出，右掌平收至左肘下。

右脚向右落步成左仆步，左掌向下向后划弧成反勾手，右掌向右向上划弧微屈，抖腕成亮掌，头随右手转动，亮掌时，目视左方。

要点：仆步时，左腿充分伸直、脚尖里扣，右腿全蹲，两脚脚掌全部着地。上体挺胸、塌腰，稍左转。

图 14-3-21

3. 弓步劈拳（图 14-3-22）

右腿蹬地立起，左腿收回并向左前方上步，右掌变拳收至腰侧，左勾手变掌由下向前上经胸前向左捋手。

右腿经左腿前方向左绕上一步，左腿蹬直成右弓步。左手向左平捋后再向前挥摆。

右拳向后平摆，然后再向前向上做抡劈拳，左掌外旋扶右前臂，目视右拳。

要点：左右脚上步稍带弧形。

图 14-3-22

4. 换跳步弓步冲拳（图 14-3-23）

重心后移，右脚稍向后移动，右拳变掌，臂内旋，以掌背向下划弧挂至右膝内侧，左掌背贴靠右肘外侧，目视右掌。

图 14-3-23

右腿自然上摆，上体稍向左扭转，右掌挂至体左侧，左掌伸向右腋下，目随右掌转视。

右脚以全脚掌用力向下震踩，与此同时，左脚急速离地提起。右手由左向上向前搂盖而后变拳收至腰侧，左掌伸直向下向上向前屈肘下按，目视左掌。

左脚向前落步成左弓步，右拳向前冲出，左掌藏于右腋下，目视右拳。

要点：换跳步动作要连贯、协调。震脚时，腿要弯曲，全脚掌着地，左脚离地不要高。

5. 马步冲拳（图 14-3-24）

上体右转 90°，重心移至两腿中间成马步。右拳收至腰侧，左掌变拳向左冲出，目视左拳。

要点：马步与冲拳要同时进行。

6. 弓步下冲拳（图 14-3-25）

右脚蹬直，左腿弯曲，上体稍向左转，成左弓步。左拳向下经体前向上架于头左上方，右拳自腰侧向左前斜下方冲出，目视右拳。

要点：拧腰转髋蹬右脚成左弓步要与架冲拳同时完成，以求动作完整。

7. 叉步亮掌侧踹腿（图 14-3-26）

左拳变掌由头上下落于右手腕上，右拳变掌，两手交叉成十字，目视双手。

右脚蹬地并向左腿后插步，左掌由体前向下向后划弧成反勾手，右掌由前向右向上划弧抖腕亮掌，目视左侧。

重心移至右腿，左腿屈膝提起，向左上方猛力蹬出，目视左侧。

要点：插步时上体稍向右倾斜，腿、臂的动作要一致。侧踹高度不能低于腰，大腿内旋，着力点在脚跟。

图 14-3-24　　　　图 14-3-25　　　　图 14-3-26

8. 虚步挑拳（图 14-3-27）

左脚在左侧落地，右掌变拳稍后移，左勾手变拳由体后向左上挑。

上体左转 180°，左拳继续向前向上划弧上挑，右拳向下向前划弧挂至右膝外侧，同时右膝提起，目视右拳。

右脚向左前方上步成右虚步，左拳向后划弧收至腰侧，右拳向前屈臂挑出，拳眼斜向上，与肩同高，目视右拳。

要点：臂前摆与右腿提摆要协调一致，右拳上挑与右脚前点成虚步要协调一致，力点达于虎口。

图 14-3-27

第四段

1. 弓步顶肘（图 14-3-28）

重心升高，右脚踏实，右臂内旋向下直臂划弧以拳背下挂至右膝内侧，左拳不变，目视前下方。

左腿蹬直，右腿屈膝上抬。左拳变掌，右拳不变，两臂向前向上划弧摆起，目随右拳转视。

左脚蹬地起跳，身体腾空，两臂继续划弧至头上方。

右脚先落地，左脚向前落步，以前脚掌着地。同时两臂向右向下屈肘停于右胸前，右拳变掌，左掌变拳，右掌心贴靠左拳面。

左脚向左前上一步成左弓步，右掌推左拳，以左肘尖向左顶出，目视前方。

要点：交换步时不要过高，但要快。两臂抡摆时要成圆弧。

图 14-3-28

2. 转身左拍脚（图 14-3-29）

以两脚前脚掌为轴向右后转体 180°，右臂向上向右向下划弧抡摆，同时左拳变掌向下向后向前抡摆。

左腿伸直向前上踢起，左掌变拳收至腰侧，右掌由体后向上向前拍击脚面。

要点：右掌拍脚时手掌稍横过来，拍脚要准而响亮。

3. 右拍脚（图 14-3-30）

左脚向前落地，左拳变掌向下向后摆，右掌变拳收至腰侧。

右腿伸直向前上踢起，左拳变掌由后向上向前拍击右脚面。

要点：与本节的转身左拍脚相同。

图 14-3-29　　　　　　　　　　图 14-3-30

4. 腾空飞脚（图 14-3-31）

右脚落地。

左脚向前摆起，右脚猛力蹬地跳起，左腿屈膝继续前上摆。同时右拳变掌向前向上摆起，左掌先上摆而后下降拍击右掌背。

右腿继续上摆，脚面绷平。右手拍击右脚面，左掌由体前向后上举。

要点：蹬地要向上冲，不要太向前冲，左膝尽量上提。击响要在腾空时完成，右臂伸直成水平。

5. 歇步下冲拳（图 14-3-32）

左、右脚先后相继落地。左掌变拳收至腰侧。

身体右转 90°，两腿全蹲成歇步。右掌抓握、外旋变拳收至腰侧，左拳由腰侧向前下方冲出，目视左拳。

要点：歇步要稳，冲拳要脆。

图 14-3-31　　　　　　　　　　图 14-3-32

6. 仆步抡劈拳（图 14-3-33）

重心升高，右臂由腰侧向体后伸直，左臂随身体重心升高向上摆起。

以右脚前脚掌为轴，左腿屈膝提起，上体左转 270°。左拳由前向后下划立圆一周，右拳由后向下向前上划立圆一周。

左腿向后落一步，屈膝全蹲成右仆步。右拳由上向下抢劈，左拳后上举，目视右拳。

要点：抢臂时一定要划立圆。

7. 提膝挑掌（图 14-3-34）

重心前移成右弓步，右拳变掌由下向上抢摆，左拳变掌稍下落，右掌心向左，左掌心向右。

左、右臂在垂直面上由前向后各划立圆一周，右臂伸直停于头上，掌心向左，左臂伸直停于身后成反勾手，同时右腿屈膝提起，目视前方。

要点：抢臂时要划立圆。

图 14-3-33　　　　　　　　　　　图 14-3-34

8. 提膝劈掌弓步冲拳（图 14-3-35）

右掌由上向下猛劈伸直，停于右小腿内侧，左勾手变掌，屈臂向前停于右上臂内侧，掌心向左，目视右掌。

右脚向右后落地，身体右转90°，同时左掌变拳收至腰侧，右臂内旋向右划弧做捋手。

上动不停，左腿蹬直成右弓步，右手抓握变拳收至腰侧，左拳由腰侧向左前方冲出，目视左拳。

要点：提膝劈掌重心要稳，捋手冲拳劲力要足。

图 14-3-35

收势

1. 虚步亮掌（图 14-3-36）

右脚扣于左膝后，两拳变掌，两臂右上左下屈肘交叉于胸前，目视右掌。

右脚向右后落步，上体稍右转，同时右掌向上向右向下划弧停于左腋下，左掌向左向上划弧停于右臂上，目视左掌。

右腿下蹲成左虚步，左臂伸直向左向后划弧成反勾手，右臂伸直向下向右向上划弧抖腕亮掌，目视左方。

要点：扣腿时做舞花手；右脚后落时，两臂分摆，勾手亮举与虚步同时完成。

2. 并步对拳（图14-3-37）

左腿后撤一步，同时两掌从两腰侧向前穿出伸直，掌心向上。

右腿后撤一步，同时两臂分别向体侧下摆。

左脚后退半步向右脚并拢。两臂由后向上经体前屈臂下按，两掌变拳，停于腹前，拳心向下，拳面相对。目视左方。

要点：同起势动作3。

3. 并步站立（图14-3-38）

两臂自然下垂，目视正前方。

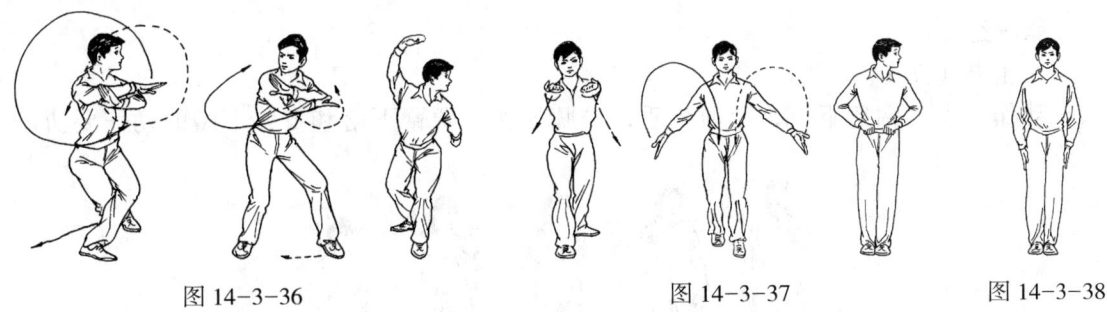

图14-3-36　　　　　　　　　　　图14-3-37　　　　　图14-3-38

第四节　简化太极拳

简化太极拳是在1956年由国家体委运动司整理编定的套路。它取材于我国流传面和适应性最广泛的传统杨式太极拳，按照简练明确、删繁就简、突出重点的原则整编而成。此拳分为8组，共24个动作，故又称"二十四式简化太极拳"。全套动作结构合理、易学易懂，是初学者入门学习掌握的基础套路。练习者可连贯演练，也可以选择单式或分组练习。整个套路的动作练习，每一举手、一投足都应遵循以下几点：虚领顶领；沉肩、坠肘、塌腕；松腰胯；上下相随；立身中正；节节贯穿；以意导动；连绵不断；保持一身备五弓的绷劲；意气少，内外合一。

二十四式简化太极拳完整动作

一、动作名称

组别	动作名称		
第一组	1. 起势	2. 左右野马分鬃	3. 白鹤亮翅
第二组	4. 左右搂膝拗步	5. 手挥琵琶	6. 左右倒卷肱
第三组	7. 左揽雀尾	8. 右揽雀尾	

续表

组别	动作名称		
第四组	9. 单鞭	10. 云手	11. 单鞭
第五组	12. 高探马	13. 右蹬脚	
第六组	14. 双峰贯耳	15. 转身左蹬脚	16. 左下势独立	17. 右下势独立
第七组	18. 左右穿梭	19. 海底针	20. 闪通臂
第八组	21. 转身搬拦捶	22. 如封似闭	23. 十字手	24. 收势

二、套路介绍

第一组

1. 起势（图 14-4-1）

动作要点：两肩下沉，两肘松垂，屈膝松腰，两臂下落和身体下蹲的动作要协调一致。

图 14-4-1

2. 左右野马分鬃（图 14-4-2）

动作要点：两臂始终要保持弧形，身体转动时要以腰为轴，弓步动作与分手的速度要均匀一致；做弓步时，膝不要超过脚尖，后面的脚要向后蹬转，前后脚尖夹角成 45°～60°，两脚之间的横向距离应保持在 10～30 厘米之间。

攻防含义：用一手化解对方攻击之手臂，另一手攻击对方。

图 14-4-2

3. 白鹤亮翅（图 14-4-3）

动作要点：两臂上下保持半圆形，左膝微屈。身体重心后移，右手上提，微向左转腰，左手下按成左虚步。动作要协调一致，并注意以腰带臂。

攻防含义：可用右手防止对方的上面攻击，左手化解对方下部的攻击。

图 14-4-3

第二组

4. 左右搂膝拗步（图 14-4-4）

动作要点：上步时，脚跟先着地，重心要稳；向前推手时，身体不可前俯后仰，要松腰松胯；推掌时要沉肩垂肘，坐腕舒掌，同时须与松腰、弓腿上下协调一致。

攻防含义：一手化开对方的进攻，另一手攻击对方。

图 14-4-4

5. 手挥琵琶（图 14-4-5）

动作要点：定势时要沉肩垂肘，胸部放松；左手上起时不要直向上挑，要由左向上向前，微带弧形；右脚跟进时，脚掌先着地，再全脚踏实；身体重心后移和左手上起、右手回收要协调一致。

攻防含义：用右手防止对方的进攻，同时左手攻击对方。

6. 左右倒卷肱（图 14-4-6）

动作要点：两臂始终保持弧形，前推时要转腰松胯，两手的速度要一致，避免僵硬。退步时，脚掌先着地，再慢慢全脚踏实；同时，前脚随转体动作以脚掌为轴扭正。退左脚略向左后斜，退右脚略向右后斜。

攻防含义：化解对方的攻击。

图 14-4-5

图 14-4-6

第三组

7. 左揽雀尾（图 14-4-7）

动作要点：掤出时，两臂均保持弧形，分手、松腰、弓腿三者必须协调一致；下捋时，上体不可前倾，臀部不要突出，两臂下捋须随腰旋转，仍走弧线，左脚全脚掌着地；向前挤时，上体要正直，挤的动作要与松腰、弓腿相一致；向前按时，两手须走曲线，手腕部高与肩平，两肘微屈下沉。

攻防含义：用左手向对方掤出，并用两手顺势捋拉对方，待对方失去重心或回撤时，挤按攻击对方。

图 14-4-7

8. 右揽雀尾（图 14-4-8）

动作要点：同左揽雀尾。

图 14-4-8

第四组

9. 单鞭（图 14-4-9）

动作要点：上体保持正直，松腰；定势时，右肘稍下垂，左肘与左膝上下相对，两肩下沉。

攻防含义：用右手化解对方的进攻，左手攻对方胸、面部。

图 14-4-9

10. 云手（图 14-4-10）

动作要点：身体转动要以腰脊为轴，带动两臂，身体重心要平稳，不可忽高忽低；两臂转动要自然圆活，速度要缓慢均匀；移动时，脚掌先着地再踏实，脚尖向前；目随云手而移动。

攻防含义：用两手拨开对方的攻击。

图 14-4-10

11. 单鞭（图 14-4-11）

动作要点：与前"单鞭"相同。

图 14-4-11

第五组

12. 高探马（图 14-4-12）

动作要点：上体自然正直，双肩下沉，右肘微下垂；跟步移换重心时，身体不要有起伏。

攻防含义：左手撤防，用右手攻击对方。

13. 右蹬脚（图 14-4-13）

动作要点：支撑腿膝微屈，以保持身体重心稳定，上体不可前俯后仰；两手分开时，腕部与肩齐平，右臂和右腿上下相对；蹬脚时，右脚尖回勾，

图 14-4-12

力达脚跟；分手和蹬脚须协调一致。

攻防含义：用两手向外分开对方的进攻，同时用右脚蹬击对方胸、腹部。

图 14-4-13

14. 双峰贯耳（图 14-4-14）

动作要点：定势时头颈正直，松腰松胯，两拳松握；沉肩垂肘，两臂保持弧形。

攻防含义：双拳下落化开对方攻击，随之双拳合击对方耳部。

图 14-4-14

15. 转身左蹬脚（图 14-4-15）

动作要点：左蹬脚与右蹬脚方向为180°，左手与左脚蹬出的方向要一致。

攻防含义：同右蹬脚，唯左右相反。

图 14-4-15

第六组

16. 左下势独立（图 14-4-16）

动作要点：上体要正直，支撑腿膝微屈，提膝腿的脚尖自然下垂。

攻防含义：用右手牵带对方的进攻，并用右膝、右手进攻对方。

图 14-4-16

17. 右下势独立（图 14-4-17）

动作要点：与"左下势独立"相同，唯左右相反。

图 14-4-17

第七组

18. 左右穿梭（图 14-4-18）

动作要点：两个定势分别面向右侧前方和左侧前方；手推出后，上体不可前俯；手上举时，不要耸肩；两手动作与弓步要协调一致。

攻防含义：一手向上架开对方的进攻，另一手推击对方。

图 14-4-18

19. 海底针（图 14-4-19）

动作要点：在右手向前下插掌时，手腕稍向上提，上体稍前倾，收腹敛臀。

攻防含义：化解对方的进攻，顺势进攻对方。

图 14-4-19

20. 闪通臂（图 14-4-20）

动作要点：定势时，上体不可过于侧倾，两臂均保持微屈。

攻防含义：右手上架，左手攻对方胸部。

图 14-4-20

第八组

21. 转身搬拦捶（图 14-4-21）

动作要点："搬"应先按后搬并与右腿伸落相配合；"拦"应以腰带臂平行绕动向前平拦；"捶"应与弓步配合，上下肢协调一致。

攻防含义：在两手搬、拦开对方的进攻后，右拳攻对方胸部。

图 14-4-21

22. 如封似闭（图 14-4-22）

动作要点：在身体后坐时，上体不要后仰，臀部不可凸出；在两手推出时，上体不得前倾。

攻防含义：用两手化解开对方的进攻后推击对方。

图 14-4-22

23. 十字手（图 14-4-23）

动作要点：在两手分开合抱时，上体不要前俯；站起后，身体自然正直，头微向上顶，下颌稍向后收；两臂环抱时须圆满舒适，沉肩垂肘。

攻防含义：可用两手推架对方的进攻。

图 14-4-23

24. 收势（图 14-4-24）

动作要点：在两手左右分开下落时，要注意全身放松，同时气也徐徐下沉（呼吸略加长）。呼吸平稳后，慢慢把左脚收到右脚旁。

图 14-4-24

第五节　太极功夫扇

"太极功夫扇"是一项新创编的太极拳器械套路，其动作舒展圆活，刚柔并济，节奏快慢相间，具有独特的太极风格和健身作用。太极功夫扇将太极拳与其他武术项目以及京剧、舞蹈动作巧妙结合，为太极拳运动注入了新内容；将太极拳与扇的挥舞相结合，为太极拳器械增加了新品种；将太极拳与现代歌曲相结合，使太极拳出现了载歌载"武"的新形式。在继承、弘扬太极拳传统的基础上，做出了有益的新探索、新创造。

一、套路动作特点

全套动作共分为 6 段，每段 8 个动作，加上起势、收势和两个过门，共计 52 个动作。全套动作造型优美，结构新颖，动作有刚有柔，节奏快慢相间，同时伴以发声发力，歌武结合，不仅能提高锻炼的健身性，而且具有趣味性和艺术观赏性。

第一段动作以太极拳、太极剑的技法和风格为主线，表现了扇子的抱、分、开、合、刺、撩、劈、压等技巧，结合《中国功夫》歌曲每分钟66拍的慢板，每动8拍，动作柔缓自然，轻灵稳定。

第二、四段动作，以长拳、查拳等快速有力型武术的技巧和风格为主线，表现了削、推、按、藏、亮、挽花等扇法和戳脚、震脚腿法，结合歌曲每分钟104拍快板，每动4拍，动作明快，动静分明。

第三、五段动作以南拳、陈式太极拳的发力、发声动作和京剧、舞蹈的造型亮相为主线，表现了扇子的挑、贯、云、劈、拨、拍等方法以及蹬脚、举腿、抖拳、顶肘、纵跳等技法，结合歌曲念板，动作健美勇猛，发声助力，气势雄壮。三、五段以后各有一个过门动作，分别以抱扇、行步两种不同方式承前启后，巧妙连接。

第六段以杨式、吴式太极拳的技巧和风格作为结尾主线，表现了掤、捋、挤、穿、架、戳、背等扇法，在柔缓悠长、连贯圆活的动作中平稳收势。

二、基本技术

手型：拳、掌、勾。

步型：马步、弓步、虚步、仆步、歇步、独立步、并步。

扇法：开扇、合扇、撩扇、劈扇、刺扇、削扇、戳扇、穿扇、亮扇、云扇。

三、套路动作名称

组别	动作名称				
第一段	1. 开步抱扇 6. 独立撩扇	2. 侧弓步举扇 7. 转身劈扇	3. 虚步亮扇 8. 翻身抡压扇	4. 进步刺扇 9. 马步亮扇	5. 转身下刺
第二段	1. 弓步削扇 6. 盖步按扇	2. 并步亮扇 7. 弓步藏扇	3. 进步刺扇 8. 马步亮扇	4. 震脚推扇	5. 戳脚撩扇
第三段	1. 马步推扇 6. 并步贯扇	2. 转身刺扇 7. 云手劈扇	3. 叉步反撩 8. 歇步亮扇	4. 点步挑扇 9. 开步抱扇	5. 歇步抱扇
第四段	1. 弓步削扇 6. 盖步按扇	2. 并步亮扇 7. 弓步藏扇	3. 进步刺扇 8. 马步亮扇	4. 震脚推扇	5. 戳脚撩扇
第五段	1. 马步顶肘 6. 望月亮扇	2. 马步砸拳 7. 云扇合抱	3. 虚步拨扇 8. 歇步亮扇	4. 震脚拍扇 9. 托扇行步	5. 蹬脚推扇
第六段	1. 虚步捧扇 6. 仆步穿扇	2. 弓步捧扇 7. 弓步架扇	3. 后捋前挤 8. 虚步亮扇	4. 并步背扇 9. 抱扇还原	5. 弓步戳扇

四、动作说明

预备势：并步站立，两臂自然垂于体侧。右手持握扇根，目视前方（图14-5-1）。

第一段

1. 开步抱扇（起势）

要点：左脚向左分开半步，与肩宽，两臂从身体两侧合抱于胸前，臂与肩平（图14-5-2）。

图14-5-1

2. 侧弓步举扇（斜飞势）

要点：两手体前抱球与胸腹同高，两手撑圆，右脚提起收于左脚内侧，目视左手。开步插手时，两臂斜上、斜下交叉。下肢成右弓步，上身正直，左掌与胯同高，掌心斜向下，转头向左平视（图14-5-3）。

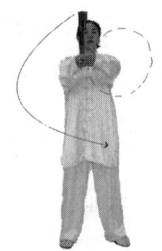

图14-5-2

图14-5-3

3. 虚步亮扇（白鹤亮翅）

要点：重心移动，转腰与两臂交叉要同时进行，虚步与开扇要同时完成。扇骨上下竖直，扇面平行于身体，扇正面朝前，背面朝内，扇沿向左（图14-5-4）。

4. 进步刺扇（黄蜂入洞）

要点：右手先合扇，继续以腰带臂，以臂带扇，收脚、横扇与左掌绕转要同时完成。扇卷落时，右臂外旋，手心向上，扇顶指向前方。刺扇时转腰顺肩，扇与右臂成直线（图14-5-5）。

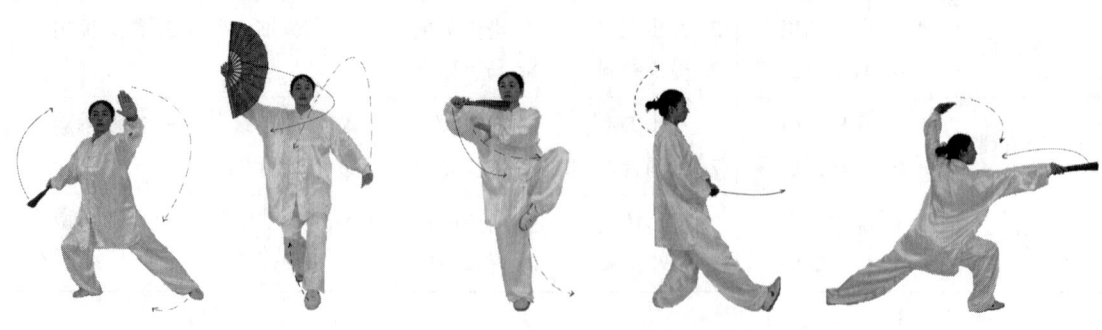

图14-5-4　　　　　　　　　　　　图14-5-5

5. 转身下刺（哪吒探海）

要点：后坐收扇时，身体向左、向右转动；右手持扇向左、向右划弧收于胸前，弓步刺扇时身体略向前倾（图 14-5-6）。

图 14-5-6

6. 独立撩扇（金鸡独立）

要点：右手持扇向上、向后划弧绕转，举于头右侧上方；左掌随之向右划弧至右腕旁，提膝、开扇要协调一致，身体要保持中正稳定。开扇后扇骨水平，扇沿向上，扇面与地面垂直（图 14-5-7）。

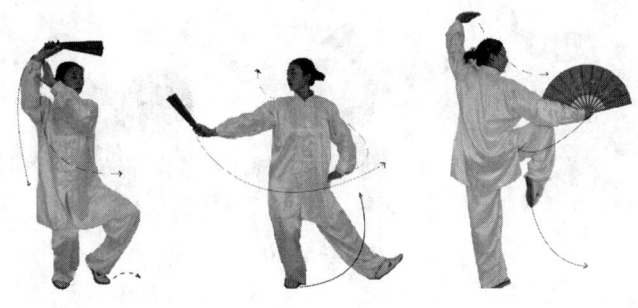

图 14-5-7

7. 转身劈扇（力劈华山）

要点：左掌下落前推，顺势合扇，盖步按扇要以腰为轴，带动四肢。转腰合胯，提腿盖步，绕臂按扇要协调一致。翻身绕扇时，扇要贴身走立圆。下劈开扇后扇骨水平，扇面倒立，扇沿向下（图 14-5-8）。

图 14-5-8

8. 翻身抡压扇（灵猫扑蝶）

要点：转身上步抡扇要以腰带臂，两臂贴身抡成立圆。抡扇时扇面与抡摆弧线保持垂直。正、反压扇时扇面接近水平，略低于膝。两臂向前下方和后上方伸直。上体探身前倾，目视前下方（图 14-5-9）。

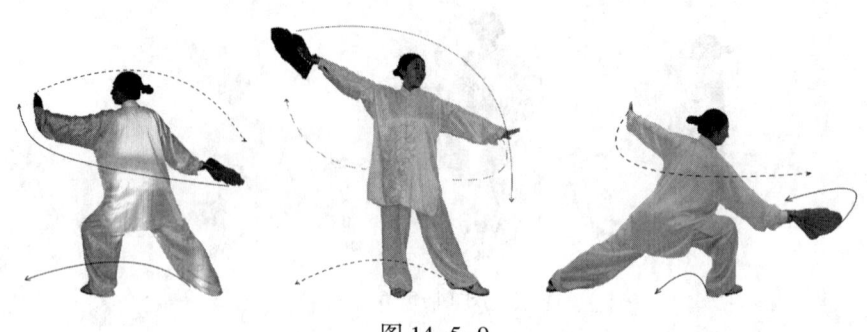

图 14-5-9

9. 马步亮扇（坐马观花）

要点：转腰顺肩，立身中正，退步穿扇时，应扇顶在前，扇骨沿身体向背后穿出。重心右移成右弓步。同时右手持扇沿体侧向右前方反穿伸直，头随体转，目视扇沿（图 14-5-10）。

图 14-5-10

第二段

1. 弓步削扇（野马分鬃）

要点：合臂、削扇都要以腰带臂，腰肢协调一致。此势采自查拳动作，要求舒展挺拔，放长击远，目视右扇（图 14-5-11）。

2. 并步亮扇（雏燕凌空）

要点：要求顶头、挺胸、收腹、身体挺拔直立，并步、抱拳、开扇、转腰、甩头要整齐协调一致，干脆有力。亮扇大扇骨紧贴小臂内侧，扇沿朝左，目视向左（图 14-5-12）。

图 14-5-11

图 14-5-12

3. 进步刺扇（黄蜂入洞）

要点：左拳变掌，向左、向上、向右划弧至右胸前。刺扇与弓步要协调一致。动作要干脆利落，舒展有力（图14-5-13）。

4. 震脚推扇（猛虎扑食）

要点：震脚推扇，此势为长拳动作，要求快速有力，干净利落。震脚时，提脚高不过踝，踏落全脚着地，快速有力。两脚换接紧密，不可跳跃（图14-5-14）。

图 14-5-13

图 14-5-14

5. 戳脚撩扇（螳螂捕蝉）

要点：转腰绕扇，身体右转，重心后移，左掌附于右腕随之划弧，戳脚要求脚跟擦地，脚尖上翘，小腿向前摆踢，开扇方向与右臂平行斜向前下方，右手高与腹平，扇面斜立在右腿前上方，目视前方（图14-5-15）。

6. 盖步按扇（勒马回头）

要点：转体盖步要以腰为轴，转腰挥臂，两脚要以前脚掌蹍转，翻身时挺胸、仰头、翻腰，以腰带臂（图14-5-16）。

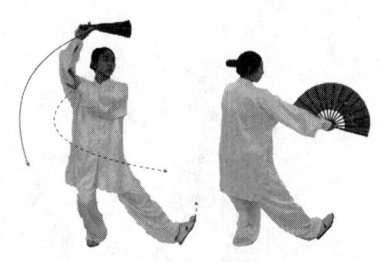

图 14-5-15

7. 弓步藏扇（鹞子翻身）

要点：右手扇以腕关节为轴持扇挽个腕花，使扇在右手腕外侧绕转一周撤步藏扇，右手持扇向下、向后摆至身后，藏于胯旁，扇顶不要漏于体外，目视左手（图14-5-17）。

图 14-5-16

图 14-5-17

8. 马步亮扇（坐马观花）

要点：穿扇时扇顶朝前，扇骨贴身，反手后穿，马步展扇时两脚平行，目视扇沿（图14-5-18）。

图 14-5-18

第三段

1. 马步推扇（举鼎推山）

要点：推扇应快速发力，与转腰跨步密切配合。左脚滑步应根据右脚跨步大小灵活掌握。推扇动作与马步一起完成，推扇、架掌要有力度（图 14-5-19）。

2. 转身刺扇（神龙回首）

要点：转腰收脚与收扇收掌要协调一致，两手相握右腹前刺出，扇子的高度与肩膀齐平，目视前方（图 14-5-20）。

图 14-5-19　　　　　　　　　　图 14-5-20

3. 叉步反撩（挥鞭策马）

要点：动作要连贯；叉步与开扇亮掌要整齐，右臂斜向下，扇骨与右臂平行，扇沿斜向上。叉步时，右脚尖外撇，右腿屈膝，左脚跟一起提起，左腿蹬直；塌腰挺胸，上体右转（图 14-5-21）。

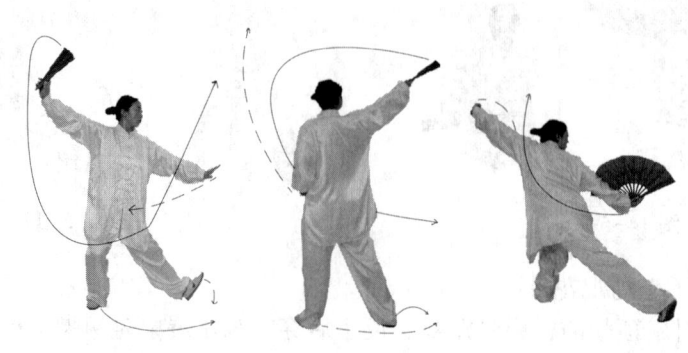

图 14-5-21

4. 点步挑扇（立马扬鞭）

要点：挑扇时右臂伸直摆动上举，点立步时重心在右腿，前脚掌虚点地面，两腿皆挺膝伸直，上体向上伸拔。推掌高与肩平（图14-5-22）。

图 14-5-22

5. 歇步抱扇（怀中抱月）

要点：两臂合抱贴近胸前，右手持扇在外，扇面与身体平行（图14-5-23）。

6. 并步贯扇（迎风撩衣）

要点：要求顶头、挺胸、收腹、提膝。贯打与并步、转腰、甩头协调一致（图14-5-24）。

图 14-5-23　　　　　　图 14-5-24

7. 云手劈扇（翻花舞袖）

要点：云扇以转腰、仰头、挺胸、转头来带动两手云摆，同时配合两臂内旋。劈扇时向左下方斜劈，目视右手扇子（图14-5-25）。

8. 歇步亮扇（霸王扬旗）

要点：歇步、开扇、收掌、甩头要协调一致。歇步亮扇右臂上举，亮扇、开扇于头侧上方，扇沿向左，目视左前方（图14-5-26）。

9. 开步抱扇（抱扇过门）

要点：此动作为过门连接动作，要求舒松自然，有间歇停顿，目视前方（图14-5-27）。

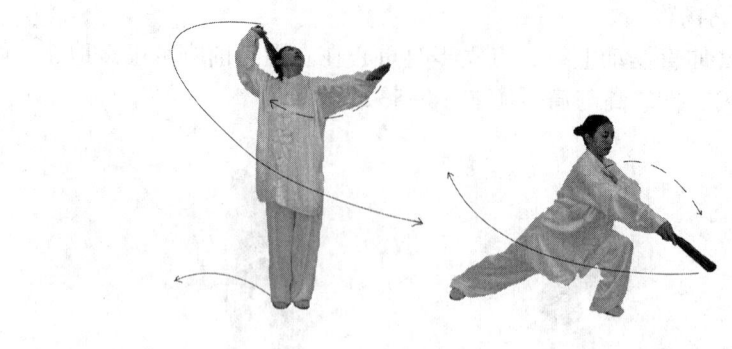

图 14-5-25

图 14-5-26

图 14-5-27

第四段

1. 弓步削扇（野马分鬃）

要点：合臂、削扇都要以腰带臂，腰肢协调一致。此势采自查拳动作，要求舒展挺拔，放长击远，目视右扇（图 14-5-28）。

2. 并步亮扇（雏燕凌空）

要点：要求顶头、挺胸、收腹、身体挺拔直立，并步、抱拳、开扇、转腰、甩头要整齐协调一致，干脆有力。亮扇时，大扇骨紧贴小臂内侧，扇沿朝左，目视向左（图 14-5-29）。

图 14-5-28

图 14-5-29

3. 进步刺扇（黄蜂入洞）

要点：左拳变掌，向左、向上、向右划弧至右胸前。刺扇与弓步要协调一致。动作要干脆利落，舒展有力（图14-5-30）。

4. 震脚推扇（猛虎扑食）

要点：震脚推扇，此势为长拳动作，要求快速有力，干净利落。震脚时提脚高不过踝，踏落全脚着地，快速有力。两脚换接紧密，不可跳跃（图14-5-31）。

图14-5-30

图14-5-31

5. 戳脚撩扇（螳螂捕蝉）

要点：转腰绕扇，身体右转，重心后移，左掌附于右腕随之划弧，戳脚要求脚跟擦地，脚尖上翘，小腿向前摆踢，开扇方向与右臂平行斜向前下方，右手高与腹平，扇面斜立在右腿前上方，目视前方（图14-5-32）。

6. 盖步按扇（勒马回头）

要点：转体盖步要以腰为轴，转腰挥臂，两脚要以前脚掌碾转，翻身时挺胸、仰头、翻腰，以腰带臂（图14-5-33）。

7. 弓步藏扇（鹞子翻身）

要点：右手扇以腕关节为轴持扇挽个腕花，使扇在右手腕外侧绕转一周撤步藏扇，右手持扇向下、向后摆至身后，藏于胯旁，扇顶不要漏于体外，目视左手（图14-5-34）。

图14-5-32

图14-5-33

图14-5-34

8. 马步亮扇（坐马观花）

要点：穿扇时扇顶朝前，扇骨贴身，反手后穿，马步展扇时两脚平行，目视扇沿（图14-5-35）。

图 14-5-35

第五段

1. 马步顶肘（顺鸾肘）

要点：此势采自陈氏太极拳，顶肘发力要松快短促，两拳屈收，贴近胸部。顶肘后迅速放松，使两臂产生反弹顿挫（图 14-5-36）。

2. 马步砸拳（裹鞭炮）

要点：此势也是陈式太极拳发力动作，抖拳时要沉肩垂肘，气沉丹田。发力后两拳松握制动，产生反弹抖动（图 14-5-37）。

图 14-5-36　　　　　　　　　　图 14-5-37

3. 虚步拨扇（前招式）

要点：移动要平稳，步法要轻灵（图 14-5-38）。

4. 震脚拍扇（双震脚）

要点：两手上托与摆腿蹬地要一致，身体跃起后左、右脚依次下落，震踏地面两响（图 14-5-39）。

图 14-5-38　　　　　　　　　　图 14-5-39

5. 蹬脚推扇（龙虎相交）

要点：蹬脚和推扇要快速有力，同时完成，身体正直，站稳（图14-5-40）。

图14-5-40

6. 望月亮扇（玉女穿梭）

要点：上插步时速度要快，也可做成跳插步，开扇挑掌与后举腿要协调一致。同时拧腰、挺胸、转头，右腿屈膝后举，身体呈反弓形，扇骨竖直（图14-5-41）。

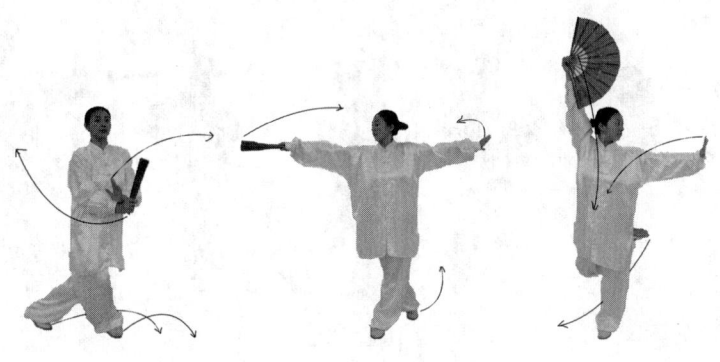

图14-5-41

7. 云扇合抱（天女散花）

要点：抱扇高度以扇沿顶与下颌齐平为宜。云扇时仰头挺胸，腕指要灵活，扇面在头顶上翻转平云，与合扇云摆不同（图14-5-42）。

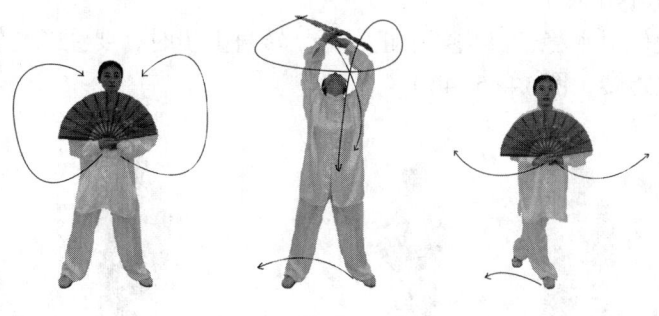

图14-5-42

8. 歇步亮扇（霸王扬旗）

要点：歇步与开扇、收掌、甩头要协调一致（图 14-5-43）。

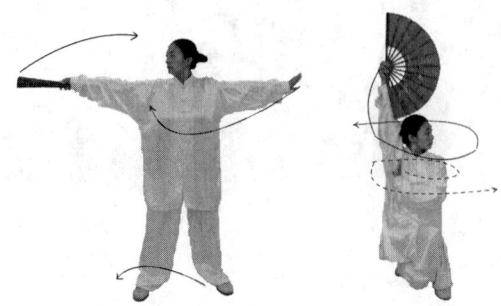

图 14-5-43

9. 托扇行步（行步过门）

要点：行步时要求重心平稳，不摇不晃，脚跟先起后落，上体保持不变。上步时按圆弧切线行进，第五步脚尖内扣，步幅稍小（图 14-5-44）。

图 14-5-44

第六段

1. 虚步捧扇（七星手）

要点：屈膝下蹲时要保持身体正直，开扇与虚步同时完成，扇正面斜向下，小骨面斜向上（图 14-5-45）。

2. 弓步捧扇（揽扎衣）

要点：步法要轻灵平稳，身法要中正安舒。转身上步时，要注意与转腰协调配合。弓步时，左脚跟随之蹬转（图 14-5-46）。

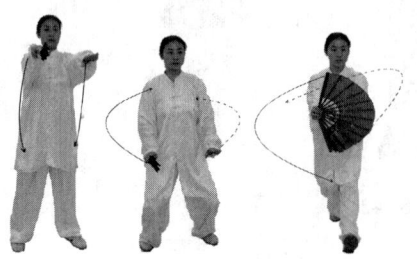

图 14-5-45

图 14-5-46

3. 后捋前挤（捋挤势）
要点：后坐前弓步时，后脚不可扭动。后捋前挤要与腰部旋转相配合（图14-5-47）。

图14-5-47

4. 并步背扇（苏秦背剑）
要点：云扇要随腰的转动松活地平云划弧；上体保持正直，右臂相应做内旋。并步、背扇与推掌要协调一致。云扇要以腕关节为轴进行运动，所以右手腕要松活，尽量贴身作云扇动作（图14-5-48）。

图14-5-48

5. 弓步戳扇（搂膝拗步）
要点：搂膝拗步，弓步时为保重心稳定，两脚左右宽度要保持在约30厘米。戳扇时扇根朝前，扇骨水平。前戳、下捋和弓腿同时到位（图14-5-49）。

6. 仆步穿扇（单鞭下势）
要点：转身勾手时重心仍在左脚，仆步开扇后扇骨与地面平行，扇面立于右腿内侧上方（图14-5-50）。

图14-5-49　　　　　　　　　　图14-5-50

7. 弓步架扇（挽弓射虎）

要点：定势时，上体半面左转，架扇扇沿向上，扇骨水平，右手拳外侧向前打出，目视拳的前方（图 14-5-51）。

图 14-5-51

8. 虚步亮扇（白鹤亮翅）

要点：重心移动，转腰与两臂交叉要同时进行。虚步与开扇要同时完成。扇面平行于身体，扇正面朝前，背面朝内，扇沿向左（图 14-5-52）。

图 14-5-52

9. 抱扇还原（收势）

要点：开步平举时，右手先合扇，再收脚展开，臂平举。并步与抱扇要同时（图 14-5-53）。

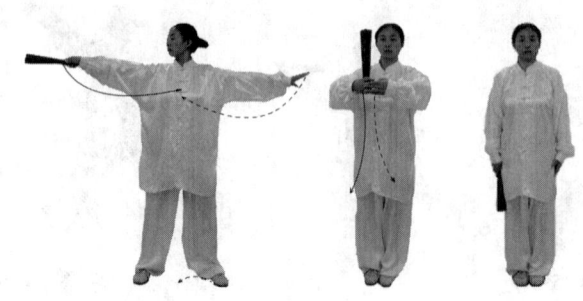

图 14-5-53

第六节 散打

一、简介

散打又称散手，在中国历代有诸多称谓，如相搏、手搏、白打、对拆和技击等。由于这种对抗多采用擂台形式，所以在民间还被称为"打擂台"。散打在中国已有几千年的历史，一直为广大人民群众所喜爱。然而，现在开展的散打比赛与中国传统的散打却有着质的区别。

散打与泰拳的区别

现在的散打是两人按照一定的规则，运用武术中的踢、打、摔和防守等技法，进行徒手对抗的现代竞技体育项目，它是中国武术的重要组成部分。现在的散打已不仅仅是对中国武术中传统的徒手格斗术进行单纯的继承和表现，而是在继承的基础上有了进一步发展和提高。其中最为突出的，就是把传统中注重"招法"的观念发展成为把体能、智能与技能结合起来的理念，进而突出了其综合应用能力。

二、基本技术

（一）实战姿势

动作方法：两脚按开立步站立，两手握拳，左前右后，拳眼均朝上，左手臂弯曲，肘关节夹角在90°～110°之间，左拳与鼻同高；右手臂弯曲，肘关节夹角小于90°，大小臂紧贴右侧肋部侧立，微收下颌，闭嘴合齿，面部、左肩、左拳正对对手。

要点：实战姿势是实战时的预备姿势，因此，要求进攻灵活，防守严密，移动方便，姿势不可太低，重心控制在两脚之间；两手紧护躯体，暴露给对手打击的有效部位尽量缩小。

（二）拳法

1. 左冲拳

动作方法：预备势为正架势，即左脚、左手在前（以下均同），右脚微蹬地面，重心微向前移动；同时左拳直线向前冲出，力达拳面（图14-6-1）。

图14-6-1

要点：
（1）冲拳时，上体不可前倾，腰略向右转。
（2）拳面领先，大臂催前臂，臂微内旋，肘微屈。
（3）快击快攻，切勿停顿，迅速还原成预备势。

用法：左冲拳是一种直线进攻型动作，特点是距离对手较近，易发动，灵活性强，但相对力度较小，可以变换身体姿势，或左、右闪躲击打对方腰部以上任何部位。既可主动进攻，又能防守反击，而更多是以假乱真，虚招引诱对手，为接用其他方法"探路"，是进攻技术中最常见、最主要的动作之一。

2. 右冲拳

动作方法：由预备势开始，右脚微蹬地向内右转腰送肩的同时，右拳直线向前冲击，力达拳面，左拳变掌回收至右肩内侧（图14-6-2）。

要点：

（1）右冲拳的发力顺序是起于右脚，传送到腰、肩、肘，最后达于拳面。

（2）上体向左转动，以加大冲拳力量。

（3）还原时以腰带动肘，主动回收。

图14-6-2

用法：右冲拳是主要进攻动作之一。其特点是攻击距离长，能充分利用蹬腿转腰的力量加大冲拳的力度，具有较强的威慑力。

3. 左横拳

动作方法：上体微向右转，同时左拳向外约45°，向前向里横掼，臂微屈，拳心朝下，力达拳面或偏于拳眼侧，右拳护于右腮（图14-6-3）。

要点：

（1）力从腰发，腰绕纵轴向右转动。

（2）掼拳发力时，臂微屈，肘尖抬至与肩平。

图14-6-3

用法：左掼拳是一种横向型进攻动作，可以结合身体姿势的高、低变化击打对方侧面。上盘可击其太阳穴，中盘可击其腰肋部位。

4. 右掼拳

动作方法：预备姿势开始，右脚微蹬地并向内扣转，合胯并向左转腰，同时右拳向外约45°，向前、向里横掼，力达拳面或偏于拳眼侧，左拳变掌屈臂回收到腹前（图14-6-4）。

图14-6-4

要点：

（1）右脚内扣，合胯转腰与掼拳发力要协调一致。

（2）掼拳发力时，肘尖微抬，使肩、肘、腕基本成水平。

用法：右掼拳也是一种横线型进攻动作，其特点是能充分借助右脚蹬地转腰的力量，力度较大。但因其进攻路线长，动作幅度宜小不宜大。此拳法多用于连击或防守反击。

（三）腿法

1. 左蹬腿

实战姿势站立，右腿直立或稍屈，左腿提膝抬起，勾脚，以脚跟领先向前蹬出，力达脚跟；亦可送髋，脚掌下压，力达脚前掌（图14-6-5）。

2. 右蹬腿

动作方法：身位重心前移，左腿直立或稍屈，身体稍左转，右腿屈膝前抬，勾脚，以脚跟领先向前蹬出，力达脚跟；亦可送髋，脚掌下压，力达脚前掌（图14-6-6）。

图14-6-5　　　　　　　　　图14-6-6

用法：散手中的蹬腿，除与套路中的要求相同外，还吸取了前点腿的优点，当击中对方时，脚踝发力，前脚掌下压，这样，蹬击后脚易将对方蹬开或使其倒地。

3. 左踹腿

动作方法：右腿直立或稍屈支撑，左腿屈膝抬起，小腿外摆，脚尖勾起，脚掌正对攻击目标，展髋，挺膝向前踹出，力达脚掌，上体可侧倾（图14-6-7）。

图 14-6-7

4. 右踹腿

动作方法：左腿直立或稍屈支撑，身体向左转180°，同时右腿屈膝前抬，小腿外摆，脚尖翘起，脚掌正对攻击目标，用力向前踹出，力达脚掌，上体可侧倾（图14-6-8）。

图 14-6-8

要点：上体、大腿、小腿、脚掌成一条直线，踹出时一定要以大腿推动小腿直线向前发力。

用法：踹腿是比赛中使用率较高的腿法之一，容易调整步法，因此，踹腿的使用变化较多。它做直线运动、速度快、力量大、不易防守，而且配合步法使用、变化多，易于在不同距离上使用。

5. 左里合腿

动作方法：上体稍右转并侧倾，同时带动左腿收髋、扣膝，直腿向右上方横摆打腿，踝关节屈紧，力达脚背至小腿下端（图14-6-9）。

6. 右里合腿

动作方法：左膝外展，上体右转，收腹，带动右腿收髋，扣膝，直腿向前方横摆打腿，踝关节屈紧，力达脚背至小腿下端（图14-6-10）。

图 14-6-9

要点：以转体带动摆腿，动作连贯、快速。

用法：里合腿是在实战中使用较多的一种腿法。它以身带腿，速度快、力量大，使

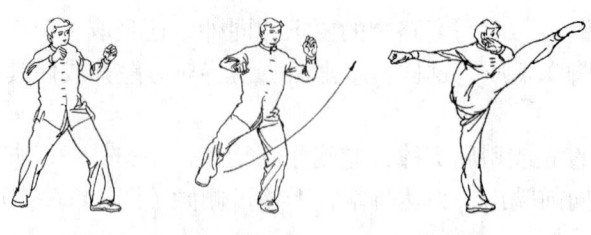

图 14-6-10

用得好能起到重创对手的作用。但因其弧形横摆,路线长、幅度大,较易被对手察觉和防守。实战中应注意动作快速、不带预兆。

(四)摔法

1. 抱腿前顶

动作方法:甲出拳击乙头部时,乙上左步,下潜躲闪,两手抱甲双腿,屈肘,两手用力回拉,同时用左肩前顶甲大腿或腹部,将甲摔倒(图14-6-11)。

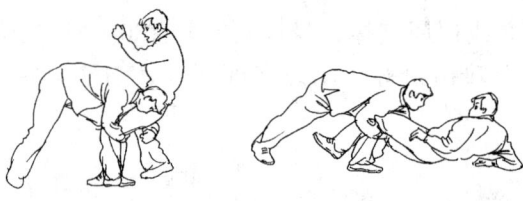

图 14-6-11

要点:下潜快、抱腿紧、两臂后撤、肩顶有力。

用法:可用于主动进攻或防守反击。

2. 夹颈磕腿

动作方法:甲用左冲拳击乙头部,乙右前臂外格甲左臂,顺势抓拿甲腕部,左手由甲右肩上穿过,屈肘夹甲颈部,同时乙右脚经左脚内侧向后插步与左腿平行,随即右转体用左小腿向后横打甲左小腿,将甲掀起摔倒(图14-6-12)。

图 14-6-12

要点:格挡迅速,夹颈有力,打腿、转身协调一致。

用法:在对手用冲(掼)拳击打时,防守反击。

3. 抱腿别腿

动作方法:甲站立或左侧弹腿时,乙将甲左腿抱住,并向甲的支撑腿后上左步,上体左转,长腰成右弓步,用左腿别甲右腿,同时用胸下压甲腿(图14-6-13)。

图 14-6-13

要点：抱腿准、有力，弓步转体协调，长腰压腿顺势。
用法：可用于主动进攻或防守反击。

4. 抱腿上托

动作方法：甲用蹬腿蹬乙胸部，乙两手立即抓握住甲左腿，屈臂上抬，两手上托其左脚后，向前上方推送使甲倒地（图 14-6-14）。

图 14-6-14

要点：抓脚准，托推动作连贯一致。
用法：适用于防守反击对方的蹬腿动作。

（五）防守法

1. 接触防守

（1）拍挡

动作方法：正架预备势开始。左手（右手）以拳心或掌心为力点向里横向拍挡（图 14-6-15）。

要点：前臂尽量垂直，拍挡幅度小，用力短促。
用法：防守对方直线型拳法或横向型腿法对上盘的攻击。

（2）挂挡

动作方法：右手（左手）屈臂向同侧头部或肩部挂挡（图 14-6-16）。

图 14-6-15　　　　　　　　图 14-6-16

要点：大小臂叠紧并贴于头侧，要含胸侧身，暴露面小。

用法：防守对方横向型的手法或腿法攻击上盘，如左右掼拳或左右横踢腿等。

（3）拍压

动作方法：左拳（右拳）变掌，以掌心或掌根为力点由上向前下拍压。

要点：拍压时臂要弯曲，手腕和掌要紧张用力，臂内旋，虎口、指尖均朝右（左）。

用法：防守对方正面的手法或腿法攻击中盘，如下冲拳、勾拳、撩拳及蹬踹腿等。

（4）外抄

动作方法：左（右）手臂外旋弯曲，上臂紧贴肋部，前臂水平，手心朝上；同时右（左）手屈臂紧贴腹部，立掌，手心朝外，手指向上（图14-6-17）。

要点：上臂紧护躯干，两手成钳子状。抱腿时，两手相合锁扣。

用法：抄抱对方横踢腿对中盘的进攻，如左右横踢腿等。

（5）里抄

动作方法：左（右）手臂微屈并外旋，紧贴腹前，手心朝上，同时右（左）手屈臂紧贴胸前，立掌，虎口朝上，掌心朝外。

图 14-6-17

要点：两臂紧贴体前，保护裆部、胸部和腹部，抱腿，右（左）手掌心朝下与左（右）手相锁合。

用法：抄抱对方直线腿法和横线腿法。如正面的蹬、踹腿和左横踢腿等。

2. 闪躲防守

（1）撤闪

动作方法：前脚由前向后收步，接近后脚时脚前掌着地，重心落于后腿（图14-6-18）。

要点：前脚回收迅速，虚点地面，上体正直，支撑要稳。

用法：防守对方以腿法攻击下盘部位，如低蹬腿、低踹、弹腿、低横踢或勾踢腿等（图14-6-19）。

（2）后闪

动作方法：重心后移，上体略后倾闪躲（图14-6-20）。

图 14-6-18

图 14-6-19

图 14-6-20

要点：后闪时下颌收紧，闭嘴合齿，后闪幅度不宜过大，重心落于后腿。

用法：防守对方拳法攻击上盘部位，为腿法反击做准备，因此常常配合前蹬腿防守反击。

（3）侧闪

动作方法：两膝微屈，俯身，上体向左侧或右侧闪躲（图14-6-21）。

要点：上体要含胸，侧身不转头，目视对方。

用法：向两侧闪躲对方用手法正面攻击上盘部位，如左右冲拳等。

图14-6-21

（4）下躲闪

动作方法：屈膝、沉胯，重心下降，缩颈，弧形向下躲闪，两手紧护胸部。

要点：下躲闪时，膝关节、髋关节和颈部要同时弯曲、收缩，目视对手。

用法：防守对方手或脚横向攻击头部，如左右掼拳、高横踢腿等。

（5）提闪

动作方法：后膝微屈独支撑，前腿屈膝提起（图14-6-22）。

要点：重心后移，提腿迅速，根据对方腿法进攻的路线及方位，膝关节分别有里合、外摆或垂直的变化。

用法：防守对方正面或横向腿法攻击下盘部位，如低踹腿、弹腿、低横打和勾踢腿等，若对方的腿法攻击的是大腿或腰腹部，则可用小腿阻挡或接触防守。

图14-6-22

第十五章 健身气功

第一节 健身气功概述

一、健身气功的概念

源于中国，
绽放世界

"健身气功"一词是"健身"和"气功"两个词语结合而成的。依据健身气功是一个体育运动项目的前提，探讨健身气功概念的含义，"健身"的含义比较清晰，"健"与"身"的关系是前者支配后者，两个字合起来是使身体健康的意思。因为使身体健康是一个目标，而实现这一目标，必须落实到某种具体的行为，而与此目标相关的行为首先是各种各样的身体活动。"气功"的含义不像"健身"那样明确统一，气功是调身、调息、调心合为一体的身心锻炼技能。调身、调息、调心在气功里简称为"三调"。这个解释的特点是将气功定性为"三调合一"的操作技能，认为达到三调合一的身心活动就是气功，三调合一的状态或境界即是气功修炼的基本特征。

综上所述，健身气功是以健身为目的，以较为和缓的形体活动为基础，身心状态趋向于调身、调息、调心合一的体育运动项目。健身气功是中华优秀传统文化的组成部分，是以人的自身形体活动、呼吸吐纳、心理调节相结合为主要运动形式的民族传统体育项目。

二、健身气功的特点

21世纪之初，国家体育总局健身气功管理中心在挖掘整理优秀传统气功功法的基础上，组织编创了易筋经、五禽戏、六字诀、八段锦等4种健身气功。从整体看，4种健身气功具有以下特点：

第一，继承传统，推陈出新。4种健身气功遵照"取其精华""去其糟粕""博采众长""与时俱进"的精神，在优秀传统功法的基础上编创而成，既保留了原有功法的精华，又吸收了各流派之所长并有所创新。

第二，科学文明，有益健康。4种健身气功经多方考证、不断观摩研讨和反复试练，以大量文献为基础，集众多专家学者的智慧，集体编创而成。结果表明，4种健身气功功理科学、功法安全可靠，对增强人体脏腑功能、提高身体素质、改善身体机能、增强肌体抗衰老能力、辅助治疗一些慢性疾病、调节改善心理状态等方面都具有积极影响，对引导人民群众开展健康、科学、文明的健身气功活动具有重要意义。

第三，内涵丰富，适应面广。4种健身气功功理科学，安全健康，在健身气功辅导员、社会体育工作者、医疗康复指导者以及广大气功爱好者，尤其是中老年人群中有着广阔的发展空间。

第二节 健身气功的基本技术与锻炼方法

一、易筋经

易筋经是在传统十二定势动作的基础上，按照现代科学健身理论和方法创编而成的，展现出健身气功的独特魅力，对增强人体脏腑功能，改善身体机能，提高身体素质，增强抗老化能力，治疗一些慢性疾病等方面具有良好的作用。学习健身气功，首先要学习易筋经的基本手型、步型、动作名称、动作说明，动作要点和健身的作用。

（一）基本手型

握固：四指扣于大拇指，大拇指抵住无名指根节，四指屈收拢于掌心（图15-2-1）。
荷叶掌：五指张开、伸直（图15-2-2）。
柳叶掌：五指并拢，伸直（图15-2-3）。
龙爪：五指分开、伸直，大拇指、食指、无名指、小指内收（图15-2-4）。
虎爪：五指分开，虎口撑圆，第一、第二指节弯曲内抓（图15-2-5）。

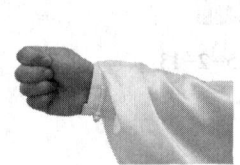
图15-2-1

图15-2-2

图15-2-3

图15-2-4

图15-2-5

（二）基本步型

弓步：两腿前后分开一大步，两脚横向之间保持一定的宽度，前腿屈膝前弓，大腿斜向地面，膝关节与脚尖上下相对，脚尖稍内扣；后腿膝关节挺直，脚跟蹬地，脚尖内扣，全脚掌着地（图15-2-6）。
丁步：两脚左右分开，两脚间距为10~20厘米，两腿屈膝半蹲，前腿脚尖点地，脚跟提起，置于后脚足弓处；后腿全脚掌着地（图15-2-7）。
马步：两脚平行开步站立，两脚之间的距离约为本人脚长的三倍，屈膝半蹲，大腿稍高于水平；身体重心在两脚之间（图15-2-8）。

图15-2-6

图15-2-7

图15-2-8

（三）易筋经动作要领及作用

1. 预备势

两脚并步站立，两腿自然伸直，两臂垂直于体侧；下颌微收，舌抵上腭，面部自然不僵硬；目视前方（图15-2-9）。

动作要点：全身放松，体松心静，呼吸自然。

健身作用：排除杂念，调整呼吸，内安五脏。

2. 韦驮献杵第一势

（1）左脚向左开立，与肩同宽，两腿膝关节微屈；两臂从体侧向前、向上至前平举，两手距离为20厘米，两掌心相对，指尖朝前，呼吸均匀自然，目视前方（图15-2-10～图15-2-12）。

图15-2-9

（2）两臂屈肘，自然收回，指尖朝斜前上方约30°，两掌互合于胸前，稍停片刻，手对膻中穴，虚腋，目视前下方（图15-2-13）。

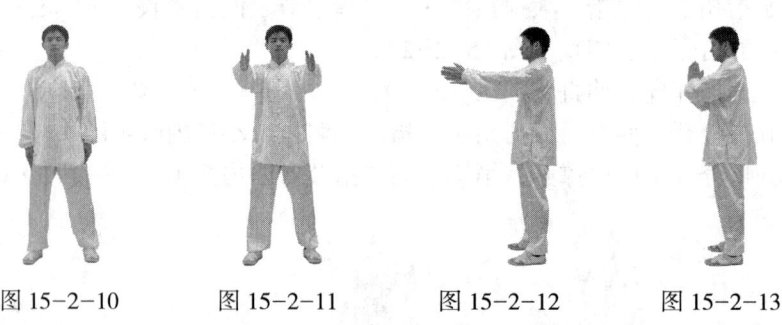

图15-2-10　　图15-2-11　　图15-2-12　　图15-2-13

动作要点：松肩虚腋、两掌合于胸前，需停顿片刻，神态安详。

健身作用：气定心神、改善神经、调节体液功能，消除内心焦虑，稳定情绪，有助于全身血液循环，消除疲劳。

3. 韦驮献杵第二势

（1）两肘向上抬起，两掌伸平，手指相对，掌心朝下，手臂、手掌与肩齐平（图15-2-14，图15-2-15）。

（2）两掌向前伸至前平举，掌心朝下，指尖朝前（图15-2-16，图15-2-17）。

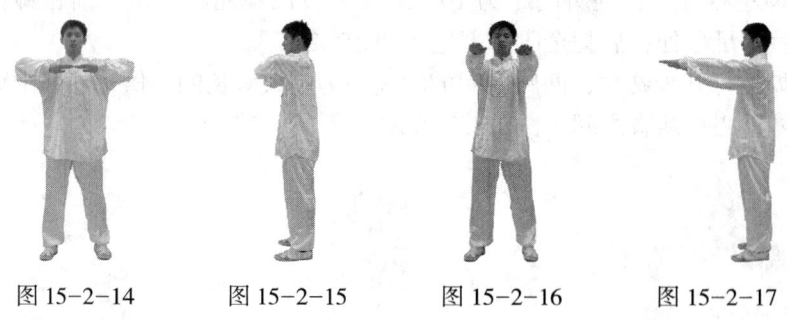

图15-2-14　　图15-2-15　　图15-2-16　　图15-2-17

（3）两臂缓慢向身体左右分开至侧平举，两手与肩齐平，掌心朝下，指尖朝外（图15-2-18）。

（4）五指并拢，坐腕立掌，两臂与肩同高；目视前下方（图15-2-19）。

图 15-2-18　　　　　　　图 15-2-19

动作要点：坐腕立掌，力点在掌根，均匀呼吸，气定心神。

健身作用：通过上肢伸展和立掌的动作起到经络的作用，并具有舒胸理气，调节心肺功能，改善呼吸功能和气血的运行。

4. 韦驮献杵第三势

（1）松腕，同时两臂向下、向前平举内收于胸前平屈，掌心朝下，手掌与胸相距一拳；目视前下方（图 15-2-20）。

（2）两臂屈肘，两臂向外翻转至耳垂下，掌心朝上，虎口相对，两肘外展与肩齐高（图 15-2-21）。

（3）提踵，重心同时移至前脚掌支撑，两掌上托举至头顶上方，掌心朝上，两手指尖相对，两臂伸展；微收下颏，紧咬牙齿，停顿片刻（图 15-2-22，图 15-2-23）。

图 15-2-20　　图 15-2-21　　图 15-2-22　　图 15-2-23

动作要点：两掌上托时，两臂伸直夹耳，前脚掌支撑，力达四肢；两脚提踵高度可自行调节，自然呼吸。

健身作用：治疗腰痛、肩痛，可提高肩关节活动能力和上下肢肌肉力量；上肢上托和下肢提踵，可调理三焦之气，促进全身血液循环。

5. 摘星换斗势

（1）两脚跟缓慢落地；同时，两拳握紧，两臂缓慢下落至侧平举，拳心朝外（图 15-2-24）。

（2）随即两拳缓慢伸开变掌，掌心斜朝下，全身放松，目视前下方（图 15-2-25）。

（3）身体向左转，两腿屈膝，右臂翻转掌心向上划弧经体前下摆至左髋关节外侧"摘星"，右掌伸开；左臂向下划弧经体侧下摆至体后，左手背贴命门；目视右掌（图 15-2-26~图 15-2-29）。

（4）两腿伸直膝关节，身体向右转至正对前方；同时，右手向上划弧摆至头顶右上方，肘微屈，腕放松，掌心朝下，手指朝左，中指尖垂直于肩髃穴；眼随右臂走，停住时目视掌心（图15-2-30）。

（5）停顿片刻，左臂向上、右臂向下至体侧伸展（图15-2-31）。

（6）身体向右转，两腿屈膝，左臂翻转掌心向上划弧经体前下摆至右髋关节外侧"摘星"，左掌伸开；右臂向下划弧经体侧下摆至体后，右手背贴命门；目视左掌（图15-2-32，图15-2-33）。

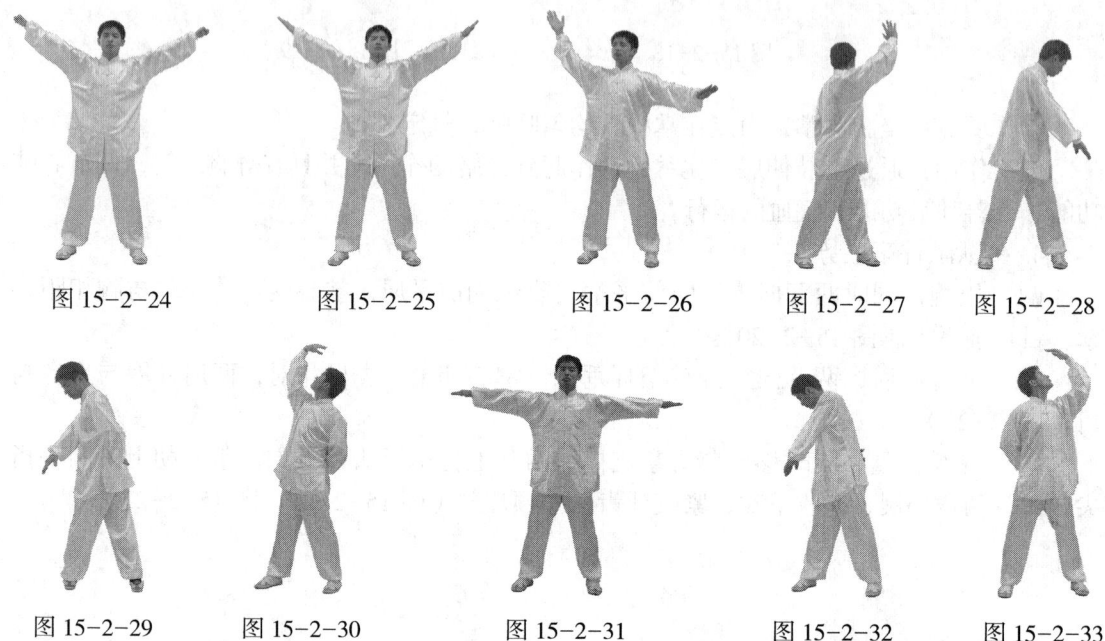

图15-2-24　　　图15-2-25　　　图15-2-26　　　图15-2-27　　　图15-2-28

图15-2-29　　　图15-2-30　　　图15-2-31　　　图15-2-32　　　图15-2-33

动作要点：转身时以腰带动肩，以肩带动手臂；目视掌心，意注命门，呼吸自然。

健身作用：肢体伸展、缓慢、柔和，增强肩、腰等部位的活动能力，促使肠胃蠕动，加强了消化功能，有调理肝、胆、脾、胃的作用，延缓衰老的功效。

6. 倒拽九牛尾势

（1）两腿屈膝，重心向右移，左脚向左侧后方退一步，右脚跟转动屈膝成右弓步，左手向内旋转、向前、向下划弧后伸，小拇指到大拇指逐个相握成拳，拳心朝上，右手向前上方划弧与肩齐平时，从小拇指到大拇指逐个相握成拳，拳心朝上，稍微高于肩；目视右拳（图15-2-34）。

（2）重心后移，左腿屈膝，腰稍微向右转，以肩带动臂，右臂外旋，左臂内旋，屈肘内收；目视右拳（图15-2-35）。

（3）重心向前移，屈膝成右弓步，腰稍微向左转，以肩带动臂，左臂向后伸展，右臂向前伸展，目视右拳，重复（2）至（3）动作3遍（图15-2-36，图15-2-37）。

（4）重心移至右腿，左脚向前上一步，右脚尖转正，正对前方，成开步姿势；同时，两臂向下划弧垂直于身体两侧，目视前下方（图15-2-38）。

（5）两腿屈膝，重心向左移，右脚向右侧后方退一步，左脚跟转动屈膝成左弓步，右手向内旋转、向前、向下划弧后伸，小拇指到大拇指逐个相握成拳，拳心朝上，左手向前上方划弧与肩齐平时，从小拇指到大拇指逐个相握成拳，拳心朝上，稍微高于肩；目视左拳（图15-2-39）。

（6）重心后移，右腿屈膝，腰稍微向左转，以肩带动臂，左臂外旋，右臂内旋，屈肘内收；目视左拳（图15-2-40）。

（7）重心向前移，屈膝成左弓步，腰稍微向右转，以肩带动臂，左臂向前伸展，右臂向后伸展，目视左拳，重复（6）至（7）动作3遍（图15-2-41，图15-2-42）。

图15-2-34　　　图15-2-35　　　图15-2-36　　　图15-2-37

图15-2-38　　　图15-2-39　　　图15-2-40　　　图15-2-41　　　图15-2-42

动作要点：以腰带动肩，以肩带动臂，前后拉伸，松紧适宜，与腰的旋转相配合，后撤步时，注意重心，身体保持平衡。

健身作用：通过拉伸动作，可增加两膀的力气，防治肩、腰、背痛，改善软组织血液循环，对眼部具有锻炼作用。

7. 出爪亮翅势

（1）重心移至左脚，右脚收回，成开步势；右臂向外旋转，左臂向内旋转，摆至侧平举，两掌心朝前，目视前方（图15-2-43~图15-2-46）。

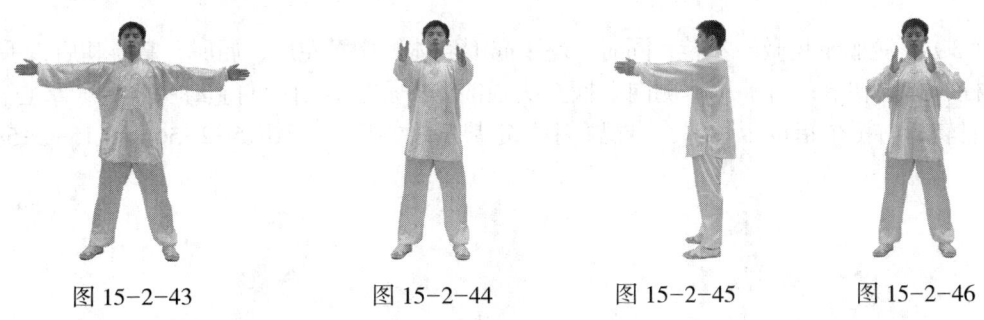

图15-2-43　　　图15-2-44　　　图15-2-45　　　图15-2-46

（2）两臂从体侧环抱至前平举，然后，两臂屈肘内收，两掌变柳叶掌立于云门穴前，两掌心相对，两指间朝上；目视前下方（图15-2-47）。

（3）两臂缓慢向前伸，掌心朝前成荷叶掌，指尖朝上，松肩，瞪目（图15-2-48）。

（4）松腕，收臂屈肘，掌心朝下；然后两掌向外翻转，立柳叶掌于云门穴，两掌心相对，目视前下方，重复（3）至（4）动作3~7遍（图15-2-49~图15-2-51）。

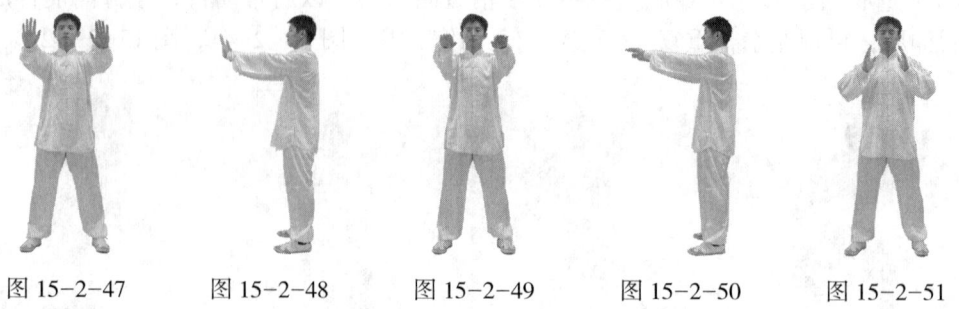

图15-2-47　　图15-2-48　　图15-2-49　　图15-2-50　　图15-2-51

动作要点：注意两掌朝前伸时为荷叶掌，收掌于云门穴时为柳叶掌；注意收掌吸气，推掌呼气，呼吸气要自然，扩胸展肩要充分。

健身作用：通过前伸推掌，屈臂收掌，可反复开启、闭合云门、中府等穴位，促进自然之气与人体真气交汇融合，改善呼吸功能，增强肺气，有利于气血的运行，提高上肢肌肉力量。

8. 九鬼拔马刀势

（1）上肢躯干向右转；同时，左手内旋，掌心朝下，右手外旋，掌心朝上，目视前方（图15-2-52，图15-2-53）。

（2）左手从胸前伸至斜上方，掌心朝外，同时，右手从胸前经右腋下后伸，掌心朝外，目视右斜下方（图15-2-54，图15-2-55）。

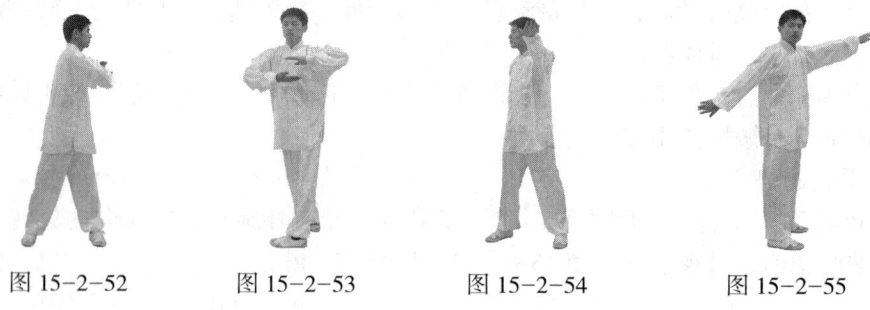

图15-2-52　　　图15-2-53　　　图15-2-54　　　图15-2-55

（3）上肢躯干稍微向左转，同时，左手向下经体侧摆至左后，屈肘，掌心朝后，手背贴于脊柱，指尖朝上；右手从体侧向上摆至头顶前上方屈肘，由后向左绕头半周，掌心盖耳；头向右转，右手中指按压耳郭，目视右手，定势后视左后方（图15-2-56~图15-2-58）。

图15-2-56　　　图15-2-57　　　图15-2-58

（4）身体向右转，展胸扩臂；目视右上方，动作停顿片刻（图15-2-59）。

（5）两腿屈膝，同时，躯干向左转，右臂内收，含胸；左手沿脊柱向上推，目视右脚跟，动作稍停片刻，重复（4）至（5）动作3遍（图15-2-60，图15-2-61）。

（6）两腿伸直，身体向右转正，正对前方，右手向上划弧经头顶上方向下侧平举；同时，左手向下经体侧向上至侧平举，两掌心朝下；目视前下方（图15-2-62）。

图15-2-59　　　图15-2-60　　　图15-2-61　　　图15-2-62

（7）上肢躯干稍微向右转，同时，右手向下经体侧摆至右后，屈肘，掌心朝后，手背贴于脊柱，指尖朝上；左手从体侧向上摆至头顶前上方屈肘，由后向右绕头半周，掌心盖耳；头向左转，左手中指按压耳郭，目视左手，定势后视右后方（图15-2-63）。

（8）身体向左转，展胸扩臂；目视左上方，动作停顿片刻（图15-2-64）。

（9）两腿屈膝，同时，躯干向右转，左臂内收，含胸；右手沿脊柱向上推，目视左脚跟，动作稍停片刻，重复（8）至（9）动作3遍（图15-2-65）。

图15-2-63　　　图15-2-64　　　图15-2-65

动作要点：动作拉伸、身体弯曲转动，协调一致，伸展时吸气，松肩合臂呼气，呼气、吸气要自然，运用适当。

健身作用：主要锻炼腰、腹、胸、背等部位肌肉，改善人体各关节活动能力。

9. 三盘落地势

（1）左脚向左侧开立，略宽于肩，脚尖朝前；同时，左手向上划弧经头顶上方向下侧平举，右手向下经体侧向上至侧平举，两掌心朝下；目视前下方（图15-2-66）。

（2）屈膝下蹲，同时，两臂用力下按至与环跳穴同高，两肘稍屈，两掌心向下，指尖朝外；目视前下方（图15-2-67）。同时，口吐"嗨"音，吐音尽时，舌尖轻顶上下牙齿之间，这时吐音结束。

（3）两臂翻转掌心朝上，两肘稍屈，两臂上划弧至侧平举，同时，缓慢起身，两腿膝关节伸直，目视前方（图15-2-68，图15-2-69）。重复（2）至（3）动作3遍，第一遍稍蹲（图 15-2-70）；第二遍半蹲（图 15-2-71）；第三遍全蹲（图 15-2-72）。

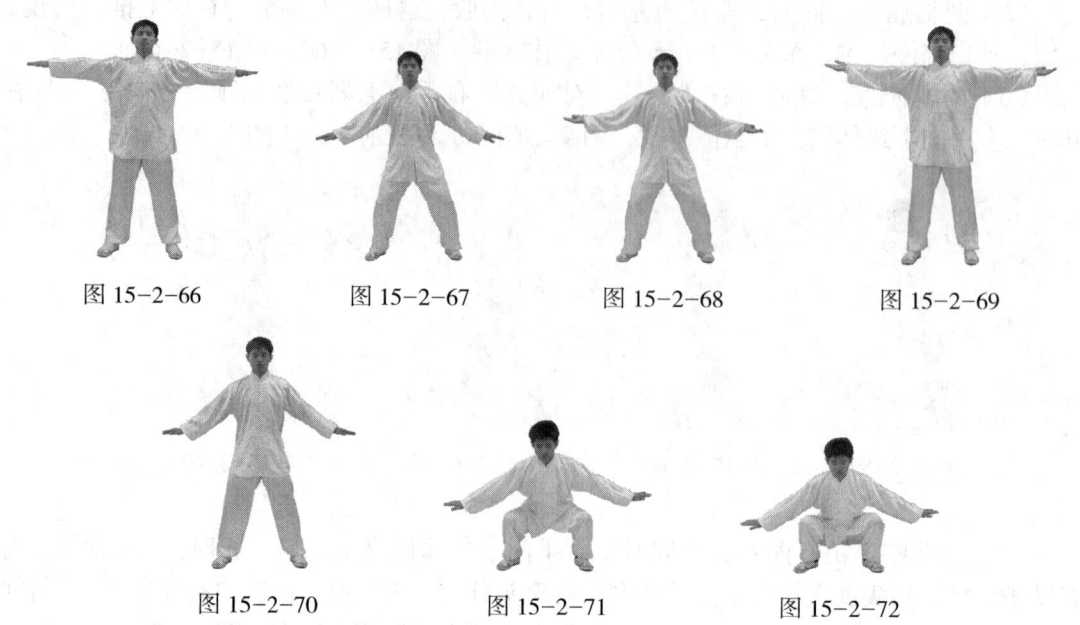

图 15-2-66　　　图 15-2-67　　　图 15-2-68　　　图 15-2-69

图 15-2-70　　　图 15-2-71　　　图 15-2-72

动作要点：下蹲时依次加大幅度；下蹲和起身时，不应前俯后仰，要保持身体正直；两手臂下按时需沉肩，直臂下按；闭口时，舌顶上腭。

健身作用：通过下肢的屈伸活动，增强腿部力量，对消除盆腔的淤血有良好的作用。

10. 青龙探爪势

（1）左脚收回一步，与肩同宽；两臂翻转掌心朝上，两臂上划弧至侧平举（图15-2-73）。

（2）两手臂屈肘内收至腰间，两手握固，拳轮贴于章门穴，拳心朝上；目视前下方（图 15-2-74）。

（3）右拳变掌从腰间向下向右侧外展至侧平举，略低于肩，掌心朝上；目随手动（图 15-2-75，图 15-2-76）。

图 15-2-73　　　图 15-2-74　　　图 15-2-75　　　图 15-2-76

（4）右臂屈肘，右腕屈腕变"龙爪"，指尖朝左，经下颏向左侧水平伸出；躯干左转90°，目视右掌前方（图 15-2-77~图 15-2-79）。

（5）右爪变掌，随之身体左前屈，右手掌心下按至左脚外侧；目视下方（图 15-2-80，图 15-2-81）。

图 15-2-77　　　图 15-2-78　　　图 15-2-79　　　图 15-2-80　　　图 15-2-81

（6）躯干由左前屈转向右前屈，带动右手由左脚前划弧至右脚侧，手臂外旋，掌心朝前；然后右掌握固，掌心朝前，目视右手下方（图15-2-82，图15-2-83）。

（7）上体抬起，直立，膝关节挺直；右拳随上体抬起收于章门穴，两拳心朝上；目视前下方（图15-2-84）。

（8）左拳变掌从腰间向下向左侧外展至侧平举，略低于肩，掌心朝上；目随手动（图15-2-85）。左臂屈肘，左腕屈腕变"龙爪"，指尖朝右，经下颔向右侧水平伸出；躯干右转90°，目视左掌前方（图15-2-86）。

图 15-2-82　　　图 15-2-83　　　图 15-2-84　　　图 15-2-85　　　图 15-2-86

（9）左爪变掌，随之身体右前屈，左手掌心下按至右脚外侧；目视下方（图15-2-87）。

（10）躯干由右前屈转向左前屈，带动左手由右脚前划弧至右左脚侧，手臂外旋，掌心朝前；然后左掌握固，掌心朝前，目视左手下方（图15-2-88）。

（11）上体抬起，直立，膝关节挺直；左拳随上体抬起收于章门穴，两拳心朝上；目视前下方（图15-2-89）。

动作要点：动作要协调、自然、一气呵成；眼睛随着"爪"动；前俯时膝关节要挺直。

图 15-2-87　　　图 15-2-88　　　图 15-2-89

健身作用：通过转体、前屈，可使两肋交替松紧开合，达到疏肝理气，调整情绪的作用，可充分改善腰部及下肢腿部的活动能力。

11. 卧虎扑食势

（1）左脚收回右脚内侧脚尖点地成丁字步，右脚脚尖内扣约45°；同时，身体向左转体90°，两手握固于章门穴，拳心朝上，眼睛随着转体目视左前方（图15-2-90，图15-2-91）。

（2）左脚向前上一步，左腿屈膝，成左弓步；同时，两拳从腰间上提至肩部云门穴内旋变"虎爪"向前推按，掌心朝前，肘微屈，目视前方（图15-2-92，图15-2-93）。

图15-2-90　　　　图15-2-91　　　　图15-2-92　　　　图15-2-93

（3）上肢躯干由腰到胸依次屈伸，身体重心随着躯干适度移动；同时，两手随着上肢躯干向下、向后、向上、向前绕环一周，目视前方（图15-2-94～图15-2-96）。上体前俯，两手"爪"下按，两手十指着地；右腿屈膝，脚尖着地，左脚跟离地；随之，挺胸、塌腰、抬头、瞪眼；动作停顿片刻，目视前上方（图15-2-97～图15-2-98）。

图15-2-94　　　　图15-2-95　　　　图15-2-96　　　　图15-2-97　　　　图15-2-98

（4）起身，身体向右转体180°，右脚收至左脚内侧脚尖点地，成丁字步；同时，两手握固收至腰间章门穴，重心向后移，左脚脚尖内扣135°；目视前下方（图15-2-99）。

（5）右脚向前上一步，右腿屈膝呈右弓步；同时，两拳从腰间上提至肩部云门穴内旋变"虎爪"向前推按，掌心朝前，肘微屈，目视前方（图15-2-100）。上肢躯干由腰到胸依次屈伸，重心随着躯干适度移动；同时，两手随着上肢躯干向下、向后、向上、向前绕环一周，目视前方。

（6）上体前俯，两手"爪"下按，两手十指着地；左腿屈膝，脚尖着地，右脚跟离地；随之，挺胸、塌腰、抬头、瞪眼；动作停顿片刻，目视前上方（图15-2-101）。

动作要点：躯干依次屈伸带动两手前扑绕环，挺胸、塌腰、抬头、瞪眼时力达指尖，腰部背部呈反弓形。

健身作用：通过身体的屈伸，胸腹的伸展，可使任脉得以疏通和调理；还可以调养手足三阴之气；能改善腰、腹、腿部肌肉的力量，有强腰壮肾之作用。

图 15-2-99　　　　　图 15-2-100　　　　　图 15-2-101

12. 打躬势

（1）两腿用力蹬直起身，重心后移，右脚脚尖内扣，脚尖朝前，左脚收回，成开立姿势，与肩同宽，随之，身体向左转体正对前方；同时，两手随身体向左转外旋、外展至侧平举，掌心朝前，两臂屈肘，两掌盖耳，十指贴按枕部，指尖相对，以两手指食指弹拨中指击打枕部7次；目视前下方（图 15-2-102，图 15-2-103）。

（2）身体向前俯，由头经颈椎、胸椎、腰椎、骶椎从上至下依次缓慢牵引前屈，两腿伸直；目视脚尖，停顿片刻（图 15-2-104，图 15-2-105）。

图 15-2-102　　　　图 15-2-103　　　　图 15-2-104　　　　图 15-2-105

（3）由骶椎、腰椎、胸椎、颈椎至头，从下至上依次缓慢逐个伸直后成直立；同时，两手掌盖耳，十指贴按枕部，指尖相对；目视前下方（图 15-2-106）。重复（2）至（3）动作3遍，逐渐加大身体前屈的幅度并停住。第一遍前屈小于90°，第二遍前屈等于90°，第三遍前屈大于90°（图 15-2-107～图 15-2-112）。

动作要点：身体前屈时，两腿直立，膝关节伸直，两肘外展。

健身作用：通过头、颈、胸、腰、骶依次屈伸，可使血液充分注于脑，改善脑部血液

图 15-2-106　　　图 15-2-107　　　图 15-2-108　　　图 15-2-109

图 15-2-110　　　　图 15-2-111　　　　图 15-2-112

循环，可醒目，消除脑部疲劳；发动全身经气，阳气充足，强身健体。

13. 掉尾势

（1）起身直立，然后两手猛地拨开两耳，屈臂外展，掌心斜向上（图 15-2-113）。手臂向前伸，两手十指交叉相握，掌心朝内（图 15-2-114，图 15-2-115）。屈肘，掌心向外翻转前伸，掌心朝外（图 15-2-116，图 15-2-117）。掌心向下翻转屈肘内收于胸前；身体前屈时，塌腰、抬头，两手交叉由胸前缓慢向下按；目视前方（图 15-2-118～图 15-2-120）。

（2）头向左后转动，同时，臀部向左前扭动；目视尾闾（图 15-2-121，图 15-2-122）。

图 15-2-113　　　图 15-2-114　　　图 15-2-115　　　图 15-2-116　　　图 15-2-117

图 15-2-118　　　图 15-2-119　　　图 15-2-120　　　图 15-2-121　　　图 15-2-122

（3）两手交叉不动，头还原至体前屈（图 15-2-123）。
（4）头向右后转动，同时，臀部向右前扭动；目视尾闾（图 15-2-124）。
（5）两手交叉不动，头还原至体前屈（图 15-2-125）。重复（2）至（5）动作3遍。

动作要点：转头扭臀时，头与臀部做相向运动，动作与呼吸要协调。

健身作用：通过体前屈、抬头、掉尾左右屈伸动作，可使全身血脉得以调和，还可加强腰背肌肉的力量，改善各个关节活动能力。

图 15-2-123　　　　图 15-2-124　　　　图 15-2-125

14. 收势

（1）两手松开，手臂外旋，上体缓慢直立；同时，两臂向上至侧平举，掌心朝上。然后，两臂上举，屈肘，掌心朝下，目视前下方（图 15-2-126～图 15-2-128）。

（2）两掌经头上向下按至腹前，掌心朝下，屈肘，两臂内收，目视前下方（图 15-2-129）。重复（1）至（2）动作 3 遍。

（3）两臂放松垂于体侧，左脚收回，与右脚并步站立，舌顶上腭，目视前方（图 15-2-130）。

图 15-2-126　　　图 15-2-127　　　图 15-2-128　　　图 15-2-129　　　图 15-2-130

动作要点：第一、二次下行至腹部后，意念继续下引，经涌泉穴入地。最后一次下引至腹部需停顿。下引时两臂需匀速缓慢。

健身作用：通过上肢上抱和下引动作，可使气回归于丹田，还起到放松全身肌肉、关节的作用。

二、八段锦口诀及练法

（一）坐式八段锦

1. 坐式八段锦口诀

闭目冥心坐，握固静思神。叩齿三十六，两手抱昆仑。左右敲玉枕，二十四度闻。微摆撼天柱，动舌搅水津，鼓漱三十六，津液满口生，一口分三咽，以意送脐轮。闭气搓手热，背后摩精门，尽此一口气，意想体氤氲。左右辘轳转，两脚放舒伸。翻掌向上托，弯腰攀足频。以候口水至，再漱再吞津，如此三度毕，口水九次吞，咽下汩汩响，百脉自调匀。任督慢运毕，意想气氤氲。名为八段锦，子后午前行。勤行无间断，去病又强身。

2. 坐式八段锦练法

（1）宁神静坐：采用盘膝坐式，正头竖颈，两目平视，松肩虚腋，腰脊正直，两手轻握，置于小腹前的大腿根部。要求静坐 3~5 分钟。

（2）手抱昆仑：牙齿轻叩二三十下，口水增多时即咽下，谓之吞津。随后将两手交叉，自身体前方缓缓上起，经头顶上方将两手掌心紧贴在枕骨处，手抱枕骨向前用力，同时枕骨后用力，使后头部肌肉产生一张一弛的运动。如此行十数次呼吸。

（3）指敲玉枕：接上式，以两手掩住双耳，两手的食指相对，贴于两侧的玉枕穴上，随即将食指搭于中指的指背上，然后将食指滑下，以食指的弹力缓缓地叩击玉枕穴，使两耳有咚咚之声。如此指敲玉枕穴十数次。

（4）微摆天柱：头部略低，使头部肌肉保持相对紧张，以左右头角的颈，将头向左右频频转动。如此一左一右地缓缓摆撼天柱穴20次左右。

（5）手摩精门：做自然深呼吸数次后，闭息片刻，随后将两手搓热，以双手掌推摩两侧肾俞穴20次左右。

（6）左右辘轳：接上式，两手自腰部顺势移向前方，两脚平伸，手指分开，稍做屈曲，双手自胁部向上划弧如车轮形，像摇辘轳那样自后向前做数次运动，随后再按相反的方向前向后作数次环形运动。

（7）托按攀足：接上式，双手十指交叉，掌心向上，双手上托；稍停片刻，翻转掌心朝前，双手向前按推。稍做停顿，即松开交叉的双手，顺势做弯腰攀足的动作，用双手攀两足的涌泉穴，两膝关节不要弯曲。如此锻炼数次。

（8）任督运转：正身端坐，鼓漱吞津，意守丹田，以意引导内气自中丹田沿任脉下行至会阴穴接督脉沿脊柱上行，至督脉终结处再循任脉下行。

（二）站式八段锦

1. 站式八段锦口诀

双手托天理三焦，左右开弓似射雕，调理脾胃须单举，五劳七伤往后瞧。摇头摆尾去心火，背后七颠百病消，攒拳怒目增力气，两手攀足固肾腰。

2. 站式八段锦练法

（1）双手托天理三焦：自然站立，两足平开，与肩同宽，含胸收腹，腰脊放松。正头平视，口齿轻闭，宁神调息，气沉丹田。双手自体侧缓缓举至头顶，转掌心向上，用力向上托举，足跟亦随双手的托举而起落。托举数次后，双手转掌心朝下，沿体前缓缓按至小腹，还原。

（2）左右开弓似射雕：自然站立，左脚向左侧横开一步，身体下蹲成骑马步，双手虚握于两髋之外侧，随后自胸前向上划弧提于与乳平高处。右手向右拉至右乳平高，与乳距约两拳许，意如拉紧弓弦，开弓如满月；左手捏剑诀，向左侧伸出，顺势转头向左，视线通过左手食指凝视远方，意如弓箭在手，等机而射。稍做停顿后，随即将身体上起，顺势将两手向下划弧收回胸前并同时收回左腿，还原成自然站立。此为左式，右式反之。左右调换练习十数次。

（3）调理脾胃须单举：自然站立，左手缓缓自体侧上举至头，翻转掌心向上并向左外方用力举托，同时右手下按附应。举按数次后，左手沿体前缓缓下落，还原至体侧。右手举按动作同左手，惟方向相反。

（4）五劳七伤往后瞧：自然站立，双脚与肩同宽，双手自然下垂，宁神调息，气沉丹田。头部微微向左转动，两眼目视左后方，稍做停顿后，缓缓转正，再缓缓转向右侧，目视右后方稍停顿，转正。如此十数次。

（5）摇头摆尾去心火：两足横开，双膝下蹲成骑马步。上体正下，稍向前探，两目平视，双手反按在膝盖上，双肘外撑。以腰为轴，头脊要正，将躯干划弧摇转至左前方，左臂弯曲，右臂绷直，肘臂外撑，头与左膝呈一垂线，臀部向右下方撑劲，目视右足尖；

稍停顿后，随即向相反方向，划弧摇至右前方。反复十数次。

（6）两手攀足固肾腰：松静站立，两足平开，与肩同宽。两臂平举自体侧缓缓抬起至头顶上方转掌心朝上，向上作托举劲。稍做停顿，两腿绷直，以腰为轴，身体前俯，双手顺势攀足，稍做停顿，将身体缓缓直起，双手右势起于头顶之上，两臂伸直，掌心向前，再自身体两侧缓缓下落于体侧。

八段锦完整动作演示

（7）攒拳怒目增力气：两足横开，两膝下蹲，成骑刀步。双手握拳，拳眼向下。左拳向前方击出，顺势头稍向左转，两眼通过左拳凝视远方，右拳同时后拉。与左拳出击形成一种争力。随后，收回左拳，击出右拳，要领同前。反复十数次。

（8）背后七颠把病消：两足并拢，两腿直立、身体放松，两手臂自然下垂，手指并拢，掌指向前。随后双手平掌下按，顺势将两脚跟向上提起，稍做停顿，将两脚跟下落着地。反复练习十数次。

第十六章 跆拳道

第一节 跆拳道概述

一、跆拳道的起源与发展

跆拳道起源于朝鲜半岛,当地三国时代被称为花郎道,经千年的洗礼和锤炼,逐渐演变成为现今的跆拳道。跆拳道以腿为主,也被称为腿的艺术。"跆"(TAE)意为像风一样地踢脚,"拳"(KWON)代表拳法、擒拿,"道"(DO)是指方向、方法、尊师重道,三者合称为跆拳道(TAEKWONDO)。跆拳道是一项利用拳和脚进行的对抗性运动,通过竞赛、品势和功力检测等运动形式表现,可以使习练者增强体质,掌握技战术,并培养坚忍不拔、尊师重长的良好品质。

由于跆拳道有着极大的锻炼价值和较高的安全性,在2000年悉尼奥运会上,跆拳道被列为正式比赛项目。现在,全球有上千万人在练习跆拳道,跆拳道已成为一种时尚运动。

二、跆拳道的文化内涵

压力下求变,低谷中奋起

礼仪是跆拳道精神的具体表现,又称为"礼节"。礼仪的教育和熏陶是跆拳道运动的重要组成部分。每个人在练习跆拳道时,无不为其"道"所震撼。跆拳道注重培养人的一种"气"和"量",即志气、勇气和胆量。"气"和"量"能够使人养成勇往直前、奋力拼搏、自强不息的精神,同时能使人产生坚定的自信心。在自信心的作用下,又可以产生谦虚、纯朴的良好品质,在这种品质的影响下,会使人不知不觉地克服自己的缺点,谦让别人,以和平、友爱、团结的美德促进社会的和谐。

跆拳道以培养高尚情操、造就优秀品德为根基,在不断强健体魄的同时,更讲究个人心灵的感化,它追求通过格斗技击的演练形式和坚持不懈的努力,促进身心的发展,陶冶情操,锤炼意志,不断使人超越平凡,让生命更具永恒的活力,这正是跆拳道的精髓。

第二节 跆拳道基本技术与练习方法

一、实战姿势

左脚在前为左势,右脚在前为右势(以下以左势为例)。

动作规格：两脚前后开立与肩同宽，前脚尖45°斜向右前方，后脚跟抬起，膝关节微屈，重心落在两脚之间；上身自然直立，45°斜向右前方，双手握拳，拳心相对，两臂弯曲置于胸前；头部直立向前，目视正前方（图16-2-1）。

动作要领：身体自然，肌肉放松；膝关节松而不懈，富有弹性；心无杂念，以无意为有意。

实战姿势

图16-2-1

二、基本步法

在跆拳道习练中，步法训练非常重要。能否合理运用腿法，准确和强有力地击打对方，主要是通过机动、灵活、稳固的步法来实现的。

1. 上步（图16-2-1）

动作方法：实战姿势（左势）站立，后脚朝前上一步，换为实战姿势（右势）。

动作要点：以前脚为轴，拧腰转髋迅速，上步时上体保持平稳。

动作特点：主要用于快速进攻，使自己处于有利的进攻位置。

2. 前跃步（图16-2-2）

动作方法：左架站立，两脚同时向前跃出一步，保持左架姿势。

动作要点：移动时两脚距离保持不变，两脚离地不要过高，滑步稳，跟步快。

动作特点：常用于调整与对手之间的距离，使自己处于有利的进攻位置。

3. 后跃步（图16-2-3）

动作方法：两脚同时向后撤一步。

动作要点：两脚稍离开地面即可，重心保持平稳。

动作特点：主要用于调整与对手之间的距离，躲避对方进攻或配合技术反击。

上步、后撤步

图16-2-2　　　　　　　　图16-2-3

4. 后撤步（图16-2-4）

动作方法：右架站立，左脚迅速由前向后退一步，成左架站立。

动作要点：以后脚为轴，拧腰转髋迅速，退步时重心保持平稳。

动作特点：主要用以快速退防，从而使自己处在防守的最佳位置，由被动变为主动。

5. 跳换步（图16-2-5）

动作方法：左架站立，两脚原地前后交换，换成右架站立。

动作要点：换步灵活，弹跳不宜太高。

动作特点：主要用调整实战姿势，使自己处于有利的进攻位置。

跳换步

图 16-2-4　　　　　　　　　图 16-2-5

三、腿法

跆拳道以其灵活多变的腿法著称，仅腿法就有上千种之多，被世人称为踢的艺术。在这些腿法中，有很多是由一些基本的腿法组合而成的。在这里，仅介绍几种基本的腿法。

1. 前踢（图 16-2-6）

前踢

图 16-2-6

动作方法：

（1）右架站立，重心移至左脚。

（2）提膝时，膝盖朝前，脚面绷直，双手握拳自然垂放在身体两侧。

（3）髋关节前送，右大腿向前抬起，当大腿抬至水平或稍高时，向前弹出小腿，用脚面击打目标，脚面绷直。在小腿弹出的一瞬间，要有一个制动的过程，使小腿产生鞭打的效果。

（4）向右转髋，使右小腿折叠快收回原位，然后后撤，右腿还原。

动作要求：出腿要快速有力，直线攻击对手，攻击中段主要使用脚前掌，攻击上段主要使用脚尖。

2. 横踢（图 16-2-7）

横踢

横踢是跆拳道比赛中运用率最高的腿法，横踢技术动作简单实用，是跆拳道技术的重点之一。

动作方法：

（1）右架站立，抬起右腿时，大小腿夹紧，从前方迅速提至腰部。

（2）提起右腿后，髋部略左转。为保持重心，躯干稍向左后倾，以配合快速转髋。通过腰、腿的力量，将小腿用力由外向内横踢出去。击打时，脚面稍绷直，但踝关节要放松。小腿弹出后，在弹直的一瞬间，要有一个制动的过程，使脚面产生鞭打的效果。

图 16-2-7

（3）提膝应尽量随着转髋同时进行，不能在完全转髋后再提膝，这样会造成膝盖过早偏向外侧。

（4）左脚应积极配合髋部的转动，转动时可稍微踮起一点。

动作要求：出腿要快速有力，受力点为脚背或脚前掌。攻击中注意不要踢到对方的手、肘等部位，以防止因踢到对方的手而使脚部受伤。

3. 后踢（图 16-2-8）

图 16-2-8

后踢

动作方法：

（1）右架站立，重心移至左腿。

（2）以左脚尖为轴，左脚跟外旋，身体向右后方转动，同时提起右腿，大小腿折叠。

（3）右腿向后平伸蹬出，在蹬直前膝盖稍外翻。

（4）用脚跟击打对方胸部和腹部。

（5）击打后右脚自然落下。

动作要求：身体的转体动作和后踢技术要连贯完成，受力点在脚后跟。

4. 下劈（图 16-2-9）

下劈是跆拳道技术中杀伤力较大的腿法之一，常作为跆拳道招牌性腿法动作。

下劈

动作方法：

（1）左架站立，重心移至右腿。

（2）提起左大腿，同时向右转髋，使左腿膝盖尽量与胸部贴近，身体重心向上。

（3）左脚高举过头，左腿伸直贴近身体，身体保持正直或稍前俯。

（4）左脚脚面稍绷直，左腿快速下压，用脚掌或脚后跟下砸对方的头部，身体重心前移至左腿上，身体稍后仰以控制重心。

（5）击打后，左脚自然落下。

图 16-2-9

动作要求：腾空转体和劈腿动作要连续完成，受力点在脚后跟或脚前掌。

5. 后旋踢（图 16-2-10）

后旋踢

图 16-2-10

动作方法：
（1）右架站立，以左脚尖为轴，左脚跟外旋。
（2）身体向右后方转，同时提右腿，向斜后方蹬伸，头部向右后方转动。
（3）身体继续旋转，右腿向后划一个水平弧线，快速屈膝，用脚掌击打对方头部。
（4）右脚自然落下，还原为右架站立。

动作要求：目视对方，劈腿动作要连续完成，受力点在脚后跟或脚前掌。

6. 侧踢（图 16-2-11）

动作方法：
（1）右架站立，将重心移至左脚，同时左脚内旋。
（2）提右腿，大小腿折叠，同时左转髋，身体右侧侧对对方。

侧踢

图 16-2-11

（3）勾脚面，右腿平蹚出去，用脚掌外侧攻击对方。
（4）右腿自然下落，并撤回原位。

动作要求：使用侧踢动作时，动作要快速有力，如双方相距较远，可用垫步移动接近对方。受力点在脚掌。

7. 双飞踢（图16-2-12）

图16-2-12

动作方法：
（1）左架站立，重心移至右脚，提起左腿使用横踢。
（2）在左脚未落地时立即用右腿横踢，也就是使用两个连续后踢。击打后，两脚自然落下。两腿交换之间，髋部要快速扭转。小腿弹出后，在弹直的一刹那，要有一个制动的过程，使脚产生鞭打的效果。

动作要求：双飞踢技术是跆拳道技术中最常用的一种连续攻击技术，两腿在攻击的瞬间要快速连贯完成，身体要在悬空状态下完成该技术，两腿的连续性和速度尤为重要。受力点在脚背和脚前掌。一般来说，在中远距离时是使用双飞踢的较好时机，双飞踢中的第一个横踢常常是为了找到合适的距离或破坏对方的进攻，以利于第二个横踢。双飞踢主要用于攻击对方的胸腹、两胁和面部。

8. 前横踢（图16-2-13）

图16-2-13

前横踢是跆拳道比赛中较为常用的动作之一，也是运动员得分的主要技术。
动作方法：
（1）左架站立，左脚向前垫步，将身体重心移至左腿。
（2）提起右脚，向前送腿，大小腿稍折叠。
（3）绷紧脚面，右膝向内，快速弹出小腿。
（4）右腿自然落下，两腿同时后撤一步，还原成左架准备姿势。

动作要求：打击要坚决果断，后脚一定要配合积极向前移动。右腿的小腿要快速弹出，尽量增加鞭打力量。

四、防守动作

在跆拳道比赛中，不允许使用抓、推、抢、拌、夹等方法防守，但可以用手臂或手刀去格挡。格挡技术按照防守方向来划分，可分为向上格挡、向（左右）斜下格挡和向（左右）斜上格挡三种。

1. 向上格挡（图 16-2-14）

利用手臂或手刀自下向上的格挡动作称为向上格挡。

动作方法：右架实战姿势站立。左（右）手握拳，手臂沿身体正中线向上迅速上格。格挡时，前臂与地面平行，格挡的位置应在头部正上方，前臂内旋，以尺骨外侧接触对手的攻击腿。

动作要点：判断对手进攻要准确，上格要迅速有力。

图 16-2-14

2. 向（左右）斜下格挡（图 16-2-15）

动作方法：右架实战姿势站立。左手握拳由上至下，用左前臂向左斜下方格挡，或是右手握拳，用右前臂向右斜下方格挡。

动作要点：应以前臂尺骨外侧接触对方的攻击腿。

3. 向（左右）斜上格挡（图 16-2-16）

动作方法：右架实战姿势站立。左手握拳由下至上，用左前臂向左斜上方格挡，或是右手握拳，用右前臂向右斜上方格挡。

动作要点：动作迅速，以前臂尺骨或桡骨外侧格挡对方的攻击腿。

图 16-2-15　　　　　　　　　　图 16-2-16

第三节　跆拳道的竞赛与裁判

一、跆拳道的场地

跆拳道的比赛场地为长 12 米、宽 12 米的水平、无障碍物的正方形场地。场地的地面应为有弹性的垫子。场地中央长 8 米、宽 8 米的区域为比赛区,其余部分为警戒区。警戒区和比赛区表面用两种不同颜色划分,同色时用 5 厘米宽的白线划分。

二、跆拳道的服装

跆拳道的服装称作道服,其款式、颜色都是特定的。系扎道服用的腰带颜色各异,以其颜色可以区分运动员的段位级别,黑带是跆拳道高手的象征,是实力的体现,更是一种荣誉和责任。

三、跆拳道的比赛时间

跆拳道的每场比赛分为三局,每局比赛时间为三分钟,局间休息一分钟。青年锦标赛每场比赛为三局,每局比赛时间为两分钟,局间休息一分钟。

四、跆拳道比赛允许使用的技术

跆拳道比赛中使用拳的技术时必须握紧拳,用拳正面的食指或中指部分击打;使用脚的技术时,必须用踝关节以下的脚前部击打。这里需要注意:指、掌、肘、膝等技术只适合于平时练习或品势表演中使用,在比赛中禁止使用;抓、搂、抱、推等动作在比赛中也是禁止使用的。如出现,将被判罚警告一次,警告两次将被扣一分。

五、跆拳道比赛允许攻击的部位

跆拳道比赛中允许攻击的部位包括髋骨以上至锁骨以下以及两肋部,但背部没有护具保护的部位禁止攻击。头部两耳向前头颈的前部只允许用脚的技术攻击。

六、跆拳道比赛的得分方式

使用允许的技术,准确有力地击中有效得分部位,即为得分一次,得分一次累加一分,击中头部得两分。

有效得分部位包括腹部和两肋部以及面部允许被攻击的部位。如使用允许的技术击中被护具保护的非有效得分部位击倒对方时按得分计。

七、跆拳道比赛的获胜方式

(1)击倒胜(KO 胜)。
(2)主裁判终止比赛胜(RSC 胜)。
(3)比分或优势胜(判定胜)。
(4)对方弃权胜(弃权胜)。
(5)对方失去资格胜(失格胜)。
(6)主裁判判罚犯规胜(犯规胜)。

第十七章 形体健身

第一节 健美操

一、健美操概述

（一）健美操简介

健美操在国外被称为"有氧体操"（aerobics），是有氧运动的一种。它通常徒手或采用轻器械进行练习，是在氧气供应充足的情况下，以人体有氧系统供能为主的一种运动形式。健美操是持续一定时间、中低强度的全身性运动，主要锻炼练习者的心肺功能。近几十年来，随着遍及全球的健身热和娱乐体育的发展，健美操风靡世界，特别是 20 世纪 80 年代以来，健美操以其强大的生命力在全世界范围内迅猛开展起来。目前，健美操不仅是我国大、中、小学体育教学的重要内容，也是全民健身运动的重要组成部分。

形体健身的社会价值

（二）健美操的分类

健美操运动可分为健身性健美操、表演性健美操和竞技性健美操三大类（图 17-1-1）。

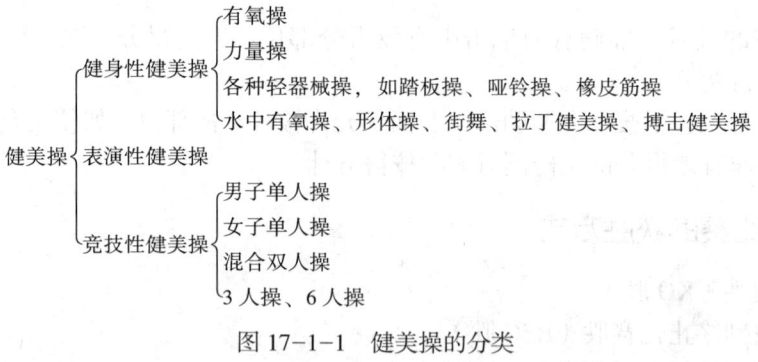

图 17-1-1　健美操的分类

（三）健美操的特点

1. 高度的艺术性

健美操是融体操、舞蹈、音乐于一体，追求健与美的运动项目。因此，健美操属于健美体育范畴，具有高度的艺术性。

健美操的艺术性主要体现在其"健、力、美"的项目特征上。"健康、力量、美丽"是人类所追求的完美身体状态，而无论是健身性健美操，还是竞技性健美操，无不处处表现出"健、力、美"的特征，并展现出高度的艺术性。

健美操动作协调、流畅、有弹性，练习者不仅可以锻炼身体、增强体质，还可以从中得到美的享受，提高艺术修养。健美操运动员在比赛中所表现出的健美的体魄、高超的技术、流畅的编排和充沛的体力等，往往给观众留下深刻的印象。

2. 强烈的节奏感

健美操动作具有强烈的节奏感，可通过音乐充分表现出来。音乐是健美操运动不可缺少的组成部分。健美操音乐的特点是节奏强劲有力、旋律优美，具有烘托气氛、激发人们热情的作用。健美操运动与音乐巧妙结合后，产生的强烈的节奏感使得健美操更具有感染力。

3. 广泛的适应性

健美操练习形式多种多样，运动量可随时调整，对场地器材的要求也不高。因此，不同年龄、性别，不同身体素质和技术水平的人都适宜参与。各类人群都能从健美操练习中找到适合自己的运动方式，从中得到乐趣。

（四）有氧健美操的种类

1. 搏击健美操

搏击健美操是融合音乐、舞蹈、拳击、搏击等特点而形成的健美操。搏击健美操是健美操的又一发展，与拳击不同，前者的目标是健身，后者的目标是击败对手。搏击健美操不易受伤，更适合大众参与。

搏击健美操不是一项竞技运动，而是对搏击和健美操的补充，练习搏击健美操可以提高自信心、肌肉的协调性以及必要的技巧与柔韧性。

2. 拉丁风格的有氧健美操

最早的有氧健美操都带有拉丁舞风格，如爵士舞风格的有氧健美操、萨尔萨有氧健美操。萨尔萨有氧健美操是一种节奏明快的拉丁舞风格的有氧健美操，吸取了曼波舞、恰恰、探戈和桑巴舞的风格。这些有氧舞蹈的共同特点是髋部动作很多，姿态优美。

3. 朋克、街舞风格的有氧健美操

朋克、街舞风格的有氧舞蹈与朋克音乐和街舞音乐有很大的关系，这些音乐比较欢快，使人激情洋溢。朋克、街舞风格的健美操是带有自由舞和黑人舞风格的有氧舞蹈，动作放松、自由多变，能够提高锻炼者的协调性，从而达到健身的目的。

4. 水中有氧健美操

水中有氧健美操可以在很短时间内达到塑造健美体形的目的，它是健美操和游泳的结合，很适合缺乏锻炼的肥胖人群。

5. 健身球有氧健美操

健身球是一项新兴、有趣、独特的体育健身运动。由于健身球在提高某些肌肉力量、柔韧等（腰背肌、骨盆肌）方面的作用明显，近年来，这项运动被广泛推广。

健身球的用途和优点较多，适合大多数人的锻炼（包括需要康复治疗的人）。健身球对脊柱和骨盆有良好的锻炼效果，对患者肌肉损伤的康复和腰背部疾病疗效显著。健身球在锻炼时比较安全，不容易出现损伤，可以提高锻炼者的柔韧性、肌肉力量、平衡感及心肺功能。

二、健美操的基本动作

（一）健美操基本步伐

健美操基本步伐是体现健美操练习者下肢动作基本姿态的主要手段。根据动作的特点

及运动强度,健美操的基本步伐分为以下 12 大类:

1. 踏步类

踏步类动作运动强度较低,要求在运动过程中至少有一只脚与地面保持接触。常见的步伐有 4 种:

(1) 踏步(图 17-1-2)

预备　　1　　2　　3　　4

图 17-1-2

种类:脚尖不离地的踏步、脚离地的踏步、高抬腿的大幅度踏步。

形式:原地踏步、移动踏步、转体踏步。

方向:向前、向后、向左、向右的踏步。

技术要点:落地时,由脚尖过渡到脚跟着地;屈膝时,胯微收,两臂自然前后摆动。

(2) 走步

种类:一种。

形式:一种。

方向:前走、后走、斜向走、弧形走。

技术要点:基本同踏步。

(3) "V" 字步(图 17-1-3)

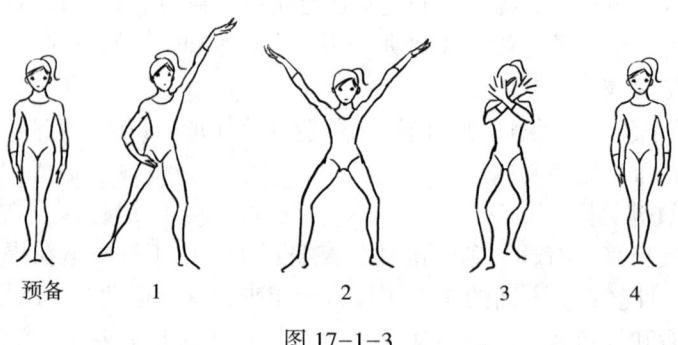

预备　　1　　2　　3　　4

图 17-1-3

种类:正 "V" 字步、倒 "V" 字步。

形式:平移、转体正 "V" 字步、小幅度跳正 "V" 字步和倒 "V" 字步。

方向:左、右腿的正 "V" 字步和倒 "V" 字步。

技术要点:一脚迈出,另一脚随之迈出,两脚成一条直线,脚间距离略比肩宽,两膝自然弯曲,然后依次收回。

(4) 恰恰步(水兵步)(图 17-1-4)

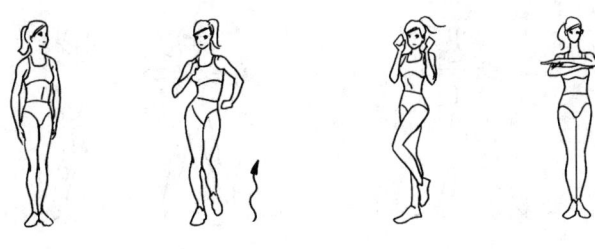

图 17-1-4

种类：一种。
形式：平移和转体的恰恰步。
方向：向前、向后、向侧的恰恰步。
技术要点：在 2 拍节奏中，快速踏步 3 次。
2. 并步类
（1）点地（图 17-1-5）

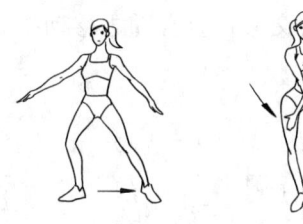

图 17-1-5

种类：脚尖点地、脚跟点地。
形式：原位点地、移动点地、转体点地。
方向：脚尖向前、向侧、向后、向斜方的点地，脚跟向前、向侧、向斜方的点地。
技术要点：点地时，动作要有弹性，腿自然伸直。
（2）移重心（经半蹲左右移动）（图 17-1-6）

图 17-1-6

种类：双腿移重心、单腿移重心。
形式：原地移重心、移动中移重心、转体移重心、跳跃移重心。
方向：向前、向后、向左、向右的移重心。
技术要点：身体重心从一端移向另一端时，必须经两腿之间。
（3）并步（图 17-1-7）

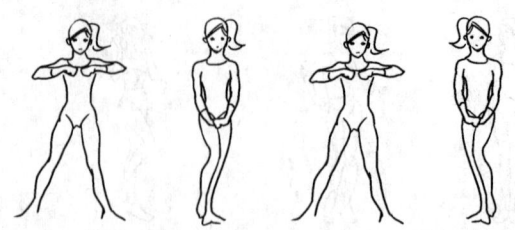

图 17-1-7

种类：两腿同时屈的并步和一伸一屈的并步。
形式：原位的并步、移动的并步（"之"字步）、转体的并步。
方向：向前、向后、向左、向右的并步。
技术要点：一脚并于另一脚，重心要随之移动，两膝自然屈伸。
（4）交叉步（图 17-1-8）
形式：平移的交叉步、转向的交叉步、小幅度跳的交叉步。
方向：向前、向后、向侧的交叉步。
技术要点：一脚迈出，另一脚在前或在后交叉，重心随之移动。

3. 弓步类（图 17-1-9）

图 17-1-8　　　　　　　　　　图 17-1-9

种类：静力性弓步、动力性弓步。
形式：左右弓步、移重心的弓步、移动的弓步、转体的弓步、跳的弓步。
方向：上步弓步、后撤弓步、侧伸弓步。
技术要点：一腿屈膝，脚尖与膝垂直，另一腿伸直，重心落于两腿之间。

4. 半蹲类（图 17-1-10）

种类：小分腿半蹲和大分腿半蹲。
形式：向侧一次半蹲、向侧两次半蹲、转体的半蹲。
方向：向侧（左和右）的半蹲。
技术要点：半蹲时，立腰。

5. 吸腿类（图 17-1-11）

图 17-1-10　　　　　　　　　　图 17-1-11

形式：原地的吸腿及跳、移动和转体的吸腿。

方向：向侧、向前的吸腿。

技术要点：大腿用力上提，小腿自然下垂。

6. 弹踢类（图 17-1-12）

形式：原地的弹踢腿及跳、移动和转体的弹踢腿。

方向：向前、向侧、向后的弹踢腿。

技术要点：大腿抬起至一定角度后，小腿自然弹直。

7. 开合跳（图 17-1-13）

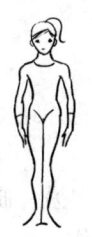

图 17-1-12　　　　　　　　　　图 17-1-13

种类：双起双落的开合跳、单起双落的开合跳。

形式：原地的开合跳、移动的开合跳、转体的开合跳。

方向：向前的开合跳。

技术要点：开合跳分腿时，两脚自然外开，膝关节沿脚尖方向弯曲。跳起与落地时，注意屈膝缓冲。

8. 踢腿类（图 17-1-14）

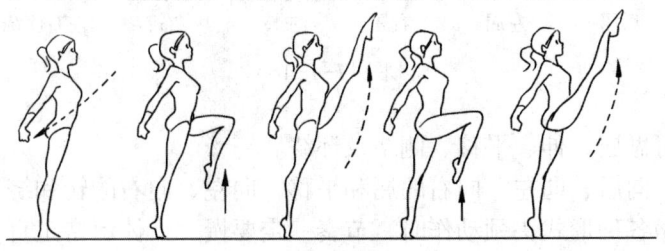

图 17-1-14

种类：弹动踢腿和直踢腿。

形式：弹动踢腿及跳、移动的（弹）踢腿、转体的（弹）踢腿。

方向：向前、向侧、向斜前的（弹）踢腿。

技术要点：腿上踢时，须加速用力；立腰、上体尽量保持不动。

9. 后踢腿跳

形式：原位的后踢腿跳、移动的后踢腿跳、转体的后踢腿跳。

方向：向后的后踢腿跳。

技术要点：髋和膝在一条直线上，或后踢时，小腿尽量叠于大腿。

10. 点跳

形式：原位的点跳、移动的点跳、转体的点跳。

方向：向侧、向前、向后的点跳。

技术要点：点地时，身体重心在一条腿上。

11. 摆腿跳（图 17-1-15）

形式：原位的摆腿跳、移动的摆腿跳、转体的摆腿跳。

方向：向侧、向前、向后的点跳。

技术要点：摆腿时，上体顺势前倾、后倒或侧倾。

图 17-1-15

12. 并跳

形式：移动的并跳、转体的并跳。

方向：向前、向后的并跳。

技术要点：一腿迈出蹬地，另一腿并步，身体重心随之跟上。

（二）健美操基本徒手动作

健美操基本徒手动作是根据人体关节活动特点而确定的。常见的基本动作有头颈动作、上肢动作、肩部动作、胸部动作、腰部动作、髋部动作、躯干动作和地上基本姿态。

1. 头颈动作（图 17-1-16）

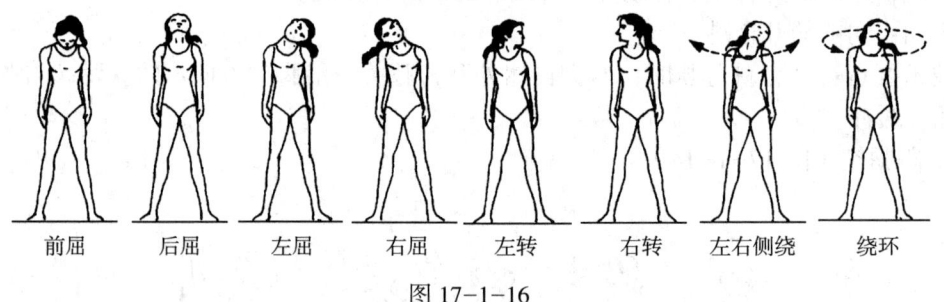

前屈　后屈　左屈　右屈　左转　右转　左右侧绕　绕环

图 17-1-16

形式：头颈可做屈、伸、平移、侧绕及环绕。

方向：向前、向后、向左、向右的屈和平移，向左、向右的转和绕、绕环。

技术要点：做各种形式头颈动作时，节奏一定要慢，上体保持正直。

2. 肩部动作（图 17-1-17）

形式：单肩、双肩均可做提肩、沉肩、收肩、展肩、侧绕、绕环和振肩。

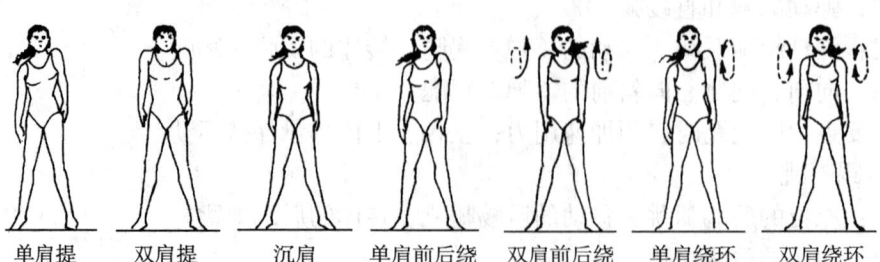

单肩提　双肩提　沉肩　单肩前后绕　双肩前后绕　单肩绕环　双肩绕环

图 17-1-17

方向：向前、向后的侧绕和绕环。

技术要点：提肩、沉肩时，两肩在额状面尽量上下运动，收肩、展肩幅度要大且保持水平，振肩动作要有速度、力度和弹性。

3. 上肢动作

（1）手部动作（图 17-1-18）

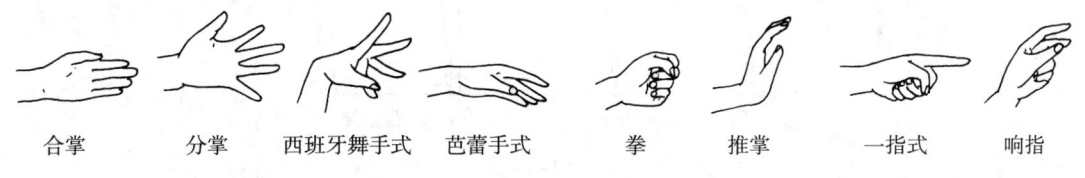

合掌　　　分掌　　　西班牙舞手式　芭蕾手式　　　拳　　　推掌　　　一指式　　　响指

图 17-1-18

健美操的手形有多种，它是从爵士舞、芭蕾舞、西班牙舞、迪斯科、武术等中借鉴和发展的。手形的恰当运用，可以使手臂动作更加生动活泼。常见的手形有：

① 合掌：五指伸直并拢。

② 分掌：五指用力伸直张开。

③ 西班牙舞手式：五指用力，小指、无名指、中指自掌指关节处依次屈，拇指稍内扣。

④ 芭蕾手式：后三指并拢，稍内收，拇指内扣。

⑤ 拳：握拳，拇指在外。

⑥ 推掌：手掌用力上翘，五指用力弯曲。

⑦ 一指式：握拳，食指伸直或拇指伸直。

⑧ 响指：拇指与中指摩擦后打响，靠紧食指，无名指、小指屈指。

（2）臂动作（图 17-1-19）

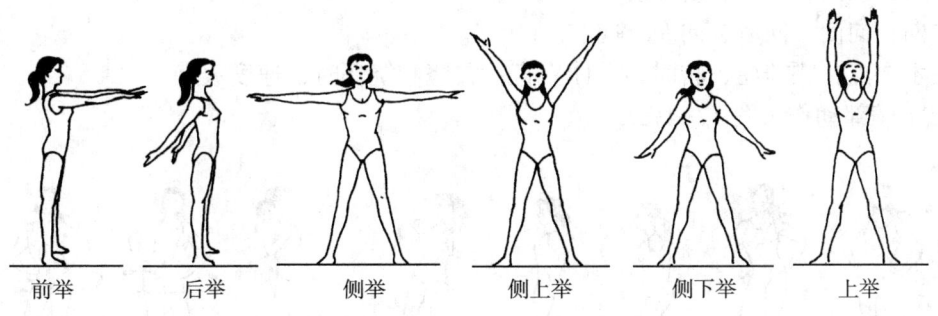

前举　　　后举　　　侧举　　　侧上举　　　侧下举　　　上举

图 17-1-19

形式：举（直臂举和屈臂举，单臂举和双臂举）、屈伸（同时屈伸、依次屈伸）、摆动（同时摆动、依次摆动、交叉摆动）、绕及绕环（同时绕，单臂绕和双臂绕，小绕、中绕、大绕）、振动等。

方向：向前、向后、向左、向右、向上、向下等。

技术要点：做臂的举和屈伸时，肩要下沉；做臂的摆动、绕及绕环时，肩要拉开用力。

（3）胸部动作（图 17-1-20）

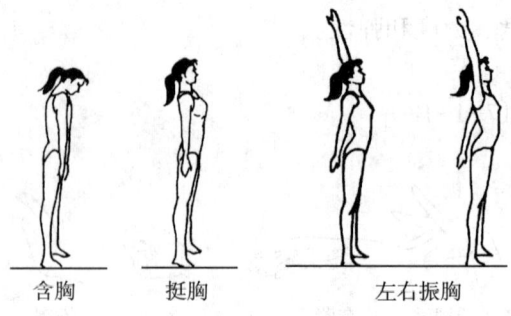

图 17-1-20

形式：含胸、展胸、振胸。
技术要点：练习时，收腹、立腰。

（4）腰部动作（图 17-1-21）

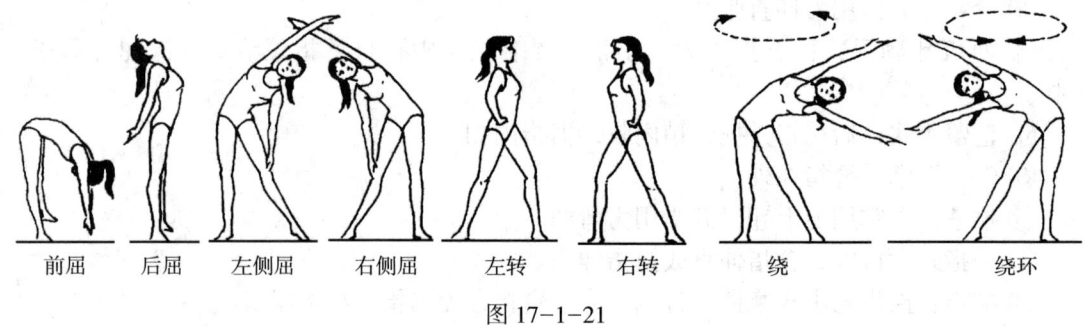

图 17-1-21

形式：腰的屈、转、绕和绕环。
方向：向前、向后、向左、向右。
技术要点：腰前屈、转时，上体立直；腰绕和绕环时，速度放慢。

（5）髋部动作（图 17-1-22）

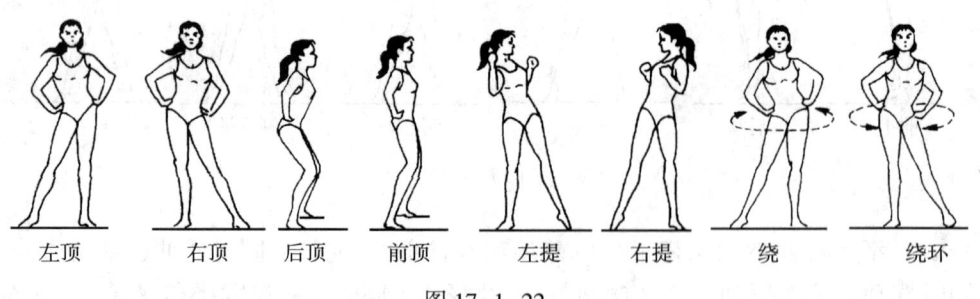

图 17-1-22

形式：顶髋、提髋、摆髋、绕和绕环。
方向：向前、向后、向左、向右。
技术要点：进行髋部练习时，上体放松。

4. 躯干波浪动作（图 17-1-23）

图 17-1-23

方向：向前、向后、向左、向右。
技术要点：做波浪时，动作协调连贯。
5. 地上基本姿态
形式：坐（直角坐、分腿坐、跪坐、盘腿坐）、卧（仰卧、俯卧、侧卧）、撑（仰撑、俯撑、跪撑）等。
技术要点：做各种坐姿时，收腹、立腰、挺胸，腰背紧张。

（三）全国健美操大众锻炼标准（四级）

全国健美操大众锻炼标准（四级）是大众健美操的中级标准，专为热衷于健美操的爱好者设计。在初级基础上，四级动作增加了健美操的典型动作和复合动作，内容更丰富，动作变化更多，节奏更快，运动量逐渐增大，对心肺功能及各项身体素质的要求均较高。

1. 前奏（4×8 拍）
1 拍：站立；2—8 拍：踏步。重复做 4 次。
2. A 段（8×8 拍）
（1）1—4 拍：左脚开始，依次成开立、还原；5—8 拍：踏步。还原成并立时稍屈膝、含胸。
（2）1—4 拍：左脚开始向前迈步，右脚跟上，然后还原，两臂依次在胸前前屈；3—4 拍：两臂同时向下振动两次；5—8 拍：左右侧并步，两臂经肩侧屈上举。注意膝关节的弹性，并腿时稍屈膝。
（3）1—4 拍：向左两次侧并步；5—8 拍：向右两次侧并步。
（4）1—4 拍：左脚开始"V"字步；5—8 拍：再做一次"V"字步，同时左右击掌。"V"字步每次要还原到原位。
（5）~（8）同（1）~（4）。
3. B 段（8×8 拍）
（1）1—4 拍：走四步，两臂经侧向上、向前做体前大绕环一周半，头上击掌，经侧举还原，前后移动应体现步伐的流动性；5—8 拍：左脚开始，脚跟点地，两臂经胸前小臂上屈、胸前平屈、侧平举，还原至体侧。注意主力腿的弹性。
（2）1—4 拍：后退 4 步；5—8 拍：左腿开始吸腿跳，两臂动作同上。
（3）~（8）同（1）~（4），重复三遍。

4. C段（8×8拍）

（1）1—2拍：右转90°，左脚上步成分腿半蹲，两臂由右经上举绕至侧举，在胸前平屈。分腿半蹲时，重心应在两脚之间；3—4拍：左转90°，左脚落于右脚后，重心后移，右脚原地垫一步，臂后摆；5—8拍：不加转体，动作同1—4拍。

（2）1—4拍：向左侧交叉步两臂前后摆动；5—8拍：右脚原地小跳4次，同时左腿摆至左侧下举、右前下举、左侧下举，然后还原。

（3）~（4）同（1）~（2），方向相反。

（5）~（8）同（1）~（4）。

5. D段（12×8拍）

（1）经左腿小跳、右腿侧摆，右、左腿依次向左跨三步，右手撑地，左转90°成体前屈，两手触脚。向侧跨步时，重心逐渐下降，手臂水平摆动。

（2）1—4拍：上体后倒成仰卧，两臂胸前平屈，依次上下摆动；5—8拍：分腿、屈膝，两臂经体侧至头后屈。

（3）~（6）4次仰卧起坐，上体抬起和下落要匀速，4拍上，4拍下，除腹肌外其他部位均不参与运动。

（7）仰卧向右翻转180°成跪俯撑。收腹，臀部稍翘，头颈自然前伸，起落要匀速。

（8）~（11）4次跪姿俯卧撑。

（12）1—4拍：上体后移成跪；5—8拍：左脚向右前方上步，右脚并于左脚站起，手臂在头两侧垂直上下交换。

6. E段（4×8拍）

（1）1—4拍：左脚开始侧弓步，臂经屈肘至侧上举，拳心向下。弓步时，脚跟应有弹性地着地、还原；5—8拍：左脚开始向后弓步，两臂屈肘上摆。

（2）同（1）。

（3）1—4拍：左脚开始向前走4步，两小臂依次向前绕环；5—8拍：开合跳两次，左右臂在体侧依次向上屈伸。

（4）同（3），但1—4拍向后退，两臂向后绕环。

7. F段（4×8拍）

（1）左脚开始向前跑4步，经半蹲小分腿跳，落地缓冲。小分腿跳时要求收腹拔背，四肢在同一垂直面内。

（2）1—2拍：左脚向右前方上步，右脚在后原地垫一步；3—4拍：左脚向侧并步跳；5—8拍：右脚向后弧形跑。

（3）~（4）同（1）~（2），方向相反。

8. G段（8×8拍）

（1）1—4拍：左脚开始踏步；5—8拍：左脚开始侧点地，两臂经体前交叉摆至侧下举。点地时注意膝关节的弹动，最后一拍动作为下一拍的准备动作。

（2）左脚开始向侧弹踢两次。

（3）左脚开始向左前方、右前方做上步并步，两臂随之前摆击掌。要求上步并步动作应经弓步向前并步。

（4）左脚开始向左后方、右后方做侧滑步，两臂自然向侧、向内摆动。

（5）~（8）与（1）~（4），方向相反。

9. H段（12×8拍）

（1）1—2拍：左转90°右脚上步，左脚提膝；3—8拍：重心后倒成直角坐，再左转90°成侧卧。重心后倒时左脚先着地，再双手撑地。

（2）1—4拍：右腿侧摆一次。侧摆腿不超过45°；5—8拍：右腿后摆一次，右臂前举。后摆腿时避免脊柱和头后屈。

（3）同（2）。

（4）右腿屈膝、侧摆、屈膝、还原。

（5）同（4），但最后两拍右转180°成右侧卧。

（6）～（9）同（2）～（5），换左腿做。

（10）左转180°，右脚上步站起。

（11）1—2拍：左腿侧步，右腿后屈，同时转体180°。在做侧步屈膝时大腿屈伸要有力，富有弹性；3—4拍：右腿侧步，左腿后屈；5—8拍：动作同1—4拍。

（12）1—4拍：左脚开始做侧步后屈半蹲；5—6拍：双手在左侧击掌三次；7—8拍：两腿伸直，上体稍右转，左臂前举，右臂头后屈。

四级测试动作如图17-1-24所示。

A段

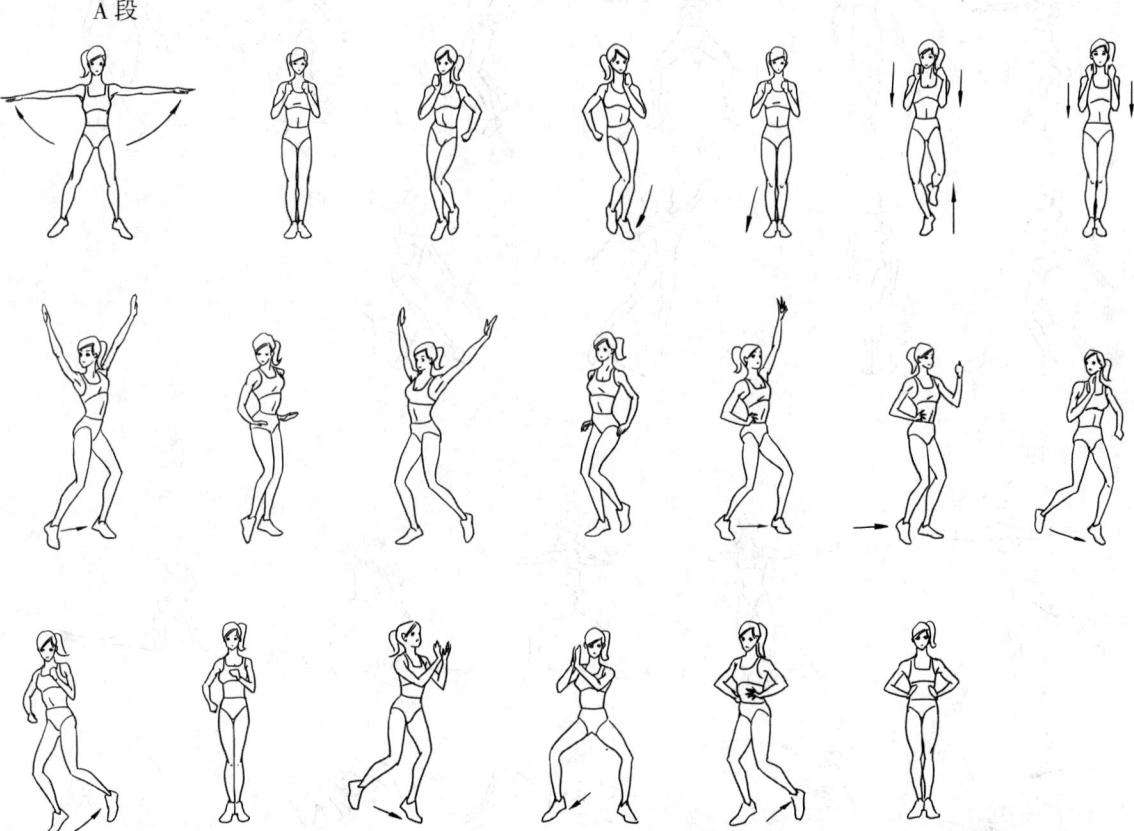

第十七章 形体健身

B 段

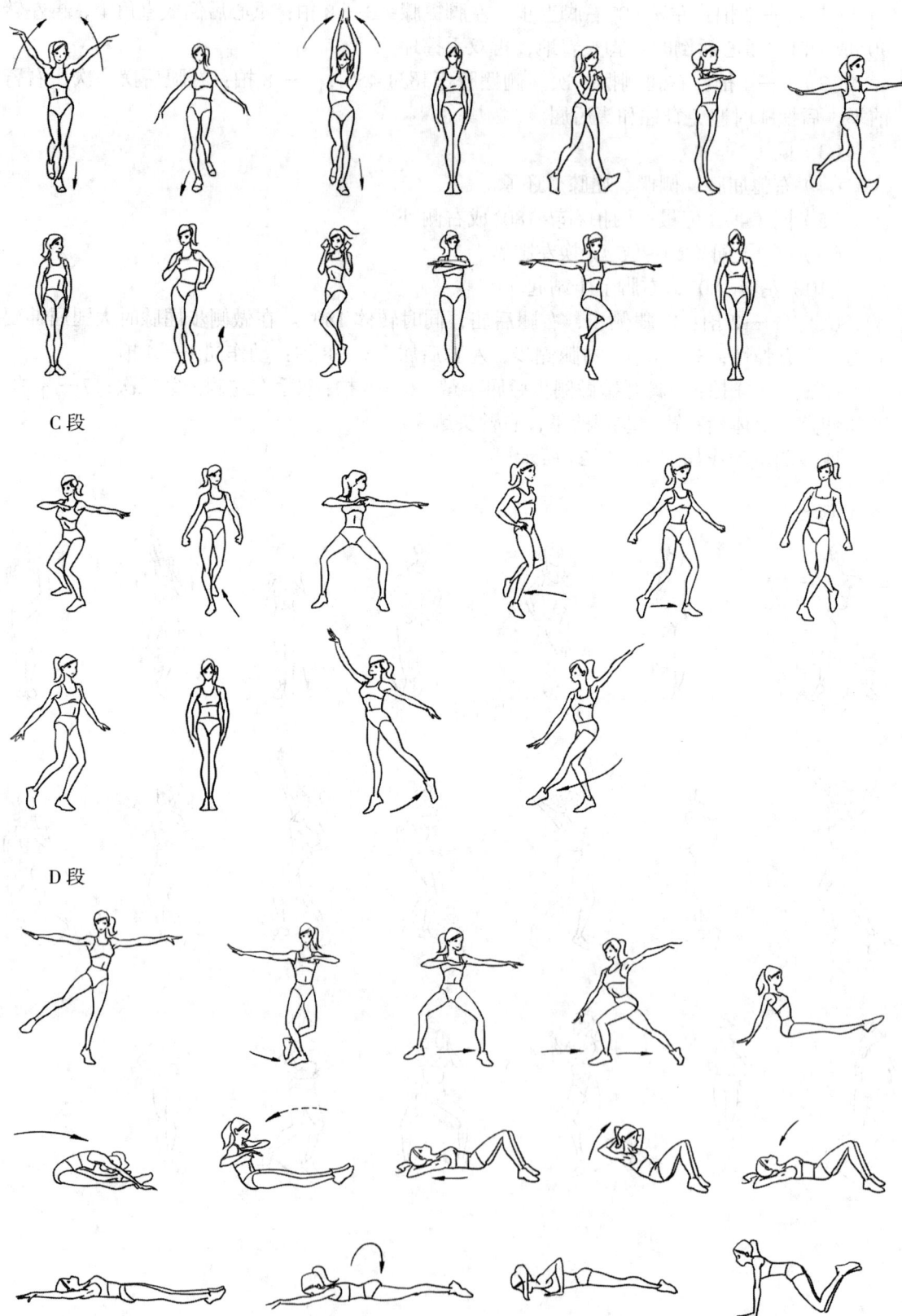

C 段

D 段

第一节 健美操 273

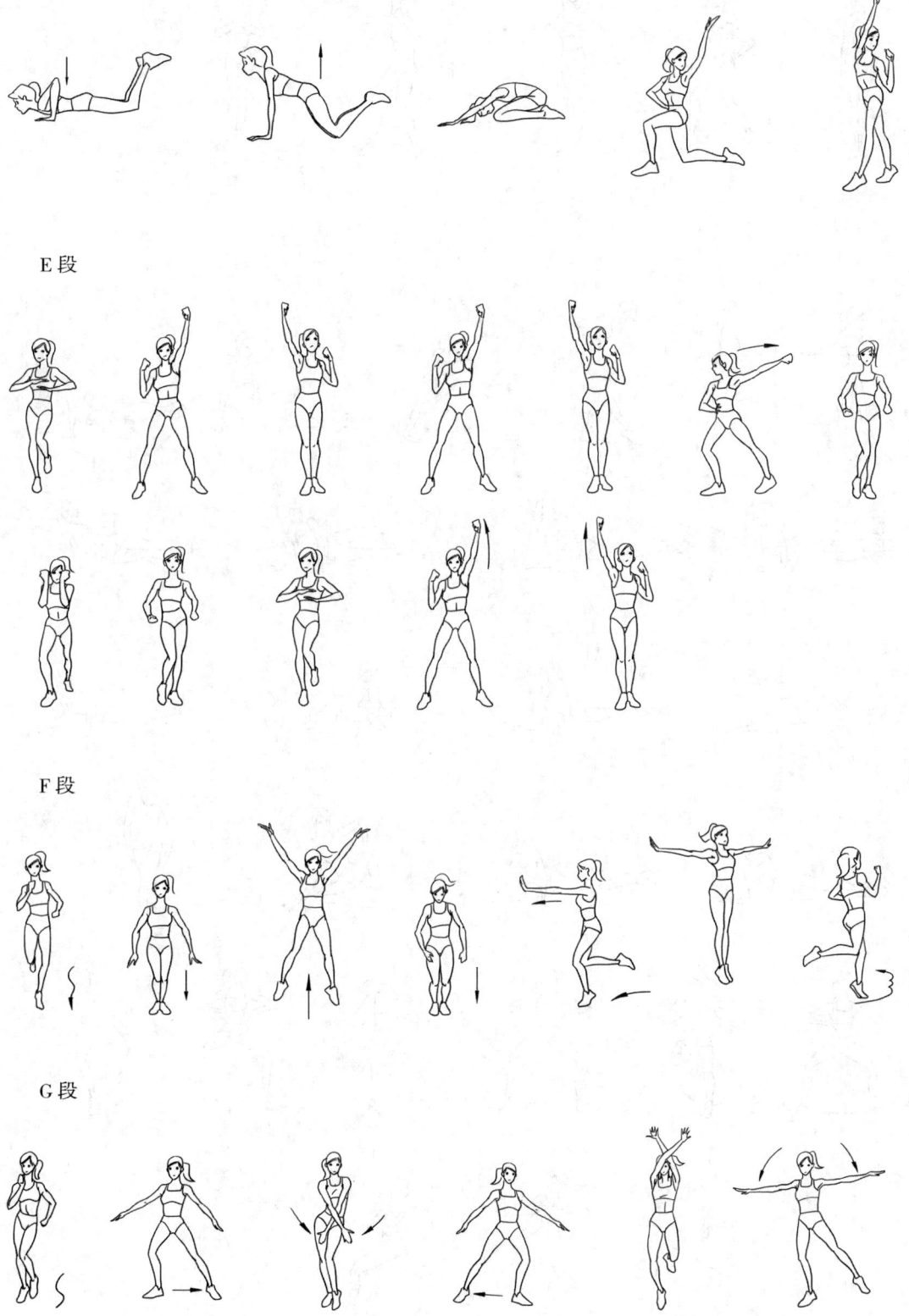

E 段

F 段

G 段

274　第十七章　形体健身

H 段

图 17-1-24

三、健美操的健身锻炼指导

(一) 健美操锻炼时的生理负荷

健美操锻炼的最终目的是取得最佳的锻炼效果。从生理学角度看,只有适宜的负荷刺激才能达到增强体质的目的。负荷过大,刺激量超过了身体所承受的范围,不但不能强身健体,反而对身体有害;负荷过小,不能引起身体的适应性变化,也起不到强身健体的作用。因此,科学地确定锻炼负荷,是获得健美操锻炼效果的前提。

通过锻炼时的心率确定运动负荷:

1. 对没有训练基础的人

$$220(次/分) - 年龄 = 最高极限心率$$

2. 有训练基础的人

$$205(次/分) - 年龄的一半 = 最高极限心率$$

以上是计算运动强度的极限指标。美国健身研究协会推荐的健身指标区是:最大心率 $\times (65\% \sim 80\%)$。心率在上述指标范围内属于有氧运动,故称健身指标区。百分比的指数越高,对身体的影响就越大,锻炼的效果就越明显。如果百分比指数超过上述范围则是无氧训练,但运动强度过低对身体的健身效果又不显著。因此,只有确定适合于自己的负荷,才能收到最佳的锻炼效果。

(二) 健美操的自我监督体系

健美操的自我监督是指在健美操锻炼时对自己的身体健康状况自我观察的一种方法。它不但能使锻炼者科学地参加体育锻炼,而且也是自我评价运动负荷大小的有效方式。

自我监督的内容包括自我感觉和自我监测两个方面。

1. 自我监督

(1) 良好的自我感觉:经常参加健美操锻炼,会感觉身体轻松、心情愉快、性格开朗、食欲好、睡眠深沉且无梦、精力充沛、记忆力提高、身体充满活力、皮肤光泽有弹性。锻炼后身体有轻微的疼痛,但清晨起床后症状逐渐消失并有强烈的活动欲望,这些都是良好的身体反应。

(2) 不良的自我感觉:在健美操锻炼过程中,若出现下列现象,应引起重视并及时进行调整:

① 锻炼过程中出现头痛、恶心、头晕、气喘、胸痛、心悸或其他部位的疼痛时,可能是缺乏热身运动,身体没有及时地适应或运动量过大造成的,此时,应逐渐减少运动量或采用放松走动等形式给予调整、缓冲。若不良感觉持续时间较长,应停止运动或请医生诊疗。

② 若锻炼后出现精神萎靡不振、四肢软弱无力、倦怠、容易激动,则可能是教学方法不当或疲劳的征象。可休息 1~3 天或调整锻炼负荷、缩短锻炼时间,当症状全部消失后,再循序渐进地恢复正常训练。

③ 健美操锻炼后,若出现失眠、屡醒、多梦、嗜睡、清晨起床后头晕昏沉、食欲减退等症状,则说明:初学者还没有适应这种运动;运动量过大,应作适当的调整,但不宜停止锻炼。

④ 近期锻炼突然大量排汗,若已排除是运动量过大造成的,则可能是身体功能状况不良、健康状况下降的反应,此时应及时调整运动强度和时间,注意观察身体变化,必要

时应到医院进行检查。

2. 自我监测

在健美操锻炼中，脉搏和体重是监测人体机能状况的重要生理指标。

（1）脉搏：脉搏与参加健美操锻炼者的训练水平有关。经常参加健美操锻炼的人，安静时的脉搏较慢。当训练水平提高或下降时，脉搏也将发生相应的变化。

在自我监督中，检查心率变化的规律时，还必须注意年龄、性别差异和体温状况。中国学生体质健康调查组的调查研究表明：我国18~20岁的城市青年学生的心率，男生平均为75.2次/分，女生为77.5次/分。心率与体温的关系也非常密切，体温每升高1℃，心率增加8~12次/分。大学生应注意自身心率的变化，建立纵向比较生理指标的方法，在运动中通过历史对照监控身体机能变化。

（2）体重：系统地参加健美操锻炼后，体重的变化可分为三个阶段：

第一阶段：体重有逐渐下降的趋势，这是机体失去多余水分和脂肪的缘故。该阶段可持续3~4周或更长时间。肥胖或缺乏锻炼者，体重下降幅度要更大一些。

第二阶段：体重稳定阶段，运动后减轻的体重完全恢复。这个阶段可能持续5~6周以上。

第三阶段：即由于肌肉等组织逐渐发达，体重有所增加并保持在一定的水平上。

进行自我监测时，每周可测量体重1~2次，应在同一时间内进行（最好在早晨）。此外，还可测定运动前后的差值，以观察运动对机体的影响。如果出现体重持续性下降，同时身体有其他异常征兆出现时，可能是由于过度训练或患有慢性消耗性疾病所致，应查明原因或及时送往医院诊疗。

（三）健美操锻炼的注意事项

1. 女性月经期的锻炼

女性月经期是否能参加健美操锻炼，因人而异。最好根据健身者的健康状况、身体训练水平以及月经期对健美操活动的适应程度而定。

一般情况下，身体健康、月经正常者，在月经期是可以进行健美操锻炼的，但应注意运动量和伸拉动作幅度不宜过大，避免过多的跳跃运动及垫上动作。当身体逐渐适应运动后，再逐渐增加锻炼的时间及强度。

2. 饮食

参加健美操锻炼，必须注意运动前后的饮食卫生。一般进食后间隔1.5~2.5小时才可进行健美操锻炼，因为进食后的一定时间内，胃中食物充盈，横膈膜上顶，影响呼吸，不利于运动。而且此时运动可使消化器官的血液供应减少，机能减弱，这不仅影响食物的消化，还易发生腹痛、呕吐等症状。若休息时间短，可进食少一些，运动前的一餐进食不宜过多，而且应吃易于消化、含有较多糖、维生素和磷的食物，尽量少吃含脂肪及有刺激性和过敏性的食物，运动后应休息30分钟以上再进食。

3. 饮水

进行健美操锻炼，不仅可以消耗大量热能，同时也会失去大量的水分。当失水量为体重的4%~5%时，会引起机体轻度脱水。所以，在健美操锻炼过程中，应注意及时补充体内流失的水分，保证身体健康和正常的机体需要。

补充水的方法最好是少量多次，运动中每15~20分钟饮100~150毫升。这样既可以随时保持体内水的平衡，又不会增加心脏和胃的负担。一次性大量饮水可使血液稀释和血容量增加，还会增加心脏的负担。此外，大量的水进入胃中，由于不能及时被机体吸收，会造成水在胃中潴留，稀释胃液，影响消化。若大量饮水后继续运动，容易引起运动者呕吐或其他不良反应。

一般在开始运动前 10~15 分钟，可饮 400~600 毫升水，以增加体内水的临时储备，对维持运动时的生理机能有良好作用。运动后饮水也应采用少量多次的方法。

4. 着装

参加健美操锻炼，应穿专门的健美操服装，或穿着有足够弹性、纯棉质地、柔软的服装，这不仅便于完成健美操动作，也可提高锻炼的安全性。

参加健美操锻炼，应穿着大小合适、轻松柔软、弹性及通气性能良好的运动鞋，切忌穿高跟鞋或厚底鞋进行运动。

第二节　形体训练

一、形体训练概述

形体训练是以身体练习为基本手段，匀称和谐地发展身体，塑造体型，培养正确优美的姿态和动作，增强体质，促进人体形态更加健美的一种体育运动。

通过形体练习，可以使练习者的肌肉、韧带、关节和骨骼得到匀称的发展，肌肉、韧带变得坚韧有力，增强协调性、弹性和灵活性，提高关节的韧性和灵活性，使骨密度增厚，使骨骼系统抗折断、弯曲、扭转的能力提高。

通过科学、系统的形体练习，使练习者掌握各种练习方法和手段，并能随时随地地进行练习，养成终身体育锻炼的习惯。通过练习，逐步达到增强体质、提高健康水平、减少脂肪的堆积、保持相对稳定的体重、修饰和改善身材的不足，使形体健美、气质高雅、身材匀称，使生命力更加旺盛，精力更加充沛，以利于学习与生活。

二、身体的基本方位、姿势

（一）身体的基本方位（图 17-2-1）

一般以学生为基点，以面对教师的方向为正前方，称第一方位（1点），向右转 45°为第二个方位（2点），依次类推，共 8 个方位（8点）。

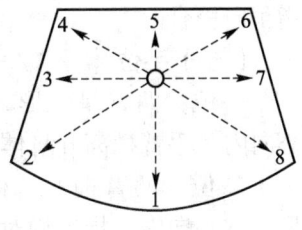

图 17-2-1

（二）站立姿势（图 17-2-2）

（1）站立：两脚跟并拢，脚尖分开 15~20 厘米。
（2）开立：两脚向侧分开站立，约与肩同宽。
（3）点地立：一脚站立，另一脚向前（侧、后）伸出，脚尖点地。
（4）提踵立：两脚跟提起，身体正直。

要求：① 在站立时，上体正直、挺胸收腹，两肩要平，稍向后展开，两臂自然下垂于体侧；② 头颈梗立，眼平视，臀部收紧上提，两腿伸直。

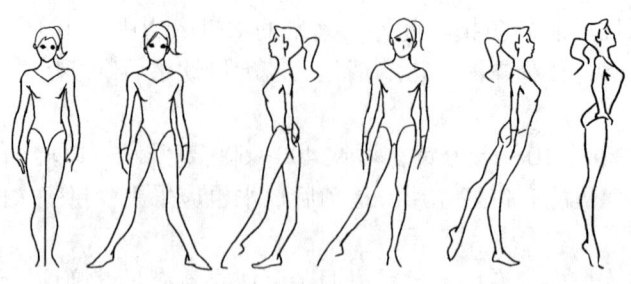

图 17-2-2

（三）脚位（图 17-2-3）

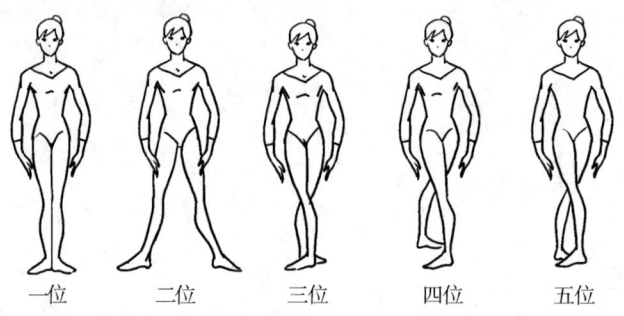

图 17-2-3

一位：两脚跟靠拢，脚尖向两侧，两脚呈"一"字形。
二位：在一位的基础上，两脚跟分开，相距约一脚。
三位：一脚跟相叠，在另一脚跟处平行站立。
四位：两脚前后平行，脚尖向两侧，两脚相距约一脚。
五位：两脚前后平行相靠，脚尖向外侧。
要求：① 做动作时，臀、背部肌肉收紧，肩关节放松，下颌稍抬；② 两腿伸直，脚位准确；③ 按照每一个动作要点进行练习，养成正确的身体姿态。

（四）手型（图 17-2-4）

动作做法：手指并拢，自然伸长，拇指与中指稍向里合。

（五）手位（图 17-2-5）

一位：两臂呈弧形置于体前，指尖相对，掌心向内，手臂稍离开身体。

二位：两臂前举（稍低于肩部），手臂成弧形，掌心向内，指尖相对。

图 17-2-4

三位：两臂成弧形上举，掌心相对，稍偏前。
四位：一手臂保留在三位，另一手臂回落到二位。
五位：一手臂保留在三位，另一手臂向侧打开，眼睛跟手看过去后返回并平视前方。
六位：三位手臂下落到二位，另一手臂仍侧举。
七位：二位的手臂由前向侧打开，另一手臂仍侧举。

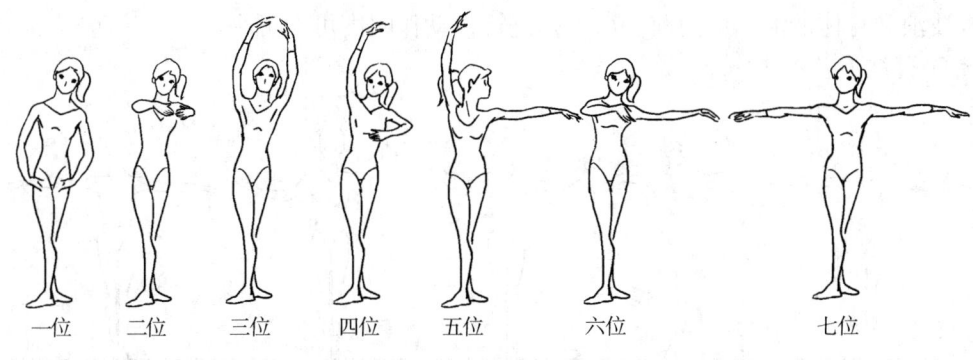

图 17-2-5

要求：① 做动作时，肩关节放松，下颌稍抬，臀、背部肌肉收紧；② 前臂自然弯曲保持弧形，动作舒展，位置准确。

三、基本舞姿

舞姿是展示人体的静态造型，是上肢、下肢、躯干和头部这四大部分的协调配合产生出完美的艺术造型。可通过手臂位置的变化，配合上体弯曲、扭转表现不同的神态。

（一）交叉式

1. 前交叉（图 17-2-6）

动作做法：面向 8 点，右脚在前五位站立，右脚向前擦地，脚尖点地，手在五位，头向 2 点。

2. 后交叉（图 17-2-7）

动作做法：面向 8 点，右脚在前五位站立，左脚向后擦地，脚尖点地，手在五位，头向 2 点。

（二）迎风展翅（阿拉贝斯）（图 17-2-8）

图 17-2-6　　　　图 17-2-7　　　　图 17-2-8

动作做法：右脚站立，左腿向正后方伸直后举（旋外、绷直），脚尖向远处伸。左臂前举，右臂侧举。配合手臂位置和头部姿态的变化，形成不同的姿态。

要求：挺胸、立腰，两肩下沉，使上体挺拔，手臂柔软而松弛地举在预定的位置上。

（三）波浪

波浪动作是形体练习中的典型动作，其特点是参加运动的身体各关节间的屈、伸要按顺序成依次连贯的推移运动。通过练习能发展身体的柔韧、灵活及协调能力。波浪练习包括手臂波浪和身体波浪，可向前、后、侧进行，动作幅度可大可小。

1. 手臂波浪（图 17-2-9）

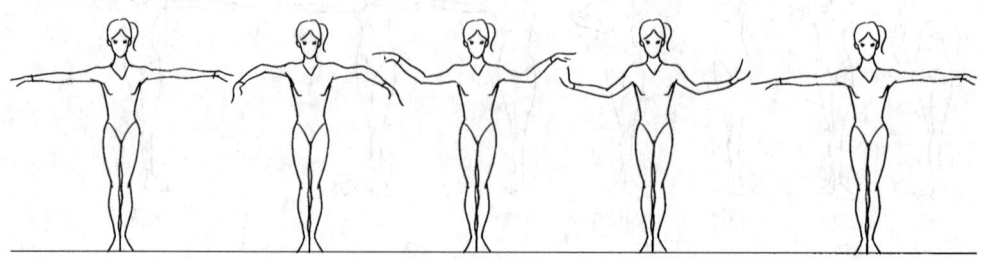

图 17-2-9

准备姿势：自然站立，两臂侧举。

动作做法：肩、肘、腕、手各关节依次做柔和的屈伸动作。整个手臂必须放松地将动力传递到手指尖。波峰随弯曲的关节而移动，在同一时间某一关节弯曲，而另一关节正在伸展。

2. 身体侧波浪（以向左侧波浪为例）（图 17-2-10）

图 17-2-10

准备姿势：右脚站立，左脚侧点地，两臂右上举，身体稍向左侧。

动作做法：右腿稍屈，经两腿半蹲，向左侧移动重心的同时做膝、髋、腰、胸、颈各关节的依次向左侧上方的挺伸，成左腿站立，右脚侧点地，上体稍向右侧屈，同时两臂随着重心移动经下摆至左上举。

3. 身体前波浪（图 17-2-11）

图 17-2-11

准备姿势：两脚并立半蹲，上体前屈含胸低头，两臂上举。

动作做法：由身体前屈开始起动，踝、膝、髋、胸、下颌依次向前上方伸展，同时两臂经下向后绕至上举成抬头挺胸、提踵立姿势。波峰在体前由下向上推移。

四、垫上坐卧练习（柔韧性练习）

（一）脚的勾绷（图 17-2-12）

动作做法：由坐撑开始，两腿靠拢伸直，用力绷脚尖（可稍停），用力向回勾脚尖（不屈腿，可稍停）。

（二）腿的屈伸（图 17-2-13）

动作做法：由坐撑开始，两腿靠拢伸直，抬头、挺胸、立腰；脚掌贴地面屈膝收腿，成脚尖点地、大腿靠胸的收腹姿势。

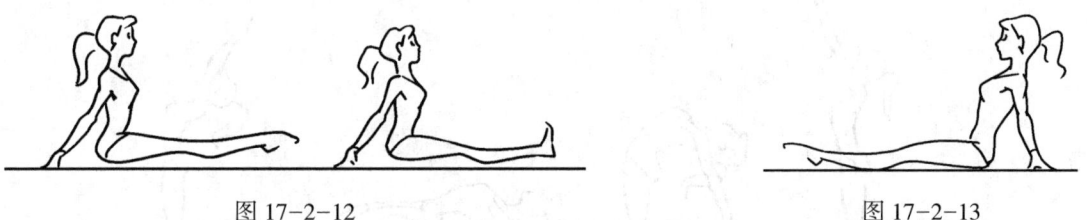

图 17-2-12　　　　　　　　　　　　　　　图 17-2-13

（三）含、展胸（图 17-2-14）

图 17-2-14

动作做法：并腿坐，两臂侧举，抬头、挺胸、立腰；脚掌贴地面，屈膝团身，两手抱小腿（低头、大腿靠胸），两手臂体后撑地，向前伸直腿（抬头、挺胸、展腹）。

（四）坐立体前屈（图 17-2-15）

图 17-2-15

动作做法：由两臂侧上举、两腿靠拢并腿坐开始。体前屈，两手抱小腿，大腿靠胸。

（五）坐立半劈腿，后屈腿（图 17-2-16）

动作做法：由半劈腿坐撑开始，抬头、挺胸、向后弯腰。在此基础上后腿屈膝，与头相靠。

（六）跪坐压脚面（图17-2-17）

图17-2-16　　　　　　　　　　　　　　　图17-2-17

动作做法：由跪坐、两手体后撑地开始，脚面展开，挺胸、立腰、臀部坐在脚跟上。

（七）跪立弯腰（图17-2-18）

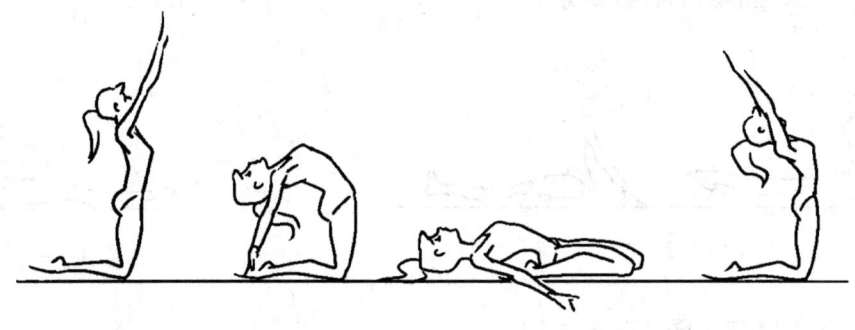

图17-2-18

动作做法：由跪立两臂上举开始。
（1）抬头、挺胸、向后弯腰，稍微停止，然后慢慢抬起身体成跪立。
（2）抬头、挺胸、向后弯腰，臀部坐在脚跟上仰卧，然后慢慢抬起身体成跪立。

（八）跪撑举腿（图17-2-19）

图17-2-19

动作做法：由一腿跪撑、一腿向后伸直、绷脚面点地、两臂伸直撑地开始，腿向后上方举起，同时抬头、挺胸、塌腰。

（九）仰卧踢腿（图17-2-20）

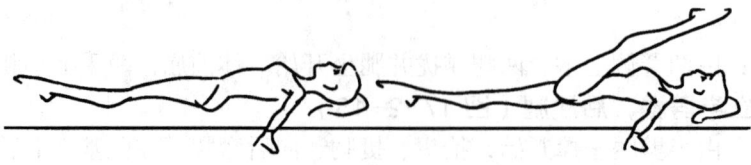

图17-2-20

动作做法：由仰卧、两腿并拢伸直、绷脚面、两臂侧举开始，一腿伸直向上踢，还原落下。

（十）侧卧踢腿（图17-2-21）

图17-2-21

动作做法：由侧卧、两腿并拢伸直、绷脚面、两臂屈臂侧撑地开始，一腿伸直向侧上方踢，还原落下。

（十一）俯卧推撑（图17-2-22）

图17-2-22

动作做法：由俯卧、两腿并拢伸直、绷脚面、两手在体侧屈臂撑地开始，两臂撑直，上体后仰成最大背弓，控制5秒，然后还原。

五、垫上组合练习（音乐伴奏）

第一节：勾绷脚组合（图17-2-23）

××八拍	拍	动作做法	要求
预备姿势		仰卧、两臂上举	1. 勾、绷脚时用力
一	1—4	直腿、绷脚尖，收腹举腿，腿与上体成直角	2. 收腹举腿时要直
	5—6	勾脚	3. 腿控制落下
	7—8	绷脚	
二	1—4	重复第一八拍的5—8拍动作（勾脚、绷脚一次）	
	5—8	腿控制落下	
三、四	1—8	重复第一、二个八拍的动作，结束时，仰卧、两臂上举	

图17-2-23

第二节：起卧组合（图 17-2-24）

××八拍	拍	动作做法	要求
预备姿势		上一节结束动作	1. 挺拔立腰
一	1—4	上体抬起，两臂成三位，同时右腿屈膝，脚尖点地，立腰	2. 转体充分 3. 手臂位置正确
	5—8	伸直右腿，后倒成仰卧	
二	1—8	重复前一个八拍的动作，换左腿做	
三、四	1—8	重复前二个八拍的动作	
五	1—4	上体抬起，两臂成三位，同时右腿屈膝，脚尖点地，立腰	
	5—6	两臂不动，上体右转 90°	
	7—8	左转还原	
六	1—4	上体后倒成仰卧	
	5—8	上体抬起	
七	1—2	两臂成三位，上体左转 90°	
	3—4	右转还原	
	5—8	上体后倒成仰卧	
八、九、十	1—8	重复第五、六、七个八拍动作 结束时，成两腿屈膝，脚尖点地，团身低头，两臂前举动作	

图 17-2-24

第三节：伸缩组合（图 17-2-25）

××八拍	拍	动作做法	要求
预备姿势		上一节结束动作	1. 向后弯腰时抬头、挺胸
一	1—4	绷脚尖，两腿前伸直，同时抬头展胸，两臂后摆	2. 手臂弧形摆动时调整呼吸
	5—8	还原	
二	1—8	重复第一个八拍动作	

续表

××八拍	拍	动作做法	要求
三	1—8	身体右转体180°，同时两手依次撑地，成分腿跪立	3. 动作节奏均匀
四	1—8	三位手，体后屈，两臂由上经侧向下划弧，两手撑两脚跟，挺胸	
五	1—4	抬头	
	5—8	静止不动。抬上体，还原	
六、七	1—8	两臂由上经侧向下划弧与体前交叉，两臂由下经体侧向上弧形摆至上举，成三位手 重复第四、五个八拍动作（可以重复练习） 结束时，重心向左移，右腿靠左腿，同时两臂经侧向后、前摆至两手体前撑地，成膝关节着地、两脚交叉的跪撑动作	

图 17-2-25

第四节：支撑组合（图 17-2-26）

××八拍	拍	动作做法	要求
预备姿势		上一节结束动作	1. 屈臂时不塌腰
一	1—8	做2拍一动的臂屈伸动作（2次）	2. 举腿要高、直
二	1—8	重复第一个八拍动作	
三	1—8	两脚分开落下，重心后移成跪撑	
四	1—4	左腿跪撑，右腿向后伸直、绷脚尖	
	5—8	向后上方举起，抬头、挺胸	
五	1—4	右腿下落，还原成第四个八拍的1—4拍动作	
	5—8	成跪撑	
六	1—4	右腿跪撑，左腿向后伸直、绷脚尖	
	5—8	向后上方举起，抬头、挺胸	
七	1—4	左腿下落，还原成第五个八拍的1—4拍动作	
	5—8	成跪撑（可以重复第四、五、六、七个八拍动作） 结束时，跪坐，两手在体侧撑地，重心侧移，两腿由后向前摆，经坐撑后倒成仰卧，两臂侧举（掌心着地）	

286 第十七章 形体健身

图 17-2-26

第五节：展绕组合（图 17-2-27）

××八拍	拍	动作做法	要求
预备姿势		上一节结束动作	1. 伸展髋时动作要充分
一	1—2	左腿屈膝，脚尖点地	2. 腿绕环幅度要大、腿要直
	3—4	向外展髋，腿外侧着地	
	5—6	还原至1—2拍动作	
	7—8	左腿伸直	
二	1—8	重复第一个八拍动作，换右腿做	
三、四	1—8	重复第一、二个八拍动作	
五	1—2	左腿屈膝，脚尖点地	
	3—4	以腰带动腿向右转体	
	5—8	左腿向右侧伸直，经右侧环至体前（脚面绷紧）	
六	1—8	左腿继续向左、向侧环绕（展胯），落腿后成仰卧	
七、八	1—8	重复第五、六个八拍动作，换右腿做（可重复做以上动作）	
		结束时，成坐立，两手放在膝部	

图 17-2-27

第六节：压劈腿组合（图 17-2-28）

××八拍	拍	动作做法	要求
预备姿势		上一节结束动作	1. 体前后屈时动作充分、用力
一	1—8	体前屈，低头含胸，直腿，两手触脚尖，保持不动	

××八拍	拍	动作做法	要求
二	1—4	上体抬起,两臂体后撑地,挺胸、抬头	2. 体前屈时,腿要直
	5—6	两腿屈膝,大腿靠胸	3. 成半劈腿时,挺胸、立腰
	7—8	两腿伸直	
三	1—8	重复第一个八拍动作	
四	1—6	重复第二个八拍的5—6拍动作	
	7—8	两腿向左侧着地,右腿后伸直,身体向左侧转90°成半劈腿,左手撑在膝部,右臂由后经前摆至上举	
五	1—4	身体前屈,保持与地面平行	
	5—8	上体抬起	
六	1—8	由左腿在前的半劈腿,转体180°成右腿在前的半劈腿	
七	1—8	重复第五个八拍动作	
八	1—8	转体90°,两臂放于体侧成仰卧	

图 17-2-28

第七节:卧姿踢腿组合(图 17-2-29)

××八拍	拍	动作做法	要求
预备姿势		上一节结束动作	1. 体前后屈时动作充分
一	1—4	左腿向正上方踢腿,放下	2. 踢腿时,直腿动作用力
	5—8	右腿向正上方踢腿,放下	
二	1—8	重复第一个八拍动作	
三	1—4	向左转体90°,成仰卧,左臂弯曲,手撑头部,右手体前撑地	
	5—8	右腿向侧上方踢腿,放下	
四	1—8	重复第三个八拍的5—8拍动作	
五	1—4	向右滚动180°,成仰卧,右臂弯曲,手撑头部,左手体前撑地	
	5—8	左腿向侧上方踢腿,放下	
六	1—8	重复第三个八拍的5—8拍动作 结束时转体90°,成俯卧,两臂上举	

图 17-2-29

第八节：卧姿胸腰组合（图 17-2-30）

××八拍	拍	动作做法	要求
预备姿势		上一节结束动作	1. "元宝状"时动作充分
一	1—2	两臂屈肘，成俯撑	2. 柔韧性差的同学量力而行
	3—8	抬头、挺胸、背弓	
二	1—8	两臂前伸成俯卧	
三、四	1—8	重复第一、二个八拍动作	
五	1—4	屈腿，两手握住踝关节	
	5—8	用力向后牵拉身体呈反弓形（元宝状）	
六	1—8	两臂前伸成俯卧（稍休息）	
七	1—8	重复第五、六个八拍动作	
		结束时，成跪立，三位手	

图 17-2-30

第九节：舒展组合（图 17-2-31）

××八拍	拍	动作做法	要求
预备姿势		上一节结束动作	1. 向后弯腰时抬头、挺胸
一	1—4	挺胸、展胯、转体，左手触右脚跟	
	5—8	还原	2. 手臂弧形摆动时调整呼吸
二	1—8	动作相同，方向相反的动作	
三、四	1—8	重复第一、二个八拍动作	3. 动作节奏均匀
五	1—4	两手臂向两侧划弧下落至体前交叉成侧举，同时左腿向侧伸出成脚尖点地	
	5—8	右手撑地，身体右侧屈（抬头、挺胸），左臂上举，掌心向外	
六	1—4	还原	
	5—8	收回左腿，两臂体前交叉，两臂再打开成侧举，同时右腿向侧伸出，脚尖点地	
七	1—8	重复第五个八拍的 5—8 拍动作，方向相反	
八	1—8	重复第五、六、七个八拍动作	
		结束动作，成跪坐，两手放在大腿上	

图 17-2-31

六、把杆操练习

把杆练习是形体练习的基础，利用把杆做各种身体练习是进行形体锻炼的一种方法和练习形式，它可以矫正由于长期不良的生活习惯所形成的不正确的身体姿势，改进和纠正动作错误，形成正确的身体姿势和良好的姿态。

（一）蹲立练习（图 17-2-32）

××八拍	拍	动作做法	要求
预备姿势		面对把杆，两手扶把站立	1. 半蹲时，身体保持正直，腿要用力
一	1—4	两腿屈膝半蹲，上体保持正直	
	5—8	站起，还原成直立	2. 提踵站立时，身体重心要高，动作充分
二	1—4	提踵立，上体保持正直	
	5—8	还原成直立	
三、四	1—8	重复第一、二个八拍动作	3. 手扶杆要轻

图 17-2-32

（二）屈伸腿练习（图 17-2-33）

××八拍	拍	动作做法	要求
预备姿势		面对把杆，两手扶把，左脚侧点地立	1. 大腿抬起正对肩侧，髋关节尽量外开
一	1—4	右腿支撑，左腿屈膝，脚面绷直，脚尖触支撑右小腿内侧	2. 伸腿时，保持高度，腿要伸直
	5—6	左腿向侧伸直抬起，成水平	3. 身体始终正直
	7—8	控制左腿慢落下，成侧点地立（移重心，成右脚侧点地立）	
二	1—8	重复第一个八拍动作，换另一条腿做	
三、四	1—8	重复第一、二个八拍动作	

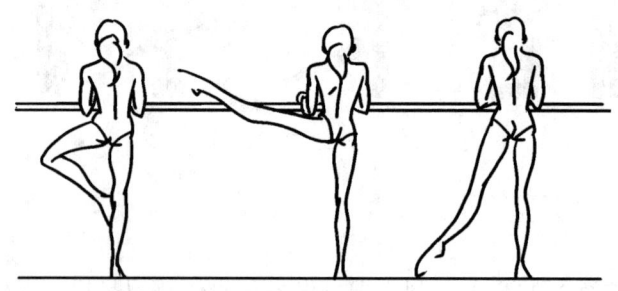

图 17-2-33

（三）躯干弯曲练习（图 17-2-34）

××八拍	拍	动作做法	要求
预备姿势		面对把杆，两手扶把，两脚开立	1. 侧屈时，身体要正，腰部不用转动
一	1—4	左手不动，右臂上举，上体向左侧弯曲，头向左侧转	2. 尽量做最大幅度
	5—8	还原成预备姿势	3. 每次还原动作时身体不用放松，保持紧张、提气
二	1—8	同第一个八拍的动作，方向相反	
三	1—4	两手把杆不动，上体向体后弯曲	
	5—8	还原成直立	
四	1—8	重复第三个八拍动作	4. 后屈时量力而行

图 17-2-34

（四）含展胸练习（图 17-2-35）

××八拍	拍	动作做法	要求
预备姿势		背向把杆，两手体后扶把站立	1. 含展动作要充分
一	1—4	右腿支撑，左腿屈膝向上抬起至水平部位，同时含胸低头	2. 大腿尽量抬至水平部位
	5—8	还原成预备姿势	3. 体前屈时身体与腿的距离越近越好
二	1—8	同第一个八拍的动作，换另一腿做	
三	1—4	直腿体前曲，至最大幅度	4. 扶把的手臂放松，两手距离可稍宽些
	5—8	还原成直立	
四	1—8	重复第三个八拍动作	

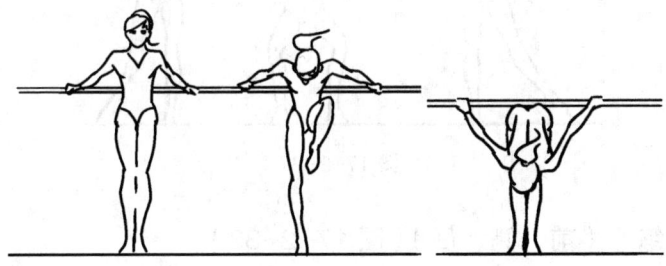

图 17-2-35

（五）移动重心

1. 前后移动（图 17-2-36）

××八拍	拍	动作做法	要求
预备姿势		侧对把杆，内侧手扶把站立	1. 移动重心时，上体保持正直、挺拔，腿要伸直
一	1—4	内侧脚向前擦地成点地立，重心前移经四位蹲，成后腿点地立	
	5—8	重心后移经四位蹲，成前腿点地立	2. 控制好屈膝半蹲的高度
二	1—8	重复第一个八拍动作	
三、四	1—8	第三个八拍同第一个八拍，第四个八拍同第二个八拍动作	

图 17-2-36

2. 左右移动（图 17-2-37）

××八拍	拍	动作做法	要求
预备姿势		面对把杆，两手扶把，左脚侧点地站立	1. 移动重心时，上体保持正直、挺拔，腿要伸直
一	1—4	重心左移，同时两腿屈膝经二位蹲，成右脚侧点地立	
	5—8	重心右移，同时两腿屈膝经二位蹲，成左脚侧点地立	
二	1—8	重复第一个八拍动作	2. 控制好屈膝半蹲的高度
三、四	1—8	第三个八拍同第一个八拍动作，第四个八拍同第二个八拍动作	

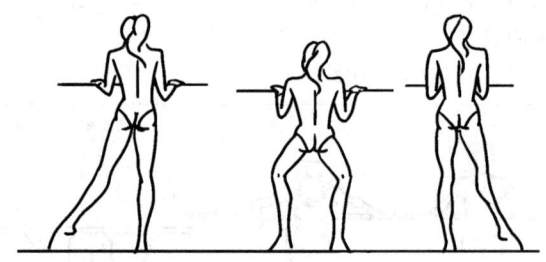

图 17-2-37

（六）压踢腿练习（前、侧、后）（图 17-2-38）

××八拍	拍	动作做法	要求
预备姿势		面对把杆，左脚搭在把杆上，两臂上举，掌心相对，身体正直	1. 压腿的动作要慢，幅度由小到大，量力而行
一	1—2	挺胸抬头体前屈	
	3—4	上体抬起成直立	
	5—8	重复 1~4 的动作	2. 踢腿速度稍快，腿下落时要轻、慢
二	1—6	体前屈，胸贴大腿，两手抱住小腿，静止不动	
	7—8	上体抬起成直立，左脚放下，同时向左转体 90° 侧对把杆，内侧手把杆，外侧手臂侧举，掌心向下	3. 动作中，支撑腿不用弯曲，始终伸直
三	1—8	右腿支撑站立，左腿做正踢腿 4 次	
四	1—6	同第三个八拍动作，再做 3 次踢腿动作	

续表

××八拍	拍	动作做法	要求
	7—8	向右转135°，同时右腿支撑站立，左腿侧举将脚搭在把杆上，左手扶把杆，右手臂上举，掌心向内	4. 压、踢腿时，要时刻注意姿态准确、优美，脚面充分绷直
五	1—2	上体向左侧屈，右手扶左脚尖	
	3—4	上体直立	
	5—8	重复第五个八拍的1—4拍动作	5. 向后踢腿时，抬头、挺胸，高度可根据个人情况
六	1—6	体侧屈，身体贴住大腿，手抱住小腿，静止不动	
	7—8	将腿放下，同时向左转45°，面对把杆，双手于体前把杆站立	
七	1—8	右腿支撑站立，左腿向侧踢腿4次	
八	1—6	同第七个八拍动作，做3次踢腿动作	
	7—8	还原，将右腿放在把杆上成预备姿势（以上动作换右腿做）	
九	1—8	双手把杆，向后踢左腿4次，幅度稍小	
十	1—8	继续向后踢腿4次，幅度稍大，成左脚支撑站立，右脚前点地立	
十一、十二	1—8	换另一腿，重复第九、十个八拍动作	

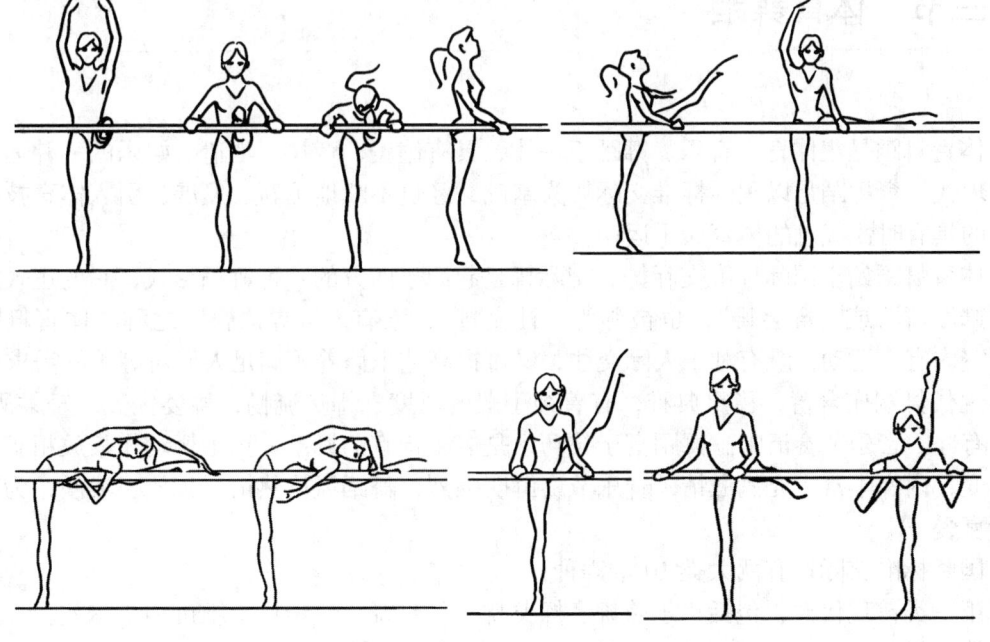

图 17-2-38

（七）调整呼吸练习（图 17-2-39）

××八拍	拍	动作做法	要求
预备姿势		面对把杆，两手扶把站立	1. 吸气时，身体要充分伸展
一	1—4	两臂向侧抬至侧上举，掌心向下，同时抬头、挺胸、深吸气	2. 呼气时，身体要充分放松
	5—8	两臂落下，两手把杆，两臂放松，同时含胸低头、深呼气	
二	1—8	重复第一个八拍动作	

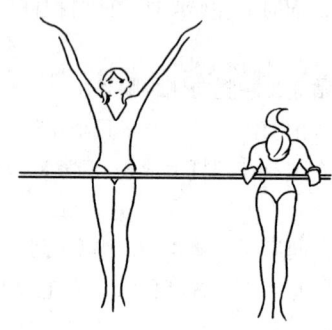

图 17-2-39

第三节　体育舞蹈

体育舞蹈是集体育、音乐、舞蹈于一体，具有健美、竞技、消遣、娱乐的一种运动形式。现代体育舞蹈是以国际标准交际舞为基础，经过不断地更新、发展，引入体育技巧而形成的具有时代气息的体育娱乐运动。

体育舞蹈始于国际标准交际舞。交际舞是起源于西方的一种舞蹈形式，它的正式名称为"舞厅舞"或"舞会舞"，也被称为"社交舞"，素有"世界语言"之称。体育舞蹈是一项室内有氧运动，既有利于人际交往，又可提高艺术修养，满足人们对健美的需求。

现代舞端庄含蓄，稳重典雅，有着绅士般的风度，舞步流畅，舞姿优美，轻柔洒脱，起伏有序，音乐节奏清晰，舞蹈富于技巧，是老少皆宜的舞系。拉丁舞动作豪放粗犷，速度多变，内容丰富，充满激情，音乐节奏鲜明强烈，舞蹈风格热情、奔放、浪漫，为青年人所喜爱。

国际标准交际舞有两大类10个舞种：

第一类：现代舞，包括华尔兹舞、探戈舞、狐步舞、快步舞、维也纳华尔兹。

第二类：拉丁舞，包括伦巴、恰恰舞、桑巴、斗牛舞（也称西班牙一步舞）、牛仔舞（也称加依夫）。

国际标准交际舞兼有文化娱乐的内涵和体育竞赛的形式，因此近年来在西方也将当代国际标准交际舞称为"体育舞蹈"。

一、体育舞蹈的基本知识

(一)舞程线、角度、方位、赛场

1. 舞程线

简称 L.O.D。在跳舞时,为了防止碰撞,有序进行,舞者必须沿逆时针方向路线行进,这个路线就叫作舞程线(图17-3-1)。

2. 角度

舞者在每个舞步开始、结束时所站立的方向、运步、旋转过程中的方位、角度都有一定的规定。因此,必须学会辨别这些方位、角度,才能进行各种舞的练习。旋转角度如图17-3-2 所示。

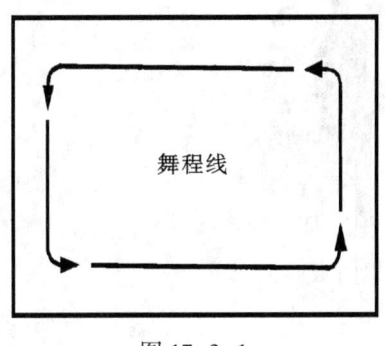

图 17-3-1

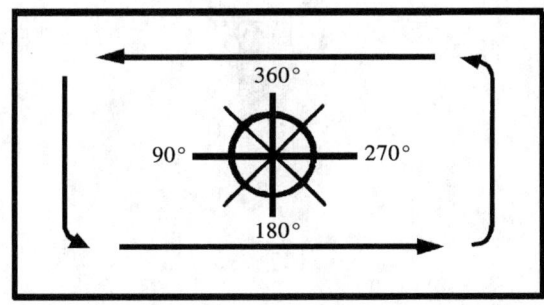

图 17-3-2

3. 方位

跳舞时,为了便于在舞蹈进行中正确地辨别方位和检查旋转的角度,根据国际上记录各种舞蹈的惯例,多以乐队演奏台的一面为规定方位的基点定位"1点",每向顺时针方向移动45°则变动一个方位,依次类推,2、3、4……共有8个点(图17-3-3)。

以上所谈方位,是在一个固定的场地时用的。如果在舞蹈中按舞程线不断变换的方位向前移动时,则舞者又要和舞程线发生关系。因此,国际标准舞中又规定了8条线来指示舞蹈者每个舞步行进的方向。

4. 赛场

场地面积为23米×15米。赛场长的两条边线称为A线,短的两条边线称为B线(图17-3-4)。

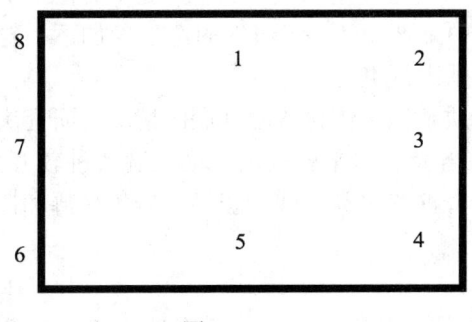

图 17-3-3

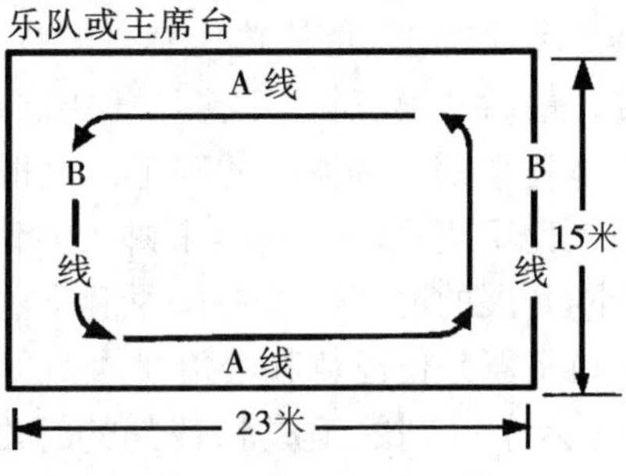

图 17-3-4

（二）舞姿

1. 闭式舞姿

男女舞伴双足合并，脚尖正对前方，相对平行而立；男女舞伴互相将自己的右脚尖对准对方的双脚中线，间距为6~9厘米，女伴偏向男伴右旁约1/3；男女舞伴的头向左转过去，女45°并稍向左倾斜，男25°越过对方向前看，肩平，背直，腰挺，膝松弛，气舒缓。女伴胸腰向后倾弯约25°（图17-3-5）。

2. 散式舞姿

也称P.P舞姿。在闭式舞姿的基础上，男伴将头及上身略向左打开，女伴将头及上身略向右打开，两人的头均向同一方向（图17-3-6）。

图 17-3-5

图 17-3-6

（三）体育舞蹈竞赛

体育舞蹈竞赛有两个系列的舞蹈：摩登舞系列和拉丁舞系列，每个系列包括5项舞蹈。两个系列分开进行比赛。自1964年国际上出现了由5个舞种混合编排的团体舞之后，又有了团体舞的比赛，这使体育舞蹈竞赛更富有趣味性和艺术性。目前，体育舞蹈已是奥林匹克运动会的表演性项目。

（四）体育舞蹈竞赛的种类、年龄和等级

体育舞蹈竞赛分锦标赛、公开赛、邀请赛、表演赛及友谊赛。从竞赛规模来看，有国际性的、全国性的和地区性的，也有基层组织的，最高级别是世界锦标赛。体育舞蹈竞赛有专业级和业余级两大类。比赛中分别按甲组、乙组、丙组及常青组进行。丙组的参赛者必须是男性在45岁以上，女性在35岁以上；常青组男性必须在55岁以上，女性在45岁以上。甲、乙、丙三个组别又分别设立公开组和新人组。

（五）参赛程序和舞种

体育舞蹈比赛程序必须经过初赛（淘汰赛）、复赛（选拔赛）、半决赛（资格赛）和决赛（名次赛）。每一轮比赛一般应从参赛选手中筛选出不少于1/2的选手参加下一轮的比赛，最后从第三轮半决赛中评出6对或8对选手进行决赛。

体育舞蹈比赛舞种的确定，是根据比赛的性质及地区体育舞蹈开展的情况，研究决定后写入比赛规程的。一般来讲，体育舞蹈开展较普及、水平较高的地区比赛舞种较齐全；对于刚开展的地区可以进行丙组及常青组的两个舞种的比赛，即摩登舞是华尔兹舞和探戈舞，拉丁舞是伦巴舞和恰恰舞。

（六）裁判的组成和裁判的标准

体育舞蹈比赛一般设置裁判长1名（也可增设副裁判长1名），裁判员5~7名或3~5名，再增设1~2名候补裁判员，记分组长1名，记分员2~3名。各裁判必须独立评分。

裁判标准由基本技术、对音乐的表现力、对体育舞蹈风格的体现、舞蹈的编排、临场表现、赛场效果 6 个方面组成，裁判根据 6 个标准进行评判。

二、体育舞蹈的基本舞步

（一）华尔兹（慢三步）

华尔兹起源于德国民间舞蹈，风格可以用圆、柔、连、挺、降、升几个字来概括。

1. 平步（图 17-3-7）

音乐节拍	男步	女步
1	左脚前进一步	右脚后退一步
2	右脚前进一步	左脚后退一步
3	左脚向右脚并步	右脚向左脚并步
4	右脚前进一步	左脚后退一步
5	左脚前进一步	右脚后退一步
6	右脚向左脚并步	左脚向右脚并步

音乐节拍	男步	女步
1	左脚前进一步	右脚后退一步
2	右脚并步稍前	左脚并步稍后
3	左脚向右脚并步	右脚向左脚并步
4	右脚前进一步	左脚后退一步
5	左脚横步稍前	右脚横步稍后
6	右脚向左脚并步	左脚向右脚并步

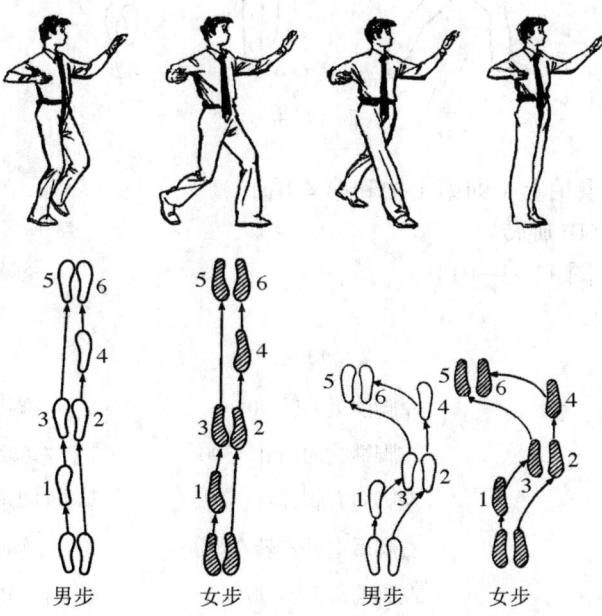

图 17-3-7

2. 方形步（图 17-3-8）

音乐节拍	男步	女步
1	左脚前迈一步	右脚后退一步
2	右脚向右侧迈一步	左脚向左侧迈一步
3	左脚向右脚并拢	右脚向左脚并拢
4	右脚后退一步	左脚向前迈一步
5	左脚向左侧迈一步	右脚向右侧迈一步
6	右脚向左脚靠拢	左脚向右脚靠拢

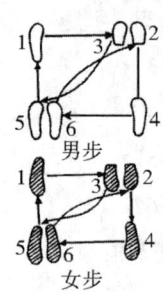

图 17-3-8

3. 转 90° 的方形步（图 17-3-9）

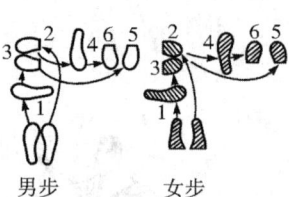

图 17-3-9

转 90°，要落在重拍上（即第 1 拍和第 4 拍上）。

4. 180° 旋转和 360° 旋转

（1）180° 旋转（图 17-3-10）

音乐节拍	男步	女步
1	左脚前迈并转 90°	右脚后退并左转 90°
2	右脚继续向前并转 90°	左脚继续向后并转 90°
3	左脚向右脚并拢	右脚向左脚并拢
4	右脚后退并左转 90°	左脚向前迈并左转 90°
5	左脚前迈并转 90°	右脚后退并转 90°
6	右脚向左脚靠拢	左脚向右脚靠拢

图 17-3-10

(2) 360°旋转（图 17-3-11）

音乐节拍	男步	女步
1	左脚前迈一步并左转 180°	右脚后退一步
2	右脚向前迈一步并左转 180°	左脚继续后退前脚掌着地
3	左脚向右脚并拢稍前	右脚向左脚并拢稍后
4	右脚向前迈一步并左转 180°	左脚向后退一步左转 180°
5	左脚以前脚掌向前迈一步	右脚以前脚掌继续
6	右脚向左脚靠拢稍前	左脚向右脚靠拢稍后

图 17-3-11

以上旋转时，男伴上步将脚插在女伴的两脚之间。

5. "之"字形交叉

男女双方按"之"字形做连续的进或退。

男向左侧方进右、左、右三步，第一步大，第二、三步小，在第二、三步前脚掌着地同时经过转动，身体移向右斜方，此时男正面朝右斜方，女随男左后斜方退左、右、左三步，第一步大，第二、三步小，在第二、三小步前脚掌着地同时经过转动，身体随男一起移向左斜方。"之"字形交叉的退法与进法相反，步法是男先退左、右、左三步，女进右、左、右三步，二、三步时，双方均转动改变方向。

(二) 探戈舞

探戈舞的舞曲是 2/4 拍，速度为每分钟 30~40 小节。舞步分快步和慢步两种。快步占一拍，慢步占二拍。探戈舞风格庄严、高雅，动作铿锵有力，表情严肃，左顾右盼，舞步顿挫明显，动静交织。

1. 前进步

（1）准备动作：闭式舞姿。

（2）男舞步：（S）左脚前进；（S）右脚前进；（Q）左脚小步前进；（Q）右脚小步前进，并步（图17-3-12）。

（3）女舞步：同男舞步，方向相反。

2. 后退步

（1）准备动作：闭式舞姿。

（2）男舞步：（S）左脚后退；（Q）右脚后退；（Q）左脚后退一小步；（S）右脚在左脚稍后交步（图17-3-13）。

（3）女舞步：同男舞步，方向相反。

3. 常步分身

（1）准备动作：闭式舞姿。

（2）男舞步：（S）左脚弧形前进；（S）右脚弧形前进；（Q）左脚前进；（S）右脚右横成散步舞姿，头快速左转（图17-3-14）。

（3）女舞步：同男舞步，方向相反。

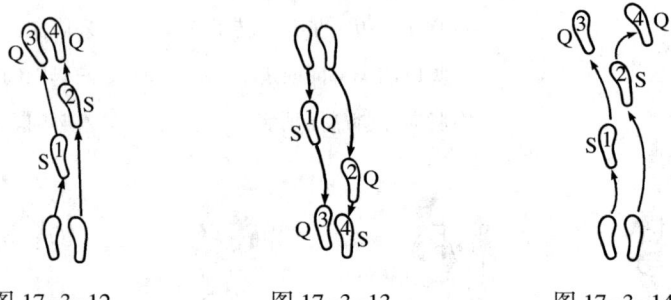

图17-3-12　　　　　图17-3-13　　　　　图17-3-14

4. 侧行并步

（1）准备动作：散式舞姿。

（2）男舞步：（S）左脚前进；（Q）右脚侧进；（Q）左脚左横成闭式舞姿；（S）右脚并于左脚（图17-3-15）。

（3）女舞步：同男舞步，方向相反。

5. 后退左侧转

（1）准备动：闭式舞姿。

（2）男舞步：（S）左脚后退；（Q）右脚后退；（Q）左脚左横步左转90°；（S）右脚并于左脚（图17-3-16）。

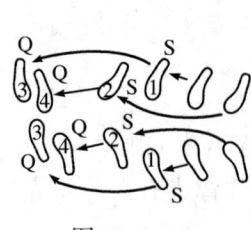
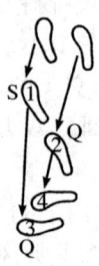

图17-3-15　　　　　　　　图17-3-16

女舞步：同男舞步，方向相反，唯旋转方向一致。

（三）伦巴舞

伦巴舞的舞曲是4/4拍，速度为每分钟28~31小节。伦巴舞有一个非常重要的特点：先出胯，后出步。伦巴舞动作舒展，舞姿优美，配上缠绵委婉的音乐，使舞蹈充满浪漫情调，令人陶醉。

1. 横行步

（1）准备动作：闭式舞姿。

（2）男舞步：① 左脚左横步；② 右脚并左脚；③ 左脚左横步；④ 右脚靠向左脚，出右胯（图17-3-17）。⑤~⑧同①~④，方向相反。

2. 十字步

（1）准备动作：闭式舞姿。

（2）男舞步：① 左脚前进一步；② 右脚后回一步；③ 左脚左横一步，成单拉手势；④ 出右胯，左脚在右脚旁点地（图17-3-18）。

3. 扇形

（1）准备动作：单手位舞姿。

（2）男舞步：① 出左胯，右脚收向左脚；② 右脚退一步；③ 左脚左斜进一步；④ 右脚横一步，身体展开成扇形步（图17-3-19）。

（3）女舞步：① 出右胯，右转90°左脚收回；② 左脚向斜前方进一步；③ 右脚向右后方退一步，左转45°；④ 右脚向左后方横步，重心左移，身体展成扇形（图17-3-20）。

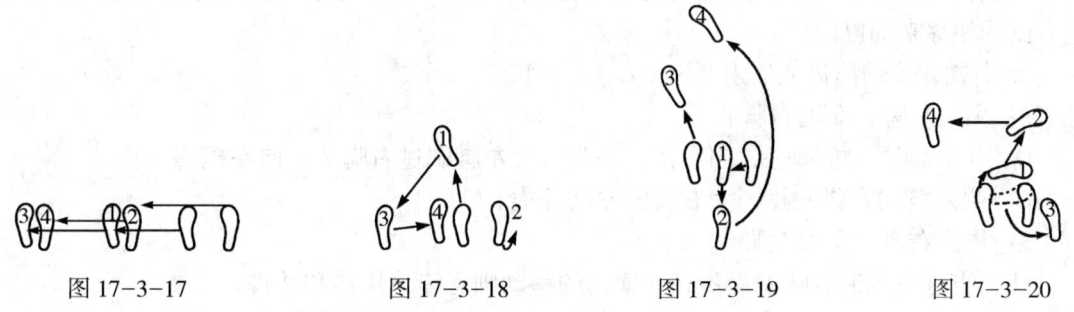

图17-3-17　　　　图17-3-18　　　　图17-3-19　　　　图17-3-20

（四）恰恰舞

恰恰舞的舞曲为2/4或4/4拍，速度为每分钟32~34小节。恰恰舞热情奔放，动作频率较快，旋律轻松、愉快。

1. 进退恰恰步

（1）准备动作：闭式舞姿。

（2）男舞步：① 左脚进一步；② 右脚后回步；③ 左脚退一步，膝盖弯曲，脚跟离地；④ 右脚退一步，膝盖弯曲，脚跟离地；⑤ 左脚退一步，前脚推后脚（图17-3-21）。⑥~⑨同①~⑤，方向相反。

2. 横恰恰步

（1）男舞步：① 左脚进一步；② 右脚后回步；③ 左脚左横上，膝盖弯曲，脚跟离地，右脚并左脚；④ 左脚左横步，双腿伸直（图17-3-22）。⑤~⑧同①~④，方向相反。

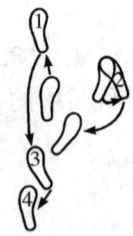
图 17-3-21

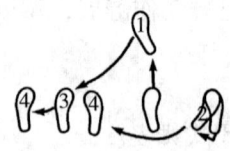
图 17-3-22

（2）女舞步：同男舞步，方向相反。

（五）布普斯（慢四步）

慢四步的节奏是四拍一个小节，它的重音在一、三拍，或者就是第一拍。慢四步跳法最基本的有两种：一种是等间隔的跳法，另一种是两慢两快的跳法。

1. 左横并步的前进或后退（S，S，Q，Q）

左横并步由两个前进（或后退）的慢步和两个向左侧横移并脚的快步组成。慢步用 S（slow）来表示，快步用 Q（quick）来表示。

S：男进左脚，女退右脚。

S：男进右脚，女退左脚。

Q：男左脚刷过右脚旁，向左横移一步。女右脚刷过左脚旁，向右横移一步。

Q：男右脚向左脚并拢，女左脚向右脚并拢。后退时和前进动作一样。

连续使用这种舞步，会出现左侧运动的不断发展。为避免这种发展的极端化，必须运用右侧的横移来加以调整。

2. 右横并步的前进或后退（S，Q，Q，S）

S：男进左脚，女退右脚。

Q：男右脚刷过左脚旁，向右横移一步。女左脚刷过右脚旁，向左横移一步。

Q：男左脚向右脚并拢，女右脚向左脚并拢。

S：男进右脚，女退左脚。

注：直进成直退意味着慢步，而横向的移动则意味着快步和并脚。

3. 1/4 转身步

由一个前进的 90°右转身和一个后退的 90°左转身构成，每一次转身的角度都不宜过大或过小。从斜墙位起，沿舞程线进行。

（1）S：男进左脚，女退右脚。

（2）S：男进右脚，女退左脚，第二拍的后半拍用脚掌旋转。

（3）Q：男左脚、女右脚横移一步，在完成 90°右转的方位上落脚。

（4）Q：男女各自完成横并步。

（5）S：男退左脚，女进右脚。

（6）S：男退右脚，女进左脚，第二拍的后半拍用脚掌旋转。

（7）Q：男左脚、女右脚横移一步，在完成 90°左转的方位上落脚。

（8）Q：男女各自完成横并步。

第四节 瑜伽

一、瑜伽的起源与发展

瑜伽（Yoga）是人类智慧的结晶，产生于公元前300年左右，是东方最古老的强身术之一。瑜伽一词源于梵文的音译，意思是结合、联合，这也是瑜伽的宗旨和目的。瑜伽起源于印度，是一种非常古老的能量知识修炼方法，集哲学、科学和艺术于一身。瑜伽的基础建立在古印度哲学上，古代的瑜伽信徒发展了瑜伽体系，因为他们深信通过运动身体和调控呼吸，可以完全控制心智和情感，保持永远健康的身体。瑜伽修持者开始只有少数人，一般在寺院、乡间小舍、喜马拉雅山洞穴和茂密森林中心地带修持，由瑜伽师讲授给那些愿意接受的门徒。后来，瑜伽逐步在印度普通人中间流传开来。如今的瑜伽，已经是印度人民几千年来从实践中总结出的人体科学的修炼法，再也不是仅限于少数隐居人仅有的秘密。在印度，现在很难区分瑜伽与印度教的关系，在寺庙中、在生活中、在许多领域，两者的关系都彼此融合。因为心理、生理和精神上的戒律已经使瑜伽成为印度文化中的一个重要组成部分。

瑜伽有一套从肉体到精神极其完备的修持方法。目前，瑜伽已在全世界广泛传播。当今的瑜伽不仅只属于哲学和宗教的范畴，它有着更广泛的含义，千年不衰，有着强大的生命力。

从广义上讲，瑜伽是哲学。从狭义上讲，瑜伽是一种精神和肉体结合的运动。瑜伽作为修行和练功的方法，分为不同的体系，如哈他瑜伽、语音冥想瑜伽、八分支法瑜伽等。其中有些着重于身体的修炼，有些着重于心智和精神等。像各种叫"阿萨那答"的姿势练习，在心灵上和身体上同时有深切而积极的效益。而所谓心智的或者精神的瑜伽冥想功法，不仅仅有身体上的效益，在心智和精神上也有积极的效益。身体、心智和精神这三方面是互相联系、互相影响的。比如，当人的身体有病或者精神萎靡，那么他冥想起来就比较困难。另一方面，如果一个人充满焦虑的心情，或者心里很苦闷，忧心忡忡或怨恨满腔，那就会给他的身体健康带来问题。人的思想意识和健康之间是有联系的。在健身界最受关注的是哈他瑜伽，它注重身体健康和力量，通过集中意念、调整呼吸并配合不同身体姿势的练习，来加强与改善人体的各个部位，达到联合整体、增进人们的身体、心智和精神健康的目的。

二、瑜伽的功效

瑜伽讲究自然、平衡与协调，动作柔和缓慢，是一种安全、有效的塑身练习方法。瑜伽姿势包含伸展、力量、耐力和强化心肺功能的练习，能够伸展肌肉，提高关节灵活度，增强身体的柔韧性，提高身体的平衡感，消除身体的多余脂肪，塑造优美的形体。通过练习瑜伽呼吸法，能够改善呼吸系统、神经系统、内分泌系统的功能，增强人的身体素质和免疫力，消除疲劳，安定神经，减轻压力。

瑜伽对神经系统，包括自主神经系统能产生非常有益的影响。通过练习瑜伽，不仅能保持神经系统的健康，而且还能使功能异常的神经系统恢复正常。此外，还能使交感神经系统和副交感神经系统保持平衡。瑜伽练习对内分泌腺体也十分有益，能使各种内分泌腺体得到按摩，刺激心脏，从而保持健康状态。

瑜伽姿势、呼吸练习和瑜伽冥想功对于呼吸系统也有非常好的影响。人的呼吸系统越是健康，就越能预防像肺结核、支气管炎和肺气肿等各类呼吸系统疾病。瑜伽功法对于血液循环系统、消化系统和皮肤也很有益处。

三、瑜伽与呼吸

呼吸是人最重要的生理机能，但人们对呼吸的了解却很少。在日常的生活中，我们的呼吸一般是随意和不规律的，大多数人呼吸浅短、缺乏规律。研究表明，人的身体状况在很大程度上依赖于呼吸的规律性，甚至呼吸方式可以高度地反映出一个人的情绪情感。当人们在心烦意乱的时候，如沮丧、悲痛或抑郁时，呼吸就会变得很慢和没有规律；而在狂怒、焦虑和紧张不安时，呼吸则会变得迅速、表浅和混乱。呼吸随年龄增长会产生变化，年龄越大，呼吸越浅弱。正确的呼吸可使人头脑灵活，体力充沛，感觉越活越年轻。普通人每分钟呼吸15~16次，坐禅时呼吸只有5~6次，修持得法者每分钟呼吸只有1~2次，甚至可达到像龟蛇一样微呼微吸，不消耗能量。瑜伽理论认为，人一生的呼吸量是有一定限度的，呼吸又快又匆忙的人寿命会短。相反，呼吸缓慢、犹如在品尝空气的人，可获得长寿。调整呼吸是生存的基本因素，也是健康的必要基础。瑜伽练习强调用鼻子呼吸，平和缓慢的深呼吸可以让紧张的身心松弛下来。不同的瑜伽体位练习有其相应的呼吸方式，有时要求保持某种姿势时需要自然地呼吸，有时则要配合动作屏息数秒钟。

（一）呼吸法

1. 基本呼吸方式

人们日常的呼吸方式通常有三种：胸式呼吸、腹式呼吸和混合呼吸。

（1）胸式呼吸：胸式呼吸时，横膈膜静止，肋间肌扩张胸廓，呼吸完全是通过附着在肋骨上的肋间肌的运动进行的，呼吸量不大，即腹部不动，胸部动。

（2）腹式呼吸：是横膈膜收缩和向下降产生腹壁向外扩张的运动，因此，呼吸的量较大，即胸部不动，腹部动。

（3）混合呼吸：指胸式呼吸加上腹式呼吸，因此呼吸量更大。

2. 瑜伽完全呼吸法

瑜伽完全呼吸法也叫横膈膜呼吸法。练习时，可采取感觉最舒适的姿势，仰卧、静坐、站立均可。卧或站时，双脚适度分开，双眼轻闭，一手置于胸部，另一手置于腹部上方，以便感觉横膈膜以及腹肌的活动。先以鼻腔缓慢、细长地吸气和呼气，不可出声振动或停息，然后加大正常呼吸的过程。当吸气时，横膈膜下移，腹部像气球一样慢慢鼓起，接着空气继续进入，胸部也慢慢鼓起。然后呼气，横膈膜上推，尽量把气吐尽，排出肺部，分多次吐，胸部下降，腹部下降，接着有意识地收缩腹部，使腹肌向内瘪。这种呼吸是借助横膈膜的收缩和下压形成吸气动作的，吸气时，会发觉腹壁和肋骨下部向外推出，胸部只有轻微移动。

横膈膜呼吸法对身体有三大功效：

（1）横膈膜呼吸不同于浅短的呼吸，能使能量充满整个肺部，供应身体充足的氧气，并将体内的废气、浊气和二氧化碳呼出体外。

（2）横膈膜上下移动，犹如温和的按摩，能促进脏腑的血液循环，增强其机能。

（3）横膈膜呼吸法能以最少的力得到大量的新鲜空气，是极其有效的呼吸方法。

（二）调息法

1. 单鼻孔呼吸法

按简易坐或莲花坐的坐姿坐好，右手轻轻握拳，伸出拇指、食指和中指，将食指和中指并拢放于眉心，先用大拇指按住右侧鼻孔，用左鼻孔吸气，然后慢慢呼气，使气完全呼出。松开大拇指，用无名指按住左鼻孔。然后再用以上方法让右鼻孔呼吸。重复练习。

2. 左右鼻孔交替呼吸法

按简易坐或莲花坐的坐姿坐好，右手轻轻握拳，伸出拇指、食指和中指，将食指和中指并拢放于眉心，先用大拇指按住右鼻孔，通过左鼻孔吸气，然后用无名指按住左鼻孔并屏息数十秒钟，松开大拇指，用右鼻孔慢慢呼气，使气完全呼出，再从右鼻孔吸气，左鼻孔呼气。重复练习。

3. Kapalabhati 呼吸法

Kapalabhati 是"闪光的头顶"的意思，意指能给面容增色增光。按简易坐或莲花坐的坐姿坐好，做几次深呼吸使身体放松。先深呼气，面部放松，嘴并拢，躯干挺直不要前倾，尽力用腹肌呼气，就像有人拳击腹部，横膈膜快速上升，把气推向肺部；吸气，腹肌放松，横膈膜下沉还原。反复做这个练习，每组至少做 25 次快速呼吸，组与组之间做几次深呼吸放松。

四、瑜伽的体位练习

瑜伽的"体位"在梵文中叫"阿萨那"，中文也有译为"体式"的。体位练习一般分为单人体位练习和双人体位练习两类。无论是哪一类，一定要严格遵照体位的要求来循序渐进地练习。这里针对初学瑜伽者编了一组初级瑜伽动作，分别介绍动作的预备姿势、练习步骤、练习效果和注意事项。

（一）放松姿势

1. 仰卧放松功

仰卧放松功俗称"尸体式"，在练习这个姿势时，整个身体应做到像尸体一样虚静无为。

预备姿势：背部贴地仰卧，两手放在身体两侧，手心向上，两脚舒适地分开。

练习步骤：闭上双眼，全身放松，自然而规律地呼吸，让意识集中在呼吸上，计呼吸数，在心里默念"一吸""一呼""二吸""二呼"……保持这一姿势 5 分钟或者更长（图 17-4-1）。

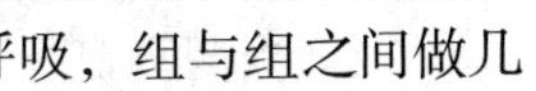

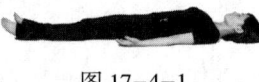

图 17-4-1

练习效果：可以消除全身的疲劳和紧张，有助于使交感神经和副交感神经保持平衡，为身体带来新的活力。仰卧放松功也是一个很好的睡眠姿势，对缓解消化不良、失眠等都有好处。

2. 俯卧放松功

预备姿势：俯卧地上，额头贴地，两臂放于体侧，手心向上（下颌可用干净毛巾垫着）。

练习步骤：

（1）两手臂从体侧尽量向前伸展，置于头顶前方的地板上，手心朝下。

（2）闭上双眼，全身放松，让呼吸变得自然而有节奏。

（3）意识集中在呼吸上，计呼吸数，在心里默念"一吸""一呼""二吸""二呼"……保持这一姿势5分钟或者更长（图17-4-2）。

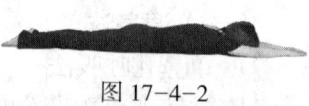

图17-4-2

练习效果：可以伸展和放松背部、双肩和双臂，对腰椎间盘突出、颈项强直、驼背、圆肩者尤其有益。它和仰卧放松功一样，可以使整个身心都得到放松，是一个极佳的放松姿势。

（二）站立进行的姿势

1. 擎天式

预备姿势：挺直身躯站立，两臂下垂，放于身体两侧，两脚稍微分开。

练习步骤：

（1）两手十指交叉，翻腕向上，高举过头顶，目视交叉的两手。

（2）缓缓吸气，两脚跟同时提起，用脚尖挺立，好像自己正被往上拉，完全伸展整个身体，屏住呼吸，保持这个姿势几秒钟。

（3）呼气，两脚跟慢慢着地，双臂收回，重复练习4~6次。

变式：

（1）按"擎天式"站好，双臂举过头顶。

（2）当两脚挺立、较好保持平衡时，可抬起一条腿向前或向后伸，使之与地面平行，保持这一姿势数秒，然后换另一条腿重复做动作（图17-4-3）。

练习效果：擎天式及其变式能发展腹直肌群按摩肠胃部，对消除便秘症状有一定效果。可以促进脊骨的成长，预防脊椎变形。此外，还可以美化身体线条，改变身材比例，给人以身材修长的感觉。

2. 转腰式

预备姿势：按基本的站立姿势站好，全身放松。

练习步骤：

（1）两脚分开，略比肩宽，十指在脐前交叉，吸气，两臂高举过头，旋转手腕，使两手掌心向上。

（2）呼气，向前俯身，直到两腿和背部垂直为止，目视双手。

（3）吸气，将上身躯干尽量转向左侧（图17-4-4），然后呼气，将上身躯干尽量转向右侧。重复做4次。

图17-4-3　　　图17-4-4

（4）吸气，把上体收回正中位置，然后恢复至直立姿势，垂下双臂，放开两手，休息片刻后，重复练习 3~5 次。

练习效果：可以加强双肩、肘、腰、背和髋等关节，矫正脊柱强直，此外，还可以轻柔地按摩腹部器官，有助于减少腰围的脂肪。

3. 三角侧屈式

预备姿势：基本站立姿势，调整呼吸。

练习步骤：

（1）挺直身躯站立，两脚尽量舒适地分开，脚尖略朝向外。两臂向两侧平伸，成一条直线，手心向下，这就是"基本三角式"（图 17-4-5）。

（2）呼气，慢慢向右侧屈体，右手贴着右小腿向下滑动，尽量扶住右脚踝或右脚，此时左手臂指向上方，两臂成一直线，保持这一姿势 10 秒钟，保持自然呼吸。

图 17-4-5

（3）吸气，两臂转动，慢慢回复到基本三角式，然后向左边做同样的练习。左右两边各做 5 次。

练习效果：三角侧屈式是一个提高身体柔韧性的极佳姿势，它可以伸展并收紧侧腰部，加强腿部力量，刺激并按摩腹部脏器，有助于消化，同时还能强化颈部、脊椎、髋关节、肩关节等多个部位。

4. 战士第一式

预备姿势：保持基本的站立姿势，两脚并拢，两臂放于体侧，自然呼吸。

练习步骤：

（1）双掌在胸前合十，举过头顶并尽量向上伸展，然后缓缓吸气，两腿分开，比肩稍宽。

（2）呼气，将右脚和上身躯体向右侧转 90°，左脚略转向右方。接着右膝弯曲，直到大腿与地面平行，而小腿则与地面垂直。

（3）左腿尽力向后伸，膝部挺直。头向上方仰起，目视合十的双掌，自然呼吸，保持这个姿势 15~20 秒（图 17-4-6）。

（4）左脚上前一步，与右脚并拢，两臂收回体侧，然后恢复到预备姿势，稍休息，在另一方向重复这一练习。

练习效果：该式可以扩展胸腔，使呼吸变得均匀而绵长，对肺部颇有益处。它能按摩腹部器官，增强人的平衡力和注意力，并且对脊柱、踝、膝、髋和肩等部位都有很好的锻炼效果。

图 17-4-6

5. 战士第二式

预备姿势：挺直身躯站立，两脚并拢，自然呼吸。

练习步骤：

（1）深吸一口气，两脚尽力分开，两臂向两侧平举，与地面平行，成为"三角式"（图 17-4-7）。

（2）左膝挺直，右脚向右转 90°，左侧肢体略向右转。

（3）右膝屈曲，直至大腿与地面平行，小腿垂直于地面。然后将两手向身体两侧尽量伸展，头转向右方，目视右手手指尖，深吸

图 17-4-7

气，保持这一姿势 10~20 秒。

（4）吸气，躯干和重心向中央移动，恢复到"三角式"，然后转向左方，换另一方向重复这一练习。

练习效果：该式能有效地锻炼双腿、背部与腹部，增强大小腿肌肉的力量，并且可以活动肩关节，增强了各关节的柔韧性。

6. 幻椅式

预备姿势：保持基本站立姿势，身体挺直，目视前方，全身放松。

练习步骤：

（1）吸气，两掌在胸前合十，高举于头顶。

（2）呼气，双膝屈曲，放低躯干，想象正准备坐在一张椅子上，自然呼吸，保持这一姿势 10~20 秒（图 17-4-8）。

（3）缓缓吸气，膝盖伸直，两臂自然下垂返回到预备姿势。

练习效果：可强化脊柱活力，强健两腿和背部的肌肉群，增进体态的平衡和稳定，矫正不良姿势。该姿势也可以扩展胸部，增强双踝，强壮腹部器官，同时还能消除肩部的酸痛和僵硬，给予心脏柔和的按摩。

图 17-4-8

（三）坐（跪）地进行的姿势

1. 猫伸展式

预备姿势：跪坐在地面上，双手放在大腿上，自然呼吸。

练习步骤：

（1）抬臀部，两手掌于膝盖前方着地，双膝和小腿着地，呈动物爬行的姿态。

（2）吸气，抬头，臀部上拱，双手直撑于地，收缩背部肌肉，保持这一姿势 5 秒（图 17-4-9）。

（3）呼气，小腹后缩，垂下头，背部拱成圆形，再保持这一姿势 5 秒（图 17-4-10）。

图 17-4-9

图 17-4-10

（4）两臂伸直，垂直于地面，恢复到先前动物爬行的姿态。重复做这个练习 4~8 次。

练习效果：该式可以活化整个脊柱，放松肩部和颈部，收紧腹肌，减缓痛经，改善月经不调和子宫下垂。它还有助于消除腰、腹部四周多余的脂肪，使身材更苗条。

2. 虎式

预备姿势：跪坐于地，臀部落于两脚跟上，上身挺直。

练习步骤：

（1）上身躯干前倾，双手撑住地板，臀部抬高，像爬行动物一样四肢着地。

（2）目视前方，缓缓吸气，左小腿贴地不动，把右腿笔直地向后上方伸展（图 17-4-11）。

图 17-4-11

（3）吸气结束后闭气，右膝弯曲，膝盖向下方收回，但不着地。抬头，目视上方，保持这一姿势5秒。

（4）呼气，把屈膝的右腿向上挨近胸部，同时头部低下，目视下方，鼻尽量靠右膝，背部向上挺成拱形。

（5）把右腿伸向后上方，重复整个动作。每条腿各做3~5次。

练习效果：该式可以锻炼大腿后侧及臀部肌肉，使脊柱得到充分的伸展，同时可以放松坐骨神经。还可以减少腰部、髋部、大腿区域的脂肪，尤其适合女性练习。

3. 推磨式

预备姿势：坐于地上，两腿向前伸展，两手放于大腿上，自然呼吸。

练习步骤：

（1）上身自腰部向前屈体，手指交叉，手臂伸直，两臂作顺时针方向做圆周水平运动，想象自己正在推动石磨（图17-4-12）。

（2）做完10圈顺时针方向的推磨动作后，停下，再继续做10圈逆时针方向的推磨动作（图17-4-13）。

图 17-4-12

图 17-4-13

（3）身体回到中央位置，挺直上身，恢复到预备姿势，休息。

练习效果：该式可以伸展和放松肩部和腹部的肌肉，按摩腹部的脏器，促进消化。此外，这一姿势还能按摩子宫，对孕妇来说，也是一个很好的练习。

4. 顶峰式

预备姿势：跪坐于地，臀部落于两脚跟上，两手放在大腿上，自然呼吸，放松全身。

练习步骤：

（1）上身躯干前俯，两手掌心在膝盖前方撑地。

（2）保持手臂姿势不动，抬高臀部，两膝着地，跪在地板上。

（3）吸气，两腿伸直，将臀部向上顶。

（4）颈项伸直，低头处于两臂之间，整个身体呈三角形。脚后跟落在地上，自然呼吸，保持这一姿势约1分钟（图17-4-14）。

练习效果：该式有助于减少臀部及大腿的皮下脂肪，使肌肉更结实，还能强壮坐骨神经，消除肩周炎，此外，还能促进头部血液循环，消除疲劳，使人精力旺盛。

图 17-4-14

5. 山式

预备姿势：莲花坐姿势。

练习步骤：

（1）十指在胸前自然交叉，手背向外。

（2）手臂伸直，向上伸展，高过头顶。

（3）头向下低，下巴紧靠胸骨，掌心转向上方，背部挺直，两臂尽量向上伸展。自然呼吸，保持这一姿势1分钟（图17-4-15）。

（4）放下双手，回到预备姿势。改变两腿的位置，更换莲花坐姿，重复这一练习。

练习效果：该姿势可以扩展胸部，使肩部得到舒展，有助于消除肩背部的酸痛。并以一种轻柔的方式按摩腹部器官，有助于消化。此外，山式采用的莲花坐姿有助于保持心平气和。

图17-4-15

（四）卧地进行的姿势

1. 船式

预备姿势：仰卧在地面上，两脚并拢，两手置于身体两侧，手心向里，自然呼吸。

练习步骤：

（1）吸气，双手、双脚和上身躯干同时上提，离地约0.5米，双臂向前伸直，并平行于地面，双腿用力伸直。

（2）闭气，全身绷紧，两眼注视脚尖，保持这一姿势20~30秒（图17-4-16）。

（3）双腿、躯干还原，缓缓呼气，全身放松，回到预备姿势，重复做这个练习3~5次，然后再做"瑜伽休息术"，以增强其效果。

图17-4-16

变式：

当身体从地面抬高时，可握紧双拳，使全身肌肉处于一种紧张状态，然后再呼气，还原成预备姿势，再做一遍"仰卧放松功"。

练习效果：可以使全身的肌肉和关节都得到放松，缓解人的紧张情绪，增强背部力量，同时还可以促进肠胃蠕动，增强消化系统的功能。

2. 卧英雄式

预备姿势："霹雳坐"姿势。

练习步骤：

（1）呼气，叉开两脚，臀部着地。

（2）吸气，上半身往后仰，先将右肘着地，继而左肘着地，指尖指向脚的方向。

（3）两肘逐渐向臀部方向移动，然后成仰卧姿势，两手置于体侧伸直，双膝并拢贴地。自然呼吸，保持这一姿势5~10秒（图17-4-17）。

（4）双手抓住脚踝，肩肘靠着地面撑起，身体重量置于双肘上，抬头挺背，逐步恢复到预备姿势，稍休息，再重复做这一姿势3~5次。

图17-4-17

练习效果：通过身体后仰，可以刺激肾脏功能，使肾脏处于血液的滋养之中。此外，该姿势还可以滋补肠胃、肝脏、脾脏和腹部的其他器官，对于患消化不良、胃炎、便秘、痔疮等疾病的患者很有益处。同时，还可辅助治疗脊椎和关节疾病，并增强性功能。

3. 简弓式

预备姿势：额头贴地俯卧，双臂在身侧伸直，手指指向脚部。两脚跟并拢，自然呼吸。

练习步骤：

（1）双腿弯曲，脚跟靠近臀部，两手分别向同侧脚踝靠拢。

（2）缓慢而均匀地吸气，然后屏住呼吸，头部向上抬伸。

（3）两小腿向头部方向用力，两手臂伸直握小腿，直至力所能及的最大限度，此时胸部和头部都将向上抬起。仰望天空，屏住呼吸，保持这一姿势5~10秒（图17-4-18）。

（4）呼气，两手放开脚踝，头部和胸部，双腿慢慢还原，回到预备姿势。稍休息，再重复练习。

图 17-4-18

练习效果：该式能促进肾上腺、甲状腺、脑下垂体及性腺的细胞活动，使之正常分泌各自激素。它对关节、脊柱、肺部、胸部和腹部疾病也有一定缓解功效。此外，还可缓解女性月经失调症状。

4. 手枕式

预备姿势：背部贴地仰卧，双臂在身侧伸直，脚跟并拢，手掌贴于大腿外侧，自然呼吸。

练习步骤：

（1）身体左转呈左侧卧式，左侧大臂着地，抬头，弯曲左肘，用左掌托住脸的侧面。

（2）深吸一口气，右腿向上举起，右手抓住右脚大脚趾。

（3）呼气，伸直右臂和右腿，右膝绷直。自然呼吸，保持这一姿势10~30秒（图17-4-19）。

（4）右膝弯曲，右腿和右臂放回原处，恢复成左侧卧式，然后放下左手，转身回到预备姿势。接下来做右侧卧式，重复这一练习。

图 17-4-19

练习效果：该式能促进腰部脂肪的消耗，减少腰部脂肪堆积。此外，它还可以拉伸腿后侧的韧带，对肩部、背部和骨盆区域都非常有益。

（五）平衡的姿势

1. 平衡式

预备姿势：基本站立姿势，全身放松，自然呼吸。

练习步骤：

（1）右腿直立，左腿自膝盖处弯曲，上抬左脚跟，脚尖朝上。左手抓住左脚，尽力使左脚跟紧贴臀部。

（2）右臂伸直，手指并拢，自下而上慢慢抬起，直至高举过头，手掌面向前方，自然呼吸，保持这一姿势10~20秒（图17-4-20）。

（3）右臂慢慢放下，手掌始终保持绷紧，然后左手松开，左腿落地。休息10秒，换异侧练习。每边各做3次。

练习效果：该式能活动人体主要关节，消除关节的僵直和疼痛。它还能促进血液循环，强健肌肉，对膝盖、脚踝、肩关节、腕关节、手掌和手指各部位关节的病痛，均有良好的辅助治疗作用。

图 17-4-20

2. 树式

预备姿势：挺直身躯站立，两臂下垂于体侧，自然呼吸。

练习步骤：

（1）左腿站立，右腿自膝关节处弯曲，把右腿抬至左侧大腿上，脚后跟和脚底的外侧搁置在左大腿上部。

（2）双手从身体两侧向头部抬起，当抬至头部上方时，双手合十放在头上，手腕贴着头顶。

（3）尽力将弯曲的臂肘向后伸展，使两臂肘处于同一直线上。目视前方，左腿绷紧，全身处于紧张状态，自然呼吸，想象自己如一棵顶天立地的大树，保持这一姿势 10 秒（图 17-4-21）。

（4）放开手掌，将两臂放回身体两侧，然后抓住右腿脚趾，把脚轻轻抬起放回地面，回到预备姿势，全身放松。

（5）休息数秒后，两腿交替，重复练习这一姿势 4~6 次。

练习效果：树式对于脚踝、脚趾、膝盖、髋关节、肩关节、肘关节和双手都有很好的锻炼效果，它使身体的大小关节均得到活动，促进了关节的血液循环，从而使人体的关节功能日渐强化。

图 17-4-21

第十八章 时尚体育

第一节 定向运动

一、定向运动概述

定向运动是一项参赛者借助地图和指北针,在尽可能短的时间内到达若干个被分别标记在地图上和实地中检查点的运动。

按照运动模式,国际定向运动联合会将定向运动划分为徒步定向、滑雪定向、山地自行车定向和轮椅定向。其中,徒步定向也被称为定向越野。

运动与生命同在,健康与快乐同存

(一)定向运动的起源

定向(orienteering)一词最早出现在1886年的瑞典,意思是在地图和指北针的帮助下,穿越未知的地带。地处北欧斯堪的纳维亚半岛的瑞典,国土崎岖不平,覆盖着一望无际的森林,散布着无数的湖泊、城镇和村庄,人们主要利用隐现在林中湖畔的小径来往于各地。因而,人们必须学会并具备精确辨别方向的能力,否则会有迷失方向的危险。这样,地图和指北针就成为人们行走和生活的必需品。生活在半岛上的居民、军队,便成了定向运动的先驱者。

最初的"定向"是一项军事活动,军人们把在山地里辨别方向、选择道路和越野行进作为军事训练的内容。后来,在瑞典和挪威的军营中,士兵利用军用地图先后组织了最初的该类体育竞赛。

1897年10月31日,挪威组织了第一次面向民众的定向比赛,当时参赛的人数仅有8人。其后,挪威还举行了一些小规模的定向比赛。

定向运动从军营走向社会,始于20世纪初。瑞典的一位童子军领袖吉兰特(Ernst Killander)于1918年组织了一次名为"寻宝游戏"的活动,给定向运动赋予了游戏的特性,这引起了人们的极大兴趣。从此,该项活动在北欧广泛开展起来。1919年3月25日,一次影响深远的定向比赛在斯德哥尔摩南部城市纳卡(Nacka)的林中举行,参赛人数达到了217人。这项比赛的组织模式与规格标志着定向运动作为一项独立的体育项目的诞生。时任瑞典斯德哥尔摩体育联合会主席吉兰特被人们视为"定向运动之父"。

(二)定向运动的发展

20世纪30年代,定向运动在瑞典、挪威、芬兰和丹麦等国有了较好的发展。1932年,举行了第一次世界定向锦标赛。

1943年,定向运动传入英国。1946年,美国引进了定向运动。在随后的20年间,加拿大、澳大利亚、法国、德国、日本等国家都相继开展了这项运动。从此,定向越野在西方国家得到了蓬勃的发展。

1961年5月，国际定向运动联合会（IOF）在丹麦首都哥本哈根成立。在这次成立会上，确定了定向运动正式的比赛项目，制定了一系列的比赛规则与技术规范。国际定向运动联合会的成立，标志着定向运动进入了崭新的发展时期。目前，国际定向运动联合会已拥有包括中国在内的70多个成员国和地区，定向越野也是国际承认的奥林匹克体育项目。

目前，全世界有400多万名定向运动爱好者。据悉，在北欧，热爱定向运动的人数已经超过了"世界第一运动"足球的爱好者。在瑞典800多万人口中，定向运动爱好者就高达150万人，全国有700多个定向运动俱乐部，每年组织1 000多场定向比赛，每次参赛人数都是成千上万，最多时达4万多人。所有瑞典学校的学生和军人都必须学习定向运动，并将它列为一门必修课程。定向运动已成为许多瑞典人的一种生活方式。

当今，定向运动在我国也初具规模，并且呈现出强劲的发展势头。早在1992年7月，国际定向运动联合会就批准中国以"中国定向运动委员会"的名义加入了该组织，成为正式会员国。1995年，"中国定向运动委员会"正式更名为"中国定向运动协会"，简称"中国定协"。此后，中国定向运动协会积极推动定向运动在国内的发展，每年在全国范围内组织"全国定向运动锦标赛"和"全国城市定向运动系列赛"。2003年，中国大学生体育协会定向运动分会的成立，对我国定向运动的发展，尤其是高校定向运动的发展起到了积极的推动作用。近年来，定向运动在高校如雨后春笋般陆续开展了起来，各校纷纷建立了定向运动俱乐部并开设选项课，还举行了各种各样的定向比赛。

（三）定向运动的锻炼价值

定向运动是一项智力与体力相结合的运动。参加各种各样的定向运动，既可提高体适能水平，又可以增长知识和技能，改善心理素质，培养团队精神，特别是可以提高社会化水平、自立、自信和独立解决问题的能力。现在，定向通常被人们看作军人、野外勘测者、徒步旅行者、登山者、探险者所必须具备的一种重要的生存能力。随着越来越多的人参与以回归自然为主题的户外运动，定向又成了一种必须掌握的生存技能。

二、定向运动基本知识

（一）定向运动的装备

定向运动的基本装备有定向地图、指北针、点标旗和点签计时系统等（图18-1-1）。

一条完整的定向运动路线包括一个起点（用三角形表示）、一个终点（用双圆圈表示）和若干个检查点（用单圆圈表示），这些检查点用数字标明了顺序（图18-1-2）。

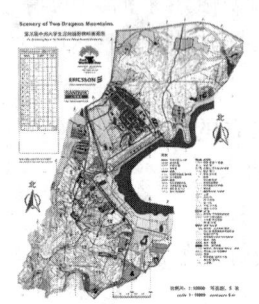
定向地图

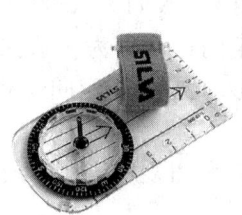
指北针

点标旗

点签计时系统

图 18-1-1

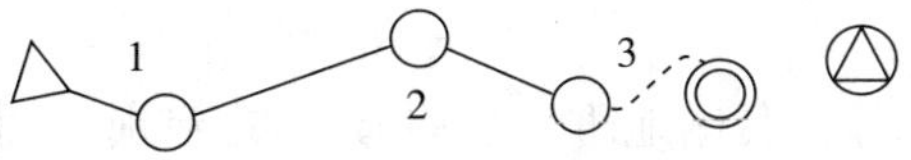

图 18-1-2

（二）定向地图的识别

地图所表现的是地球上的物体和现象在平面上的缩写。定向地图是为了开展定向运动专门制作的，它要求对读图和选择路线有影响的因素都要表示出来，如地貌、地表状况、水系、建筑群与独立房屋、道路网、其他线状地物以及对判定方向与确定点位有用的地物等。

1. 比例尺

比例尺是地图上某线段的长度与相应实地水平距离之比。比例尺越大，图上量测的精度就越高；比例尺越小，图上量测的精度就越低。例如，比例尺为 1∶10 000 的地图是指地图上所标示的实地面积在地图上被缩小了 10 000 倍，也说明地图上 1 毫米的距离在实地的距离为 10 000 毫米（10 米）。在定向运动中，量算实地距离是比例尺的主要作用。

2. 地物符号

地面上的各种地物是用形状不同、大小不一、色彩有别的符号表示的。它们不仅具有确定客观事物的空间位置、分布特点以及数量、质量特征的基本功能，还具有相互联系和共同表达地理环境诸要素总体特征的特殊功能。

（1）符号的分类（按符号所代表的事物情况来分）：

① 面状符号：地面事物呈面状分布。当实际面积较大，按地图比例尺缩小后，仍能表示出其分布范围时，可用面状符号表示（图 18-1-3），如大的湖泊、大片森林、沼泽等。这种符号能表示事物的分布位置、形状和大小。一般又把这种符号称为依比例符号。

② 线状符号：地面上呈带状或线状延伸的事物，按地图比例尺缩小后，长度可依比例表示。宽度不能依比例表示时，在图上用线状符号表示（图 18-1-4），如道路、输电线、河流等。由于这种符号仅能表示事物的分布位置、长度和形状，但不能表示其宽度，所以一般又把这种符号称为半依比例符号。

③ 点状符号：客观事物在地面上所占的面积较小，在图上不能按比例尺表示其分布范围时，则用点状符号表示（图 18-1-5），如表示居民点的房屋、小塔形建筑、石块、小树等。由于它只能表示分布位置，不能表示事物的形状和大小，所以一般又称这种符号为不依比例符号。

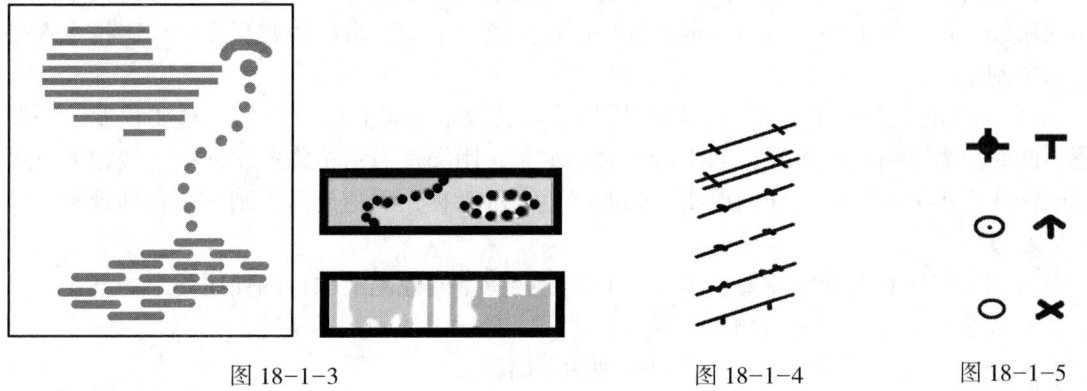

图 18-1-3　　　　　图 18-1-4　　　　　图 18-1-5

（2）符号的构成要素：

① 符号的图形：主要用于表达地理事物性质上的差别。面状符号的图形与事物的实际形状相似；线状符号的图形为不同线型，如双线、单线、实线、虚线和点线等。个体符号的图形多为简单的几何图形或象形图形。

符号图形具有图案化和系统化的特点。所谓图案化，就是符号图形有些类似于事物本身的形状，如图18-1-6所示。图案化的图形既形象又简单、规则，因而便于根据符号图形联想实际事物的形状。

图 18-1-6

符号图形系统化，是指各种符号图形具有内在的联系，通过图形的变化，可以把事物的量和质等特征表现出来。符号图形系统化表现为同类事物符号图形相类似。例如，道路一般分为铁路、公路及其他道路，分别以黑白相间的双线、普通双线及单线、虚线、点线等表示其差异（图18-1-7）。

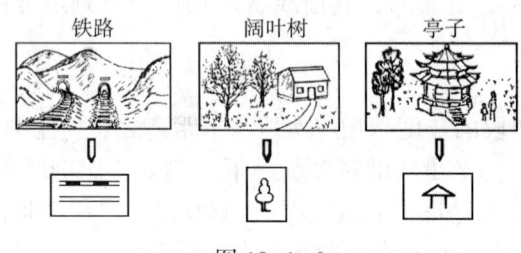

图 18-1-7

② 符号的大小：主要反映事物的重要程度及数量差异。一般来说，表示重要的、数量多的事物的符号大些；反之，则符号小些。

为了完整而详细地表示出地形，同时又能保证定向地图清晰易读，国际定联规定了定向图符号的最小尺寸以及当它们相互靠近时的关系处理原则与最小间隔。符号的大小、线条的粗细、符号间最小距离的规定，都是以日光条件下的正常视力和当今的印刷技术水平为依据制定的。

③ 符号的颜色：主要表示事物的质量差异、数量差异和区分事物的重要程度。一般用不同颜色表示质量的差异，如用蓝色表示水系，用绿色表示植物；用同一（或相邻）颜色的深浅表示数量变化，如用深浅不同的绿色表示森林，颜色越深，则表示森林越密，越不易通过。

根据定向比赛的特殊需要，国际定向联合会将定向地图上颜色的使用规定如下：

- 黑色：表示任何人造物体、小路、岩石、悬崖峭壁和大石头等。
- 棕色：表示等高线和主干道及坚硬的路面。

- 蓝色：表示任何有水的地方。
- 白色：表示容易通过的林区。
- 绿色：表示浓密、不易通过的森林，绿色越深，越难通过。
- 黄绿色：表示禁入的民宅、私家花园或草坪。
- 黄色：表示开阔地，如田野、牧场或空旷区。
- 紫色：表示比赛线路，包括起点、检查点、终点。

3. 地貌符号

定向地图是利用等高线来表示山的形态及起伏状态的。利用等高线，不仅可以了解地面上各处的高差、地势起伏的特征，还可以根据地图上等高线的密度和图像分析地貌特征，如山脉的走向、斜坡的坡度和方向，了解哪里是山脊，哪里是谷坑和凹地等，而且还可以进行高程、面积、坡度等的计算。

能熟练地应用等高线图形理解地貌是从事定向运动的基础。在地物稀少的地方及森林中，地貌是主要的甚至是唯一的行进参照物。

（1）等高线显示地貌的原理：等高线是地面上高程相等的点所连成的闭合曲线。使用"平截法"，假设把一座山从底到顶，按相同的高度，用一层一层的水平面横截，则山的表面与水平面相交得到一组曲线，再将这些曲线垂直投影到地平面上，得到一圈一圈的曲线图形（图18-1-8）。因为每条线上各点的高度恒等，所以把这些曲线叫作等高线。

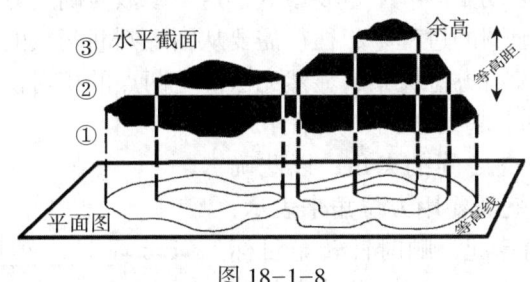

图 18-1-8

（2）等高线显示地貌的特点：

① 地图上的每条等高线都是实地等高线的水平投影，它既描绘出地貌的水平轮廓，也表示出地貌的起伏。

② 等高线是闭合的曲线，同条等高线上的任何点的高度都相等。

③ 在同一地图上，等高线多，山高；等高线少，山低；等高线稀，坡缓；等高线密，坡陡。

④ 在同一地图上，等高线间隔大，坡缓；等高线间隔小，坡陡。

⑤ 地图上等高线的弯曲形状与相应的实地地貌相似。

（3）示坡线：指顺着下坡方向绘制并与等高线垂直相交的小短线（图18-1-9）。示坡线通常被绘在等高线特征最明显的弯曲处，如山顶、鞍部或凹地底部。示坡线可以帮助读图者了解山的起伏，即哪里是上坡，哪里是下坡。顺着示坡线的方向为下坡，逆着示坡线的方向为上坡。

（4）等高距：是各相邻等高线的高程差，常

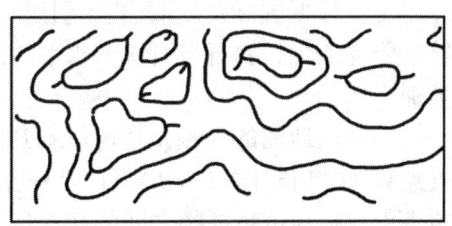

图 18-1-9

用"↑↓"表示，它的大小在很大程度上决定了地貌表示的详略（图 18-1-10）。同一地形，等高距越小，则等高线越密，地貌显示就越详尽；相反，等高距越大，则等高线越稀，地貌显示就越简略。国际定联规定，定向地图的标准比例尺为 1∶15 000，等高距为 5 米。在大面积的平缓地形，其他地物不多的情况下，也可以采用 25 米的等高距。

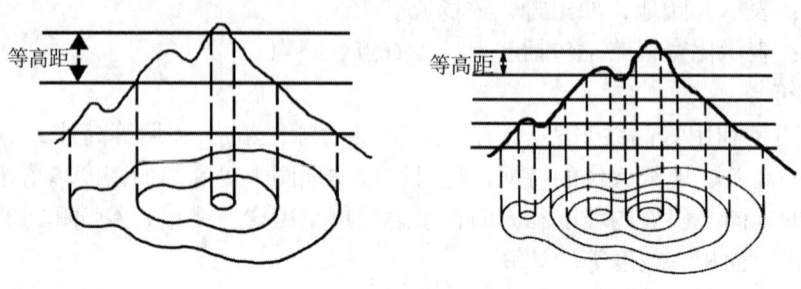

图 18-1-10

4. 方位与磁方位角

定向地图的方位是上北下南、左西右东。图上绘有若干条相等距离的、平行的、北端带有箭头的红色线条，这就是磁北方向线（简称磁北线）。磁北线所指的方向即地图的北方。可以利用这条线确定地图的方位、标定地图、量测磁方位角、估算距离等。

磁方位角也是定向运动中的一个重要参数，这一参数对确定方位有很大的帮助。什么是磁方位角呢？在应用地图的过程中，往往需要从图上判断两点的相对位置。如果仅有两点之间的水平距离，而没有方位关系，显然无法确定两点的相对位置。而要确定两点之间的方位关系，则必须规定起始方向，然后求出两点间的连线与起始方向之间的夹角，以此确定两点的相对位置。这就需要用方位角来表示，它是指从起始方向北端算起，顺时针转至目标方向线间的水平角（图 18-1-11），角值变化范围为 0°~360°。起始方向为真子午线，其方位角称为真方位角；起始方向为磁子午线，则其方位角称为磁方位角。在定向地图中，都以磁北为起始方向，故所用的方位角均为磁方位角。

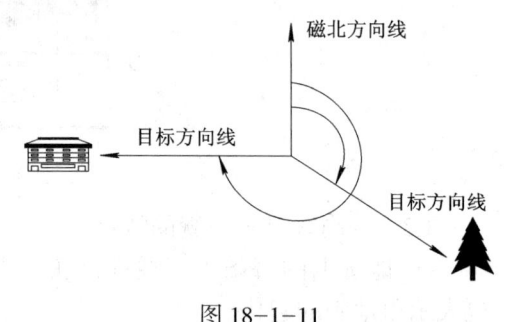

图 18-1-11

5. 在定向地图上的图例注记

在定向地图上的图例注记，除了上面介绍过的比例尺注记、等高距注记，还有图例说明、检查点说明以及图名和出版单位说明等。

图例说明可以帮助理解地图所表示的事物。它采用的是国际语言符号，所有符号在全球通用。根据国际定向联合会《国际定向图制图规范》（ISOM 2000），定向地图上的语言符号分为地貌、岩石与石块、水系与淤泥地、植被、人工地物、技术符号、线路符号 7 个类别。

在定向地图的一侧，还可以看到一个以符号表的形式（有时也附有文字）出现的《检查点说明》（图 18-1-12）。它是根据国际定联颁发的一套"明确地指示检查点特征物、检查点点标与该特征物之间的相对位置关系"的符号和文字说明系统设计的，用以说明检查点点标在地貌、地物的具体位置。在比赛中，根据这一说明系统，结合地图，可以迅速地找到检查点。

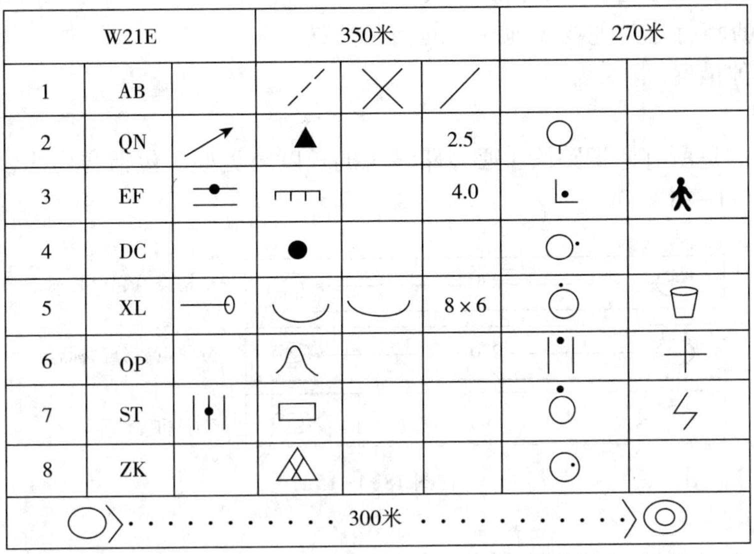

	W21E		350米		270米	
1	AB	∥	✕	∕		
2	QN	↗	▲		2.5	○
3	EF	•—	⊓⊓		4.0	⌐	𝄇
4	DC		●			○.
5	XL	—○	⌣	⌣	8×6	○̇	⊔
6	OP		∧			˙∣˙	✢
7	ST	∣∣	▭			○̇	⚡
8	ZK		⛰			○̇	
◯······300米······◎

图 18-1-12

一条完整线路的检查点说明符号表由表头、表体和表尾三部分组成。
（1）表头（图 18-1-13）

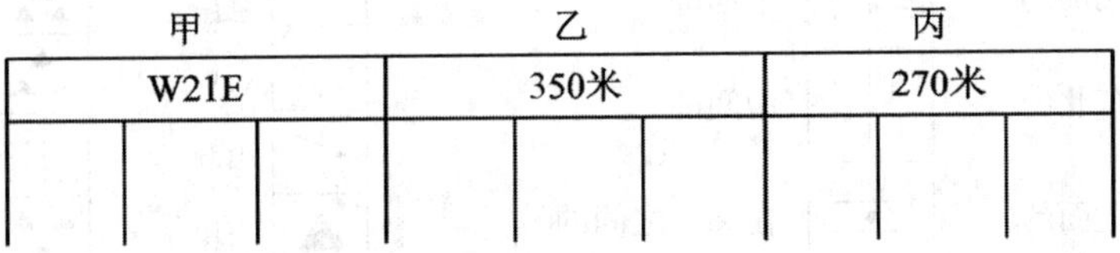

甲	乙	丙
W21E	350米	270米

图 18-1-13

图中甲表示组别（分组），乙表示路线长度（单位：米），丙表示总爬高量（单位：米）。

（2）表体（图 18-1-14）

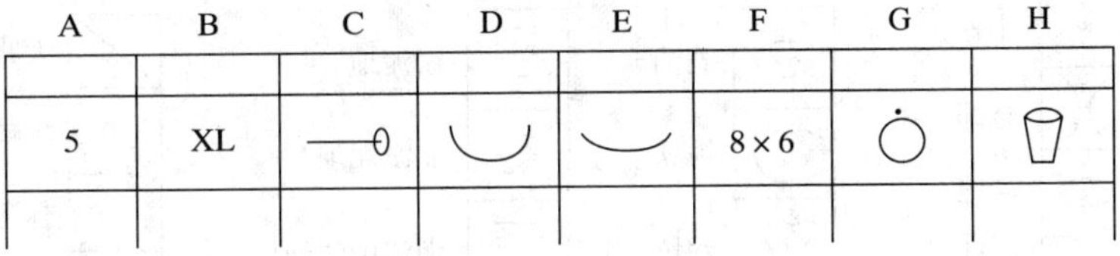

A	B	C	D	E	F	G	H
5	XL	—○	⌣	⌣	8×6	○̇	⊔

图 18-1-14

A栏：检查点序号（按比赛路线的顺序）。
B栏：检查点点标代号。
C栏：检查点所在地物（地貌）的方位。
D栏：检查点所在地物（地貌）的名称。

E栏：检查点所在地物（地貌）的外观特征。
F栏：检查点所在地物（地貌）的大小。
G栏：检查点标志与地物（地貌）的相对位置。
H栏：其他情况。

（3）表尾

表尾标出的是所有标识路段（必经路线）的长度与类型，包括赛程的、最后检查点至终点的（图18-1-15）。

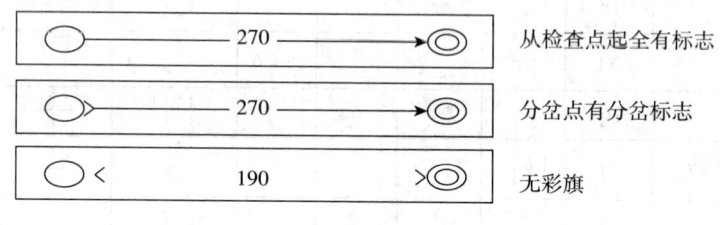

图 18-1-15

（4）表体中C栏至H栏内容释义

C栏：检查点所在地物（地貌）的方位（图18-1-16）。
D栏：检查点所在地物（地貌）的名称（图18-1-17至图18-1-23）。

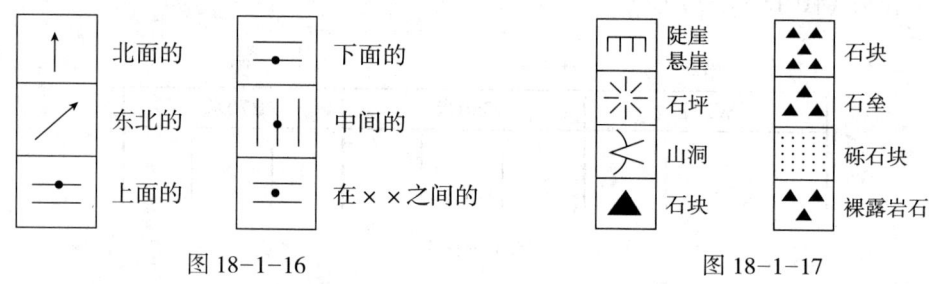

图 18-1-16　　　　　　　　　　　图 18-1-17

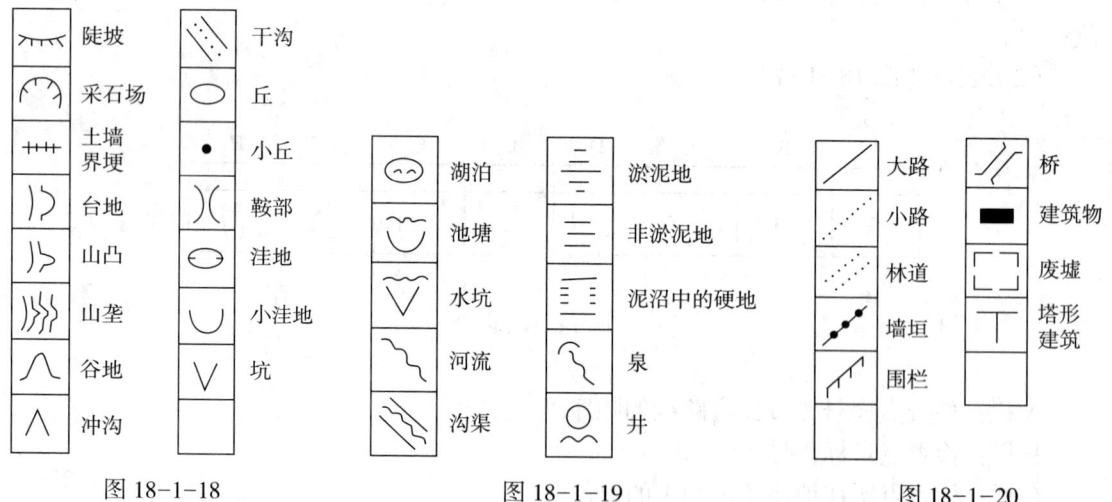

图 18-1-18　　　　　　图 18-1-19　　　　　　图 18-1-20

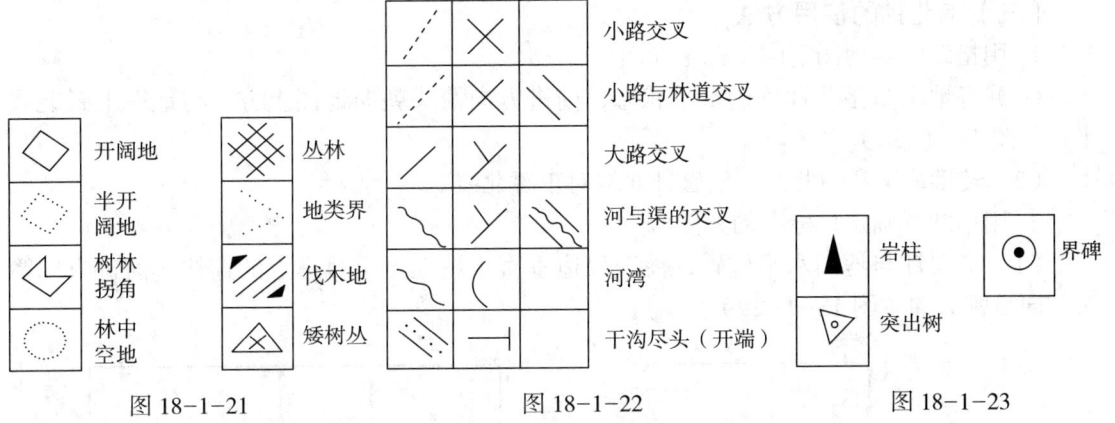

图 18-1-21　　　　图 18-1-22　　　　图 18-1-23

E 栏：检查点所在地物（地貌）的外观特征（图 18-1-24）。
F 栏：检查点所在地物（地貌）的大小（图 18-1-25）。

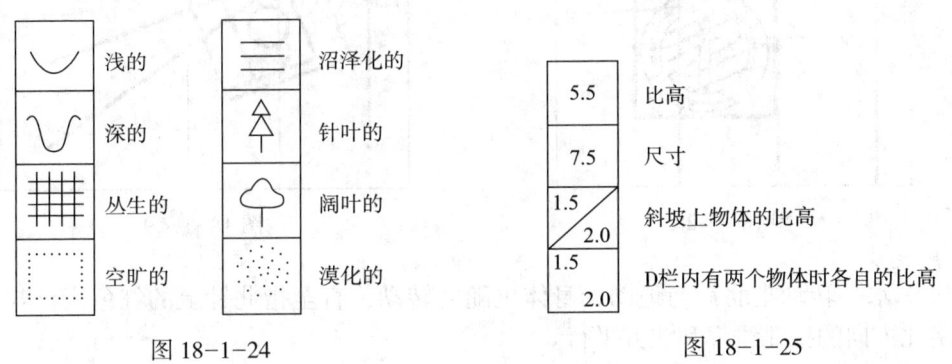

图 18-1-24　　　　　　　图 18-1-25

G 栏：检查点标志与地物（地貌）的相对位置（图 18-1-26）。
H 栏：其他情况（图 18-1-27）。

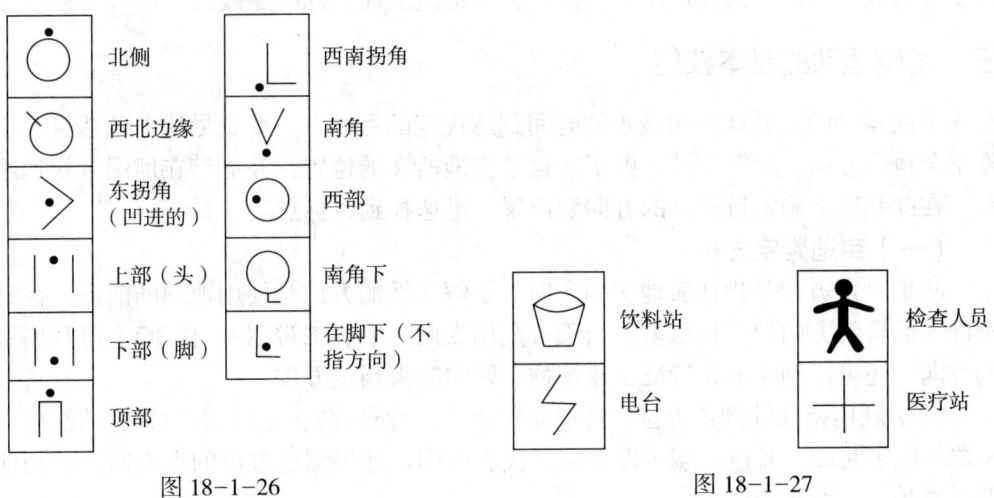

图 18-1-26　　　　　　　图 18-1-27

（三）指北针的使用方法

1. 用指北针给地图定向（标定地图）

（1）将地图与指北针置于水平状态，前进方向箭头朝向地图上方，与地图上磁北线平行（图18-1-28）。

（2）转动地图和指北针，使磁针北端对正磁北线。

2. 用指北针确定目标点的方向

（1）指北针与地图水平放置，使直尺边垂直于站立点至目标点的连线，前进方向箭头朝向目标方向（图18-1-29）。

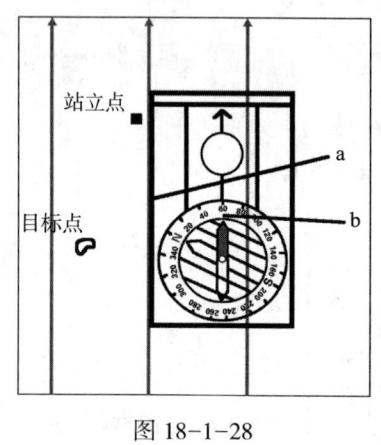
图18-1-28

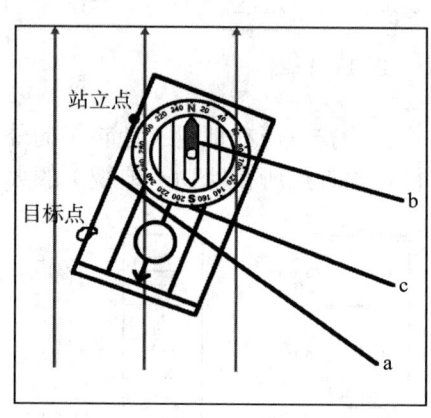
图18-1-29

（2）水平转动指北针与地图，身体也随之转动，直至指北针上的红色指针与地图上表示南北方向的指北线都和北方平行。

（3）这时指北针上的方向箭头所指方向就是行进的正确方向。

3. 测定自己的位置

在比赛中，初学者容易忽略自己的位置。遇到这种情况时，应保持冷静，可利用地理环境及指北针找出自己在地图上的位置，再定出前往目标的路线。

三、定向运动的基本技能

定向运动的实质就是用最短的时间到达规定的目标点。要想尽快地到达目标点，首先要学会辨明方向、判定方位，即了解自己实地所在的位置，并能够在地图上找到站立点位置，在此基础上确定目标点的方向和位置，迅速找到目标点。

（一）实地判定方位

实地判定方位是指在实地辨明方向。了解实地的方位是使用地图的前提。在野外，可帮助我们辨明方向的工具很多，白天可利用太阳和手表来辨明方向，晚上可利用星体来辨明方向，还可以利用地物特征、建筑物、风向等来判定方位。

定向方法

（1）利用指北针判定方位：将指北针放平，待磁针完全静止后，磁针的红色一端（即N端）代表北面，蓝色一端（即S端）代表南面。如果测定方位的人面向北，则他的左为西、右为东、背后为南。

如果想测某一点的方位，可将罗盘上的零刻度对准目标，待罗盘水平静止后，N端所指的刻度便是测量点至目标的方位。如磁针N端指向36°，则表示目标在测量位置的北偏东 36°。

（2）利用地物判定方位：在有地物和植物生长的野外，可以根据日常生活习惯和自然客观规律判定方位。如在北半球，我们居住的房屋或用于朝拜的庙宇大门通常都朝南开设；树木一般朝南的一侧枝叶茂盛，色泽鲜艳，树皮光泽；长在石头上的青苔喜阴湿，以北面生长为茂盛；积雪多半是朝南的一面先融化。

（3）利用太阳和手表判定方位：在晴朗的日子，上午9时至下午4时之间，可用手表的时针对准太阳，此时手表上的时针与12时刻度夹角平分线所指向的方向为南方，相反为北方（图18-1-30）。但应注意以下几点：一是要注意将手表平置；二是在南、北纬20°30′之间的地区，中午前后不宜使用；三是要把标准时间换算为当地时间。

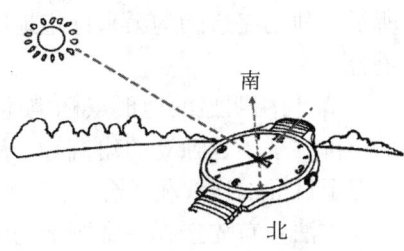

图 18-1-30

（二）标定地图

给地图定向就是标定地图，使地图的方位与实地的方位一致。通过标定地图，可以将地图上的地物地貌符号与实地的地物地貌一一对应，这不仅可以迅速查看地图，了解实地地物的分布和地貌的起伏以及它们之间的关系，还可以根据地图上的路线选择具体的实地运动路线。这一技能将贯穿整个运动过程。图18-1-31就是一张被定向了的地图，湖泊位于地图的右边，运动场和学校位于地图的左边。常用标定地图的方法有概略标定、利用指北针标定、利用地物标定。

（1）概略标定地图：地图上的方位是：上北、下南、左西、右东。当我们在实地正确地辨别了方向之后，只要将越野图的上方对向实地的北方，地图即已标定。这种方法简单、易学，是定向比赛中最常用的方法。

（2）利用指北针标定地图：在定向地图上标有磁北线，用红色粗线条标出，箭头指向地图的上方。利用指北针标定地图时，通过转动地图，使指北针上的红色指针与磁北线的方向吻合或平行。由于指北针上的指针和地图上的磁北线都是红色的，所以也称此方法为"红对红"或"北对北"（图18-1-32）。

图 18-1-31

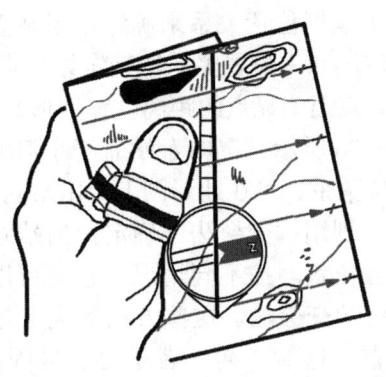

图 18-1-32

（3）利用地物标定地图：

① 利用直长地物标定地图：直长地物是指较长的线状地物，如铁路、公路、土垣、沟渠、高压线等。

方法：首先在图上找到这段直长地物；然后转动地图，使图上的直长地物与实地的直长地物方向一致；再对照两侧地形，使图与实地各地形点的关系位置相符。如图 18-1-33 所示，利用路边的沟渠来标定地图时，平移且转动地图，使图上的沟渠与实地的沟渠大致重合。

② 利用明显的地形点标定地图：在实地找出一个与地图上地物符号对应的明显地物，如小桥、亭子、独立的建筑等，然后转动地图，使图上的站立点至目标的连线与实地的站立点至目标的连线相重合。

方法：首先选择一个图上与实地都有的明显的地物，然后转动地图，使图上的站立点至目标的连线与实地的站立点至目标的连线相重合（图 18-1-34）。

图 18-1-33

图 18-1-34

（三）确定站立点在地图上的位置

确定站立点在地图上的位置是从事定向运动的一项基本技能。其主要方法是：通过标定地图，将地图与实地的地物、地貌逐一对照，来确定自己的方位。

（1）直接确定：当自己所处位置在明显地形点上时，只要从地图上找出该地形点，站立点即可确定。这是最常用的确定方位的方法。如图 18-1-35 表示定向者可利用道路交会点来确定自己所在的位置。

（2）利用位置关系来确定：当站立点位于明显地形点附近时，可以利用相对位置关系来确定。利用位置关系法确定站立点主要依据两个要素：一是站立点至明显点的方向，二是站立点至明显点的距离。在地形起伏明显的地方，还可以结合高差情况予以判定。如图 18-1-36 所示，定向者站立于小河北岸、村舍正右方，左距公路 150 米远处。依照这样的方位关系，可在地形图上定出站立点的位置。

（3）利用"交会法"确定：当站立点附近无明显地形点时，可以利用"交会法"确定站立点位置。按不同情况，它又可以具体分为 90°法、截线法、连线法、后方交会法和磁方位角交会法。这些方法的优点是不需要判断或测量距离也能确定出较为准确的站立点位置。这对于初学者学习、巩固使用定向图是很有意义的。下面介绍几种常用的方法：

图 18-1-35

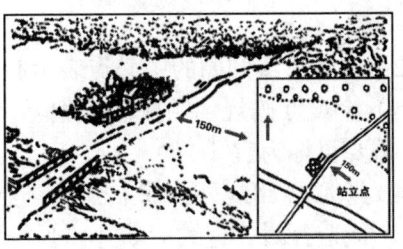

图 18-1-36

① 90°法：当待测点位于线状地形（包括道路、沟渠、山背线、谷底线、坡度变换线等）上时，如果在与运动方向相垂直的方向上能够找出一个明显地形点，那么线状地形符号与垂直方向线的交点即为站立点（图 18-1-37）。

② 连线法：当待测点位于线状地形上，同时待测的位置恰好是在某两个明显地形点的连线上，可以利用这种方法确定站立点（图 18-1-38）。

③ 后方交会法：在待测点上无线状地物可利用，地图与实地相应地都有两个以上的明显地形点，而且地形较开阔、视线良好的情况下，可以采用这种方法确定站立点（图 18-1-39）。

图 18-1-37

标定地图后：

（1）在地图上取一个山顶为标志，与实地相应山顶在地图上做一直线。

（2）地图上的树丛与实地相应的树丛在地图上做一连线。

（3）两条直线的交会点就是站立点。

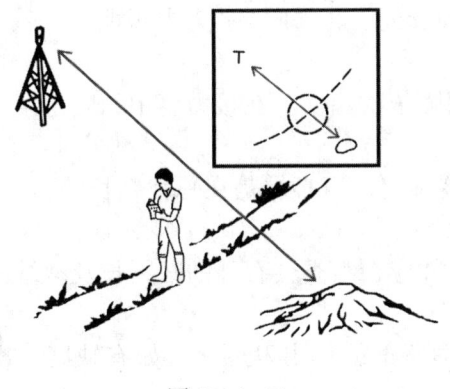

图 18-1-38

图 18-1-39

四、定向运动比赛规则简介

（一）竞赛路线符号

（1）起点用等边三角形，检查点用圆圈，终点用两个同心圆。必经路线必须用虚线表示。

（2）三角形或圆圈的中心点表示起、终点及检查点的准确位置，但中心不必绘出。

（3）检查点按规定顺序注记编号，编号数字字头朝向磁北方向，编号数字应以不压盖图上重要目标为宜。

（4）除必经路线外，起点到检查点及检查点之间按编号顺序用直线连接；遇有重要目标又不能避开时，连线应断开或画得更细些。

（5）竞赛路线、起点、检查点、终点符号、检查点编号一律用红紫色套印或标绘。

（二）检查点标志

（1）检查点标志应悬挂在图上标明的地点，一般距地面80~120厘米，实际位置应与检查点说明一致。

（2）检查点标志应有代号，代号用英文字母和两位阿拉伯数字表示，数字从31开始选用，字母和数字为黑色字体，高5~10厘米，笔画粗5~10毫米。

（3）检查点标志的设置应使运动员在寻找时具有一定的难度，但无须隐藏。

（4）每个检查点应有电子打卡计时系统，基层竞赛如没有电子打卡计时系统可用打印器，但是打印器的图案不能重复。

（三）检查卡

（1）检查卡是运动员通过检查点的记录载体，是运动员完成竞赛的成绩证。

（2）电子打卡计时系统检查卡又称指卡，运动员使用指卡时必须是按顺序触及放置在检查点上的点标打卡器，当指卡插入点标打卡器中成绩就会自动记录。

（3）运动员打卡，下列情况不影响成绩：① 在寻找过程中，打到非自己路线的检查点，但已按本组规定的路线和顺序完成竞赛；② 如运动员打卡顺序错误，可以按顺序重新打卡一遍。

（4）运动员回到终点应将检查卡交给终点裁判员，读取竞赛成绩。

（5）基层竞赛中采用传统的检查卡，检查卡可用耐用的纸张制成，大小不得超过10厘米×21厘米。运动员通过检查点时，在卡片的空格内打上清楚的标记，若标记打错位置，可在备用格中打上正确标记，但到终点交还时，需向终点裁判说明。

（四）抽签和出发表

（1）在竞赛中，运动员按相等的时间间隔依次出发。在接力赛中，同组第一棒的运动员可以同时出发。

（2）出发顺序可采用人工或计算机抽签排定，但必须是在总裁判长的监督下进行。采用何种抽签形式由竞赛委员会决定。

（3）抽签顺序结束应编印出发顺序表，并应在组委会召开的裁判长及教练联席会议前公布此表。

（4）所有报名参加竞赛的运动员和运动队都编排出发顺序。如有缺席，出发顺序不变。

（5）来自同一运动队的队员不能编排连续出发。

（五）警告

（1）代表队成员擅自出入预备区，但未造成后果。

（2）在出发区提前取图和抢先出发者。

（3）在比赛区域内蓄意帮助或获取他人帮助，但未造成后果。

（4）在比赛中妨碍裁判员正常工作。
（5）完成赛事者以任何形式向其他运动员传递赛场信息。
（6）出发后未到终点报到者。
（7）一次检录不到者。
（8）未按大会要求佩戴比赛标志者。

（六）成绩无效
（1）受到两次警告者。
（2）在比赛中丢失检查卡、地图或号码布者。
（3）因各种原因退出比赛者。
（4）竞赛中超过组委会规定的终点关闭时间。
（5）未按规定读取成绩者。
（6）未通过全部检查点，即检查卡片上打印器图案不全者。
（7）检查卡打印器图案模糊不清，无法辨认者。

（七）取消竞赛资格
（1）冒名顶替参加竞赛者。
（2）在定向越野竞赛中使用交通工具者。
（3）不符合分组年龄标准或谎报年龄、弄虚作假者。
（4）蓄意破坏点标、打卡器或其他竞赛设备者。
（5）有意妨碍他人竞赛者。

第二节　拓展训练

拓展训练的称谓很多，在中国台湾、香港地区叫"外展训练"，在日本称"冒险集体疗法"。这些词都源于英文"outward bound"一词，它的寓意是一艘小船在暴风雨来临之前驶离平静的港湾，驶向波涛汹涌的大海，去迎接一系列未知的挑战。拓展训练是现代人和现代团队采用的一种全新的体验式学习方法和训练方式。一般是指把受训人员带到大自然中，通过专门设计的具有挑战性的课程，利用多种典型场景和活动方式，让团队和个人经历一系列的考验，使参与者在解决问题、应对挑战的过程中磨炼克服困难的毅力，培养健康的心理素质和积极进取的人生态度，增强团结合作的团队意识。

团队拓展训练项目介绍

一、破冰——团队建设

1. 场地设施

（1）环境：如果热身是在教室或会议室进行，若条件允许，桌椅的摆放最好遵循以下原则：有几个队就把椅子摆成几个弧形横排，不要桌子。如果人数很多，中间要留出人行道。只在最前面保留一张桌子，用来摆放投影仪。

（2）教具准备：大白纸、白板笔、彩笔、队旗、彩色不干胶贴纸、剪子、旗杆，每队一份，提前放在各队团队建设的地点；做"动平衡"的竹竿一根；投影仪一部；热身PPT；如果有其他特别设计，如团队造型展示、吉祥物等，也要准备好相应物品。

（3）教师：服装整齐、容光焕发、声音洪亮、充满激情；熟悉热身的流程；已做好热身的教案、PPT，并反复演练直到胸有成竹。

2. 实施过程

（1）介绍拓展训练的起源及发展概况。

（2）介绍拓展训练与传统学习方式的区别。

（3）学生之间相互了解。

（4）组建团队，选队长，起队名，设计口号、队歌、队徽、队旗。

（5）团队文化展示。

3. 培训目标

（1）结束学员与培训师之间"冰冻"的状态，唤起学员参与的热情。

（2）清晰表述培训的方式和时间的安排。

（3）强调对学员的要求，特别是关于安全的要求，以避免责任事故的发生。

4. 项目实施与安全监控

（1）共同目标：一个团队有了自己的奋斗目标，就像一个人有了灵魂。第一，符合社会现实。因为，任何一个企业都在用组织化的手段去战胜困难、达到目标，拓展训练也正是用团队的力量做成项目，充分模拟现实。第二，调动了学生参训的士气，任何事情一旦引入竞争机制，能充分调动人的积极性。第三，有助于得到良好的培训效果，如果学生团队的共同目标是"争第一"，或是"做到最好"，但在训练过程中没有做到，这个时候他们就会认真反思、查找问题、改正错误，在游戏心态和培训心态的天平上，大大地向培训一边倾斜。

（2）时间控制：一般来说，4~6个队的热身时间应控制在2小时之内，热身时的时间应注意两方面的问题：一是教师说话拖泥带水，这需要教师的自我控制；二是学生在组建团队时超时。后者控制的办法有三个，一是给学生的时间不要太长，最多给他们30分钟的时间；二是与学生约定超时受罚的办法；三是在组建团队的过程中不断地提醒他们时间，并教给学生一些提高效率的方法，如选出队长之后，让队长发挥作用，给大家分工，学生们分别负责队名、队徽、队训和队歌的创作，这样就会快很多。

（3）过程控制：这主要是防止意外事件的发生。如果有突发事件，教师的重要职责就是灵活处理，万万不可拖延热身的时间。

（4）精心安排、环环相扣可以产生一个良好的设计效果。

二、信任背摔（图18-2-1）

1. 场地设施

（1）绑手布带一条。

（2）背摔台（临时场地需要搭建，高度在1.5~1.6米，并保证结实稳固）。

（3）整理箱一个（存放队员的物品）。

图18-2-1

（4）人数要求：每队 11 人以上。
（5）活动时间：小组学员 12~15 人时，需 30~40 分钟。
2. 实施步骤
每位学员站到背摔台上，背向后，笔直倒下。当他/她倒下时，其余队员在其背后接住他/她，并把他/她直立地放在地面上。
3. 培训目标
（1）管理者要有良好的心理素质（勇气、胆量、本能、自信）。
（2）信任在组织和团队内部的必要性。
（3）责任感是组织中每个成员的自觉行为。
（4）规则流程在管理上的作用。
（5）换位思考才会相互理解，避免冲突。
（6）分工合作，团队成功。
（7）鼓励和赞美。
4. 项目实施与安全监控
（1）项目规则和要点：把学生带到背摔的场地上，站在背摔台前面，请所有学生在教师面前站成半圆形，保证每个人都能看到老师。
（2）接人的动作要领：
① 在接人的时候要求大家的身体做出规定动作，把这个动作的要领总结成 5 个字：即"弓、直、弯、夹、靠"。
② 两个人面对面站好，伸出右腿形成弓步站立，两个人的右脚内侧贴在一起，膝盖内侧贴紧，双手平伸，把自己的手背贴在对面队员的肩窝上。
③ 当接住倒下的学生时，站在前面（靠近背摔台）的队员首先放下他/她的腿和脚，后面的学生托背向前，使他/她平稳站立在地面上。只要背摔者还没有站稳，任何人都不允许松手。
④ 接人的队形安排：第一组（靠近背摔台）的队员由女生来担任，她们的站位要距离背摔台 20 厘米。第二、三、四组的位置很关键，是承重的位置，必须由健壮的男生来站位。面对面的两个人的身高应该大致相同。
⑤ 所有人的头要后仰，眼睛看着上面学生的后背部。
⑥ 队形安排完成后要做一个承重试验。用双臂用力下压每一对接人的队员，目的是让大家感受一下即将接受到的重力。
（3）倒下队员的动作要领：
① 第一步：双手平伸；第二步：交叉双手；第三步：翻掌；第四步：握紧；第五步：内翻。
② 当学生的双手被绑紧，准备倒下的时候，倒下的学生和接人的学生要沟通一下（目的有两个，第一是倒者告诉接者，自己什么时候会倒下；第二是接者的高声承诺会给倒者增加信心）。准备倒下的学生要高声地问接人的学生："准备好了吗？"接人的学生要整齐一致地高喊："准备好了！"当准备倒下的学生听到大家的回答后，自己数："1、2、3"，数完后，就笔直向后倒下。
5. 安全要求
（1）请学生把自己身上所有的硬物取出、摘下，如眼镜、手表、手机、钱包、钥匙、房卡、女生头上的硬质发卡等，都放在整理箱里。

（2）请学生在整个项目过程中不要开玩笑，因为这个项目很容易出安全事故。

（3）学生在倒下的时候禁止以任何形式向下跳，如有的学生在倒下的一瞬间，心里突然紧张不敢倒了，于是就向后一跳，这种方式很容易踏伤下面的学生。另一种是跳水的方式，两脚一蹬板子的沿，身体就飞出去了，大家不知道怎么来接人。因此，不要跳，自然倾倒即可。

（4）了解学生的身体状况，如果哪位队员因为身体的原因不适于做这个项目，如有心、脑血管疾病，或刚做过手术，千万不要勉强，在拓展团队训练过程中，安全是第一目标。

6. 教师的操作规范

（1）当学生站到背摔台上后，先让他/她背靠栏杆站好，否则他们常常会先站到边沿上，容易掉下。

（2）请他/她按要求握紧双手，教师用双套结把他/她的双手绑牢。

（3）搀扶学生站到台子边，要求学生双脚并拢，两个脚后跟蹬出台子5厘米，身体绷直，低头，双手抱紧在胸前。

（4）检查下面学生的准备情况，如果没有问题，请所有人的目光都朝向即将倒下学生的背、肩部，提醒大家如果发现倒下的队员身体偏移，请大家前后自动调整。

（5）教师的一只手抓住绳结的正确位置，顶住学生的手腕，站成弓步；另一只手抓住栏杆，保护住自己。

（6）指示倒者高声发出问话（高喊："发口令！"）。

（7）关注倒下学生的表情变化，如果发现学生想坐下或跳下，及时把学生拽回来。

（8）学生倒下后，可以伸手控制学生踢向空中的脚。

7. 项目控制

（1）如果学生不摘眼镜，不允许参与项目。

（2）如果是外训，用桌椅搭成的背摔台，请学生扶住桌椅。

（3）如果学生不足11人，不能做此项目。

（4）如果接人的学生回答不整齐、不响亮，务必请大家重来一遍。

（5）所有的学生都要给予任务，不要有旁观者。

（6）当学生被接住之后，要提醒大家"先放下脚"。

（7）如果学生在项目过程中秩序混乱，教师必须停下项目。

（8）要格外关注并采取措施保护体重在100千克以上的学生。

（9）以上凡是牵涉学生安全的条目，教师必须坚持原则，严禁通融或让步。

三、盲人方阵（图18-2-2）

1. 项目类别

场地科目/集体项目。

2. 场地器材

（1）25米长绳（分成不相等的三四段，绳子的材质最好是10.5毫米的登山绳，或是同样规格其他

图 18-2-2

材质的软绳）。

（2）每位学生一个眼罩。

（3）整理箱一个（存放学生的物品）。

（4）餐巾纸一到两包。

（5）存放上述物品的箱包一个。

3. 人数要求：不限

4. 活动时间：30分钟

5. 项目目标/任务

要求全体学生在规定的时间内和蒙目的情况下，把教师提供给大家的几段绳做成一个最大化的正方形，并要求所有人相对均匀地分布在这个正方形的四周。

6. 培训目标

（1）领导力，管理者在组织中的作用。

（2）计划。

（3）沟通。

（4）分工合作，团队成功。

（5）客户至上。

7. 项目准备

（1）将几段绳子结在一起，接头处用"藏头结"。

（2）准备好眼罩和餐巾纸。

（3）把所有项目器械放在学员发现不了的箱包内。

（4）场地选择宽阔平整的草地、水泥地或土地，确认项目场地没有安全隐患。

8. 项目布置与安全监控

（1）项目布置

将学生带到项目场地，请他们站成一个半圆形。

首先给学生发眼罩和餐巾纸，并示意学生眼罩的正确戴法，黑色面朝向里面，三角向下。戴眼镜的学生要摘下眼镜放在整理箱里。同时要求大家戴好眼罩并不准再摘下来。

要求学生安静，介绍项目内容。

（2）任务

◇ 把提供给学生的绳子做成一个最大化的正方形。

◇ 所有的人相对均匀地分布在这个正方形的四周。

◇ 时间是30分钟。

（3）项目规则

◇ 在项目过程中任何人不允许摘下眼罩，否则将被判出局。

◇ 如果学生认为已经完成了任务，必须向教师申请并得到确认。

◇ 教师高声问学生："大家有没有信心迎接挑战，完成这个任务？"听到学生的肯定答案之后宣布项目开始，并计时。

◇ 把绳子交给一位相对内向、参与度不高的学生（为的是可能会发生的戏剧性效果）。

（4）项目控制

◇ 在项目过程中教师要特别关注学生的安全，防止学生被地面上的凸出物绊倒和摔伤。

◇ 关注所有学生是否遵守规则，如果发现有学生偷摘眼罩的行为，警告他/她，如果发现同一个人有第二次偷看的行为，请他/她出局（但不要与学生发生冲突）。

◇ 记录学生在完成项目过程中的表现，方便回顾。

◇ 无论学生是否完成项目，当规定的时间到时，立刻叫停。

◇ 让学生原地站好，把手上的绳子慢慢放在地上，四个角的学生用脚踩住绳子。

◇ 让学生闭上眼睛，慢慢摘下眼罩，眼睛再多闭一会儿，避免强光伤眼。

◇ 让学生好好看一下他们制造的产品——他们的正方形，记住它的形状。

◇ 队长帮教师把眼罩收回来。

四、孤岛求渡（图18-2-3）

1. 项目类别：场地科目/集体项目
2. 场地器材

（1）正方形木盒12个（60厘米×60厘米×20厘米）。

（2）长方形木盒1个（120厘米×20厘米×20毫米）。

（3）正方形木盒12个（25厘米×25厘米×20厘米）。

图18-2-3

（4）木板两条（2.5米×30厘米×3厘米）。

（5）珍珠岛物品：生鸡蛋2个，筷子4根，胶带1米，A4纸2张，任务卡1张。

（6）哑人岛物品：线手套4~5副，任务卡1张。

（7）盲人岛物品：眼罩6个，羽毛球3~5个，塑料桶1个，餐巾纸1包，任务卡1张。

3. 人数要求：不限
4. 活动时间：30分钟
5. 项目目标/任务

把学生分成三个小组，要求他们在规定的时间内，按照任务卡上的要求完成各自的任务。

6. 培训目标

（1）组织结构金字塔。

（2）员工没有积极主动性怎么办。

（3）中层管理者——学会聪明地做事。

（4）沟通障碍一旦打破会发生什么。

（5）良将无赫赫之功。

（6）突破思维定式。

7. 项目准备

（1）此项目所需物品比较"细碎"，因此，最好按清单来准备。

（2）把胶带缠绕在4根筷子上，并且要留出头，以方便学生扯开。

（3）教师收好任务卡，不要让学生事先看到。

8. 项目布置

（1）把学员带到项目场地附近，站成横排，然后告诉大家：这是一个团队合作项目，项目的名称是"孤岛求渡"，这个项目是一个非常有挑战的项目，能够完美地完成这个项目的队不多，这个项目需要把大家分成三个小组，要求大家从队长开始1至3报数。

（2）把数到"1"的同学带到盲人岛上，然后给他们布置项目："这个项目给大家设计的情景是这样的，我们这个队的所有队员乘坐一艘大船在一条水流湍急的河上航行，正在航行的时候船出现故障沉没了，大家不得不顺水漂流，漂着漂着，就把你们几个人漂到了这个小岛上，你们脚下的木盒就是一个模拟的荒岛。到了岛上之后，由于你们误食了一些野果，结果造成食物中毒，所有人的眼睛都失明了，因此在这个项目的过程中，你们扮演的角色是盲人。"之后给学生发眼罩和餐巾纸（示意学生眼罩的正确戴法，黑色面朝向里面，三角向下。戴眼镜的学生要摘下眼镜放在整理箱里，同时要求大家戴好眼罩并不准再摘下来）。对学生的要求有两条：第一，在整个项目的过程中不允许摘下眼罩，因为扮演盲人，什么都看不见，请学生务必遵守规则，否则这个项目就没有意义了。第二，因为周边是湍急的水流，因此学生不要擅自下岛，以免发生危险。出于安全的考虑，请学生观察清楚岛际边缘，如果站累了想活动一下的话，请大家相互扶持，不要摔下岛去。

（3）回到集合地点，把数到"2"的学生带到哑人岛，小声对大家说："这个项目给大家设计的情景是这样的，我们这个队的所有学生乘坐一艘大船在一条水流湍急的河上航行，正在航行的时候船出故障沉没了，大家不得不顺水漂流，漂着漂着，就把你们几个人漂到了这个小岛上，你们脚下的木盒就是一个模拟的荒岛。到了岛上之后，由于你们误食了一些野果，结果食物中毒，造成所有人的嗓子都不能发声了。你们扮演的角色是哑人，在整个项目的过程中，你们任何人的嘴里都不能发出一点声音，你们相互之间无法用语言沟通，更不能与其他人用语言沟通。现在大家就上岛正式进入角色，嘴里不能发出一点声音。请大家务必遵守规则，如果我发现有人违反规则，就取消他参与项目的资格。"

（4）把数到"3"的学生叫至珍珠岛，给大家介绍项目背景："这个项目给大家设计的情景是这样的：我们这个队的所有学生乘坐一艘大船在一条水流湍急的河上航行，正在航行的时候船出故障沉没了，大家不得不顺水漂流，漂着漂着，就把你们几个人漂到了最边上的一个小岛，现在大家就上岛。"

（5）请大家安静，要求大家在30分钟内完成任务，计时开始。

（6）教师首先上珍珠岛，出示任务卡并告诉学生："这是你们的任务卡，在这个项目里面所有要求大家做的事，都清楚地写在这上面了，请大家认真阅读并根据要求和规则完成任务。在整个项目的过程中，请大家不要向我提出问题，我也不回答大家的问题，因为，所有要求大家做的事都写在上面了，只要认真阅读就可以了。"

（7）其次上哑人岛，出示任务卡并告诉学生："这是你们的任务卡，在这个项目里面所有要求大家做的事，都清楚地写在这上面了，请大家认真阅读并根据要求和规则完成任务。在整个项目的过程中，让大家不要向我提出问题，我也不回答大家的问题，因为，所有要求大家做的事都写在上面了，只要认真阅读就可以了。"

（8）最后，悄悄走到盲人岛边上，找到一位相对内向或参与度较低的学生，把任务卡塞到其手中，什么话都不说。

（9）面对三个岛高声宣布："请大家安静，我们的项目马上开始，这是一个团队合作项目，叫作孤岛求渡，要求大家在30分钟内完成，现在我开始计时，希望大家能够顺利完成项目。"

这一条务必要强调，如果教师没有多次说"这是团队合作项目"，最后学生在没有完成项目后，就会找规则的漏洞。

五、雷阵（图 18-2-4）

图 18-2-4

1. 项目类别：场地科目 / 集体项目
2. 场地器材
（1）学生用雷阵图一张。
（2）培训师用雷阵图一张。
3. 人数要求：12~16 人
4. 活动时间：30 分钟
5. 项目目标 / 任务

要求全体学生在规定的时间内，按照规则要求在布满地雷的区域中找到一条通道，走出雷区（图 18-2-5）。

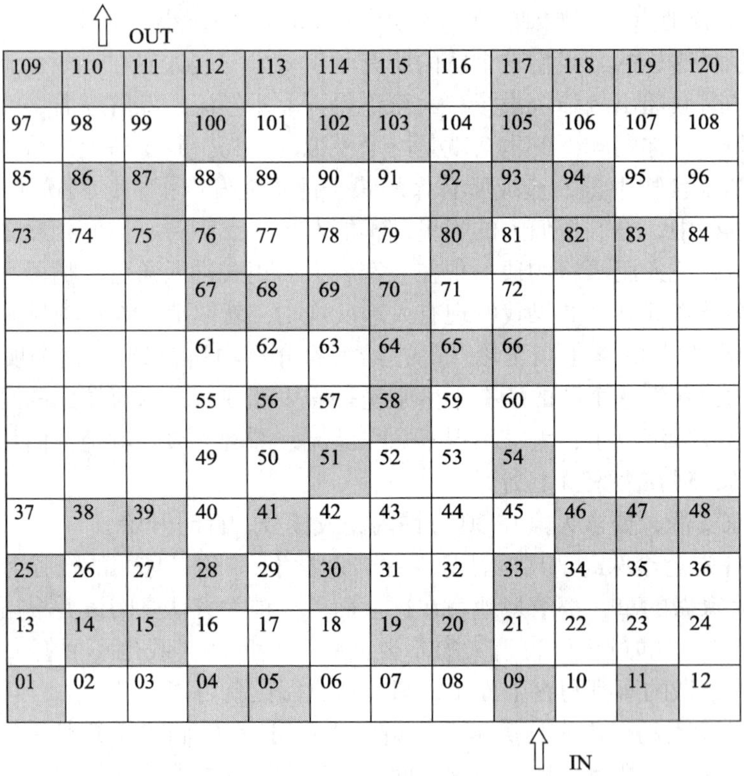

↑OUT											
109	110	111	112	113	114	115	116	117	118	119	120
97	98	99	100	101	102	103	104	105	106	107	108
85	86	87	88	89	90	91	92	93	94	95	96
73	74	75	76	77	78	79	80	81	82	83	84
			67	68	69	70	71	72			
			61	62	63	64	65	66			
			55	56	57	58	59	60			
			49	50	51	52	53	54			
37	38	39	40	41	42	43	44	45	46	47	48
25	26	27	28	29	30	31	32	33	34	35	36
13	14	15	16	17	18	19	20	21	22	23	24
01	02	03	04	05	06	07	08	09	10	11	12
								↑IN			

图 18-2-5

6. 培训目标
（1）领导力，管理者在组织中的作用。
（2）重视工作效率。
（3）决策与决策目标。

（4）突破思维定式。

（5）好的方法可以事半功倍。

7. 项目准备

（1）通常雷阵图是画在地上的，因此培训师在做项目之前只要确认没有与其他队冲突即可。

（2）如果是外训，要提前把雷阵图铺好，并确认不会被风刮走。

8. 项目布置

（1）将学生带到项目场地，面对雷阵站成横排。

（2）请学生安静，教师进行布置。

（3）给学生设计的情景是这样的：在学生行进的道路上发现了一个雷区，里面布满了地雷，地雷的位置不变，但这是一条必经之路，无法绕过，因此学生的任务是必须在规定时间内找到一条安全的通道。

（4）学生必须遵守以下规则：

◇ 教师宣布规则的时候，请学生务必认真听，并记住每一个细节，在项目开始之后，教师不再回答学生的问题。

◇ 从队长开始，学生依次进入雷区探雷，触雷即返回，站到队尾；第二名再进入雷区探雷，直至找到通路。

◇ 在雷区入口端从1~12任何一个方格都可以进入雷区探雷。

◇ 进入一个标有数字的方格后，停下等待教师的口令。教师会有两种口令，第一个是："对不起，请原路返回。"这个口令就意味着学生触雷了，那么无论走到什么位置，都要按照进去的路线原路返回。第二个口令是："OK，请继续前进。"这是说，学生所在的方格内没有地雷，可以继续探雷。

◇ 学生在探雷的过程中，只允许进入周边相邻的方格，严禁跨越。比如，学生所在的位置是18号方格，那么只有5、6、7、17、19、29、30、31号方格可以进入，其他的都不允许进入。

◇ 雷区里面始终只有一个学生在探雷。

◇ 任何学生都不能越过出发线指挥或观察情况。

◇ 有两个情况发生后将被扣分：第一个是"没有按原路返回"，每次扣2分；第二个是重复触雷，每次扣5分。

◇ 项目时间为30分钟。

六、求生（图18-2-6）

1. 项目类别：场地科目/集体项目

2. 场地器材

（1）模拟墙壁一面；4米×4米×0.35米，表面光滑的木制或水泥墙面。

（2）体操垫两个：2米×1米或1米×0.3米；外表为防水帆布，两个垫子于长边处缝在一起（便于折叠）。

（3）4平方米软帆布一块（用于夏季保护上方

图18-2-6

队员身体)。

(4) 保护倒挂学生的海绵靠垫两个。

(5) 酷暑季节学生擦汗毛巾两条。

(6) 整理箱一个 (存放学生的物品)。

3. 人数要求：不限

4. 活动时间：30 分钟

5. 项目目标/任务

要求全体学生在规定的时间内，不得使用任何工具和器械，翻越一面高 4 米的光滑墙壁，不得留下任何人。

6. 培训目标

(1) 领导力，管理者在组织中的作用。

(2) 分工合作，团队成功。

(3) 责任感和奉献精神。

(4) 计划、决策、沟通。

7. 项目准备

(1) 项目开始之前，教师确认项目时间有无冲突。

(2) 准备好体操垫、帆布及靠垫。

(3) 夏季带好毛巾 (学生擦汗用)。

(4) 哨子和整理箱。

8. 项目布置

(1) 将学生带到项目场地，请他们围在海绵垫四周站好。

(2) 请学生安静，给大家模拟的情景是这样的：所有人乘坐一艘大船在海上航行，夜里，正在大家熟睡之际，突然底舱燃起了熊熊大火，警报把大家从睡梦中惊醒，这时大家发现，上到甲板的路已经被大火阻断，唯一可以通向外部世界的只有货舱，但是货舱没有楼梯可走，只有一面高达 4 米的墙壁，因此大家想要活下来，必须翻过这面墙壁。

(3) 在学生攀爬这面墙壁的时候，请遵守如下规则：

◇ 墙面是唯一的通道，不允许绕过墙面。

◇ 禁止使用任何可以延长肢体的物品和工具，如衣服和皮带等。

◇ 已经上去的学生不允许在下面帮助没有上去的学生，除非最后一个人没有体力，必须换人，已经上去的人也要从墙面回到下面来，以符合真实情况。

◇ 请遵守如下安全要求：

• 当攀爬的时候，也许会采用搭人梯的方式，免不了要相互踩踏，为了避免受伤，请大家注意，有三个 (人体) 部位不允许踩踏：第一，头部不能踩，容易造成神经最丰富的颈椎损伤。第二，脖子不能踩，同样会损伤颈椎。第三，腰椎不能踩，容易踩出腰椎间盘突出。能踩的部位只有两个：第一个是大腿在形成弓步之后的根部；第二个是肩膀的里侧，就是靠近脖子、肌肉较多的部位。即使可以踩，也要匀速去踩，逐渐加力，不要突然发狠力。

• 在求生的过程中需要拉拽的话，必须遵照正确的连接方式。唯一正确的连接方式是 "互摸手腕"。

• 当大家搭成了两三层的人梯之后，最顶端的人很有可能因为没有站稳而倒下来，所以大家要保护他们。教师指导"扶圆石保护法":首先面向站在人梯最高处的人做出弓步,然后双手高举,手掌心朝向那人的背部,手指打开,虎口相对,想象手里正在托着一个大大的圆石头。在项目进行的过程中,每当大家听到教师下达"保护"这个指令时,没有参与攀爬的学生立刻做出这个姿势来保护上面的同伴。学生和教师做两遍(带着学生做两遍,直到确认学生及时和准确)。当同伴真的摔下来的时候,不用直接接住他,而用双手把他顺势推到垫子上,这样两人都安全了。

- 高声警示原则:当大家在奋力攀爬的时候,有可能被拉拽得很疼、很难受,当感觉疼痛时,要立刻大喊出来,这就是大声警示原则。当大家听到喊声之后,要立刻停止继续发力,但不是立刻松手,以免摔伤高处的学生。
- 遵从指令原则:也就是对于老师发出的指令不容置疑的原则。因此在项目的过程中,只要听到教师的哨子响了,学生要立刻像"断电"一样停止操作。
- 禁止"野蛮装卸"。当学生在拉人向上的时候,一定要匀速、逐步地加力,千万不要像"甩大包"一样突然发猛力。
- 向上拉人的时候,千万不要拉同伴的衣服,最好的方法是拉手和抄腿。另外,请所有的女生把上衣掖进裤腰带里面。
- 禁止向上走,就是下边的人被上边的同伴拉住之后,两脚蹬住墙,迈步向上走。尽管这样走速度会快,但是很危险,一旦踩滑了,膝盖正好会撞在墙沿上,易导致半月板破碎。
- 严禁上面的学生站立或坐在墙壁顶端拉人。
- 禁止最后一个学生在向上跳的时候助跑。
- 请学生考虑自己的身体状况,如果学生觉得自己的身体状态不适合做这个项目,不要勉强。
- 请大家把身上所有的硬物放到整理箱里,尤其是眼镜。

(4)项目控制

◇ 有效组织非攀爬学生在人梯周边进行保护,特别是项目刚开始的时候。

◇ 发现有学生戴眼镜参与项目要立刻叫停,无论他/她有何种理由。

◇ 关注每一个学生,如果发现有不安全的行为,立刻发出警示。

◇ 教师要有足够的安全意识,警惕最易出现问题的地方,并立刻出现在这里防止意外的发生。

◇ 当大部分学生已经上去的时候,要指示没有参与拉人的学生到下面参与保护,但不能帮忙。

◇ 如果学生想要用"倒挂"的方式拉人,要教给他们正确的方法:第一,小腿下面不要垫其他人的手或物品;第二,指示倒挂的学生先坐在墙上拉住其他人的手,然后向后挪动,直到整个臀部和大腿都移到了墙外,拉他的学生松手,他向后仰身缓慢倒下,直到后背贴到墙面上。

◇ 严禁教师为学生拍照、摄像、保管贵重物品。

◇ 激励学生完成项目的信心。

◇ 此项目是一个非常需要体能的项目,如果最后一个学生攀爬的确吃力的话,可悄悄教给他一些方法,如拉住手后,把脚先伸到上面等,也可以暗暗地助他一臂之力。

◇ 当下面的学生只剩下一两个人的时候,教师要亲自参与保护。

第三节 游泳运动

一、游泳运动概述

（一）游泳运动发展史

游泳运动源于人类生存的本能，现代游泳运动则起源于英国。17世纪60年代，游泳运动就活跃于英国。1837年，英国成立了第一个游泳组织，同年举办了最早的游泳竞赛。1896年首届现代奥运会上，竞技游泳被列入奥运会正式比赛项目。当时设有100米、500米和1 200米三个游泳项目，共6个国家（丹麦、德国、希腊、匈牙利、瑞典和美国）26名选手参加了比赛。直到1924年第8届奥运会，才真正翻开了竞技游泳的历史，比赛首次在正规的游泳池中举行，形成了以爬泳、仰泳、蛙泳、蝶泳4种泳式为基本技术的游泳竞赛项目群。

如今，游泳已成为奥运会上备受瞩目的项目之一。国际游泳联合会每4年举行一次世界游泳锦标赛，每两年举行一次世界杯。

（二）游泳运动在中国的发展

游泳运动在中国

新中国成立以后，1953年，毛泽东主席题词"发展体育运动，增强人民体质"，并身体力行畅游长江，参加游泳运动。我国的游泳运动在新中国成立初期就得到了很好的发展。在1953年8月举行的第一届国际青年友谊运动会上，吴传玉以1分06秒4的成绩获得100米仰泳冠军，五星红旗第一次在国际泳坛上升起。1953年，中央体育学院（今北京体育大学）游泳班正式成立，这支相当于国家队队伍的成立，为推动我国游泳运动的开展起到了重要作用，他们频频参加国内外比赛，使我国的游泳水平提高很快。

20世纪80年代，中国游泳运动步入快速发展的阶段。国内游泳运动基础设施得到了大力改善，游泳运动的普及程度也有了显著提高。在1984年洛杉矶奥运会上，中国游泳队首次亮相奥运会赛场；在1988年韩国汉城奥运会上，中国队获得3银1铜共4枚奖牌，这是中国队首次在奥运会舞台上获得游泳项目的奖牌，这意味着中国游泳队的竞技水平取得长足的进步；在1992年巴塞罗那奥运会上，中国五朵金花拿下4金5银共9枚奖牌的好成绩，使中国步入游泳强国行列。

20世纪90年代末，中国游泳队进入了一个相对低迷的时期，在2000年悉尼奥运会上未取得奖牌。由于全国性游泳运动的广泛开展和人才储备的不断积累，中国游泳开始逐渐恢复活力，步入稳定发展的阶段。在2012年伦敦奥运会上，中国游泳队收获了5金1银4铜共十枚奖牌；在2020年东京奥运会上，中国游泳队获得了3金2银1铜的好成绩。

近年来，我国加大了游泳运动基础设施建设的力度。重视游泳运动在青少年群体及社会大众群体中的普及，鼓励青少年及广大群众参与游泳运动，对于促进全民健康、健康中国建设具有重要作用。

（三）游泳运动的特点

游泳是人在水的浮力作用下产生向上的漂浮，凭借浮力通过肢体进行有规律的运动，使身体在水中游进的运动。

游泳属于体能主导类周期性项目，根据比赛时泳姿和距离的不同，游泳可分为速度型游泳与耐力型游泳两类。

游泳是一种非重力影响下的运动。在水中，身体受到水的浮力和阻力的影响，不受地面重力的约束，从而减轻了对关节和肌肉的冲击。因此，游泳是一项适合长期进行的锻炼方式。

二、游泳的基本技术与练习方法

（一）呼吸

学习游泳应从如何呼吸开始。人们平时的呼吸为无意识的鼻吸鼻呼，而进行游泳运动时常采用有意识的口吸口呼或口吸口鼻呼。因为在游进过程需要在水中憋气，因此游泳运动的呼吸过程由口吸—憋气—口（口鼻）呼三个过程组成。这个过程中呼气是否将气体吐尽对于整个呼吸效果十分关键，是否能将气呼净直接影响着是否能吸到气。因此在呼气时应使用"被动式呼吸"，即每次呼气时刻意用力吐气。进行呼吸练习时发出"啪"的爆破音可以使初学者更快地掌握游泳呼吸技术。

（二）蛙泳技术

蛙泳是一种相对较为容易掌握的泳姿，但需要掌握正确的技巧才能游得快且省力。在蛙泳中，双臂同时做划水动作，腿部做蹬腿动作，在腿部做出蹬腿动作之后头部向上抬出水面进行呼吸。

1. 蛙泳腿部技术

蛙泳蹬腿动作由收腿、翻脚、蹬腿、夹紧和滑行组成（图18-3-1）。

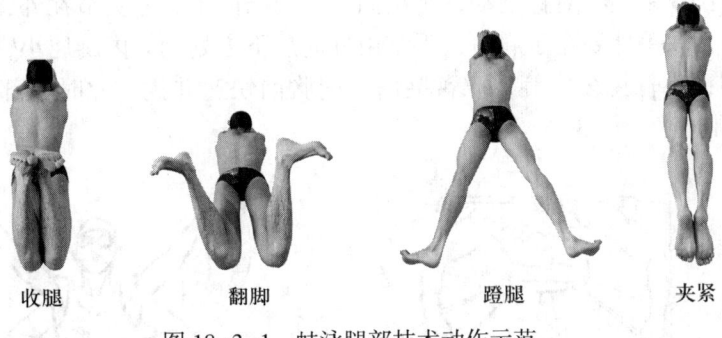

蛙泳腿部动作

图18-3-1 蛙泳腿部技术动作示范

（1）收腿：双腿双脚伸直并拢，大腿不动，屈膝收小腿，将小腿收至尽可能与臀部贴紧的位置（图18-3-2）。

图18-3-2 蛙泳水下收腿动作

（2）翻脚：小腿和脚向外翻转，脚跟相对，脚尖向外翻动，膝关节内旋。脚和小腿内侧对水。此时腿部姿势呈"W"形。

（3）蹬腿：保持翻脚姿势不变，保持脚内侧、小腿内侧对水，将膝关节伸直、腿部蹬直，此时的双脚划动轨迹像在画半圆（图18-3-3）。

（4）夹紧：双脚由向外翻变为绷直，双腿、双脚夹紧。

（5）滑行：夹紧后身体会由于惯性向前，此时应保持身体不动，减少阻力，为下一次动作做好准备。

2. 蛙泳手臂技术

蛙泳手臂动作共分为外划、抱水、内划、前伸四个部分（图18-3-4）。

图18-3-3 蛙泳水下蹬腿方向

蛙泳手臂动作

外划　　　　　抱水　　　　内划　　前伸

图18-3-4 蛙泳手臂动作示范

（1）外划：双手同时对称划动，小指向上，拇指向下，肘关节在外，向外划动。

（2）抱水：双手外划宽于肩后，手掌由外向后下方划动，内旋屈小臂（图18-3-5）。

（3）内划：小臂持续内旋，双臂夹肘，向胸前快速并拢。此时手部高于肘部，肘部低于大臂，含胸（图18-3-6）。

 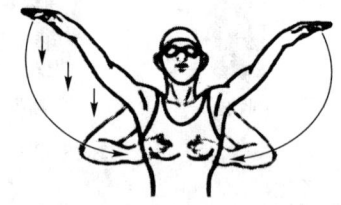

图18-3-5 蛙泳划手抱水动作结束姿势　　图18-3-6 蛙泳划手内划路线

（4）前伸：内划后双手至下颌前侧时开始前伸。将手、肘快速向前伸，双臂前移直至身体伸直。前伸过程始终保持双手并拢，身体呈流线型。

3. 蛙泳呼吸配合技术

蛙泳完整配合动作为一划一吸（图18-3-7），手腿呼吸配合为1∶1∶1，即一次腿部动作，一次手部动作，呼吸一次。外划刚开始时就可抬头做呼吸准备（此时头部未出水面，腿部保持不动）；内划开始时头部露出水面吸气，腿部开始做收腿及翻脚动作；前伸时低头在水下憋气，腿部做蹬腿、夹紧后滑行1~2秒。

小口诀：分手时抬头，动手不动腿，收手再收腿，先收胳膊后收腿，全部伸直飘一会儿。

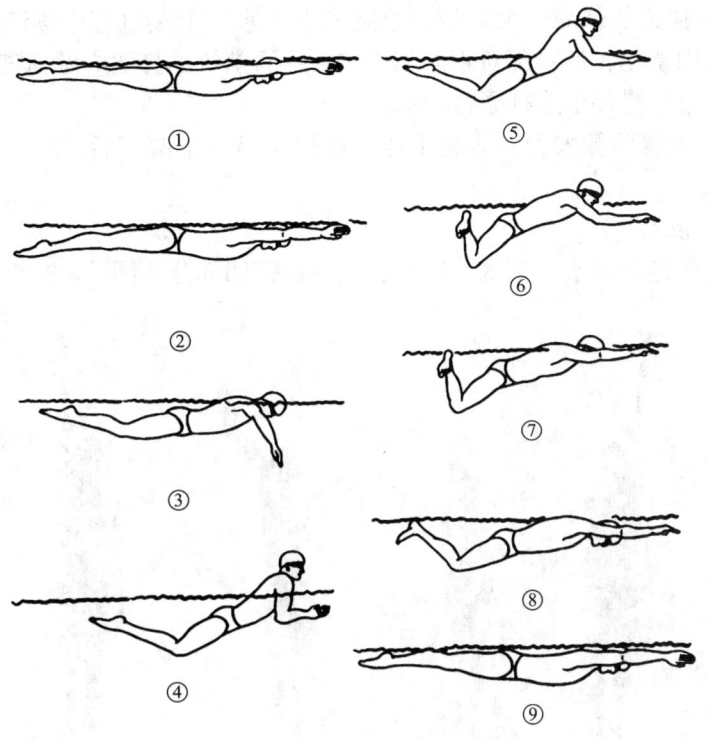

图 18-3-7 完整蛙泳配合动作

(三) 仰泳技术

仰泳是一种仰卧在水中的游进技术,适合初学者或者不太擅长蛙泳的人练习。在仰泳中,两臂交替向后划水,腿部做出连续的打腿动作,呼吸则需要在双臂做出一次划水之后头部向上抬出水面时进行。

1. 仰泳腿部技术

仰泳腿部技术包括上踢、下压两部分(图 18-3-8)。

动作要点:脚始终保持内八,上踢用力、下压放松。

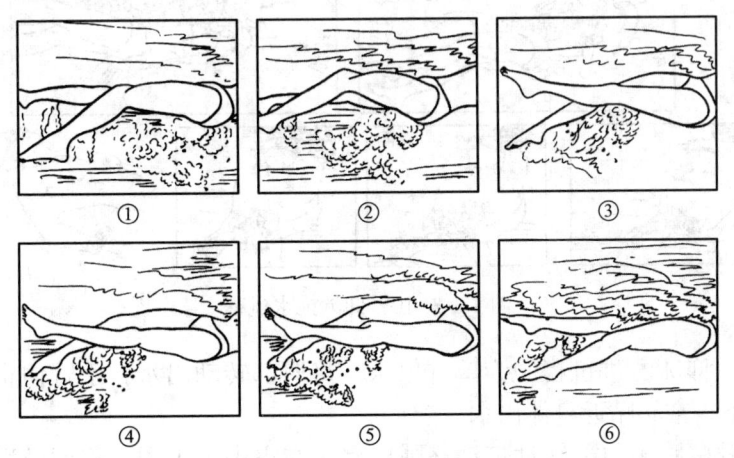

图 18-3-8 仰泳打腿过程

（1）上踢：膝关节微屈，大腿带动小腿向上踢水，上踢过程中逐渐将腿伸直。脚尖绷直，踝关节向内微扣，使脚部对水面积增多。优秀熟练的打腿应做到脚尖、小腿、膝关节都不露出水面且始终踢出连续紧密的水花。

（2）下压：大腿后侧发力，直腿下压。将腿压至一定深度后，转为上踢动作，双腿上下交替打腿。

2. 仰泳手臂技术

仰泳手部姿势包括入水、划水、出水、空中移臂四部分（图18-3-9）。

仰泳手臂动作

图 18-3-9　仰泳划手动作示范

（1）入水：入水点位于头前、同侧肩部的延长线上。一臂入水时胳膊伸直，不要打弯，掌心向外，小指抢先入水。单侧手入水同时另一侧手开始出水，双臂交替配合。

（2）划水：入水后转肩，同侧肩部下沉，掌心向后向下划动，使大臂内侧、小臂内侧及掌心对水做抱水动作。此时小臂与肘成90°～120°夹角，肘部低于大臂与手腕（图18-3-10）。抱水后，手臂向下移动的同时逐渐伸直，用力将抱住的水推至大腿外侧，从而获得推进力。此时肩部开始向上转动准备出水。

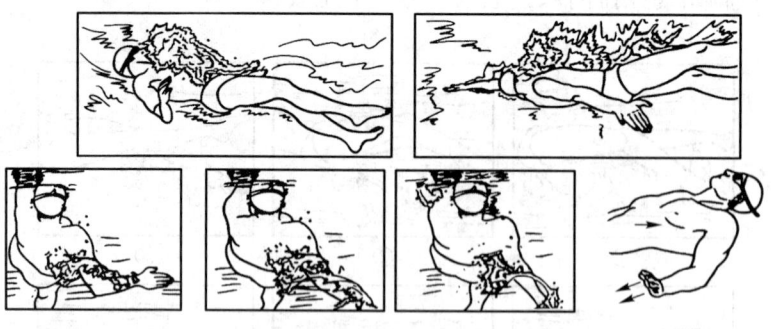

图 18-3-10　仰泳抱水过程

（3）出水：仰泳游进过程中为单臂出水，将肩部转动出水，手臂伸直，一般为拇指在上，小指在下，掌心贴近身体出水。

（4）空中移臂：由肩部转动带动胳膊出水后在空中画半圆，移臂过程须注意直臂移动，移动路线贴近身体快入水时大臂贴近耳朵（图18-3-11）。

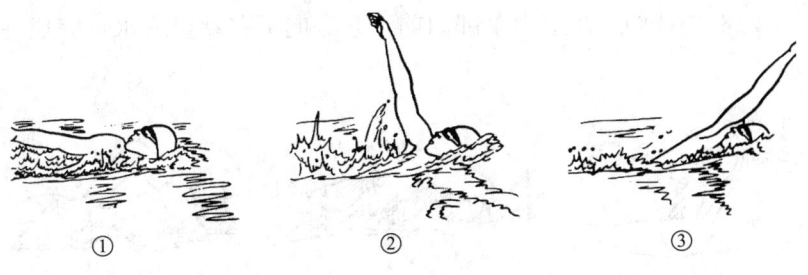

图 18-3-11 仰泳移臂过程

3. 仰泳配合技术

仰泳呼吸虽然不受限制,但最好采用有节奏的呼吸方式,或以固定在一臂移臂时吸气,完整动作配合技术通常采用6次打水、2次划水、1次呼吸。仰泳两臂配合基本处于相反位置,一臂入水另一臂划水结束,游进过程须注意始终保持连续打腿。

仰泳完整配合技术

(四)爬泳技术

爬泳是游速最快的游泳方式,在游进过程中,双臂交替做出前后划水的动作,同时腿部做出连续的打腿动作,并通过转动头部向一侧呼气和吸气。

1. 爬泳腿部技术

爬泳腿部技术包括向上打腿和向下打腿两部分。爬泳腿部动作要求两腿自然并拢,脚稍内旋,踝关节放松,以髋关节为轴,由大腿带动小腿和脚掌,两腿交替做鞭打动作,两脚尖上下最大幅度为30~40厘米,膝关节最大屈度约160°(图18-3-12)。

图 18-3-12 爬泳打腿示范

爬泳腿部动作

2. 爬泳手臂技术

爬泳手臂动作是爬泳游进的主要动力。整个手臂动作可分为入水、抱水、推水、空中移臂4个部分。

(1)入水:入水点位于头前、同侧肩部的延长线上。入水时大臂内旋,使肘关节处于最高点,手指伸直并拢,掌心斜向外下方,指尖自然触水,接着是小臂,最后大臂自然插入水中。

(2)抱水:完成入水之后,微屈腕,掌心开始由斜向下转为斜向内后对水,逐渐弯曲肘关节,此时肘部始终高于手臂(高肘抱水),为下一步的划水做好准备(图18-3-13)。

图 18-3-13 爬泳抱水正面、侧面动作示范

爬泳手臂动作

(3)推水:抱水完成之后,手臂配合肩膀的旋转,大臂内旋,带动小臂,此时手臂始终保持高肘抱水动作,而后逐渐往大腿方向伸直推水,掌心由斜内下方转为斜内上方,从下往上推水至大腿后转肩,准备出水移臂。推水是向前滑行的关键动力。

(4)空中移臂:提肘移臂,手掌向后,肘部未出水面时已经弯曲,随肩向上提,将手抽出水面（图 18-3-14）。在空中手部向前，掌心向下移动至入水点完成一个动作周期（图 18-3-15）。

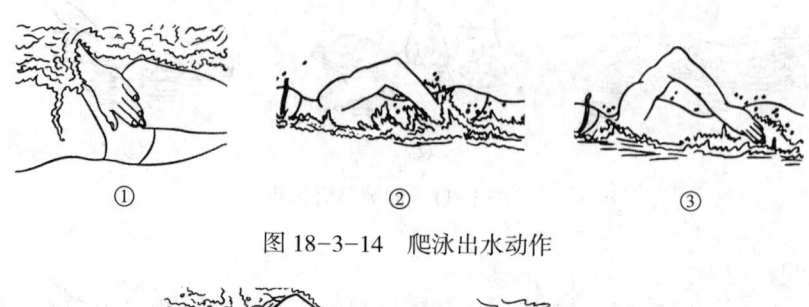

图 18-3-14　爬泳出水动作

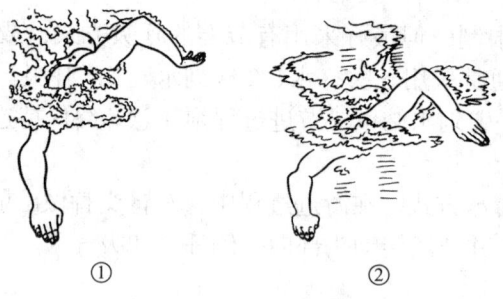

图 18-3-15　爬泳移臂动作

爬泳完整配合技术

3. 爬泳配合技术

爬泳两臂划水时两臂的配合有前交叉、中交叉和后交叉三种类型。前交叉是指一臂入水时，另一臂已前摆至肩前方与平面成 30°左右夹角。前交叉有利于初学者掌握爬泳动作和呼吸。中交叉是指一臂入水时，另一臂处在向内划水阶段与水平面成 90°夹角。后交叉是指一臂入水时，另一臂划至腹下，手与水平面成 150°左右夹角。

在爬泳时，一般在两臂各划水一次的过程中进行一次呼吸，以右侧呼吸为例，右手入水后，嘴和鼻开始慢慢呼气。右臂划水至肩下，开始向右侧转头和增大呼气量。右臂推水即将结束，则用力呼气。右臂出水时，张嘴吸气，至空中移臂的前半部为止，并开始转头还原。然后，直至手臂入水结束，有一个短暂的闭气过程，脸部转向前下。头部稳定时，右臂入水，再开始下一慢慢呼气的过程。

爬泳的呼吸与臂、腿配合，初学者一般都采 6∶2∶1 的方法，即呼吸 1 次、臂划 2 次、腿打 6 次，这种配合方法易保持平衡，使初学者顺利掌握爬泳技术（图 18-3-16）。

（五）蝶泳技术

蝶泳是一种较为复杂的泳姿，需要练习者掌握正确的动作和节奏才能游得快且省力。在蝶泳中，双臂同时向前开始划水，然后向后做圆弧形动作，同时腿部做波浪形蹬腿动作，在手臂做完一次前划水后头部向上抬出水面呼吸。

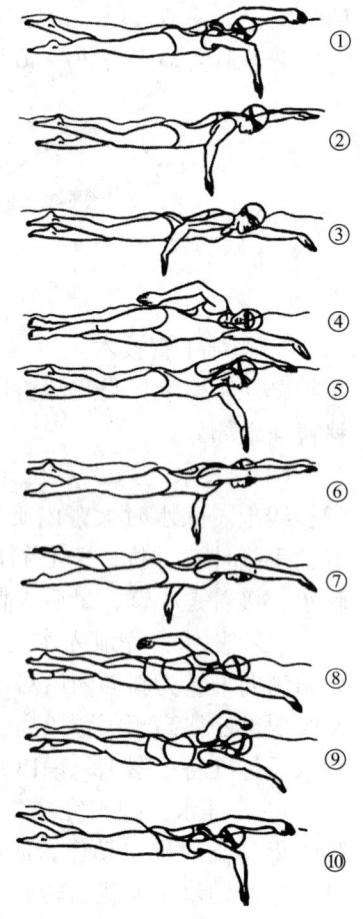

图 18-3-16　完整爬泳配合动作

1. 蝶泳腿部技术

蝶泳腿部技术由上抬、下踢两部分组成，是一个连贯波浪式鞭状打腿的动作过程。

（1）上抬：两脚自然并拢，脚跟稍微分开成"内八字"。当两腿伸直向上移动时，大腿开始下压，膝关节随大腿下压，动作自然弯曲，大腿继续加速向下随着屈膝程度的增加，脚抬至接近水面时，臀部下降到最低点，髋关节屈成约160°，膝关节弯曲成110°~130°时，脚向上抬至最高点，臀部上抬至水面。水中蝶泳腿上抬腿的力主要是借助下踢腿后的力及身体波浪形带出，不需要刻意发力。

（2）下压：以腰腹发力，压肩提臀，带动腿向后下方做鞭状打水动作。屈膝向下打水时稍提臀收腹，打腿结束时膝关节伸直并准备向下后方打水。当脚向下打水时，踝关节放松，脚面绷直，然后和小腿随大腿加速向后下方推水。双脚继续加速向下后方打水，动作尚未结束时，大腿又开始向上移动，当膝关节完全伸直时，向下打水的动作即结束。一个打腿周期向下打水结束后，两脚应处于最低点。

口诀：上抬直，快速下打，腿打直提臀，还原。

蝶泳打腿动作示范如图18-3-17所示。

图18-3-17　蝶泳打腿示范

蝶泳腿部动作

2. 蝶泳手臂技术

蝶泳手臂动作是推进身体向前的主要动力，也是各泳姿中推进力最大的一种动作。蝶泳手臂动作包括入水、划水、出水、空中移臂4个部分。

（1）入水：手的正确入水点位于头前、双肩部延长线上，手心向侧下方斜插入水，胳膊直臂前伸，手、前臂、肘依次入水，胳膊保持伸直（图18-3-18）。

图18-3-18　蝶泳手部入水示意图

（2）划水：划水分为抱水与推水两个动作。与爬泳相似，蝶泳也要求高肘抱水（图18-3-19）。双手高肘抱水后推水到大腿前侧，手心朝后上方。

（3）出水：翻转手腕，手心由后上方转为下方，小拇指出水。

（4）空中移臂：出水后，两臂伸直沿水面前移至头前入水（图8-3-20）。

图18-3-19　蝶泳高肘抱水正面、侧面示范

图18-3-20　蝶泳空中移臂示范

蝶泳手臂动作

蝶泳完整配合技术

3. 蝶泳配合技术

蝶泳的完整配合：划1次手，打2次腿，呼吸1次。

臂与呼吸的配合：臂划至肩下时头随上体抬起，利用推水与第2次打腿的合力，抬头吸气，臂移至肩侧时结束吸气，臂入水时头也入水，同时打第1次腿。

三、游泳运动竞赛规则简介

（一）游泳比赛的场地和器材

1. 场地

国际游泳联合会承认的正式游泳比赛，使用的泳池应长50米或25米（短池），允许误差为+0.030米和-0.000米；宽至少25米，深2米以上。设8条泳道，每条泳道宽2.5米，第一和第八泳道的外侧分道线距离池壁2.5米；水温25~28℃。

2. 器材

（1）出发台：应居中设在每条泳道的中心线上，台面大小为50厘米×50厘米。台面临水面前缘应高出水面50~70厘米，台面倾向水面不应超过10°。一般出发台端池岸宽不小于5米，其余池岸不小于3米。正式比赛池，出发台池岸宽不小于10米，其他岸宽不小于5米。出发台必须设有横式和竖式的仰泳出发握手器，高出水面0.3~0.6米。

（2）自动计时装置：自动和半自动计时装置应能判定运动员到达终点的先后，并记录运动员的成绩。计取的成绩应精确到1%秒。触电板规格为2.4米×0.9米×0.01米，在两端池壁水面上30厘米处安放。浸入水中60厘米。板表面色彩鲜明并画有与池壁标志线相同的标志线。

3. 泳装

男运动员泳装不得高于肚脐、低于膝部。女运动员泳装可以是连体的或分体的，但不得覆盖颈部、延伸过肩部、低于膝部。所有泳装的材质为透气且不透明的纺织品。比赛泳装必须在国际游泳联合会每年发布的合格泳装列表之内，并有国际游泳联合会认证标识。

（二）游泳竞赛规则

1. 出发的规定

自由泳、蛙泳、蝶泳、个人混合泳及自由泳接力的比赛必须从出发台出发。当执行总裁判发出长哨声信号后，运动员应站到出发台上，当发令员发出"各就位"的口令后，运动员应立即做好出发准备姿势，即至少有一只脚位于出发台的前端，手臂位置不限。当所有运动员都处于静止状态时，发令员发出"出发信号"。

仰泳比赛、混合泳接力比赛的第一棒，必须从水中出发。当执行总裁判发出第一声长哨声信号后，运动员应立即下水；当执行总裁判发出第二声长哨声信号后，运动员应迅速游回池端；当所有运动员都做好出发准备时，发令员发出"各就位"口令；当所有运动员都处于静止状态时，发令员发出"出发信号"。

2. 比赛中的规定

（1）比赛中，不得将不同项目的运动员（接力队）混合编组。除男女混合接力项目外，不得将不同性别的运动员（接力队）混合编组。

（2）运动员应游完全程才能获得录取资格。

（3）运动员应始终在其出发的同一泳道内比赛和抵达终点。

（4）在所有项目中，运动员转身时必须按各泳式的规定触及池壁，不允许在池底跨越或行走。

（5）在自由泳项目和混合泳项目的自由泳段比赛中，允许运动员在池底站立，但不得行走。

（6）不允许拉分道线。

（7）比赛中，运动员不得使用或穿戴任何有利于其速度、浮力、耐力的器材或泳衣（如手蹼、脚蹼、弹力绷带或粘胶材料等），但可戴游泳镜。不允许在身上使用任何胶带，除非得到组织委员会（竞赛委员会）指定的医疗机构同意。

（8）在比赛场地内，不允许速度诱导及采用任何能起速度诱导作用的装置与方法。

（9）由于某运动员犯规而影响其他运动员获得优异成绩时，执行总裁判有权允许被干扰的运动员参加下一组预赛。如在决赛或最后一组预赛中发生上述情况，可令该组重新比赛。

（10）接力项目如果有预赛，奖牌和证书应授予获名次接力队中参加了预赛或决赛的所有运动员。

（11）只有赛事组织委员会（竞赛委员会）设置的录像设备才能作为判断运动员犯规和名次的依据之一。

3. 自由泳

（1）自由泳比赛中，可采用任何泳式。但在个人混合泳及混合泳接力比赛中，自由泳是指除蝶泳、仰泳、蛙泳以外的泳式。

（2）每次转身和到达终点时，运动员身体的某一部分必须触及池壁。

（3）在整个游程中，运动员身体的某一部分必须露出水面。在出发和转身时，允许运动员身体完全没入水中。出发和每次转身后，在15米前（含15米）运动员头的一部分必须露出水面。

4. 仰泳

（1）在"出发信号"发出前，运动员应在水中面对出发端，两手抓住出发握手器。禁止两脚蹬在水槽里、水槽上或脚趾勾在水槽沿上。当使用仰泳出发器出发时，两脚脚趾必须与池壁或触板接触；严禁脚趾勾在触板上沿。

（2）出发时和每次转身后，运动员应以仰卧姿势蹬离池壁并在整个游程中保持仰卧姿势（第4款情况除外），允许身体做转动动作，但最大转动幅度不得达到与水平面成90°夹角。头部位置不受此限。

（3）在整个游程中，运动员身体的某一部分必须露出水面。在出发和转身时，允许运动员身体完全没入水中。出发和每次转身后，在15米前（含15米）运动员头的一部分必须露出水面。

（4）在转身过程中，运动员必须在各自泳道内用身体的某一部分触壁。转身过程中允许肩的转动超过垂直面至俯卧姿势，之后立即做一次连贯的单臂划水或双臂同时划水动作，并以此动作作为转身动作的开始。

（5）运动员到达终点时，必须在各自泳道内以仰卧姿势触壁。

5. 蛙泳

（1）在出发和每次转身后，运动员身体可没入水中并可做一次手臂充分向后划至腿部的动作。出发和每次转身后，在第一次蛙泳蹬腿动作之前，允许做一次蝶泳打腿动作。在第二次划臂两手至最宽点开始向内划水前，头的一部分必须露出水面。

（2）从出发和每次转身后的第一次手臂动作开始，身体应保持俯卧，除转身动作外，任何时候都不允许身体呈仰卧姿势。只要身体呈俯卧姿势蹬离池壁，允许运动员在触壁后用任何方式转身。在出发后的整个游程中，动作周期必须是以一次划臂和一次蹬腿的顺序完成。两臂的所有动作应同时并在同一水平面上进行，不得有交替动作。

（3）两手应同时在水面、水下或水上由胸前伸出。除转身前的最后一次划水动作、转身过程中及抵达终点前的最后一次划水动作外，肘部不得露出水面。两手应在水面或水下向后划水。除出发和每次转身后的第一次划水动作外，两手向后划水不得超过臀线。

（4）在每个完整动作周期内，运动员头的一部分必须露出水面。两腿的所有动作应同时并在同一水平面上进行，不得有交替动作。

（5）在蹬腿过程中，两脚必须做外翻动作。不允许做交替打腿或向下的蝶泳打腿动作（第（1）款情况除外）。只要不接着做向下的蝶泳打腿动作，允许两脚露出水面。

（6）在每次转身和到达终点时，两手应分开（图18-3-21）在水面、水上或水下同时触壁。转身和到达终点前的最后一次手臂动作后可不接蹬腿动作。在触壁前的最后一次划水动作结束后，头可以没入水中。但在触壁前最后一个完整或不完整的动作周期中头的一部分必须露出水面。

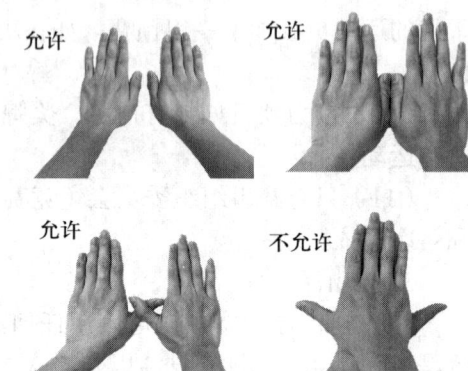

图18-3-21　两手分开触壁示意图

6. 蝶泳

（1）从出发和每次转身后的第一次手臂动作开始，身体应保持俯卧。除触壁后的转身动作外，任何时候都不允许身体成仰卧姿势。只要身体成俯卧姿势蹬离池壁，允许运动员在触壁后用任何方式转身。

（2）整个游程中（第5款情况除外），两臂应在水面上同时向前摆动，并在水下同时向后划水。

（3）所有腿部的上下打腿动作应同时进行。两腿或两脚可不在同一水平面上，但不允许有交替动作，不允许蹬蛙泳腿。

（4）在每次转身和到达终点时，两手应分开在水面、水上或水下同时触壁。

（5）在出发和每次转身后，允许运动员在水下做一次或多次打腿动作和一次划水动作，这次划水动作应使身体升至水面。在15米前（含15米）运动员头的一部分必须露出水面。运动员应使身体保持在水面上，直至下次转身或到达终点。

7. 混合泳

（1）个人混合泳必须按照蝶泳、仰泳、蛙泳、自由泳的顺序进行比赛，每种泳式必须完成赛程四分之一的距离。

（2）在自由泳段，除做转身动作外，身体须保持俯卧，转身后，在做任何打腿或划水动作前必须恢复俯卧姿势。

（3）混合泳接力必须按照仰泳、蛙泳、蝶泳、自由泳的顺序进行比赛，每种泳式必须完成赛程四分之一的距离。

（4）在个人混合泳和混合泳接力项目的比赛中，每一泳式都必须符合对应泳式的有关规定。

（三）游泳竞赛项目（男、女）

游泳竞赛项目主要包括50米、100米、200米、400米、800米、1500米自由泳；50

米、100米、200米仰泳；50米、100米、200米蛙泳；50米、100米、200米蝶泳；200米、400米个人混合泳；4×100米、4×200米自由泳接力；4×100米混合泳接力；男女4×100混合泳接力。

主要参考文献

[1] 蔡志坚. 大学体育[M]. 北京：高等教育出版社，2010.
[2] 杨文轩. 当代大学体育[M]. 北京：人民体育出版社，2005.
[3] 孙麒麟，顾圣益. 体育与健康教程[M]. 5版. 北京：高等教育出版社，2013.
[4] 钱建龙. 体育运动与身心健康[M]. 武汉：武汉大学出版社，2006.
[5] 姚鸿恩. 体育保健学（第四版）[M]. 北京：高等教育出版社，2007.
[6] 魏纯镭，毛军平. 体育教育与文化[M]. 北京：北京体育大学出版社，2010.
[7] 吕志刚. 大学体育与健康[M]. 西安：电子科技大学出版社，2006.
[8] 刘建国，崔冬雪，及化娟等. 当代大学体育与健身[M]. 北京：高等教育出版社，2014.
[9] 任远. 大学体育[M]. 北京：高等教育出版社，2013.
[10] 彭雪涵，王萍丽，汪焱. 大学体育[M]. 北京：高等教育出版社，2014.
[11] 傅砚农，张伟，刘英辉. 新编大学体育[M]. 北京：高等教育出版社，2010.
[12] 林志超. 大学体育与健康教程[M]. 北京：北京体育大学出版社，2008.
[13] 王崇喜. 球类运动——足球[M]. 2版. 北京：高等教育出版社，2009.
[14] 黄汉升. 球类运动——排球[M]. 2版. 北京：高等教育出版社，2009.
[15] 编写组. 球类运动——乒乓球 手球 垒球 羽毛球[M]. 2版. 北京：高等教育出版社，2007.
[16] 张学军. 现代网球运动实用手册[M]. 北京：人民体育出版社，2003.
[17] 邢登江，刘国庆. 大学体育[M]. 北京：北京航空航天大学出版社，2004.
[18] 吴松伟. 体育与健康[M]. 长沙：国防科技大学出版社，2010.
[19] 邱建国. 大学体育[M]. 2版. 北京：高等教育出版社，2020.

郑重声明

高等教育出版社依法对本书享有专有出版权。任何未经许可的复制、销售行为均违反《中华人民共和国著作权法》，其行为人将承担相应的民事责任和行政责任；构成犯罪的，将被依法追究刑事责任。为了维护市场秩序，保护读者的合法权益，避免读者误用盗版书造成不良后果，我社将配合行政执法部门和司法机关对违法犯罪的单位和个人进行严厉打击。社会各界人士如发现上述侵权行为，希望及时举报，我社将奖励举报有功人员。

反盗版举报电话　（010）58581999　58582371
反盗版举报邮箱　dd@hep.com.cn
通信地址　北京市西城区德外大街4号　高等教育出版社法律事务部
邮政编码　100120

读者意见反馈

为收集对教材的意见建议，进一步完善教材编写并做好服务工作，读者可将对本教材的意见建议通过如下渠道反馈至我社。

咨询电话　400-810-0598
反馈邮箱　gjdzfwb@pub.hep.cn
通信地址　北京市朝阳区惠新东街4号富盛大厦1座
　　　　　高等教育出版社总编辑办公室
邮政编码　100029

防伪查询说明

用户购书后刮开封底防伪涂层，使用手机微信等软件扫描二维码，会跳转至防伪查询网页，获得所购图书详细信息。

防伪客服电话
（010）58582300